教育部人文社科基金项目资助
河南省高校科技创新人才支持计划（人文社科类）项目
（2020-cx-026）资助

宋金对峙时期汉语词汇的
南北差异研究

张海媚 著

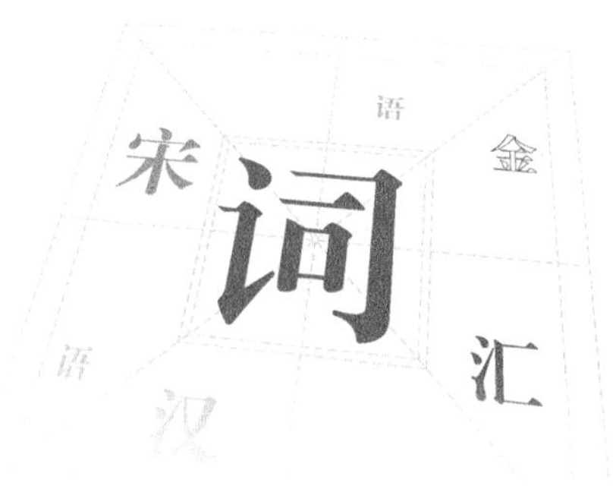

九州出版社
JIUZHOUPRESS
全国百佳图书出版单位

图书在版编目（CIP）数据

宋金对峙时期汉语词汇的南北差异研究 / 张海媚著
. -- 北京 : 九州出版社, 2021.10
ISBN 978-7-5108-9017-8

Ⅰ. ①宋… Ⅱ. ①张… Ⅲ. ①汉语－词汇－研究－宋代②汉语－词汇－研究－金代 Ⅳ. ①H13

中国版本图书馆CIP数据核字(2021)第211795号

宋金对峙时期汉语词汇的南北差异研究

作　　者　张海媚　著
责任编辑　张皖莉
出版发行　九州出版社
地　　址　北京市西城区阜外大街甲 35 号（100037）
发行电话　(010)68992190/3/5/6
网　　址　www.jiuzhoupress.com
印　　刷　北京九州迅驰传媒文化有限公司
开　　本　880 毫米×1230 毫米　32 开
印　　张　15.25
字　　数　305 千字
版　　次　2021 年 10 月第 1 版
印　　次　2021 年 10 月第 1 次印刷
书　　号　ISBN 978-7-5108-9017-8
定　　价　68.00 元

凡　例

一、为行文简洁，文中所引文献的长文献名用简称，如《入唐求法巡礼行记》简称《入唐记》、《三朝北盟会编》简称《会编》、《刘知远诸宫调》简称《刘知远》、《董解元西厢记》简称《董西厢》、《元典章·刑部》简称《元·刑》、《元刊杂剧三十种》简称《元刊杂剧》、《原本老乞大》简称《原老》、《老乞大谚解》简称《老谚》、《朴通事谚解》简称《朴谚》、《金瓶梅词话》（万历）简称《金瓶梅》、《醒世姻缘传》简称《醒》、《聊斋俚曲集》简称《聊》、《老乞大新释》简称《老新》、《重刊老乞大》简称《重老》。短文献名仍用全称，如《王梵志诗》《游仙窟》《六祖坛经》《祖堂集》《张协状元》《五灯会元》《型世言》《山歌》《训世评话》《红楼梦》。引用别人观点时，遵从原作者的称呼，或全称或简称。

二、行文均用简体字，冷僻字则采用超大字符集里的字或者通过 True Type 造字、拍照抓图等形式。

三、为了凸显文中论及的字、词、句，引例中皆以下划线标示，若同句中有与之词义相同或相关的字、词，也用下划线标出，以资参证。

四、《汉语大字典》和《汉语大词典》分别简称《大字典》和《大词典》，有时为论述方便，省称“二典”。

五、《刘知远》有蓝立蓂，廖珣英，凌景埏、谢伯阳的校注本，为简便计，除第一章概论外，提到他们时，均简为蓝本，廖本，凌、谢本;《董西厢》同。

六、书中提到的42个方言点，依据李荣主编的《现代汉语方言大词典》，江苏教育出版社，2002年版。如有必要，同时参考曹志耘主编《汉语方言地图集》，商务印书馆，2008年版。

目　录

概　论

中国历史上有两个南北朝，一个是东晋、宋、齐、梁、陈和前秦、北魏、北齐、北周的南北对立；另一个是五代、宋与辽、金的对峙。尽管“第二个南北朝”的提法不见于史书，然而在历史上却客观确凿地存在。李治安曾云：“我们在从事研究之际，理应尊重第二个南北朝确凿存在的历史真相，不必受明人狭隘正统观和华夷观念的桎梏束缚。所以，完全可以放心地认同‘第二个南北朝’的命题或概念。”①

两个南北朝南北语言的差异问题是学界值得关注的重大课题，然而研究第一个南北朝南北语言差异者众，研究第二个南北朝南北语言差异者鲜。前者的南北语言差异现象在当时就已为学者所关注，如颜之推等。时贤研究这一现象的亦不乏其人，汪维辉《六世纪汉语词汇的南北差异——以〈齐民要术〉和〈周氏冥通记〉为例》一文为揭示中古时期南北语言的词汇差异提供了一个很好的范式和样本；王东的国家社科基金青年项目《南北朝时期南北词语差异研究》

① 李治安《两个南北朝与中古以来的历史发展线索》，《文史哲》2009 年第 6 期。

（07CYY018）对中古时期南北词语的差异做了全面系统的研究。其他相关成果，如王东《南北朝时期的南北方言词》《南北朝时期南北词语差异研究刍议》《南北朝时期语气词“耳”、“乎”的南北差异》；李丽《从〈魏书〉〈宋书〉授官语义场的比较看南北朝时期汉语的南北差异》《南北朝时期汉语常用词南北差异管窥》等分别从不同角度对中古时期南北词语的差异做了相应考察。

第二个南北朝南北语言的差异依旧非常明显，“南北语言之异，至于不能相通”（洪迈《容斋四笔》卷九）。不过由于第二个南北朝通常不被20世纪的中国史学界承认，以至于第二个南北朝南北语言差异这一颇有意义的课题尚未引起足够的重视。值得欣慰的是，20世纪80年代以来，已有相关学者对此进行了一些有意义的探索和尝试，语音方面，如鲁国尧（1991）通过比较宋词韵与金元词韵，揭示出词韵因时地不同而造成的差异，可以说是研究宋金元时期南北语音差异的开始；李新魁的《近代汉语南北音之大界》、刘晓南的《中古以来的南北方言试说》等亦就近代时期南北语音的差异进行了相关研究和分析；语法方面，周波（2010）对宋金南北代表性文献中人称代词的差异做了个案探讨；宗蒙（2013）通过比较《张协状元》与《董解元西厢记》中典型助词使用的不同，来揭示宋金时期助词使用的基本特点及地区差异等；随着研究的推进，宋金南北词语差异方面也有了零星成果，张海媚（2011a、2017）以宋金代表性文献《张协状元》《朱子语类》和两种诸宫调为例，揭示宋金汉语用词的南北差异；冯青（2014b）考察了《朱子语类》和《二程语录》

用词的南北差异，认为河南籍作家程颐、程颢的《二程语录》带有北方方言的特点。

前修时贤的研究成果对我们沾溉良多，不过学者们关注和考察的重点在彼不在此，重第一个南北朝轻第二个南北朝，重语音、语法差异轻词汇差异。迄今为止，我们对第二个南北朝南北词语差异的具体情况并不清楚，基于此，本研究拟选取第二个南北朝中宋金对峙阶段为代表来蠡测这一时期南北用词的差异。这一研究有重要意义:（一）可全面、直观地再现宋金对峙时期南北词语的差异，使人们对这个近千年来一直模糊的重要语言现象有比较清晰的认识，为构建科学的汉语词汇史提供近代汉语时期的资料。（二）为汉语方言史研究提供资料。今天吴方言、北方的一些方言中保留了不少宋金时期的词语，此研究可为一些方言词找到源头和例证，廓清以前历史文献方言词认识上的误区，为历史文献方言词研究提供一定的理论思考。（三）察古可以知今，有利于现代汉语词汇研究工作的开展。宋金汉语不仅是上承隋唐汉语、下启元明汉语的枢纽，而且部分现代汉语常用词直接导源于此，通过文献材料可以追溯其历史存在。

一、研究语料说明

宋金对峙时期，绍兴十一年宋金和议约定：东以淮河中流为界，西以大散关（陕西宝鸡西南）为界，以南属宋，以北属金，南北文献的界定亦以此为界，南宋的文献为南方文献，金代的文献为北方文献。选取语料时基于这样四个标准:（1）语料可靠，时限清楚；（2）官话方言色彩鲜明;（3）口语性强;（4）南北文献数量、篇幅相当[①]，南方选取南宋戏文《张协状元》、宋儒语录《朱子语类》为代表；北方选取两种诸宫调《刘知远》《董西厢》、笔记小说《归潜志》《南征录汇》《青宫译语》《宋俘记》为代表，通过文献用词比较南北差异。

1.《张协状元》

南戏是北宋末年在南方温州一带兴起的一种戏曲形式，最初流行于浙江东南沿海地区，当时称“温州杂剧”。《张协状元》是早期南戏的代表，由温州九山书会才人写定，由于其形制和流行区域的限制，早期南戏语言中多方言土语用词就十分自然了，俞为民（2003）云:“在曲文与念白中，使用方言土语，这是《张协状元》语言上的一大特色。由于早期南戏是用方言演唱的，而《张协状元》是由温州的九山书会才人所作，因此，在曲白中用了许多温州及江浙一带的方言。”而且据前贤学者考证，《张协状元》成书于12—13世纪左右，“《张协状元》作品的时代，不出宋元两朝。从文献学与语言学两个角度进行综合分析，我们认为《张协状元》作为现存最早的南戏之一，将其作为南宋一代的作品来进行研究应该是比较客观的。”[②]

① 由于目力可及的南北优质语料数量不等，篇幅大小不一，这一点标准未严格遵循。

② 郭作飞《〈张协状元〉词汇研究》，巴蜀书社2008年版，第11页。

据此，《张协状元》时代明确，地域鲜明。

2.《朱子语类》

《朱子语类》是朱熹与其弟子讲学问答的实录，“由一百多位来自长江以南不同地区的门生记录汇编而成，大多为问答式即兴讨论。……从中可见朱熹和门人弟子讲学讨论时的具体语境和神情语态，语言意义和语境义融合在一起得到言语意义，具有比语言意义更为丰富的内涵，活生生地反映了宋代文人的口语。”[①]

在朱熹的话语中，既有闽北话成分，也有通语成分，另外还可能偶有婺源话成分。综合朱熹一生的活动范围，大概可以如此推测：朱熹在讲学时，语音方面总体上可能以闽北话为主，夹杂有通语成分；而在词汇、语法方面，总体上大概以通语为主，夹杂有闽北话成分。而且记录者的地域分布与朱熹一生的主要活动区域一样，主要是闽北周围，他们中多数人的方言基础也应该与朱熹基本一致。因此，把记录者的情况考虑进去之后，仍然可以笼统地说，《朱子》的语言性质主要是通语（包括通用书面语成分）加闽北方言成分。当然具体到不同的记录者，方言成分的多少和类属会有一定的差异[②]。徐时仪（2013：157）亦云：“朱熹讲学时师生间所说读书人都能听懂的通语大致上代表了当时文人的口语，在一定程度上反映了

① 徐时仪《〈朱子语类〉词汇研究》（上），上海古籍出版社 2013 年版，第 69 页。

② 参看杨永龙《〈朱子语类〉完成体研究》，河南大学出版社 2001 年版，绪论第 7、12 页。

汉语文白演变的共性，而或多或少的一些方言则反映了各自地域的个性特点。朱子门人来自全国，主要是南宋所辖的南方各地区。因此《朱子语类》的词汇在通语基础上反映了12和13世纪的南宋口语，又具有南方方言的地域特征。”黎新第（1995a）认为朱熹的《诗集传》和《楚辞集注》中的叶音大体反映了当时南方系官话方言的语音面貌，推而广之，朱熹的其他著作如《朱子语类》应当能大致反映南方官话方言的概貌。

3. 金代诸宫调

诸宫调又叫“诸般品调”，是我国古代的一种说唱艺术。它萌芽于北宋中叶，盛行于金代和南宋，一直延续到元朝末年才逐渐衰落消亡，历时约三百年。诸宫调的作品不仅篇幅浩瀚[①]，而且结构精密、严谨，在我国戏曲发展史上占有重要的一席。不过流传下来的作品只有《刘知远诸宫调》《董解元西厢记》和《天宝遗事诸宫调》。关于诸宫调的地域性质，前贤已有论述，如廖珣英（1964）云：“诸宫调是宋、金两代以唱为主的说唱文学，北宋时已经在汴梁瓦肆流行。历经宋、金、元二百年来，盛行在北方民间。……把诸宫调和杂剧的用韵结合起来研究，更容易了解那个时期北方话语音系统的轮廓。”徐健（1997）也说：“本文考察了金代的《刘知远诸宫调》残卷的用韵情况，归纳出了它的韵系，发现《残卷》在很大程度上反映了当时的语音实际，为我们研究宋金时期的北方话语音提供了颇有价值

① 篇幅浩瀚是针对整个诸宫调体裁的作品而言的，据郑振铎先生（1998）从故籍中搜到的诸宫调作品的名目，共有十九种，流传下来的只有三种。

的史料。”李春艳（2008）谈道：“诸宫调虽然产生于北方，但随着宋朝的南渡也传到了南方，《董解元西厢记》属于北诸宫调，它的用韵应该能在一定程度上真实地反映12—13世纪北方话的实际语言现象。”他们都是从语音角度论证了“诸宫调”具有北方话语系特点。袁宾（2003）提道：“金代《刘知远诸宫调》是当时北方戏曲的剧本，其方言基础是其演出地区——燕京一带的口语。”可见“诸宫调”具有北方话的语言特点。而且成书年代明确，太田辰夫（1954）将《刘知远》作为宋代五种版本可靠、口语性又很强的文献之一[①]，属于太田辰夫所谓的“同时资料”，价值很高；《董解元西厢记》的成书年代前贤虽有争议，但据张海媚（2014：52-77）的考证，《董西厢》大体上可以看作金代的语料，下文尚有对其语言年代的补正性文字。

4. 金笔记

《归潜志》是记录金代历史的重要笔记著作。作者刘祁，字京叔，浑源（今属山西）人。刘祁在家乡浑源度过了童年。卫绍王大安二年（1210年），刘祁8岁开始随祖父和父亲游宦于大河（黄河）之南，当时南京（今河南开封）为行宫，因得从名士大夫问学。贞祐二年（1214年），宣宗迁都南京，南京成为全国的政治和文化中心。不久刘祁入太学读书，在太学生中，甚有文名。兴定五年（1221年），19岁的刘祁通过了会试，不料却在廷试时被黜落。廷试失意后，刘

① 详参太田辰夫《宋代语法试探》，《神户外大论丛》4-2.3合并号，1953年。收入《汉语史通考》，江蓝生、白维国译，重庆出版社1991年版，第153页。其他四种文献为《张子语录》《龟山语录》《挥麈余话》《诚斋集》。

祁便随父亲离开汴京，回到宛丘(今河南淮阳)家居。金哀宗正大八年（1231 年）冬，刘祁居淮阳，当时蒙古兵由襄、汉东下，刘祁因祖母、母亲在京师南京，便前往省亲。天兴元年（1232 年），刘祁与元好问等人一起被困于围城中，目睹了被围后的惨状。天兴二年（1233 年）五月，刘祁开始北渡，流离兵革中，由铜壶过燕山（今北京），入武川（今河北宣化），将近 1 年之后，至元太宗六年（1234 年），始得北还故乡浑源。他躬耕自给，乡帅高侯为筑室以居，榜曰“归潜堂”①。因其所居，乃著《归潜志》，所录诗文掌故轶事琐闻，皆系其耳目见闻所及，大都可信。清人李慈铭认为刘祁“文笔颇拙”②，实际《归潜志》的叙述朴厚无华，正是一个优点，说明其作为语料的口语性，“《归潜志》是金元最出色的四种历史轶事类笔记之一，是研究金元语言的重要文献，包含大量口语词、俗语词，在一定程度上能够反映当时的词汇面貌”③可证。综上所述，刘祁一生未到过南方，其《归潜志》可看作金代北方通俗文学的代表。

《南征录汇》，金人李天民辑。作者作为攻击、包围汴京的“南征”人，主要从宋廷的活动上来记载这次事件。本书自天会四年闰十一月二十五日即金军攻陷汴京之日写起，至次年四月一日宋二帝北迁结束，比较详细地记载了金军兵临城下，逼迫宋帝投降的整个

① 参看杜成辉《刘祁及其学术成就简评》，《北方文物》2007 年第 2 期。

② 李慈铭《越缦堂读书记》，商务印书馆 1959 年版，第 985 页。

③ 李静《〈归潜志〉词汇研究》，吉首大学 2013 年硕士学位论文，第 4 页。

过程[①]。

《青宫译语》为金人王成棣著。王成棣作为翻译人员受粘罕之命，于天会五年（1127）三月二十八日，从汴京出发，跟随珍珠大王设野马押送高宗母韦后等经燕京到上京的行程闻见录，因为韦后等大都监押在青城斋宫，故名“青宫”云云[②]。

《宋俘记》为金人可恭著，内容分“宫眷”“宗室”“戚里”“臣民”四卷，现只存“宫眷”一卷和“宗室”的少部分内容，其他均亡佚了[③]。“靖康之役后，金人押解包括宋徽宗、钦宗在内的俘虏北归。可书记录了这一过程，又偏于这些俘虏本身，因以‘宋俘’题书。”[④]

这些小说或鄙俚易懂，或朴实无华，均具有口语性强的特点。由于这些笔记多记述靖康之乱（1126—1127）的始末，其成书年代大致在 12、13 世纪左右。

二、《董西厢》语言年代补证

关于《董解元西厢记》（行文简称《董西厢》）的语言年代，前

---

① 参看赵仲兰《〈靖康稗史笺证〉简介》，《古籍整理研究学刊》1989 年第 6 期。

② 参看赵仲兰《〈靖康稗史笺证〉简介》，《古籍整理研究学刊》1989 年第 6 期。

③ 参看赵仲兰《〈靖康稗史笺证〉简介》，《古籍整理研究学刊》1989 年第 6 期。

④ 参看姚继荣，姚忆雪著《唐宋历史笔记论丛》，民族出版社 2016 年，第 719 页。

修时贤多有考论，分为两种不同的观点：第一，金代说。如思言（1986）认为《董西厢》的写作可以定在承安元年至五年(1197—1200)之间。龙建国（2003：40-42）认为《董西厢》的成书时间在金章宗昌明六年（公元1195年）至泰和五年（公元1205年）之间。张海媚（2014：52-77）从词汇史的角度考定《董西厢》大体上可以看作金代的语料。第二，非金代说。太田辰夫（2003）认为“不能把《董西厢》看作是金代的作品，即使产生于金代，现在的本子也不会是保持原样”。综合已有的研究成果，把《董西厢》看作金代的语料已为大多数学者所接受，本文在前人研究的基础上试图提出一些新的证据来补充这一观点。论证方法是与属于“同时资料”的金刻本《刘知远诸宫调》（行文简称《刘知远》）中的词汇进行比较，穷尽性地统计出两部诸宫调都使用的宋金新词，利用二者使用词语时代性的相同来说明二书语言年代的相近。判断宋金始见词语的标准既参考《汉语大词典》和《汉语大字典》（行文简称《大词典》和《大字典》）在某一词下所列的始见书证，同时也考察实际文献中的用例。宋代分为北宋（960—1127）和南宋（1127—1279），金（1115—1234）的统治年限包含在宋代中，所以在考察《董西厢》语言年代时，我们倾向于宋金相提并论。

（一）见于两种诸宫调的词语

1. 报覆

报告，禀报。

《刘知远》卷三【商调·玉抱肚·尾】：知远夫妻再见司公参

贺，门人报覆。

《董西厢》卷二【仙吕调·剔银灯】：阶下小僧报覆："观了三魂无主……为首强人英武……是把桥将士孙飞虎。"

覆，《说文·襾部》："覆，覂也。"本义为"翻转"，引申为倾倒、倒出，物体倒出为"覆"，把想说的话倒出也是"覆"，进而引申出"报告"义，《汉书·冯唐传》："臣大父言李牧之为赵将居边，军市之租皆自用飨士，赏赐决于外，不从中覆也。"颜师古注："覆谓覆白之也。""报""覆"为同义连文。《大词典》所引始见书证为宋岳飞《奏郾城县并绛州垣曲县捷状》："今月初十日申时，据巡绰马报覆，有番贼马军一千余骑，径来侵犯郾城县北五里店。"同期用例，如司马光《涑水纪闻》卷十三："故介甫自作此榜以报覆之。"王明清《挥麈余话》卷二："俊到张太尉衙，令虞侯报覆，请俊入宅，在莲花池东面一亭子上。"宋以前文献未见用例，当是宋金产生的一个新词。又写作"报复"或"报伏"，见于元代，例多不举。

2. 不错

明白鉴察。

《刘知远》卷十二【仙吕调·恋香衾缠令·尾】：不免具词与经略，伏望台颜不错，向衙中搜刷穷刘大。

《董西厢》卷六【大石调·蓦山溪】：有事敢相烦，问库师兄不错。

"不错"始见于宋金，如《三朝北盟会编》卷十三"燕云奉使录"："对以大信既定，本无异同之意。粘罕云：'候到日皇帝不错。'"宋代以前，"不错"为词组，是"不"修饰"错"的否定组合。如《礼记·祭义》："行肩而不并，不错则随。"郑玄注："错，雁行也。""不错"即"不是雁行"。《法言·学行》："不礱不错，焉攸用？礱而错诸，质在其中矣。"李轨注："礱、错，治之名。""不错"即"不磨"。《太平经》第九十六卷"守一人室知神戒"："三光为其不失行度，四时五行为其不错，人民莫不欢喜，皆言'善哉'，万物各得其所矣。""不错"即"不颠倒错乱"。《百喻经·婆罗门杀子喻》："时诸世人，却后七日，闻其儿死，咸皆叹言：'真是智者，所言不错！'""不错"即"没有一点错误"，又如《祖堂集》卷二十"五冠山瑞云寺和尚"："如是三劫中，一切诸佛出现于世，摄化群生，相传授记，分毫不错矣。"

宋金，"不错"常与"圣鉴、尊鉴、主鉴"等组合，成为臣子对皇帝或下级对上级、晚辈对长辈禀陈情况之下，请求裁夺的一种固定表达方式，意义也随之发生了改变，不再是"不"+"错"的否定组合，而是结合紧密，词化为词。类此者如"一布"词。

3. 划地 / 划的

①却，反而。②平白地，无端地。③依旧，照样。④一味。

《刘知远》卷十一【仙吕调·绣带儿】：甚你却抵讳，问我儿安乐存亡，划地道不知。

《董西厢》卷一【大石调·梅梢月】：划地相逢，引调得人来眼狂心热。

《董西厢》卷一【大石调·梅梢月】：一片狂心，九曲柔肠，划地闷如昨夜。

《董西厢》卷六【黄钟宫·侍香金童缠令】：才郎自别，划地愁无那。袅袅炉烟萦绿琐，浓睡觉来心绪恶。

“划地，犹云只是也；引申之，则犹云依旧或照样也；到底也；一派或一味也。诗词中作‘划地’，曲中亦作‘划的’。”（张相，1953：501）这就透露给我们一个信息，在元曲以前的诗词中，“划的”均作“划地”，而且搜检目力可及的文献来看，确实如此。两部诸宫调都用“划地”，尽管意义不同。这符合元代以前的语言事实，因为在宋金文献中只写作“划地”而不写成“划的”。“划地”一词始见于宋金，各个义项在同期文献中都不乏用例。义项①，如晁端礼《梁州令》：“各自寻思取，更莫冤他人做。如今划地怕相逢，愁多正在相逢处。”《朱子语类》卷一三五“历代二”：“汉兴之初，人未甚繁，气象划地较好。到武、宣极盛时，便有衰底意思。”义项②，如赵长卿《满江红》：“记得当初低耳畔，是谁先有于飞约？惟到今、划地误盟言，还先恶。”《张协状元》第十六出：“五鸡山上一个大王，划地与人做鸭，到叫作鸭精大王。”义项③，如何应龙《临安僦楼》：“过了烧灯望燕归，春寒划地勒芳期。”辛弃疾《念奴娇·书东流村壁》词：“野堂花落，又匆匆、过了清明时节。划地东风欺客梦，一枕云屏寒怯。”义项④，如陈允平《柳梢青》词：“划地多情，带将明月，来伴书帷。”葛长庚《贺新郎·送赵师之江州》词：“愁来长是朝朝醉。划地成、宋玉伤感，三闾憔悴。”

4. 大小大

① 偌大，如此大。也作“大小”。②多么，何等，实在，太。

《刘知远》卷一【南吕宫·瑶台月·尾】：你须也家内有父母，想这畜生是大小大无礼度。

《董西厢》卷一【中吕调·牧羊关·尾】：闷答孩地倚着窗台儿眐，你寻思大小大郁闷？

又卷四【仙吕调·绣带儿】：你寻思，甚做处，不知就里，直恁冲冲怒？把人请到，是他做死地相抢，大小大没礼度。

两部诸宫调多用第二种意义，“大小大”由“大小”后来加“大”字构成。“‘大小’可用作疑问代词，当它在感叹句中不表实际疑问时，作用相当于一个副词，可释作‘多么’‘何等’。”（江蓝生，1991：114）所以“大小大”有“多么大，何等大”义，如《碧岩录》卷二：“大小大国师，被他一拶，直得口似匾檐。”（48/158a）《法演禅师语录》卷上：“大小大祖师，问着底便是不识不会，为什么却儿孙遍地？”（47/650c）“多么大，何等大”表示程度即是“多么、何等、实在、太”，宋金文献不乏用例，如《河南程氏遗书》卷二“二先生语二上”：“放这身来，都在万物中一例看，大小大快活。”又卷十四“明道先生语四”：“异端造作，大小大费力，非自然也，故失之远。”《朱子语类》卷十五“大学二”：“忽然出到外面，见得大小大明。”不过后代已不多见，被“老大小”和“倒大（来）”取代，“我以为‘倒大’源自宋金时期的俗语词‘大小大’，……到了元杂剧里，‘大小大’一语已销声匿迹，代替它的是在金代的两种诸宫调里业已出现的‘倒大（来）’。”（江蓝生，1991：113—114）如元·王实甫《西厢记》第五本第四折【双调·乔牌儿】：“若有此事，天不盖，地不载，害老大小疔疮！”元·杨显之《酷寒亭》第一折【仙宫·醉中天】：“我待揪扯着他，学一句燕京厮骂：入没娘老大小西瓜。”元·郑光祖《王粲登楼》第二折【正宫·滚绣球】：“如今那友人门下难投托，因此上安乐窝中且避乖，倒大来悠哉！”元·王子一《误入桃源》第二折【正宫·叨叨令】：“倒大来福分也么哥，倒大来福分也么哥，恰做了襄王一枕高唐梦。”

表达“估量大小之辞”概念，不同时代似用不同的词，唐人用“大少”，如《唐文拾遗》卷七十二上宫厩户丰耳聪太子“宪法”：“世少生知，克念作圣，事无大少，得人必治，时无急缓，遇贤自宽。”宋金多用“大小大”，元明用“多大小”和“倒大（来）”，见上所述。

5. 担免

饶恕，宽恕。

《刘知远》卷十二【大石调·伊州令·尾】：记得恁打考千千遍，任苦告不肯担免，恁时却不看姊妹弟兄面。

《董西厢》卷四【仙吕调·绣带儿】：这回且担免，若还再犯后，孩儿多应没诉休。

担，《集韵·谈韵》：“儋，《说文》：‘何也。’或从手。”本义为“肩挑；肩扛”，抽象引申为“承当”，“承当”即意味着多担待一些，多包容一点，以“担”为语素构成的词多含有“宽容；宽恕”义，如“担免”“担待”“担饶”。“担免”，仅用于两部诸宫调中，类此者如“窝穰”词。《大词典》仅举《董西厢》例，可补《刘知远》例。

6. 男女

詈词，对他人的贱称。

《刘知远》卷二【道宫·解红】：两个男女，捣着背儿厮罗执，灭良削薄得人来怎敢喘气。

《董西厢》卷二【黄钟调·喜迁莺缠令】：尽是没意头擶搜男女。觑贼军，约半万，如无物。

“男女”一词的义项很多，吕叔湘 (1982a) 对“男女”的义项有个总结，并画出其词义演变的简图，如下：

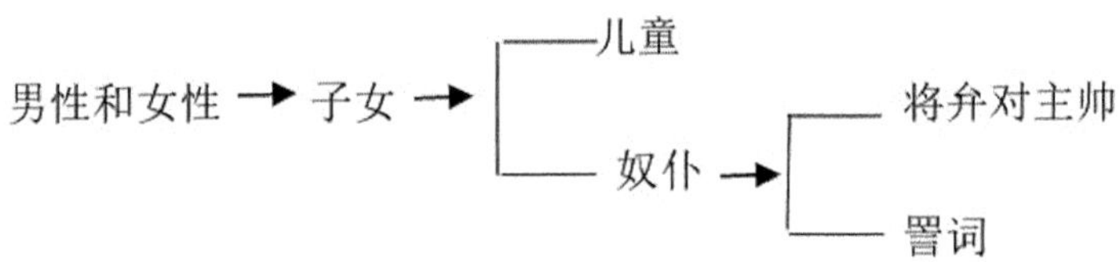

但是作为詈词却是宋金产生的，后代沿用，且前多冠以“乔、狗、泼、贼、鸟”，贬之又贬，如元·马致远《半夜雷轰荐福碑》第一折【仙吕·油葫芦】：“比及道河出图、洛出书，怎禁那水牛背上乔男女，端的可便定害杀这个汉相如！”元·无名氏《孟德耀举案齐眉》第三折【越调·鬼三台】：“（正旦云）可不晦气！被那两个泼男女羞辱了一场。”元·无名氏《争报恩三虎下山》第三折白：“若救不得呵，则我这大杆刀劈碎鸟男女天灵盖。”《金瓶梅》第十九回：“好杀才，狗男女！你是那里捣子？走来吓诈我！”《二刻拍案惊奇》卷五：“这些贼男女，死有余辜！”

7. 匹夫

对男子的詈称，犹言“家伙；东西”。

《刘知远》卷十一【般涉调·苏幕遮·尾】：把瓦忓，着手掇，道：“打脊匹夫莫要朵！”

《董西厢》卷八【双调·文如锦】：那将军，见郑恒分辩后冲冲地怒，道：“打脊匹夫怎敢謊吾！”

“匹夫”一词先秦已有使用，指“平民中的男子。亦泛指平民百姓”，如《左传·昭公六年》：“匹夫为善，民犹则之，况国君乎？”宋代以前，还用为“独夫”“平常的人”义，例多不举。但用作詈词却始见于两部诸宫调，《大词典》首引例证为元·刘时中《端正好·上高监司》套曲：“堪笑这没见识街市匹夫，好打那好顽劣江湖伴侣。”嫌晚。

8. 蹺蹊

奇怪，可疑。

《刘知远》卷十一【般涉调·麻婆子】：被你一生在村泊，不知国法事如何。有多少蹺蹊处，不忍对你学。

《董西厢》卷五【黄钟宫·刮地风】：自家这一场腌臢病，病得来蹺蹊。难服汤药，不停水米。

“蹺蹊”是宋金产生的新词，《大词典》首引例证为《朱子语类》卷二九：“如一件事物相似，自恁地平平正正，更着不得些子蹺蹊。”甚是。同期用例，如《张协状元》第十出：“外面门儿，破得蹺蹊。”又第十四出：“（净）秀才说话蹺蹊，不要时，我做个说合底？”倒作“蹊跷”，如《朱子语类》卷二十六“人之过也章”：“仁者之过，只是理会事错了，无甚蹊跷，故易说。”又作“跷欹”，如《朱子语类》卷八“总论为学之方”：“只是坚立着志，顺义理做去，他无跷欹也。”或写作“侥傒、跷奇”，见于宋金以后文献，例多不举。

9. 姊妹

妹妹。

《刘知远》卷十二【黄钟宫·快活年·尾】：交他做姐姐，我做姊妹，俺两个一个口儿里出气，想大妇小妻又争甚底！

《董西厢》卷三【黄钟宫·出队子·尾】：当初救难报恩，望佳丽结丝萝；及至免危答贺，教玉容为姊妹。

“姊妹”的“妹妹”义始于宋金，《大词典》《宋语言词典》失收。《元语言词典》收有“姊妹”，第二个义项为“妹妹”，其实金代诸宫调“姊妹”已有“妹妹”义。而且这种用法在今天的一些方言中仍在使用，如42方言点中的“忻州、崇明、上海”；另据《汉语方言大词典》，晋语区的山西太谷、榆次、沁县、榆社、阳曲、长子；吴语区的上海松江、南汇周浦等地也有使用。王学奇、王静竹（2002：1448）云：“今河北井陉方言中也有称妹妹为‘姊妹’的，这说明这种称呼在北方方言中还延续着。”从今天的方言分布看，显然不只是在北方延续，不过从历史文献中的使用情况看，“姊妹”（“妹妹”义）始见于宋金，且主要用于北方诸宫调中，在当时许为北方方言词。无独有偶，“兄弟”的“弟弟”义亦始见于宋金，如《刘知远》卷一【正宫·应天长缠令】：“哥哥唤做刘知远，兄弟知崇，同共相逐。”

河南林州方言中仍称“妹妹”和“弟弟”为“姊妹”和“兄弟”。如“你有几个兄弟（弟弟）？”这一对称谓词的用法，一方面印证了两部诸宫调的同时性，另一方面也说明了两部诸宫调的同域性。

（二）结论

上举用例均始见于宋金，且两部诸宫调都有使用。具体说来：(1) 意义相同，词形不同。如“报告；禀报”义，宋金写作“报覆”，而元以后作“报复”“报伏”；“一味；一概”义，宋金作“刬地”，元以后写作“刬的”；“奇怪；可疑”义，宋金写作“跷蹊”，元以后作“侥傒”“跷奇”。(2) 宋金时成词，在此之前为词语。如“不错”“一布”。(3) 时代性较强的词。仅两部诸宫调有用例，如“担免”“窝穰”。(4) 在同一意义上，不同时期用不同的词。如估量大小之词，唐多用“大少”，宋金用“大小大”，元明用“多大小”和“倒大（来）”。(5) 同类词的新义位均始见于宋金，如“姊妹”的“妹妹”义和“兄弟”的“弟弟”义。(6) 异类词的相同义位均始见于宋金，如“男女”“匹夫”的“詈词”义，且“男女”“匹夫”均始见于两部诸宫调。以上几点都很好地说明了《董西厢》与《刘知远》语言年代的相近性。

第一章　南北文献中“同词异义”和“同义异词”的挖掘

汉语中一词多义现象非常普遍，如“板[1]”，《现代汉语词典》（第7版）列了10个义项，这些义项在不同的语境、不同的文体、不同的地域中会出现使用的差异，如义项⑩［动］纠正；约束（多指不好的习惯等）：口吃的毛病板过来了，主要用于东北官话、北京官话、冀鲁官话和胶辽官话[①]中，和其他用于通语中的义项就有使用地域的差别。这种“同词异义”现象在共时语言比较时普遍存在，如“得意”，普通话指“称心如意；感到非常满意”，粤语指“可爱有趣”；“丑”，普通话指“丑陋；不好看”，湖南零陵方言指“难为情；害臊”；“婆婆”，普通话指“丈夫的母亲”，重庆方言除了指“丈夫的母亲”，还指“父亲的母亲”。另外，表达同一概念而用词不同的现象在不同方言中也比比皆是，如“北方话”的“筷子”等于潮州话的“箸”，北方话的“伞”等于广州话的“遮”。这两种现象不仅在共时语言层面存在，在历时文献语言中亦存在，下面我们通过宋金对峙时期南北文献中“同词异义”和“同义异词”的使用情况来说

① 参看《汉语方言大词典》3096页。

明南北用词的差异。

第一节　同词异义

同一词的不同义项可能产生于不同时代，有些是宋金始见的新义，有些是宋前旧义，所谓“同词异义”是指同一个词在南北文献中意义和用法不同，通过比较同一词南北使用义项的新旧差异及其用法的不同，以此揭示南北文献反映口语程度的差异。例如：

1. 安排

“排”本身就有“安排”义，如《庄子·大宗师》：“献笑不及排。”陈鼓应注引林希逸曰：“此笑出于自然，何待安排！”“安排”即“安于……的安排”，首见于《庄子·大宗师》：“造适不及笑，献笑不及排，安排而去化，乃入于寥天一。”郭象注：“安于推移而与化俱去，故乃入于寂寥而与天为一也。”用为“安于大自然的安排”，也即“听任自然的变化”，此乃“安排”本义，在此基础上逆向引申为“安置；妥善处置”“准备；打算”和“人为地用心思摆布”义，其中“安置；妥善处置”义唐已见，《大词典》首引唐·李中《竹》诗：“闲约羽人同赏处，安排棋局就清凉。”“打算；准备”为宋金新义，如《刘知远》卷二【南吕宫·应天长·尾】：“到夜深，潜龙困睡，李洪义门外厅沉，发起毒心，安排下手。”《大词典》首引《元诗纪事》卷六引元王义山诗：“满斟绿斝安排醉，牢里乌纱照顾吹。”

嫌晚。“人为地用心思摆布”义亦为宋金始见，《大词典》首引宋·周煇《清波杂志》卷九：“积从胡瑗学，一见异待之，尝延食中堂，二女子侍立，将退，积问曰：‘门人或问见侍女否，何以答之？’瑗曰：‘莫安排。’积闻此言省悟，所学顿进。”是前述义项在南北代表性文献中使用如下：

《张协状元》3见，用作旧义“安置；妥善处置”；《朱子语类》35见，15例用旧义“安置；妥善处置”；20例用新义“人为地用心思摆布”即“特意做作”。如：

（1）（末）万事不由人计较。（合）算来都是命安排。（《张协状元》第二出）

（2）公相当朝何用媒，仗托我丝鞭，去选大才。当筵宴，早安排。（又第二十七出）

（3）只是戒慎恐惧，便自然常存，不用安排。（《朱子语类》卷一百一十三“训门人一”）

（4）凡看文字，也须待自有忽然凑合见得异同处。若先去逐些安排比并，便不是。（又卷一百二十三“陈君举”）

（5）可见天理自然，不由人安排。（又卷一百二十七“英宗朝”）

（6）盖是风气之中有自然之理，便有自然之字，非人力所能安排。（又卷一百四十“论文下”）

“安排”的“特意做作”义虽始见于宋代，但多用在特定文体中，徐时仪（2000）云：“《朱子语类》中有些词语体现了宋儒的思维习惯，宋儒讲学时组词造句往往表现出一种相关和相对的思维习惯，让人从这一点联想到相关的另一点，从这一部分想到另一部分，从而使一些词语产生了引申义。”“安排”的“人为地用心思摆布”义就是由“听任自然变化”联想而来[①]。有一定的道理。

诸宫调“安排”5见，4例用作旧义“安置；安顿”；1例用作新义“准备；打算”，如上所举，此不赘。

要之，南方文献《张协状元》用旧义，《朱子语类》虽新旧皆用，但新义系特定文体表达的需要；北方文献诸宫调新旧兼用。

2. 刬地

“刬”[②]同“铲”，本为名词，表示一种农具，动静引申为“刬除，刬消”，由刬除的结果引申为形容词义“光；尽”，如五代李煜《菩萨蛮》：“刬袜步香阶，手提金缕鞋。”虚化为副词义“光；只”，唐李廓《长安少年行》之一：“刬戴扬州帽，重熏异国香。”故“刬地”本义当为表轻转的“只是”，语气加重即是“却；反而”，进一步引申为“平白地，无端地”“依旧；照样”“一味地”，正如张相（1953：501）所云：“刬地，犹云只是也；引申之，则犹云依旧或照样也；到底也；一派或一味也。诗词中作‘刬地’，曲中亦作‘刬的’。”

《朱子语类》8见，“却；反而”义。如：

（1）但造得太文，军人刬地不晓。（卷一百二十七“神宗

① 徐时仪《〈朱子语类〉词汇研究》（上），上海古籍出版社2013年版，第136页。

② “刬”的词义演变参看查中林、杨华《说“刬”、“刬地（的）”》，《西华师范大学学报》（哲学社会科学版）2010年第5期。

朝”）

（2）汉兴之初，人未甚繁，气象刬地较好。（卷一百三十五“历代二”）

（3）据某意，只将那事说得条达，便是文章。而今要去做言语，刬地说得不分明。（卷一百三十七“战国汉唐诸子”）

《张协状元》2见，1例用作“平白地，无端地”。

（4）五鸡山上一个大王，刬地与人做鸭，到叫作鸭精大王。（第十六出）

1例用作“依旧；到底”。

（5）正是一朝波浪起，刬地鸳鸯各自飞。（第三十九出）

诸宫调4例，1例用作“平白地，无端地”。

（6）刬地相逢，引调得人来眼狂心热。（《董西厢》卷一【大石调·梅梢月】）

1例用作“依旧，仍然”。

（7）一片狂心，九曲柔肠，刬地闷如昨夜。（同上）

2例用作“一味地”。

（8）才郎自别，刬地愁无那。（《董西厢》卷六【黄钟宫·侍香金童缠令】）

（9）甚你却抵讳，问我儿安乐存亡，刬地道不知。（《刘知远》卷十一【仙吕调·绣带儿】）

南方文献《朱子语类》用旧义，《张协状元》虽用引申义，但词义不如北方诸宫调词义丰富。

3. 畅

“畅”本为“通畅；畅达”，《玉篇·申部》：“畅，达也，通也。”先秦已有，如《易·坤》：“美在其中，而畅于四支。”孔颖达疏：“有美在于中，必通畅于外。”引申为思路通畅、心情舒畅或心理上无拘无束的感觉，也即“尽情”，如王羲之《兰亭集序》：“虽无丝竹管弦之盛，一觞一咏，亦足以畅叙幽情。”尽情、随心所欲能达到一种较高程度，加上“畅”处于状语的位置，故在此基础上引申为“很；非常”，始见于金，“二典”均首引《西厢记诸宫调》卷七：“青衫忒离俗，裁得畅可体。”诸义项在南北代表性文献中的使用情况如下：

《朱子语类》10例，单用者1例，“通畅；畅达”义。如：

（1）文字到欧曾苏，道理到二程，方是畅。荆公文暗。（卷一百三十九“论文上”）

余皆为复音词，“条畅”5见、“敷畅”1见、“通畅”1见、“畅快”1见、“舒畅”1见。除“畅快”用为动词外，其他为形容词，词义重点离不开“畅达”。

诸宫调7例，其中1例复音词“畅饮”，“畅”为“尽情地”义；余皆用为副词“很；非常”。如：

（2）使着后道东说西，畅憋气。（《刘知远》卷二【黄锺宫·双声迭韵】）

（3）畅忒昏沉，忒慕古，忒猖狂。（《董西厢》卷四【中吕调·鹘打兔】）

综上，南方文献《朱子语类》用旧义；北方文献诸宫调用新义。

4. 大小大

徐时仪（2013：219）认为，“大小大”本是偏正词组，“大小”谓大小的程度，引申为“多么”，修饰“大”；后凝固成词，有“重大”和“十分、特别”义，可作形容词或副词。而且徐先生把用作形容词修饰名词的“大小大”看成是介于词组和词之间的成分，处于由词组向词转变的过程中。如《朱子语类》卷一百一十二“论官”：“夫‘天讨有罪’，是大小大事！岂可以私废？”因此，我们把“大小大”词化的过程分为三个阶段，（1）“大小大”+名词（发展中）；（2）“大小大”作谓语（形容词）；（3）“大小大”+形容词（副词）。从（1）到（3）意味着“大小大”词化程度的加深。这几个阶段在南北代表性文献中的使用情况如下：

《朱子语类》5例，3例为形容词，作定语，“偌大；多么大”义。如：

（1）夫“天讨有罪”，是大小大事！岂可以私废？（卷一百一十二“论官”）

（2）果若以此自任，是大小大事！（卷一百一十八“训门人六”）

（3）今吾人学问，是大小大事！（卷一百二十一“训门人九”）

2例为副词，作状语，“多么；何等；实在；太”，也是引自二程。如：

（4）程子谓：“将这身来放在万物中一例看，大小大快活！”

又谓：“人于天地间并无窒碍处，大小大快活！”（卷一百一十七“训门人五”）

诸宫调5例，全为副词，作状语，“多么；何等；实在；太”。如：

（5）许来大年甲恁般毁辱。你须也家内有父母，想这畜生是大小大无礼度。（《刘知远》卷一【南吕宫·瑶台月·尾】）

（6）得个除授先到家，引着几对儿头答，见俺那莺莺大小大诈。（《董西厢》卷七【正宫·梁州令缠令·尾】）

（7）好出丑，夫妻大小大不会寻思，笑破贫僧口。（又卷八【般涉调·哨遍缠令】）

按照语法化的单向性规律，副词用法显然是由形容词用法虚化而来：二者语义相宜、当其后成分由名词性的变成谓词性的时，“大小大”由形容词虚化为副词。显然诸宫调中“大小大”词是在《朱子语类》中“大小大”的基础上发展过来的，用法更虚。

5. 端的

“端”为“耑”之今字，《玉篇·耑部》：“耑，今为端。”《说文·耑部》：“耑，物初生之题也。”徐锴系传：“题犹额也，端也，古发端之耑直如此而已。”后用“端”表“耑”，即“事物的一头或一方面”义，如《礼记·中庸》：“执其两端，用其中于民。”引申为“首；事情的开头”，如《礼记·礼运》：“故人者，天地之心也，五行之端也。”“的”为“箭靶的中心”，《玉篇·白部》：“的，射质也。”《诗·小雅·宾之初筵》：“发彼有的，以祈尔爵。”毛传：“的，质也。”

引申为“目的；目标”，如《韩非子·外储说左上》：“人主之听言也，不以功用为的，则说者多‘棘刺’‘白马’之说。”“端”为“事情的开头”，为“首；始”；而“的”为完成一件事情要达到的“目的；目标”，为“尾；末”，因此，二者连言即“始末；原委；底细”。如何仙姑《八声甘州》词：“无奈伤嗟最苦，又不知端的，枉弃了家缘。”《全唐文》卷七百七李德裕《代宏敬与泽潞军将书》：“姜崟四月十三日到城，至二十三日，圣上惊异此事，要知端的，遂令追问，冀得实情。”

“耑”同“专”，因此“端”有“专一、专注”义，如韦应物《春宵燕万年吉少府中孚南馆》：“欲去返郊扉，端为一欢滞。”韩愈《题张十八所居》：“端来问奇字，为我讲声形。”进一步引申为“一定，准定”义，如张祜《杂曲歌辞·破阵乐》：“正属四方朝贺，端知万舞皇威。”陆游《病中绝句》：“青蒻织篷菅织席，此生端欲老江湖。”① 而“的”作为射箭的标的，具有“确切”义，进而引申为“准定，确定”义，如白居易《出斋日喜皇甫十早访》：“除却朗之携一榼，的应不是别人来。”元稹《和严给事闻唐昌观玉蕊花下有游仙》：“的应未有诸人觉，只是严郎不得知。”项斯《浊水求珠》：“如能在公掌，的不负明眸。”“端”“的”同义连文，意即“准定，确实”，如吕岩《百字碑》：“都来二十句，端的上天梯。”敦煌变文《维摩诘经讲经文》：“端的忽然知去处，将身愿入法王家。”《朱子语类》卷五十七

① 此例转引自张相《诗词曲语辞汇释》，中华书局1953年版，第537页。

“天下之言性也章”：“禹之行水，亦只端的见得须是如此，顺而行之而已。”《五灯会元》卷十“灵隐清耸禅师”：“师曰：‘汝端的不会！’曰：‘是。’”

“真的；确实”义用在疑问句中时引申为“究竟”义，如朱淑真《月华清·梨花》：“深杏夭桃，端的为谁零落？”王灼《虞美人》：“问花端的为谁开？拟作移春小槛、载归来。”《朱子语类》卷二十五“孔子谓季氏章”：“如今亦未见圣人之言端的是如何。如后说之意，亦自当存，盖只此便是天理发处。”

显然，副词“端的”中的“端”和“的”是在名词“端”和“的”的基础上进一步引申而来，换句话说，“端的”的副词义系由其名词义引申而来。

副词“究竟；到底”义乃“真的；确实”义的进一步引申，《大词典》首引《西游记》第七四回：“端的是什么妖精，他敢这般短路。”嫌晚。

诸义项在南北代表性文献中的使用情况如下：

《张协状元》1例，用作名词“始末；原委；底细”。

(1)(旦)新及第状元何处安歇？(末)兀底便是行衙里。问那门子便知端的。(《张协状元》第三十五出)

《朱子语类》9例，1例形容词，“清楚；分明”义；8例副词，“真的；确实”义。如：

(2)终是说得骑墙，不分明端的。(《朱子语类》卷一百三十七“战国汉唐诸子”)(“分明”“端的”连文)

（3）以至见天下道理皆端的如此了，方得。（又卷一百四“自论为学工夫”）

（4）须要理会教是非端的分明，不如此定不得。（又卷一百七“宁宗朝”）

诸宫调7见，5例用为“始末；原委；底细”义；余2例分别用作副词“真的；确实”和“究竟；到底”义，各举1例如下：

（5）问来人虚实，再说端的。（《刘知远》卷十二【大石调·红罗袄·尾】）

（6）相国夫人端的左，酷毒害的心肠忒煞过！（《董西厢》卷四【黄钟宫·出队子·尾】）

（7）杜太守端的是何人，与自家是旧友关亲？（又卷八【高平调·于飞乐】）

综上，南方文献《张协状元》和《朱子语类》用本义，诸宫调用引申义。

6. 顿

“顿”本指“以头叩地”，如《说文解字·页部》：“顿，下首也。”引申为以足或以物叩地，如《韩非子·初见秦》：“闻战，顿足徒裼，犯白刃，蹈鑪炭，断死于前者皆是也。”“以物扣地”的结果是将物顿放在地上，引申为“安顿；放置”，如宋·陈允平《唐多令·秋暮有感》：“欲顿闲愁无顿处，都著在两眉峰。”由于动作行为的施动者不同，“安顿；安置”还可解为“耸立”，正如郭作飞（2008：129）所云：“‘顿’作为一个动词，当表示的是一个他动的动作，即动作行为的施动者是由他人发出，即作‘安放，放置’解；如果表示的是一个自动的动作，即动作行为的施动者是事物本身，即作‘立、耸立’解。”“以头扣地”意味着头扣地即“止”，以此引申为“停止”，如《史记·淮阴侯列传》：“今将军欲举倦弊之兵，顿之燕坚城之下，欲战恐久力不能拔。”由“停止”反向引申为“解脱；挣脱”，如《董西厢》卷四卷四【般涉调·苏幕遮】：“顿不开眉尖上的闷锁，解不开心头愁结。”

“顿”还可作量词用，学界多有探讨，王力（1990：52），王绍新（1999：183；2018：716—717），王毅力（2011：71—74），李建平（2016：209），胡丽珍、雷冬平（2015：34—58），曾昭聪（2020）等，学界多认为名量词“顿”的来源是“叩首—停顿—住宿—宿处—宿处的一餐饭—任一餐饭—称量饮食名量词”，产生于南北朝时期；动量词的来源是“叩首—停顿—住宿—宿处—宿处的一餐饭—任一餐饭—称量饮食名量词—称量进食动量词（—称量责打名量词—称量责打动量词—称量言说等的动量词），产生于唐代”[①]。

“顿”还可作副词用，相当于“立刻”“忽然”，《正字通·页部》：“顿，遽也。”如南朝梁江淹《铜雀妓》：“雄剑顿无光，杂佩亦销烁。”

“顿”的前述义项在南北文献中的使用情况如下：

《张协状元》3 例，1 例用作副词，表示情态，相当于“立刻”“忽然”；1 例用作动量词，用于打骂的次数；1 例用作“耸立”义，第一出：“在路平地尚可，那堪顿着一座高山，名做五矶山。”前

① 参看胡丽珍、雷冬平《再论动量词“顿”的产生时代及其来源》，《汉语史研究集刊》第 19 辑，巴蜀书社，2015 年。

两义产生于宋前，后义宋代始见，“二典”漏收。

《朱子语类》9例，动词2例，表“安放；放置”，量词3例，名量用于饭的餐数；动量用于吃饭、斥责、劝说、打骂等行为的次数。副词3例，为“立刻；忽然”，皆为宋之前旧义。

诸宫调14例，4例用作副词，表示情态，相当于“立刻”“忽然”；8例用作量词，名量用于饭的餐数；动量用于吃饭、斥责、劝说、打骂等行为的次数。2例用作“解脱；挣脱”，宋金新义，如卷四【般涉调·苏幕遮】：“顿不开眉尖上的闷锁，解不开心头愁结。”“二典”漏收。

郭作飞（2008：359）考证表“耸立”的“顿”在南宋乃吴语词。以此来看，可能是由于地域的不同，南北方文献使用不同的新义。

7. 敢

“敢”本表“勇于进取”，《荀子·非十二子》：“刚毅勇敢。”引申为有胆量做某事，如《史记·黥布列传》：“布愈恐，不敢往。”在反问句中，“敢”常与“岂”连用，意思是“哪里敢，怎么敢”，也可单用“敢”表示，如《左传·僖公四年》：“贡之不入，寡君之罪也，敢不共给？”在“反诘”义的基础上进一步引申为“询问（测度问）”，即“莫非；难道”，始见于宋金，《大词典》首引宋苏轼《虔守霍大夫见和复次前韵》：“敢因逃酒去，端为和诗留。”是；《大字典》首引元佚名《陈州粜米》第二折：“这个白髭须的老儿，敢是包待制？”嫌晚。在本义的基础上，“敢”还可引申用作谦词，如《仪礼·士虞礼》：“敢用絜牲刚鬣。”郑玄注：“敢，昧冒之辞。”贾公彦疏：“敢，昧冒之辞者，凡言敢者，皆是以卑触尊不自明之意。”引申用作“会；肯”“可”，前者如晋陶潜《荣木》诗：“脂我名车，策我名骥，千里虽遥，孰敢不至。”后者如皮日休《泰伯庙》诗：“一庙争祠两让君，几千年后转清氛。当时尽解称高义，谁敢教他莽卓闻。”[①]引申用作“(保证→)一定”[②]，如唐玄奘《大唐西域记》卷四：“王闻喜悦命驾送归，既至仙庐，谢仙人曰：‘大仙俯方外之情，垂世间之顾，敢奉稚女以供洒扫。’”[③]“敢”之义项在南北代表性文献中的使用情况如下：

《张协状元》26例，但用作“①有胆量做某种事情。②谦词。自言冒昧。③会；肯。④可。”均为宋前旧义。各举1例如下：

(1)欲经过五矾山上，小客独自不敢向前，等待官程，不然车仗，厮赶过去。(第八出)

(2)(净)状元张协望钧庇，洒欲冒渎敢乞不罪。(第五十一出)

(3)(丑)状元张协改前非，敢将此女与作夫妻。(同上)

(4)钓鳌施大手，敢助圣明君。(第二十四出)

《朱子语类》用例很多，但用为“有胆量做某种事情”和“岂敢”义，此二义先秦已有。如：

(5)某释经，每下一字，直是称等轻重，方敢写出！(卷一百五“论自注书”)

---

① 参看张相(1953：33)“敢(一)”条。

② 参看李小军(2018)。

③ 转引自李小军(2018)。

（6）问曾点。曰:“今学者全无曾点分毫气象。今整日理会一个半个字有下落，犹未分晓，如何敢望他？他直是见得这道理活泼泼地快活。若似而今诸公样做工夫，如何得似它？”（卷一百二十一“训门人九”）

诸宫调除用作旧义“①有胆量做某种事情。②谦词。自言冒昧。③会；肯。④可。⑤准；定”外，还用作新义⑥“莫非；难道”。如：

（7）解元听分辩，你更做楼荒，敢不开眼？（《董西厢》卷四【双调·芰荷香·尾】）

（8）业相的日头儿不转角，敢把愁人刁虐杀？（又【黄钟宫·出队子】）

综上，南方文献《张协状元》和《朱子语类》用旧义，北方文献诸宫调兼用旧义和新义。

8. 孩儿

“孩儿”本“幼儿；儿女”义，如《书·康诰》“若保赤子。”孔传:“爱养人，如保孩儿赤子，不失其欲。”引申为“长辈称呼儿孙或儿孙对长辈自称”，始见于宋，《大词典》首引宋晁说之《晁氏客语》:“太母宣谕曰:‘范侍讲求去甚力，故勉徇其请。昨日孩儿（谓哲宗）再三留他，可谕与且为孩儿留，未可求出。’”除此外，“孩儿”还有“对所昵者之称”义，《大词典》首引董解元《西厢记诸宫调》卷三:“是日张生正郁闷，闻言点头微哂，道:‘九百孩儿，休把人厮啈，你甚胡来我怎信。’”义项概括不全，不只是称仆人、心上人，也包括其他人[①]，可总括为"对所昵者的称呼"，这是宋金产生的新义，其他同期文献多用"海猴儿""海鹤儿""海里猴儿""海底猴儿""海底鸥儿"，例多不举。各辞书多释此为"好孩儿"，刘静（2006）提出新解，认为释为"孩儿"较切。不管是哪种解释，都不否认是对所昵者的称呼。王学奇、王静竹（2002：443）云："孩儿，宋元时仆役、下人的自称或他称之词，是一种亲热的表示。"前述义项在宋元南北代表性文献中的使用情况如下：

《张协状元》68 例，均用为"长辈称呼儿孙或儿孙对长辈自称"义。如：

（1）爹娘见儿苦苦要去，不免与他数两金银，以作盘费。再三叮嘱孩儿道：'未晚先投宿，鸡鸣始过关。逢桥须下马，有渡莫争先。'孩儿领爹娘慈旨，目即离去。（第一出）

（2）（净哭）孩儿你去，有人少我课钱，千万与娘下状论。（第五出）

《朱子语类》3 例，均用为"幼儿"义。如：

（3）如俗语说，他只是"抱得一个不哭底孩儿"！（卷一百一"尹彦明"）

（4）陈曰："三十年做老娘，不解倒绷了孩儿！"既而"王"字押作赋韵，"率土之滨莫非王"，遂见黜。魏公闻之笑曰："果然倒绷了孩儿矣！"（卷一百三十八"杂类"）

① 详参刘静《宋元市语"海猴儿"、"海鹤儿"新解》，《语言学论丛》第三十四辑，商务印书馆 2006 年版，第 71 页。

诸宫调除用作“幼儿”[①]义外，还用为“对所昵者之称”义（12见）。如：

（5）孩儿，莫不是俺无分共伊嘛？（《董西厢》卷一【仙吕调·赏花时·尾】）

（6）不图酒食不图茶，夫人请我别无话，孩儿，管教俺两口儿就亲吵！（卷三【仙吕调·赏花时·尾】）

（7）莺莺色胆些来大，不惯与张生做快活，那孩儿怕子个，怯子个，闪子个。（卷五【正宫·梁州令缠·尾】）

“孩儿”的“对仆人的称呼”义，多用于诸宫调和北曲中。要之，南方文献《朱子语类》用旧义，限于地域或文体等其他因素，《张协状元》和诸宫调使用不同的新义。

9. 害

“害”本指“伤害；损害”，如《说文·宀部》：“害，伤也。”在此基础上引申为“祸害”“妨碍”“杀害”等，例多不举。因“害”总是带来某种不好的结果，故可引申为招致某种不好的后果，如“生病”，初见于唐，刘肃《大唐新语》卷五：“（张志宽）后为里尹在县，忽称母疾。县令问其故，志宽对曰：‘尝所害苦，志宽亦有所害。向患心痛，是以知母有疾。”[②]《大字典》首引《清平山堂话本·合同文字记》：“害了六七日，一命呜呼，已归泉下。”《清平山堂话本》收小说29篇，除三篇为明人所作外，余作于宋元两代；《大词典》首

① 上古旧义。

② 转引自白维国主编《近代汉语词典》第735页。

引《朱子语类》卷一三八：“叔祖奉使在北方十五年已上，生冷无所不食，全不害。归来才半年，一切发来遂死。”均嫌晚。在此基础上特指“男女之间的相思病”和引申为“产生某种不适之感，感觉到”义，均始见于金，前者如《董西厢》卷一【大石调·吴音子·尾】：“短命冤家薄情煞，兀的不枉教人害，少负你前生眼儿债。”“二典”失收。后者如《刘知远》卷十一【仙吕调·恋香衾·尾】：“洪信道：‘你害饥，交三叔取饭，却觅不着。两个在这里！’”《大字典》首引元马致远《汉宫秋》第二折：“怕娘娘觉饥时吃一块淡淡盐烧肉，害渴时喝一杓儿酪和粥。”嫌晚。《大词典》收有“产生某种不适之感或不安的情绪”义，与“感觉到”义近。但未举证。“害”之义项在南北代表性文献中使用如下：

《张协状元》只用动词旧义“杀害；伤害；损害”，略举一二，如：

（1）吾无害虎心，虎有伤人意。（第九出）

（2）（合）不记为它，害了孩儿命？孩儿命？（第四十九出）

《朱子语类》使用旧义“伤害；损害；生病”等，检举一二，如：

（3）或人性本好，不须矫揉。教人一用此，极害理。（《朱子语类》卷八“学二”）

（4）且如今人害洁净病，那里有洁净病？只是疑病，疑后便如此。（《朱子语类》卷一百一十八“训门人六”）

诸宫调除用旧义外，还使用新义“男女之间的相思病”，如：

（5）短命冤家薄情煞，兀的不枉教人害，少负你前生眼儿

债。(《董西厢》卷一【大石调·吴音子·尾】)

(6)谁指望是他劣相的心肠先改，想咱家不枉了为他害。(又卷五【仙吕调·河传令缠】)

同时，诸宫调中“害”后跟“心烦”“羞赧”“涩奈”表示“感觉到”义，如：

(7)颠来倒去，全不害心烦。(《董西厢》卷一【大石调·暮山溪】)

(8)早见女孩儿家心肠软，諕得颤着一团，几般儿害羞赧。(又【仙吕调·绣带儿】)

(9)坐地不定害涩奈，觑着莺莺，眼去眉来。(又【大石调·吴音子】)

要之，南方文献《张协状元》和《朱子语类》只用旧义；北方文献诸宫调除用旧义外，还用新义“男女之间的相思病”和“感觉到”。

10. 济楚 / 济济楚楚

“济济”有“整齐美好”貌，如《诗·齐风·载驱》:“四骊济济，垂辔沵沵。”“楚楚”为“鲜明”貌，如《诗·曹风·蜉蝣》:“蜉蝣之羽，衣裳楚楚。”毛传:“楚楚，鲜明貌。”

故“济济”“楚楚”连言本义当为“整齐鲜明”，多修饰“物”，省作“济楚”，如李清照《永遇乐》:“铺翠冠儿，捻金雪柳，簇带争济楚。”引申为“美好；美妙”，修饰对象由“物”到“人”，如宋柳永《木兰花》词:“心娘自小能歌舞，举意动容皆济楚。”“济楚”在南北代表性文献中使用如下：

《张协状元》1 例，用作“整齐鲜明”义，第二十四出：“（末）尊兄，你看茶坊济楚，楼上宽疎。”《朱子语类》未见。

诸宫调 3 例，用作“美妙；美好”义，如《董西厢》卷一【般涉调·太平赚】：“一个个旖旎风流济楚，不比其余。”又卷三【商调·玉抱肚】：“好风风韵韵，捻捻腻腻，济济楚楚。”

要之，《张协状元》用本义；诸宫调用引申义。

11. 教 / 交[①]

南北方文献均用为“使、令”义。除此外，《张协状元》和《朱子语类》还用“相当于结构助词”义，始见于宋代。如：

（1）（丑）靠歇吃教醉醺醺，我方才骂它。（《张协状元》第十六出）

（2）（外后）未知爹爹那雅意要如何？早言一句说交破。（又第二十一出）

（3）须要理会教是非端的分明，不如此定不得。（《朱子语类》卷一百七“宁宗朝”）

（4）这个做工夫，须是放大火中锻炼，锻教他通红，溶成汁，泻成铤，方得。（又卷一百二十一“训门人九”）

① 仅限动词用法。

“教”用在谓语和补语中，相当于结构助词的用法[①]，宋之前未见。《大字典》漏收此义，《大词典》收有“得”义，首引宋柳永《集贤宾》词：“争似和鸣偕老，免教敛翠啼红。”同期用例，如《五灯会元》卷二十“龟峰慧光禅师”：“若不得二祖不惜性命，往往转身无路，烦恼教死。”

南方文献《张协状元》和《朱子语类》中“教/交”的这种用法诸宫调未见，刘子瑜（2008：94）云：“‘V_1（NP）教（NP）V_2/A’结构的衰落是在南宋以后，我们在元明及以后的文献中只见到一些零星用例，现代汉语方言中也少有保留。”

12. 劳攘

“劳”有“频繁；繁多”义，如宋曾巩《上元》诗：“风吹玉漏穿花急，人近朱阑送目劳。”“攘”西汉就有“乱”义，如《淮南子·兵略》：“此四君者，皆有小过而莫之讨也，故至于攘天下，害百姓，肆一人之邪，而长海内之祸，此大论之所不取也。”高诱注：“攘，乱。”“劳攘”连文，本义当为“纷繁；杂乱”，由指具体的事物到指抽象的心情（纷乱的心绪），引申为“烦躁不安；烦恼”。“劳攘”是

---

① 参看《诗词曲语辞汇释》第104页、《宋语言词典》第143页、古屋昭弘（2000）、陈丽（2001：156－157）。然而刘子瑜（2008：79－83）从结构形式、语法意义、来源发展等几个方面比较了“V_1（＋NP）教（＋NP）V_2/A”和“V得（O）C”的异同，认为二者在形式和意义上都存在着很大的差异。动结式的来源发展与这一句式没有直接关系，它与“得”字述补式之间不存在等价替换关系，格式中的“教”等都还是使役动词，而不是虚化了的结构助词，我们基本赞同她的观点，但是使役“教”在“V_1（＋NP）教（＋NP）V_2/A”结构中具有“相当于结构助词”的意义还是有的。

宋金产生的新词，之前文献未见。“纷扰，纷乱”义下，《大词典》首引《朱子语类》卷六七：“某近看《易》，见得圣人本无许多劳攘，自是后世一向乱说，妄意增减，硬要作一说以强通其义。”“心情烦躁不安”义下，《大词典》首引金董解元《西厢记诸宫调》卷一：“张生闻语，转转心劳攘。”“劳攘”在南北代表性文献中使用如下：

南方文献《张协状元》未见；《朱子语类》4例，“纷繁；杂乱”义。如：

（1）如此，百姓与官司皆无许多劳攘。（《朱子语类》卷一百一十一“论民”）

（2）以今观之，亦何须如此劳攘？将见任者皆与改定又何妨？不过写换数字而已，又不会痛，当时疑虑顾忌已如此。（又卷一百二十八“法制”）

诸宫调“劳攘”3见，为“烦恼”义。如：

（3）张生闻语，转转心劳攘。（《董西厢》卷一【大石调·暮山溪】）

（4）谩道不想，怎不想？空赢得肚皮儿里劳攘。（又卷三【中吕调·双声迭韵】）

要之，同用新词，南方文献《朱子语类》用本义，诸宫调用引申义。

13. 男女

“男女”本指“男人和女人”，如《易·序卦》：“有天地然后有万物，有万物然后有男女，有男女然后有夫妇。”世间之人只有“男”

或“女”两性，所生孩子或男或女，故“男女”可指“儿女”，《史记·龟策列传》：“夫妻男女，赋之田宅，列其室屋。”因为“儿女”是晚辈，因此地位低下者多用“儿女”来指称自己，含谦卑语气，始见于宋，《大词典》首引《张协状元》戏文第四出：“先生少待，男女请出那解元来。”是。有时亦不限于自称，也用于他称，如宋元《清平山堂话本·剪帖和尚》：“只见一个男女托一个盘儿，口中叫卖鹌鹑馉饳儿。”

“饱暖思淫欲”，温饱问题解决了，男女在一起就会想邪淫之事，所以“男女”还指“两性之欲”，如《礼记·礼运》：“饮食男女，人之大欲存焉。”正常的男女之事无可厚非，但不正当的男女关系是人所鄙之，受人诟骂，以此引申出“詈词”[①]义，始见于金，《大词典》首引董解元《西厢记诸宫调》卷二：“尽是些没意头搊搜男女。觑贼军，约半万，如无物。”是。前举义项在南北代表性文献中的使用情况如下：

《朱子语类》3 见，用本义“男性和女性”。如：

（1）只是男女混淆，便当禁约尔。（卷一百六“漳州”）

① 郝志华（2002）认为“男女”用作“詈词”的原因有四：第一，为了突出表现人物粗犷豪放甚至粗野、野蛮的性格；第二，《水浒传》里有男有女，况且又被称为“寇”，因而统治者有可能骂他们为“男女”；第三，“男女”可指房事，有可能用来做骂人的话；第四，与汉语复音化的趋势有关，“男女”有时偏指“男”，“女”只是起凑足音节的作用。前两个原因都以《水浒传》而言，恐非，“男女”用作“詈词”并非始见于《水浒传》，也并不是仅《水浒传》有用，未必能概括全部的情况。后两个原因有一定道理，可参。

（2）陆务观说，汉中之民当春月，男女行哭，首戴白楮币，上诸葛公墓，其哭皆甚哀云。（卷一百三十八“杂类”）

《张协状元》11见，用为“旧时地位卑下者的自称”，宋金新义，如：

（3）（末）男女便去请来。（第五十出）

诸宫调5见，除用本义（2例）外，还用新义“詈词，对他人的贱称”。如：

（4）两个男女，捣着背儿厮罗执，灭良削薄得人来怎敢喘气。（《刘知远》卷二【道宫·解红】）

（5）一言赖语都是二四！没性气闲男女，不道是哑你，你唤做是实志。你好不分晓，是前来科段，今番又再使。（又卷五【仙吕调·满江红】）

要之，南方文献《朱子语类》用旧义，《张协状元》和诸宫调分别使用不同的新义。

14. 体面

“体面”本指“体态和脸”，始见于唐，如《大词典》首引唐张九龄《上姚令公书》：“初则许之以死殉，体面俱柔；终乃背之而饱飞，声名已遂。”“体态和脸”给人一个大致的轮廓，故引申为“面貌；规模；格局”，始见于于宋代，《大词典》首引司马光《贡院乞逐路取人状》：“在京举人，追趋时好，易知体面，渊源渐染，文采自下。”进一步引申为“铺张、奢侈的场面”，如赵长卿《行香子·马上有感》:“个人家住，曲巷墙东。好轩窗，好体面，好仪容。”[①]《大词典》失收此义。“体面”在南北代表性文献中使用如下：

南方文献《张协状元》未见;《朱子语类》2 例，“规模；格局”义。如：

（1）唯上蔡云“《诗》在识六义体面[②]，却讽味以得之”，深得《诗》之纲领，他人所不及。（卷一百一十七“训门人五”）

（2）这个道理规模大，体面阔，须是四面去包括，方无走处。（卷一百二十一“训门人九”）

诸宫调 1 例，“铺张、奢侈的场面”义。如：

（3）体面都输富贵家，客馆先来擗掠得雅，铺设得更奢华。（卷三【仙吕调·赏花时】）

要之，南方文献《朱子语类》用近引申义，诸宫调用远引申义。

15. 头抵（敌头）

“头抵”亦作“头敌”，倒其文为“敌头”。从“头抵”主谓式的构词方式来看，本义当为“两人相抗；对打”，引申为“对头；对手”。由“对头；对手”联想到势均力敌，二人不分上下，反其义为之，即是“相配的对象”，进一步引申为“相配”。“头抵（敌头）”在南北代表性文献中使用如下：

南方文献《张协状元》未见;《朱子语类》字作“头抵”，2 见，

---

① 转引自廖珣英编《〈全宋词〉语言词典》，中华书局 2007 年版，第 577 页。

② 龙文玲等编著《朱子语类选注》，广西师范大学出版社 1998 年版，第 320 页。注“体面”为“面貌，格局”。

“对头；对手”义。如：

（1）后来所以抵死要与他做头抵，这亦是拗。（卷一百一十九“训门人七”）

（2）李觏也要骂孟子。不知只管要与孟子做头抵做甚？你且拣个小底来骂，也得。（同上）

诸宫调字作“头抵”“敌头”，既用“对头；对手”义，也用“相配的对象；相配”义。如：

（3）把破设设地偏衫揭将起，手提着戒刀三尺，道：“我待与群贼做头抵。”（《董西厢》卷二【大石调·伊州衮·尾】）

（4）我去后必定有官防，君莫怕，我待做头抵。（又卷八【中吕调·碧牡丹】）

（5）求亲不肯拣高楼，怕倒了高楼一世休，司公，故交他女嫁敌头。（《刘知远》卷三【仙吕调·六幺令·尾】）

（6）一对儿佳人才子，年纪又敌头。（《董西厢》卷六【仙吕调·六幺令】）

要之，南方文献《朱子语类》用近引申义；诸宫调近、远引申义兼用。

当然，南北文献中“同词异义”的现象还多有存在，这里通过列举典型用例来管窥南北文献在同一词上使用义项的差异。为求醒目，南北文献中“同词异义”的具体情况列表1—1如次：

表 1—1：南北文献中的“同词异义”的使用情况

	南方文献	北方文献
特有用法	“教 / 交”的结构助词用法	
新词新义	孩儿、男女	安排、畅、敢、孩儿、害、男女
旧词旧义	安排、畅、敢、孩儿、害、男女	
地域色彩	顿①	孩儿②
本 / 实义	端的、济楚、劳攘	
引申 / 虚义	划地、体面（近）、头抵（敌头）	划地、端的、济楚、劳攘、体面（远）、头抵（敌头）
词性	形容词（大小大）	副词（大小大）
词义丰富度	高	高 划地

由上表 1—1 可以说明以下几点：

（一）北方文献诸宫调比南方文献《张协状元》《朱子语类》口语性更强，这从诸宫调多用新词新义、引申义 / 虚义、后二者多用旧词旧义、本义 / 实义即可看出。即使都用新义，但诸宫调使用新义的频率较高。这些都说明诸宫调语言更通俗、更鄙俚。

（二）不可否认，《张协状元》《朱子语类》和诸宫调同时使用新词新义的情况也有存在，如“孩儿、男女”，这说明了《张协状元》和《朱子语类》同样具有口语性强的特点，郭作飞曾云：“大量使用时下口语、方言土语和行业词，正是《张协状元》作为南戏‘不登

① 耸立。

② “对所昵者的称呼”。

大雅之堂的村坊文学’的本色体现。由于俗而又俗，由于是‘下里巴人’，南戏难免长期受到正统观念和主流话语的排斥。然而恰恰是这些为南戏使用、被士大夫斥为‘劣戏’的语言，却真实地反映了那个时代语言的真实面貌，也因此受到了下层百姓的喜爱，‘死后是非谁管得，满村听说蔡中郎’。”①与此类似，《朱子语类》“作为一部文人的讲学语录，它记录的是南宋文人阶层的谈话情况，又出自多位学生之手，语言实录的真实性相当可靠，基本上反映了当时文人阶层的口语面貌，语言接近当时的口语面貌，因而成为研究南宋语言不可多得的口语化较强的语料。”②

（三）关于《张协状元》的语言年代，可谓见仁见智：南宋早期说、南宋中期说、南宋晚期说、元代说、元代之后说等③，但通过本章的调查研究，同为说唱通俗文学，反映12、13世纪语言的诸宫调的口语性还是比《张协状元》稍强，尽管这中间不排除存在地域、个人用语习惯等其他因素的影响，那么《张协状元》也应该不会晚于12、13世纪，否则其反映口语的程度不会亚于早于自己的且和自己体裁相同的诸宫调，所以，南宋早期说似乎更合情合理。元代及元代之后说不太符合语言实际。

（四）不同的地域风格也决定了南北文献在词和义的选择运用上经过了不同的筛选、过滤。汪维辉（1999：12）云：“根据我的初步

① 郭作飞《〈张协状元〉词汇研究》，巴蜀书社2008年版，第20页。

② 刘子瑜《〈朱子语类〉述补结构研究》，商务印书馆2008年版，第5页。

③ 参看郭作飞《〈张协状元〉词汇研究》，巴蜀书社2008年版，第10页。

观察，影响‘选词’的因素至少有五个方面：一是时代，二是地域，三是文体，四是修辞，五是个人用词习惯。”如诸宫调中的“孩儿（对所昵者的称呼）”；《张协状元》中的“顿（耸立）”，可能就是由于地域的差别，在同一词义项的选择使用上出现了不同。当然，决定选词的因素不仅限于地域，像《张协状元》中“教/交”的特殊用法，就不好说是地域的影响还是其他因素的影响。

第二节　同义异词

所谓“同义异词”，就是表达同一个意思在南北文献中使用不同的词，包括非常用词和常用词。通过比较表达同一概念南北用词的不同，以此揭示南北文献用词的地域差别。例如：

1. 闭/关

汪维辉（2000a：221/2017b：225）云：“‘关门；关闭’的‘关’，上古汉语叫‘闭’，今天叫‘关’；现代汉语有新旧合璧双音词‘关闭’。”这一组词在南北代表性文献中的使用情况如表1—2：

从使用频次和所跟宾语的丰富度上来看，南北代表性文献中“关”都不是“闭”的竞争对手。但从南北代表性文献中“关”所占的比例来看，诸宫调（50%）远远高于《张协状元》《朱子语类》（17.24%）。相对来说，诸宫调使用新词“关”的比率高于《张协状元》、《朱子语类》。如：

表 1—2：南北代表性文献中“关、闭”使用频次比较

单位：次

文献 / 词语	《张协状元》《朱子语类》		诸宫调	
	所接宾语	频次	所接宾语	频次
闭	门、户、口、牙关、眼、目	29	眸、门、户	8
关	门	5	门、户	4
关 / 闭		17.24%		50%

（1）地上见金光一道分明，认是一个小蛇儿迭七寸，直入西房，门户不曾关定。(《刘知远》卷一【中吕调·安公子缠令】)

（2）关上重门，窗眼里探头试望，见三娘。手携斫桑斧，岂顾他身丧。(又卷二【黄钟宫·快活年】)

（3）如今待欲去又关了门户，不如咱两个权做妻夫。(《董西厢》卷四【仙吕调·绣带儿·尾】)

（4）至普救，诸多僧行难隄备，关闭得，山门着。(又卷八【越调·看花回】)(新旧连用)

（5）贼若来时，我便关了门。(《张协状元》第八出)

（6)(净白）汝去由闲，我个庙里，谁与我关门闭户。(又第三十三出)

（7）不知它们关着门不见人底，是如何过日？(《朱子语类》卷一百七“杂记言行”)

（8)“士而怀居，不足以为士矣！”不是块然守定这物事在一室，关门独坐便了，便可以为圣贤。自古无不晓事情底圣贤，亦无不通变底圣贤，亦无关门独坐底圣贤，圣贤无所不通，无

所不能，那个事理会不得？（又卷一百一十七“训门人五”）

要之，南北方文献同以用旧词为主，但诸宫调使用新词的频率较高。

2. 持、执、把/将、拿[①]

我们统计了这几个词在南北代表性文献中的使用情况，得表1—3如次：

表1—3:“拿”义词在南北代表性文献中的使用频次

单位：次

词语 文献	执	持	把	将	拿（拏）
张协状元、朱子语类	30	8	54	43	2
诸宫调	2	11	3	3	2

据汪维辉（1999：52）的研究，在晚唐时期，表示“抓，拿，握”大致只用“把”，而“捉”则几乎全部作“捉拿，捕捉”讲了。不过“持”“执”均是南北朝时期常用的词，唐代已基本被淘汰[②]。为什么诸宫调反以“持”为主？我们调查了这11个用例，其中9例见于《董西厢》。正如前文所说，《董西厢》语言较《刘知远》典雅，喜用旧词。如：

（1）须臾，堂下近三百人，各持白棒戒刀，相应曰：“愿从

① 仅限“用手或用其他方式抓住或搬动”义。表达这一概念的还有“捉”“握”等，在诸宫调中使用不多，不作考察。

② 参看汪维辉（1999：51）。

和尚决死！”（卷二【仙吕调·绣带儿·尾】）

（2）不须骑战马，不须持寸铁，不须对阵争优劣。（又【般涉调·麻婆子·尾】）

（3）红娘诺而往。顷而至，持美馔一盘。（卷五【仙吕调·河传令缠·尾】）

不过，《董西厢》中已使用新词“拿（拏）”：

（4）或拿着切菜刀，斡[①]面杖。（卷二【双调·文如锦】）

（5）步入蟾宫折桂花，举手平拏。（卷七【正宫·梁州令缠令】）

《张协状元》以“把”为主，符合晚唐以后的发展趋势。同时亦出现了新词“拏”。如：

（6）（净）孩儿，也把一碗与娘。（第十一出）

（7）[丑接唱]做卓底，腰屈又头低。有酒把一盏，与卓子吃。（第十六出）

（8）两相底逢，穷合穷。一去不见踪，脚踏浮萍手拏空。（第二十六出）

陈莉（2006：22）谈到，表“用手或其他方式抓住或搬动”的“将”，在宋代已经发展成熟。《朱子语类》以“将”为主，符合“在宋代发展成熟”的论断。如：

（9）譬如人将一块生姜来，须知道是辣。若将一块砂糖来，便不信是辣。（卷一百二十一“训门人九”）

（10）又如脾胃伤弱，不能饮食之人，却硬要将饭将肉塞入

---

① 凌注：“这里是‘擀’字的简写。”

他口，不问他吃得与吃不得。（卷一百二十四“陆氏”）

（11）它便道此渊只是空底，不曾将手去探是冷是温，不知道有水在里面。（卷一百二十六“释氏”）

（12）正如医者治病，其心岂不欲活人？却将砒霜与人吃。（卷一百三十“自熙宁至靖康用人”）

例（10）（11）（12），“将”已有虚化的倾向。汪维辉（2005b）云：“‘拿（挐、拏）’字虽然产生很早，但真正得到发展是元代以后的事。”相对来说，“把”旧而“拿（拏）”新。南北方文献在使用旧词的同时，均已使用新词“拿（拏）”。

3. 疾、速 / 快

李文泽（2001a：198）云：“‘快’从魏晋时代起就具有了‘快速’的意义，但是使用频率较低，一直到宋代才大量使用。同时，‘速’在宋代也具有‘迅速’的意义。我们发现在同一种文献中有同时使用这两个词的，……《朱子语类》卷一五：‘然这里只是说学之次序如此，说得来快，无恁地劳攘。’（311 页）又卷二：‘日行迟，月行速。’（14 页）可见它们能够通用，不过从其语体色彩来看，‘快’的口语色彩显然要多一些。”所言甚是。两相比较，“快”口语性强，“速”文言味重。简言之，“快”新“速”旧。

从这几个词在南北代表性文献中的使用情况来看，“疾”更古。在表达“速度快”这一概念上，《张协状元》《朱子语类》“疾”9 见，其中“疾速”连文 2 见；“速”19 见（如果除去“疾速”连文 2 例，则为 17 例）；“快”25 见，新词“快”占明显优势。如：

（1）（末）覆相公：画堂又远，书院又远，讨来不迭。（丑唱）快讨来！（《张协状元》第二十一出）

（2）（丑气咽喉倒）（末救）相公咽倒，快讨些冷水来！（又第三十二出）

（3）（生）各人为我快行，（合）领台旨。（又第四十出）

（4）看文字伤太快，恐不仔细。虽是理会得底，更须将来看。（《朱子语类》卷一百一十三“训门人一”）

（5）吾友看文字忒快了，却不沉潜，见得他子细意思。莫要一领他大意，便去挨摸，此最害事！（又卷一百一十六“训门人四”）

诸宫调“疾”4见，其中“马疾手妙”“手疾眼辨”显然是一种熟语中的保留用法（曹广顺：1987）；“速”3见，其中1例“慌速”连文；“快”10例，比“疾”加“速”的总和还多3例。如：

（6）傍边两个妻，聒聒地向耳边唆送，快与凌持。（《刘知远》卷一【般涉调·耍孩儿】）

（7）法聪和尚，手中铁棒眉齐，快赌当，咭叮地一声，架过截头古定刀。（《董西厢》卷二【大石调·伊川衮缠令】）

（8）今宵待许我同欢悦，快疾忙报与您姐姐，道门外“玉人来也”。（又卷四【双调·搅筝琶·尾】）

（9）管腹胀满，心闭塞，快请个人调理。（又卷五【黄钟宫·双声迭韵】）

《张协状元》《朱子语类》和诸宫调均以新词“快”为主，可见，“快”在当时的口语中应该已经取代了旧词“疾”“速”。这和曹广顺

（1987）的调查结果是一致的，"'快'字在宋末（金）可能已经部分取代了'疾'。"

4. 履 / 鞋

汪维辉（1999：30）云："鞋子，上古称'屦'，汉代称'履'，唐以后则称'鞋（鞵）'。"又（31）云："'履'在书面语里仍是一个常用的基本词，即使是像富含口语成分的《游仙窟》这样的文人创作，也还是基本上只用'履'而很少用'鞋'，说明'鞋'在当时的文学语言中尚未取代'履'。"

《张协状元》《朱子语类》"履"7例、"鞋"13例，其中"鞋""履"连言2例。如：

（1）唬得张叶三魂不附体，七魄渐离身，仆然倒地。霎时间只听得鞋履响，脚步鸣。（《张协状元》第一出）

（2）（末）先生少待，男女请出那解元来。兀底鞋履响，早来。（又第四出）

（3）（净揍）被我脱下绣鞋儿，自作渡船。（又第十六出）

（4）（丑）即日恭惟，愿我捉得一片牛皮。一半鞔鼓；一半做鞋儿。（末）做鞋儿则甚底？（又第二十七出）

（5）如不亲坐厅，但垂帘露履以受其参之类，恐无此等事。（《朱子语类》卷一百三十一"中兴至今日人物上"）

（6）如士人要应举时，只是著布衫麻鞋，陈状称，百姓某人，今闻朝廷取士如何如何，来应举；连投所业。（卷一百九"论取士"）

（7）岂有着破皁袄、破皮鞋，即能致国富邪！（卷一百三十四“历代一”）

诸宫调“鞋”7例；“履”2例（全部用在说白部分的诗词里）。如：

（8）门安绰削免差谣，足上皮鞋使靴换了，京朝，布衫改作紫罗袍。（《刘知远》卷一【仙吕调·六幺令·尾】）

（9）被你风韵韵煞人也猜！穿对儿曲弯弯的半折来大弓鞋。（《董西厢》卷一【仙吕调·整花冠】）

（10）珠耿光文履，花明隐绣龙。（又卷五【仙吕调·朝天急·尾】“说白”）

（11）无力慵移履，多娇爱敛躬。（同上）

联系唐代文学语言里“履”强“鞋”弱的特点，而《张协状元》《朱子语类》和诸宫调均已“鞋”强“履”弱，这很好地证明了汪维辉“自唐后口语文献用‘鞋’”结论的精当。

5. 觅 / 寻

汪维辉（1999：47）云：“表示‘寻找’义的动词从上古汉语到现代汉语大致经历了这样一个依次更替的过程：上古用‘求’‘索’，中古用‘寻’‘觅’，近代汉语初期主要用‘觅’，后期则主要用‘寻’。”

在表示“寻找”义上，《张协状元》“寻”23见，其中“搜寻”（1例）、“寻觅”（3例）、“寻取”（1例）、“追寻”（3例），单用15例；“觅”8例，其中“寻觅”3例，单用5例。

《朱子语类》“寻”49见，其中“寻求”（7例）、寻访（1例）、寻捉（2例），寻见（2例）；觅（4例），其中“乞觅”（1例）。

诸宫调“寻”9见、其中“寻访”“根寻”各1例，单用7例；“觅”单用10例，未见复合例。

为求醒目，“寻”“觅”在南北代表性文献中的使用情况如下表1—4：

表1—4：“寻、觅”在南北代表性文献中的使用频次

单位：次

文献 词语	《张协状元》《朱子语类》		诸宫调	
	单用例	复合例	单用例	复合例
寻	52	20	7	2
觅	9	4	10	0
寻/觅	72/13		9/10	

显然，南方文献《张协状元》《朱子语类》以“寻”为主，“觅”单用仅有少量用例。“寻”的对象有“朋友、宿处、柴棒、归路、亲故、计结、药草、捷径、一门”等；从组合关系上来看，“寻”的组合能力比“觅”强；从用法上来看，“寻见”“寻不见”“寻得遍”为“觅”字所无。如：

（1）（末）胡乱搜寻，看得几钱，把借它。（《张协状元》第十九出）

（2）不辞路远来相寻觅，你不知，便教我出去。（又第三十五出）

（3）（净白）幸得儿夫作状元。（末）愿你寻见莫埋怨。（又

第三十出）

（4）如今谢天地，得归故里。只说与公婆道，寻不见张状元便了。（又第三十九出）

（5）到得宸京讨得眼儿穿，三十六条巷寻得遍，都不见那情人面。（同上）

相反，诸宫调“觅”则稍胜一筹，但“寻”的组合能力稍强。“寻”的对象多为具体实在的，如“牛驴、知远、旅舍、店儿、店舍”；“觅”的对象则多为抽象[①]的，如“死处、生、死、身亡”。从用法上来看，“觅不着”是“寻”字没有的；“寻不见”是“觅”字没有的。检举几例如下：

（6）只为牛驴寻不见，担惊忍怕，蹑足潜踪，迤逦过桃园。（《刘知远》卷二【仙吕调·胜葫芦】）

（7）半陂泊，根寻到天晚。夜深不敢依门户，跳过墙来见新妇。（同上【正宫·锦缠道】）

（8）害饥，交三叔取饭，却觅不着。两个在这里！（又卷十一【仙吕调·恋香衾·尾】）

（9）你——管取恁姐姐，是他命里十分拙，——休教觅生

---

① 王凤阳（1993/2011：588）曰：“‘寻’是对不知所在的东西进行寻找，寻求的当然是对象，但重点在于对象所在的处所。……‘觅’也同样。……‘寻’和‘觅’也有一点差别，这就是‘寻’可用于抽象事物，……‘觅’的对象多半是具体的。”实际上，“寻/觅”在寻求对象（人或物、抽象事物或具体事物）上的区别并非那么明显，故汪维辉（2000a：132-133/2017b：135-136）云：“大体说来，‘寻’的对象大都是已知的特定的某一个，而‘觅’往往是无定的。……不过这种区别并不是绝对的。”

觅死，自推自攧。有些儿好弱，你根柢不舍！（《董西厢》卷七【双调·文如锦】）

要之，相较而言，“寻”新“觅”旧，南方文献新词“寻”显已胜出；北方文献诸宫调“觅”>“寻”，但“寻”的组合能力稍强，可以说二者势均力敌，旗鼓相当。

6. 热闹 / 闹热[①]

在表示“喧闹；繁盛”义上，现代普通话用“热闹”，“闹热”只用在一些南方方言[②]中，李文泽（2001a：104）即云：“‘闹热’一词不始见于宋代，在唐人诗中已有用例，如白居易《雪中晏起偶咏所怀》诗：‘红尘闹热白云冷，好于冷热中间安置身。’宋代仍然沿用了这两种形式。在现代汉语中，正如前述蒋绍愚先生所言，‘热闹’作为共同语词汇保留着，而‘闹热’仅仅在个别方言中运用，像四川方言就使用‘闹热’，同时也说‘热闹’，而以前一形式为多，如巴金小说《春》七：‘满屋子都是客人，闹热得很。’”

《朱子语类》中两种形式均有，但多用“闹热”；诸宫调只用“热闹”。如：

（1）盖心下热闹，如何看得道理出！须是静，方看得出。（卷一百三“李愿中”）

---

① 热闹 / 闹热：繁盛、热烈。

② 42方言点中：成都、柳州、贵阳、福州、海口：①（景象）繁盛活跃，②使场面活跃，③热闹的景象；绩溪、崇明、杭州、宁波、金华、南昌、萍乡、于都、梅县、建瓯、厦门、雷州、丹阳、南宁平话、广州用同“热闹”；温州：①喧闹繁盛，②指热闹的景象或生活，③使闹腾，④兴致浓厚。

（2）做教官没意思，说义理人不信，又须随分做课试，方是闹热。（卷一百一十八"训门人六"）

（3）先生曰："东坡盖是夹杂些佛老，添得又闹热也。"（卷一百三十七"战国汉唐诸子"）

（4）聪明的试相度，惺惺的试寄付。不同热闹话，冷澹清虚最难做。（《董西厢》卷一【般涉调·墙头花】）

（5）板钢斧劈群刀砍，一地里热闹和铎。（又卷二【般涉调·柘枝令】）

曹先擢（1979）云："有一些变式是由方言来的，在某一方言区它是常式，如牢监（吴语）等。还有一些变式属纯方言词，还没有进入普通话的，如闹热（苏州，闽北，闽南）等。词素次序倒顺的问题带有方言的习惯性。"后人学者对这一观点虽有质疑，认为不该以"今籍"推"古籍"，只要现代方言中有的变式就认为是从方言来的，如马显彬（2004）。不过我们考察了"闹热"一词在历史文献中的使用情况，亦多见用于南方。其始见于唐白居易《雪中晏起偶咏所怀》诗："红尘闹热白云冷，好于冷热中间安置身。"我们考察了白居易的生平履历[①]，如下：

白居易（772 – 846），太原（今属山西）人，后迁居下邽（今陕西渭南市境内），他本人出生在新郑（今属于河南）。于建中四年（783），逃难到越中，直至贞元五年（789），均居江南。元和十年（815）秋贬江州，一直到元和十四年（819）才离江州赴忠州任职。

① 参看朱金城著《白居易年谱》，上海古籍出版社 1982 年版。

长庆三年、四年（823、824）任杭州刺史；宝历二年（826）任苏州刺史。可见白居易一生并非仅在北方活动，所用语言除通语外，方言也并非单纯北方话。

宋代除《朱子语类》外，《五灯会元》卷十九 1 例；元代，《白兔记》[①]2 例；明代，《水浒传》1 例、《西游记》1 例、《金瓶梅》2 例、《型世言》2 例、"三言二拍" 12 例（包括"闹热"的扩展形式"闹闹热热""闹热热"）、明民歌 3 例；清代，《醒》1 例、《红楼梦》（前 80 回）2 例、《海上花列传》14 例、《官场现形记》5 例、李渔小说（《十二楼》和《无声戏》）5 例、其他小说（《花月痕》《女娲石》《欢喜冤家》《引凤萧》）6 例。其中《水浒传》[②]《金瓶梅》[③]《红楼梦》[④]（前八十回），前修时贤考证有吴语成分。清代以前，"闹热"毫无例外用在南方系文献里。清代的用例，尽管南方方言词可能扩散至北方使用，也仍多用在南方文献里。因此"闹热"很可能是应方言需要

---

① "据《寒山堂曲谱》注，著名的南戏《刘知远白兔记》为'刘唐卿改过'，确否待考。"见徐征等主编《全元曲》第五卷，河北教育出版社 1998 年版，第 3524 页。因此，有署名刘唐卿（太原人）者，未必属实。

② 参看胡竹安《〈水浒全传〉所见现代吴语词汇试析》，《吴语论丛》第一辑，上海教育出版社 1988 年版，第 223 – 231 页。

③ 参看朱星《〈金瓶梅〉的词汇、语汇札记》，《河北大学学报》1982 年第 1 期；朱德熙《汉语方言里的两种反复问句》，《中国语文》1985 年第 1 期；张惠英《〈金瓶梅〉用的是山东话吗》，《中国语文》1985 年第 4 期；周振鹤、游汝杰（2006：170）也提到《金瓶梅》中夹杂少量吴方言的词汇，其中就有"物事"。

④ 戴不凡（1979）认为，《红楼梦》是"京白苏白夹杂"，"纯粹京语和地道吴语并存"的作品。

而产生的倒序词。

综上，南方文献《朱子语类》用“闹热”，北方诸宫调用“热闹”，是由二者的地域不同决定的。

7. 贫 / 穷

汪维辉 (1999：75) 云：“跟‘富’相对的词，上古主要是‘贫’，今天口语则是‘穷’，‘贫’和‘穷’在历史上有过更替。”

《张协状元》“贫”24 见，“贫女”为书中人名，不作统计。除去复音词“清贫”2 例、“贫苦”1 例、“贫穷”2 例，单用例 19 见，其中 5 例为求押韵；“穷”19 例，其中“贫穷”2 例、“困穷”3 例、“穷涂”2 例，单用者 12 例，其中 5 例是出于押韵的需要。旧词“贫”仍占上风，新词“穷”略逊一筹。《朱子语类》只用“贫”（27 见），1 例“穷”，且是“贫穷”连言。相反，诸宫调多用“穷”（22 见），“贫”单用者仅 2 例，其中 1 例是为了押韵。

《朱子语类》“贫”“穷”例，如：

（1）譬如人今日贫，则说昔日富不得。（卷一百一“胡康侯”）

（2）致道深以为不然，谓夫妇之义，岂可以贫而相弃？（卷一百六“浙东”）

（3）今之民，只教贫者纳税，富者自在收田置田，不要纳税。（又“漳州”）

（4）若未免仕，只得辞尊居卑，辞富居贫。（卷一百二十二“吕伯恭”）

（5）初立此条，止为贫穷全无生活计者，那曾要得恁地泛及！（卷一百一十一“论财”）

《张协状元》“贫”“穷”例，如：

（6）贫则虽贫，每恁地娇，这两眉儿扫。（第三出）

（7）除非嫁个读书人，不问簪缨不问贫。（第十五出）（“人”“贫”押韵）

（8）贫穷困苦谁知道，双眉暂舒。（第十六出）

（9）莫非不第了羞归乡里？又恐嫌奴贫穷恁地。（第三十出）

（10）（净）莫怪说：好对夫妻只是穷，媒人尽在不言中。（第十四出）（“穷”“中”押韵）

（11）两相底逢，穷合穷。一去不见踪，脚踏浮萍手拏空。（第二十六出）（“穷”“空”押韵）

诸宫调“贫”“穷”例，如：

（12）如还脱了这门亲，我几时到得昭阳宝殿？眼里无真一世贫。（《刘知远》卷一【中吕调·安公子缠令·尾】）（“真”“贫”句内押韵；“贫”“亲”句外押韵）

（13）道我长贫没富多不易，酸寒鞘脸只合乞。（又卷二【道宫·解红】）

（14）豪家变得贫贱，穷汉却番作荣富。（《刘知远》卷一【正宫·应天长缠令】）

（15）开口只叫做刘穷鬼，唤知远阶前侍立。（又卷一【般涉调·耍孩儿】）

（16）只见身边布衣破，由自将他，唤做穷刘大。（有卷

十一【般涉调·苏幕遮】)

（17）昨朝不期是他来到，觑了穷神添惊愕。……是他家骋穷性气，便生嗔恶。(卷十二【仙吕调·整花冠】)

（18）愿安抚早与返勾，怕走了那穷狗。(又【正宫·文序子】)

（19）有分受孤苦贫穷，无福任荣华富贵。(又【仙吕调·绣带儿·尾】)

“贫”“穷”本有词义程度的差别。《张协状元》和诸宫调均有“贫穷”连言的用例，且诸宫调里出现了“穷”与“富”对举的用例，可见，到诸宫调时代，二者的词义差别已近乎泯灭。汪维辉（1999：75）云：“当‘穷’在指‘贫穷’这一义位上达到了跟‘贫’基本等义的时候，口语中‘穷’替换‘贫’的过程大概也就完成了，这似乎可以成为一条判断的标准。”另外，诸宫调的“贫”多以双音节的形式出现，单用者仅 2 例，其中 1 例是出于押韵的需要，可见此时的“贫”已基本语素化，“贫”语素化的结果导致了“穷”对“贫”的替换（陈练军，2009：81）。因此，诸宫调时代，“穷”在口语中应该已经取代了“贫”。

要之，在“贫 / 穷”上，相对来说，南方文献多用旧词，北方文献多用新词。

8. 些子 / 些儿

表示“少许，一点儿”，《张协状元》“些子”（8 见）、“些儿”（8 见）均用，《朱子语类》只用“些子”；诸宫调只用“些儿”，如：

（1）金珠有些子，做盘缠，返西川。(《张协状元》第九出）

（2）(末）两个早发过。(生）些子房钱忍耐休。(又第二十四出）

（3）有些豆腐，些儿酒，些儿米，教孩儿送与。(又第十一出）

（4）公公，我婆婆说要头髻，奴不得只剪下些儿。(又第二十出）

（5）这善恶只是争些子，这里看得直是透！(《朱子语类》卷一百七“宁宗朝”）

（6）张无垢气魄，汪端明全无些子气魄。(又卷一百三十二“中兴至今日人物下”）

（7）是无过些子，无不及些子，正中间。(又卷一百三十八“杂类”）

（8）下拜连忙向街衢，自来沾些儿远亲故。(《刘知远》卷三【双调·乔牌儿】)

（9）洪义重伤遭灾祸，洪信肉皮圻破，两个媳妇刚走脱，险些儿掩泉波。(又卷十二【仙吕调·绣裙儿】)

（10）虽为个侍婢，举止皆奇妙，那些儿鹘鸰，那些儿掉。(《董西厢》卷一【般涉调·墙头花】)

（11）这些儿羞懒，怎能担负？(又卷四【仙吕调·绣带儿】)

“些子”始见于唐代，如《敦煌变文校注·韩擒虎话本》：“我把些子兵士，似一斤之肉入在虎牙，不螻咬嚼，博唼之间，并乃倾尽。”《大词典》首引唐李白《清平乐》词：“花貌些子时光，抛入远泛潇湘。”甚是。“些儿”也始见于唐代，但“少许，一点儿”义下，《大词典》首引宋陈亮《祝英台近·九月一日寿俞德载》词：“世间万宝都成，些儿无欠，只待与黄花为地。”嫌晚。其实吕岩《三字诀》“些儿法，合大道；精气神，不老药”中的“些儿”即用此义，而《大词典》则另立义项“小貌”，没有必要。

不过，从唐代文献用例看，“些子”多、“些儿”少却是事实。

李文泽（2001a：126 － 127）云：“些儿，是与‘些子’相对应的复音词，也是表示‘少量的准量词’。‘些儿’应是‘些子’类化的结果，其词义与语法功用都与‘些子’相似，在宋代文献中的用例还不如‘些子’数量多。如《朱子语类》一书使用‘些子’的有395例，而‘些儿’仅有1例，两相比较，显然‘些子’是比‘些儿’更为成熟的量词。……‘些儿’前也可以加上指代词‘这’、‘那’，组成‘这些儿’、‘那些儿’，表示‘这些’、‘那些’的意义。刘过《行香子》：‘千朝百日不曾来，没这些儿个采。’《董西厢》卷一【般涉调·墙头花】：‘虽为个侍婢，举止皆奇妙，那些儿鹘鸰，那些儿掉。’”

林霞（2002）谈道：“在汉语词汇发展的历史上，‘－儿’与‘－子’演变为词缀的内部原因及虚化轨迹都大体相同，只是发生的时间先后不同。‘－儿’步‘－子’的后尘，既在某种程度上与‘－子’形成语言项目的互补或分工，又在一定范围内接替‘－子’的语言功用。……‘－子’指小意义淡化与‘－儿’的指小意义出现，这个替代过程最初应是发生在唐代。”《张协状元》既袭用已成熟的

“些子”，又用类化词“些儿”；而诸宫调只用新产生、正发展的“些儿”，这一语言事实说明北方用语发展较快，南方语言相对保守。

9. 徐 / 慢

在表达“速度低”这一概念上，古曰“徐”，今说“慢”。南北代表性文献中“徐 / 慢”使用情况如下表 1—5：

表 1—5：“徐、慢”在南北代表性文献中的使用频次

单位：次

文献 \ 词语	《张协状元》《朱子语类》		诸宫调	
	语法功能	频次	语法功能	频次
徐	状语	21	状语	8
慢	定语、状语、补语、谓语	17	状语	4
慢 / 徐		80.9%		50%

说明：迭音只计一次，如“徐徐”“慢慢”。

相对来说，南方文献使用新词的比例稍高，如：

（1）从来先生教某们慢行。今令习走，何也？（《朱子语类》卷一百一“杨中立”）

（2）如两军厮杀，两边擂起鼓了，只得拌命进前，有死无二，方有个生路，更不容放慢。若才攻慢，便被他杀了！（又卷一百一十六“训门人四”）

（3）于道理只是慢慢思量后，方说得。（又卷一百一十九“训门人七”）

（4）如言弹琴，弦急则绝，慢则不响，不急不慢乃是。（又

卷一百二十六“释氏”）

（5）（旦）奴家是状元浑家。（净）慢行，慢行，怕头上珠牌脱下来。（《张协状元》第三十五出）

诸宫调虽以旧词为主，不过多用在说白中，尤以诸宫调的《董西厢》为主，这和《董西厢》[①] 用词求雅有关，尤其是说白，8 例“徐”，7 例见于说白；而“慢”则全部用在唱词中。

如：

（6）张生徐步，渐至莺庭。（《董西厢》卷一【中吕调·鹘打兔】）

（7）且公等几千人，与将军安置饮食，敢告公等少退百步，使众徐行，不至喧争，甚幸！（又卷二【般涉调·沁园春·尾】“说白”）

（8）生徐以辞道莺，宛不蒙对。（又卷三【商调·玉抱兔·尾】“说白”）

（9）红娘徐而言曰：“夫人息怒，乞申一言。”（又卷六【中吕调·牧羊关·尾】“说白”）

王凤阳（1993：963）云：“‘徐’的反义词主要是形容行进急促、紧迫的‘疾’，如:《庄子·天道》‘不疾不徐，得之于手而应之于心’。……‘慢’的缓慢义古代很少见，大量应用是近现代的事。‘慢’表速度低时与‘迟’大体近似，也是表示行动迟、时间长的，如‘走得慢’，‘时间过得慢’，‘活干得慢’，与‘快’成反义。”前

① “徐”和“慢”均在《董西厢》中使用，《刘知远》未见。

面提到，“快”在《董西厢》时代已经取代了“疾”和“速”。为什么其反义词“慢”没有取代“疾”的反义词“徐”？这和“同义词系统与反义词系统的发展变化是不同步、不平衡的”[①]有关。

要之，在“徐/慢”上，南方文献使用新词的频率稍高。

10. 著（着）/穿

“著（着）”至迟到东汉就取代“服”成了表身上穿戴的通用动词，戴帽子有了专用动词“戴”并在此后的魏晋南北朝时期应用渐广[②]。现代汉语普通话则是“穿”“戴”两分：衣服鞋袜叫“穿”，帽子、手套等叫“戴”[③]。“穿”对“著（着）”有个替换的过程，其替换时间由《张协状元》和诸宫调的使用情况可窥一斑。

《张协状元》只用旧词“著（着）”（14见）、未见新词“穿”，《朱子语类》主用旧词“著（着）”（22见）、辅用新词“穿”（1例）；诸宫调主用新词“穿”（11例）、次用旧词“著（着）”（5例）、新旧连文1例，新词数量是旧词的二倍。

《张协状元》“著”用例，如：

（1）（净笑）你问一切人：我搽胭抹粉，著裙系衫，我是大丈夫？（第十九出）

（2）（丑）秀才家须看读书，识之乎者也，裹高桶头巾，著皮靴，劈劈朴朴。（第二十一出）

① 王盛婷《汉语八组反义词聚合演变研究》，南京大学博士论文2007年，第158页。

② 参看汪维辉（1999：59；2000a：118）。

③ 参看《现代汉语八百词》（增订本）“穿”字条，第128页。

（3）（丑）才著绿衫，出东华门外，便是破荷叶。（末）只好裹着鸡头。（第二十七出）

（4）（净）要见状元，便著紫衫，我便传名纸。（第三十五出）

《朱子语类》“著”“穿”用例，如：

（5）终日吃饭，却道不曾咬着一粒米；满身著衣，却道不曾挂著一条丝。（卷一百二十六“释氏”）

（6）孝宗居高宗丧，常朝时裹白幞头，著布袍。当时臣下却依旧著紫衫。周洪道要著凉衫，王季海不肯，止于紫衫上系皂带。（卷一百二十七“孝宗朝”）

（7）我只有一裘，已著，此何处得来？（卷一百三十“自熙宁至靖康用人”）

（8）子焘云，向见叔向时，有一人常著道服随之，疑即是陈烈。（同上）

（9）又举徐处仁知北京日，早辰会僚属治事讫，复穿衣会坐谈厅上。（卷一百二十一“训门人九”）

诸宫调“著（着）”“穿”用例，如：

（10）问伊因甚著麻衣，青丝发剪得眉齐。（《刘知远》卷十一【仙吕调·绣带儿】）

（11）松松云鬓偏，弯弯眉黛长，首饰又没，著一套儿白衣，直许多韵相！（《董西厢》卷一【越调·青山口】）

（12）身上穿罗绮衣，不锄田，不使牛，不耕地，伊自道怎生庄家里放得你。（《刘知远》卷一【般涉调·耍孩儿·尾】）

（13）被你风韵韵煞人也猜！穿对儿曲弯弯的半折来大弓鞋。（《董西厢》卷一【仙吕调·整花冠】）

（14）红娘急起，心绪愁无那，忙穿了衣裳离绣阁。（又卷四【黄钟宫·侍香金童缠令】）

（15）早是辘轴来粗细腰，穿领布袋来宽布衫。（又卷七【中吕调·牧羊关】）

（16）李洪义笋剥知远身上衣服，与布衫布袴穿著了，使交看桃园去。（《刘知远》卷二[①]）（"穿""著"同义连文）

"穿"的对象有：罗绮衣、布衫布袴、锦绣衣、弓鞋、孝衣裳、油衫、僧鞋、衣裳、衣袂、白衫、布衫等。除"袜子"外，现代汉语能用来"穿"的，诸宫调已大体具备，从使用数量和所接宾语来看，金代的口语里当以用"穿"为主了。

南方文献《张协状元》和《朱子语类》基本均只用旧词"著（着）"，这和它们带有南方方言色彩有关，汪维辉（1999：59）云："这一局面至迟到东汉就发生了根本的改变：'著'取代'服'成了表身上穿戴的通用动词；名词动词化的方式已基本废弃不用；戴帽子有了专用动词'戴'并在此后的魏晋南北朝时期应用渐广。这一局面大概一直维持到元代。现代吴方言区不少地方仍管穿衣服鞋袜叫'著（着）'而不叫'穿'（或两者并用，一白一文），可见'著（着）'在汉语里流传的历史之长。"42 个方言点中用"著（着）"表"穿"的有济南、绩溪、崇明、上海、杭州、金华、于都、梅县、广

① 阙宫调和曲牌名。

州。除济南外，余皆为南方方言点。

要之，由于地域不同，南方文献《张协状元》《朱子语类》用旧词；北方诸宫调用新词。

小结

南北代表性文献中“同义异词”的具体情况如下表1—6：

表1—6：南北代表性文献中的“同义异词”情况

	《张协状元》《朱子语类》	诸宫调
关/闭	以“闭”为主	以“闭”为主，使用新词的频率稍高
持、把/将、拿（拏）	使用旧词的同时，已出现新词“拿（拏）”	使用旧词的同时，已出现新词“拿（拏）”
疾、速/快	以新词“快”为主	以新词“快”为主
履/鞋	“鞋”强“履”弱	“鞋”强“履”弱
觅/寻	“寻”主“觅”次	“寻”主“觅”次
热闹/闹热	闹热	热闹
贫/穷	贫	穷
些子/些儿	些子	些儿
徐/慢	“慢”多“徐”少	“慢”少“徐”多
著（着）/穿	著（着）	穿

由上表1—6可知以下几点：

一、从常用词使用的新旧来看，南北既有一致的地方，或同以旧词为主，如“闭/关”；或同以新词为主，如“履/鞋”“觅/寻”。又有不一致的地方，大体上来说，北方使用新词的频率高，南方使用新词的频率低，如“贫/穷”“着/穿”等，这是因为宋金对峙时期，北方番汉杂处，汉语和少数民族语长期密切接触，“这种语言背景对北京话的发展起了很大的推动作用，使得北京话在辽金时期就可能已经成为我国发展最快、结构最简单的汉语方言”[①]，辽金时期的北京话就是我们讨论的北方代表性文献的基础方言，北方话发展快，故使用新词的频率相对较高。在非常用词的使用上，南北用词表现出地域差异，如“闹热/热闹”，这很好地说明了南北文献的“同时异域”性，即“同一历史平面上不同地域范围上方言词使用的差异”。

二、影响南北文献用词俚俗的差异，除了地域以外，文体的不同和作者文化程度的高低也是一个重要的因素，如同是南方文献，在常用词“贫/穷”的使用上，《张协状元》中新词“穷”和旧词“贫”的使用频次相差无几，但在《朱子语类》后40回中未见1例新词“穷”的使用，这是因为前者是下层文人创作的服务于大众的说唱文学，要求它的语言贴近下层百姓，使用人们所喜闻乐见的活泼的生活口语；而后者是文人的讲学语录，且内容庞杂，涉及古代政治、经济、文化、历史、人物等诸多方面，有时难免引经据典，

① 林焘《北京官话溯源》，《中国语文》1987年第3期。

文白夹杂。即使同是北方的诸宫调，《刘知远》和《董西厢》用词的俚俗也有差异，《董西厢》为“诸宫调这一艺术充分发展之后，在金代的产物”[①]，用词较《刘知远》典雅。

三、宋金时期是常用词演变替换的关键期，如常用词“快”对“疾、速”的取代，“鞋”对“履”的取代多发生在宋金时期，这说明宋金汉语不仅是上承隋唐汉语、下启元明汉语的枢纽，而且部分现代汉语常用词直接导源于此。

① 门岿、张燕瑾《中国俗文学史》，文津出版社1995年版，第181页。

第二章　南北方言词的收集和探源溯流

南北方言词语直接体现了南北用语的差异。但是历史文献方言词的界定是一个老大难的问题，正如蒋绍愚（2005a：333-334/2017：442）所说："近代汉语作品方言成分的考察是一件很有意义的工作，但也是一项相当困难的工作。这困难主要在于：近代汉语时期的方言缺乏充足的资料，因此，要考察近代汉语作品中一些语言现象是否属于当时某一方言的现象，往往只能根据现代方言的状况以及其他历史资料加以推断。而在推断的过程中，如果方法不当，就会出现问题。"因此在研究之前，首先要明确几个问题：

1. 大致区分南北方言。按《中国语言地图集》（朗文，1988年），汉语方言分区的第一个层次分成十大方言区[①]，即官话、晋语、吴语、湘语、闽语、粤语、赣语、客家话、徽语、平话。除官话、晋语外，其他统为南方方言[②]。历史方言划分仿此，但又不全同，周振鹤、游汝杰（2006：93）对宋金时代北方方言区域进行了拟测，包括燕赵（相当于河朔）、秦陇（相当于关中陇右）、梁益（相当于巴蜀汉

① 参看游汝杰《汉语方言学教程》，上海教育出版社2004年版，第4页。

② 参看游汝杰《汉语方言学教程》，上海教育出版社2004年版，第21页。

中）、汴洛（相当于中原）。但是对于巴蜀在宋金时方言的归属问题，不同的学者有不同的看法。鲁国尧（1981）将宋代苏轼等四川词人的用韵和辛弃疾等山东词人的用韵比较后发现，山东地区到底在北方，而四川则僻处西部，总的来说，四川地区语音嬗变的速度较山东地区为慢。可见，当时的四川方音和北方的山东方音还存在一定的差别。或者可以说，和当时的北方话还有很多不一致的地方。袁宾（2003）根据《碧岩录》的作者克勤为四川彭县人将其看作反映南方口语的文献。因此，我们在研究时，凡是四川籍作家的文献也看作是反映南方口语的文献。据刘晓南（2001）的研究，宋代江浙方言区大致应当包括今江苏、浙江和安徽部分，对应于吴语和江淮官话区；湘楚方言区大致相当于今天湖南、湖北两省。因此凡是安徽、湖北籍作家的文献也视为反映南方语料。实际考察文献时，地域色彩明确为北方（或南方）的，其词汇确定为北方（或南方）方言词。

2. 不以“今籍”推“古籍”。前修时贤多用“今籍”推“古籍”来判断一部作品的方言成分，蒋绍愚（2005a：334/2017：443）指出：“从理论上讲，一个词语原来是‘通语’，后来只在某一方言中使用，以及一个词语原属于甲方言，后来进入了乙方言，最后甲方言中这个词语消失，而在乙方言中却保存了下来，这两种情况都是可能的。所以，在考察近代汉语作品的方言成分时，绝不能简单地把‘今籍’和‘祖籍’等同起来。”判定一个词属于哪个方言区也是如此，不能认为今天属于A方言的词几百年前也属于A，刘钧杰

（1986）谈道："一个词的'今籍'可未必一定是它四百年前的'祖籍'。词汇固然有它的稳固性，可它绝不是一成不变的，一般词汇比基本词汇演变得还更快一点。"因此，在考察诸宫调和《朱子语类》的方言词时，不是站在现代方言的共时平面上，而是站在 12、13 世纪的彼时层面上，同时结合活方言以资参证。

3. 界定北方（或南方）方言词的具体标准。一、宋金始见的词语，考察当时的方言分布，多见于诸宫调等北方文献，南方文献不用或少用的词，界定为北方方言词；多见于《张协状元》《朱子语类》等南方文献，北方文献不用或少用的词，界定为南方方言词。当然，"说有易，说无难"，所以尽可能充分占有文献，不敢保证绝无一失。二、宋金以前的词语，考察始末源流，视情况而定。

第一节　见于南方文献的南方方言词

1. 搬涉

杂乱涉猎。

《朱子语类》1 例，如卷一百四"自论为学工夫"："读书须纯一。如看一般未了，又要搬涉，都不济事。"宋前后文献均未见。42 方言点也未见使用。

2. 逼逻

安排；张罗。

《张协状元》1 见，第二出："（外白）……我却说与你妈妈，教逼逻些行李裹足之资。"张相（1953：703 － 704）云："逼逻，安排之义。亦作辟逻。《阳春白雪》外集，无名氏《水调歌头》词：'辟逻世间万事，推放那边一壁，百尺卧高楼。'言安排世间万事也。……复次，徐渭《南词叙录·饆饠》条：'唐人以面为汤饼之名，今谓整治酒肴。'则以字之从食而有此解已。"宋代始见，《大词典》首引上《张协状元》例。后期仅见于元高明《琵琶记》，7 例，如第二十出【孝顺歌·前腔】："（白）公公，你看么？真个背后自逼逻东西吃，这贱人好打！……（外白）媳妇，你逼逻的是甚么东西？"高明，浙江瑞安人，且据刘祯（1989）考证，高明一生主要局促在江浙行省①。"逼逻"一词从始至终仅见于南方文献，当为南方方言词无疑。《汉语方言大词典》注为"吴语"。42 个方言点②未见使用。

3. 吃死饭

不会赚钱，靠旧有的家产过日子。

《张协状元》1 见，第五出："（净）学你只会吃死饭。（生）妈妈息怒。"《大词典》首引《醒世恒言·李汧公穷邸遇侠客》："那婆娘看见房德没甚活路，靠他吃死饭，常把老公欺负。"嫌晚。元代未见用例，明代，《醒世恒言》4 例，分别见于卷三十"李汧公穷邸遇侠

---

① 对于文中所举文献的作者，除考察其籍贯外，还考察其生平履历，若籍贯和主要活动范围均在南方者，该作者所创作的文献界定为南方文献，反之亦然。因文中所涉作者太多，下文只注出作者籍贯，其游历范围不再一一注明。

② 42 个方言点依据李荣主编的《现代汉语方言大词典》，下同，不再一一注出。

客”、卷三十五“徐老仆义愤成家”（3例）。据孙楷第（2009：119）考证，全书四十篇（删《金海陵》篇者衹三十九篇），其中八篇似原有单行本，即卷三、卷七、卷八、卷十三、卷十六、卷二十三、卷三十一、卷三十三。余三十二篇未见他书著录。故卷三十、卷三十五当为冯梦龙自著，冯乃直隶苏州府吴县籍长洲（今苏州）人。

清代，褚人获《坚瓠二集》“吃死饭”条：“又闻‘今交九尺’二句，破云：‘莫一丈长，衹好吃死饭。’闻者绝倒。”[①] 褚人获，长洲（今江苏苏州）人。其他如《醒梦骈言》10回：“家僮婢仆足有几百，却人人有业，都不是吃死饭的。”《何典》5回：“谁知你枉做了汉子家，只晓得吃死饭，又不会赚些活路铜钱归来养老婆囡大细。”《最近上海秘密史》14回：“你姑丈又不会赚钱，住在家里吃死饭，你表弟在木匠店里学生意，又月月要几个钱零用费，你去想，叫我哪里来这许多钱？”[②] 后三例显带有吴语色彩。

要之，“吃死饭”一词仅见于吴语文献中，当为南方方言词。《汉语方言大词典》注为“吴语”。42个方言点仅温州使用，为“不去挣钱，仅靠一点家产过日子”义。

4. 赤骨立

赤膊，光着上身。

董志翘（1990）云：“《集韵》入声二十一麦韵：‘䯋，䯋𩪘，倮

① 转引自郭作飞《〈张协状元〉词汇研究》，巴蜀书社2008年版，第394页。

② 后三例转引自［日］宫田一郎，石汝杰主编《明清吴语词典》，上海辞书出版社2003年版，第75页。

也。古获切。’又二十三锡韵：‘躔，膕躔，倮也。狼狄切。’故‘赤骨力’即‘赤膕躔’，亦即‘赤倮’之义。”禅语中用其比喻义，徐时仪（2013：217）云：“‘赤’有‘空’义，如《韩非子·十国》：‘晋国大旱，赤地三年。’禅语中‘赤’亦表‘空’义，‘赤骨立’喻指荡尽俗情妄念，明悟本来面目，达到超然洒脱无尘俗牵挂的最高修持境界。”

唐王梵志诗中有“赤羖羺”，即“自著紫臭翁，余人赤羖羺。”项楚注：“谓光板无罩面之黑山羊皮。”但张小艳（2013：230）、徐时仪（2013：217）均认为应当释为“赤身裸体，一丝不挂”。从文意看，为了达到前后鲜明的对比效果，我们亦认为后释较好。确有表“羖羊”的“羖羺”，《尔雅·释畜》“夏羊”下，郭璞注云“黑羖羺”，唐宋以降的文献中经见，如《北史·党项传》：“每姓别为部落，大者五千余骑，小者千余骑。织犛牛尾及羖羺毛为屋，服裘褐、披氈为上饰。”[①] 因为“古人听音为字、凭音借字的习惯，几乎俯拾皆是”[②]，故我们认为表“羖羊”之“羖羺”和“赤裸”之“赤羖羺”并非一回事，只是古人凭音记字时偶然同形罢了，而且二者有地域之别，前者多用于北方，详见张小艳（2013：229-230）；后者多见于南方，详见如下用例：

《朱子语类》1 例，如卷一百一十九“训门人七”：“圣人便是一片赤骨立底天理，光明照耀，更无蔽障。”此例为“赤膊，光着

① 转引自张小艳（2013：230）。

② 张小艳（2013：231）。

上身”义抽象引申的结果，即“纯粹”义[①]。用具体义者，如卷二九“颜渊季路侍章”：“子路譬如脱得上面两件鏖糟底衣服了，颜子又脱得那近里面底衣服了，圣人则和那里面贴肉底汗衫都脱得赤骨立了。”又作“赤骨力”“赤骨肋”“赤骨律”“赤骨[illegible]”，如《景德传灯录》卷十：“夏天赤骨力，冬寒须得被。”（51/276a）《圆悟佛果禅师语录》卷五：“寸丝不挂犹有赤骨律在；万里无片云处犹有青天在。”（47/735a）《大慧普觉禅师语录》卷十二“五祖演和尚”：“赤骨力地，有裩无袴，敢与海神，争先斗富。”（47/859c）又“禅人求讃”：“上无片瓦盖头，下无卓锥之地，赤骨[illegible]个浑身，与人争甚闲气。”（47/862b）《如净和尚语录》卷上：“衲僧赤骨律，通身是剑树在里许。”（48/122c）又同卷：“禅，禅，猛火着油煎，通身赤骨律交辊。”（48/125b）《五灯会元》卷十九“灵隐慧远禅师”：“净躶躶空无一物，赤骨力贫无一钱。”又“南华知昺禅师”：“变大地作黄金，穷汉依前赤骨力。”《缁门警训》卷九“小参”：“赤骨力穷担片板，颠痴勃癞竖双眉。”（48/1090c）《何典》第六回：“活死人气力又小，双拳弗抵四手的，那里挣得脱，不免赤骨肋受棒，被他们排头排脚的打了一顿。”下面考察上引文献的方言基础，如表2—1。

① 参看徐时仪《〈朱子语类〉词汇研究》，上海古籍出版社2013年版，第217页。

表 2—1："赤骨立"在历史文献中的地域分布

单位：次

文献	作者或编者	成书年代	方言基础	频次
《景德传灯录》	道原	1004 – 1007	长江流域及江南	1
《圆悟佛果禅师语录》	克勤撰、绍隆编	1063 – 1135	撰者系四川彭州人	1
《大慧普觉禅师语录》	宗杲撰、蕴闻编	1089 – 1163	撰者系安徽宣州人	2
《如净和尚语录》	如净语、文素编	1162 – 1228	语主系浙江宁波人	2
《五灯会元》①	普济	南宋晚叶	长江流域及江南	2
《缁门警训》	永中补、如卺续补	明成化十年	不详	1
《何典》	张南庄	乾嘉时期	上海	1

从文献用例来看，"赤骨立"一词均用在南方系文献里，说其是南方方言词一点也不为过。现代汉语方言中，广州用"赤肋"，"光背"义；苏州用"赤骨碌"，"赤膊"义；绩溪用"赤骨历"，"（男子）赤膊；光着上身"义。同样用于南方地区。

① 袁宾（2003）云："我们仅统计该书后四卷，因为此四卷所收四百余名禅僧均系北宋中叶至南宋时人，如此可避免因僧人年代过早而夹杂过多的前代语言成分。这些僧人的籍贯大多为江南与长江流域一带（浙江、苏南、福建、广东、安徽、江西、湖南、湖北、四川等地），其主要活动范围亦在该地区，故其用语受该区域方言影响较多。加上本书作者普济系浙江奉化人，所以我们定其方言基础为江南及长江流域。"

5. 大拍头[①]

装腔作势、色厉内荏。

《朱子语类》4 例，卷一百八："今人往往过严者，多半是自家不晓，又虑人欺己，又怕人慢己，遂将大拍头去拍他，要他畏服。"此条是沈僴所录。又卷一百二十三"陈君举"："钦夫言自有弊。诸公只去学他说话，凡说道理，先大拍下。然钦夫后面却自有说，诸公却只学得那大拍头。"此条是吴必大所录。姚振武（1993）云："大拍头，本当是大拍子，……'头'是词尾，相当于现代的'子'。"前例即其义。姚接着又云："用大拍子打人，拍子越大，其势头也越大，可是由于空气阻力的缘故，实际作用却越小。'大拍头'之得义，大概即源于此。"如后例。

"大拍头"其他文献不多见，仅朱熹及其弟子门人喜用，如朱熹《答詹元善书》："子静旅榇经由，闻甚周旋之，此殊可伤。见其平日大拍头胡叫唤，岂谓遽至此哉！然其说颇行于江湖间，损贤者之志而益愚者之过，不知此祸又何时而已耳。"[②]徐时仪（2013：137）脚注②云："……沈僴是浙江永嘉人，吴必大是湖北兴国人，……'大拍头'似是南方一带口语。"42 方言点未见使用。

6. 当

地方、处所。

李维琦（1999：41，2004：71）认为带有北方方言色彩的《贤

① 参看姚振武（1993）、徐时仪（2000）、李敏辞（2004）。

② 转引自李敏辞（2004）。

愚经》中的“宕”通“当”，表处所。然据鲍金华（2008：6 - 7）研究，“宕”表示方位词“上”，非表“处所、地方”。如《玄应音义》卷 74 对《贤愚经》“桥宕”条音义云：“桥宕，徒浪反，宕犹上也，高昌人语之讹耳。”林昭德（1980）认为元曲[①]中的“当”表处所，多有歧义。费秉勋、吴振国（1980）已有拨正。这一方面也说明处所“当”并非北方方言词。

《朱子语类》6 例，如卷一百九“论取士”：“某尝谓，天下事不是从中做起，须得结子头是当，然后从上梳理下来，方见次序。”又卷一百二十七“高宗朝”：“从头到尾，大事小事，无一件措置得是当。”

袁庆述（1990）云：“今湖南长沙、湘潭、安乡南乡人方言中，‘当（阴去）’仍可指地方，如‘咯个当好背湾’，即‘这个地方好僻静’的意思。此词带有较强的南方方言色彩，且大多用于口语，故而不仅元曲当中难以找到例证，就是与朱熹同时代人的作品中也很少见到。”42 方言点未见使用。

7. 当门犬

拦门咬人的狗。指恶狗。

《张协状元》1 见，第五出：“（净）叫轻放，怕跌折了！（末）

① 尽管一些杂剧或散曲作家为南方人，然“根据《录鬼簿》的记载，元杂剧作家十分之九是在中书省所在的地方，即今北京及河北、山西、山东三省，尤以大都、真定、平阳、东平居多。迄今山西省境内仍有许多元代戏剧文化遗存，这绝非偶然。”（李祥林，2003：268）至于散曲，众所周知，“它是在我国北方发展起来的一种口语味比较浓厚，流行于民间的雅俗共赏的歌曲。”（隋树森《全元散曲简编·导言》）

说话一似当门犬。”钱南扬校注：“当门犬，恶狗，今浙江仍有‘恶狗当路’之语。又因净为大嗓，故以比拟恶狗吠声。”宋之前之后文献均未见。《汉语方言大词典》注为“古南方方言”。42 个方言点未见使用。

8. 东司

厕所。

关于“东司”表“厕所”义的由来，有诸多说法①，方国平（2009）、刘勤，大泽邦由（2020）均认为其最早出现在佛教典籍，此后佛教典籍里用例甚夥，此不举；不过前者认为“东司”表“避讳”是源于避讳；后者只探源，未释因，认为“东司”最早由“南方释氏”传出并记录，即《释氏要览》:“(屏厕）或曰溷，溷，浊也；或曰圊，圊，清也。至秽之处，宜洁清故。今南方释氏呼东司，未见其典。”并认为这种表达较晚保存于徽语、吴语、赣语和闽语之中，扎根于中国南方方言。从文献用例来看，诚如是。

《张协状元》2 见，第十出:“(丑）告尊神，做殿门由闲，只怕人掇去做东司门。”第四十五出:“(丑）夫人，生得好时，讨来早辰间侍奉我门汤药，黄昏侍奉我门上东司。”钱南扬校注：“寺院中称堂东厢的厕所叫东厮。《杂谈集》卷七：‘东司不净之时。’”“东司”一词产生于唐代，但用为“设于东都洛阳的官署总称”。作“厕所”

① 详参方国平《“东司”表“厕所”义的由来》,《汉字文化》2009 年第 5 期;刘勤，大泽邦由《“东司”语源辨析》,《四川师范大学学报》(社会科学版)2020 年第 6 期。

义，宋代始见，《大词典》首引《张协状元》例，甚是。同期用例，如《事林广记》续集卷三“东净”条：“欲上东司，应须预往，勿致临时内逼仓促。”亦作“东厮”[①]。后期用例，如《古今小说》卷十五“史弘肇龙虎君臣会”：“定眼再看时，却是史大汉弯跧在东司边。”[②]据孙楷第（2009：110）考证，此卷另见《宝文堂目》，恐非冯梦龙自著。《醒世恒言》卷三十“李汧公穷邸遇侠客”：“路信即走入厢房中观看，却也不在。原来支成登东厮去了。”又同卷：“且说支成上了东厮转来，烹了茶，捧进书室，却不见了李勉。”《初刻拍案惊奇》卷二十一：“此必有人家干甚紧事，带了来用，因为登东司，挂在壁间失下了的，未必不关着几条性命。”《型世言》第八回：“入得刑部来，这狱卒诈钱，日间把来锁在东厮侧边，秽污触鼻，夜间把来上了柙床，有几个捉猪儿、骂狗儿，摆布他要钱。”前举文献用例的作者籍贯如下表2—2：

表2—2：宋至明文献中“东司”的地域分布

文献	事林广记	醒世恒言	初刻拍案惊奇	型世言
作者或编者	陈元靓	冯梦龙	凌濛初	陆人龙
籍贯或方言基础	福建崇安（今福建建安）	长洲（今苏州）	乌程（今浙江湖州）	浙江钱塘（今杭州市）

① 还可作“东厕、东净、东圊”，也多用在南方文献里，详参方国平（2009），例不举。

② 此例与前《事林广记》例转引自九山书会编撰；胡雪冈校释《张协状元校释》，上海社会科学院出版社2006年版，第55页。

显然，“东司”仅见于南方文献中，当属南方方言词。《汉语方言大词典》注为：①徽语。②吴语。③赣语。④闽语。均为南方方言区。42个方言点中仅萍乡和建瓯使用，前者用作“①（老式）厕所的旧名，旧时宅居内的厕所雅称‘灰屋’，现代宅居的厕所仍叫厕所。②粪窖。”后者用作“旧时对厕所的雅称”。

9. 骨董 / 汩董

①本指古代留传的器物，古玩。②比喻过时的东西（包括旧知识和陈词旧句）或顽固守旧的人。③引申为陈旧琐碎杂乱的事物或杂碎[①]。

这里只讨论③义，①②义后亦作“古董”[②]，现代汉语普通话仍用。

陈士元《俚言解》卷二释“骨董”云：“以鱼肉诸物埋饭中谓之骨董饭，和羹中谓之骨董羹。又，贸易杂物谓之骨董货。陆道士诗：投胶骨董羹锅内，掘窑盘游饭盌中。《仇池笔记》作‘谷董’。”[③]清唐训方《里语征实》卷中上：“古玩曰骨董。……晦庵先生《语类》作汩董。”清翟灏《通俗编》引明刘绩《霏雪录》：“‘骨董’乃方言，

① 参看徐时仪（1991）。

② 字作“古董”者比较后出，①义，《大词典》首引元秦简夫《东堂老》第一折：“可早十年光景，把那家缘过活金银珠翠，古董玩器……典尽卖绝，都使得无了也。”②义，《大词典》首引清孔尚任《桃花扇·先声》：“古董先生谁似我，非玉非铜，满面包浆裹。”然而今天人们多知后出者“古董”而不知前出者“骨董”。

③ 转引自徐时仪《〈朱子语类〉词汇研究》（上），上海古籍出版社2013年版，第393页。

初无定字。东坡尝作骨董羹，用此二字。晦庵先生《语类》只作‘汩董’。今亦作‘骨董’。”可见，“骨董”是当时的方言俗语。

《朱子语类》3见，如卷一百八“论治道”：“如公所说，只是要去理会许多汩董了，方牵入这心来，却不曾有从这里流出在事物上底意思。”又卷一百三十一“中兴至今日人物上”：“缘唐立夫亦只是个清旷、会说话、好骨董、谈禅底人，与魏公同乡里，契分素厚，故令参其军事。”又卷一百三十二“中兴至今日人物下”：“也只是前来说。若如耿说，却是圣人学得些骨董，要把来使，全不自心中流出。”

同期用例，《大词典》和《〈全宋词〉语言词典》均举朱敦儒《西江月》：“寺钟宫角任西东，别弄些儿骨董。”然洪永铿（2005：177）释为“钟、角之声”，还是有一定道理的。此词主要表达作者不想受到外界的打扰，前句写任寺庙的钟、官府的角向西向东，下句写随它们发生一些声音，顺理成章。因此这一例不能作为例证。

其他如陆游《岁暮书怀》诗：“诗成读罢仍无用，聊满山家骨董囊。”[①] 范成大《素羹》诗：“毡芋凝酥敌少城，土藷割玉胜南京。合和二物归藜糁，新法依家骨董羹。”[②]《景德传灯录》卷十九“韶州云门山文偃禅师”：“若是一般掠虚汉，食人涎唾，记得一堆。一担骨董到处逞。”（51/357b）《法演语录》卷上：“忘却祖师禅，拾得个骨

① 《大词典》引例。

② 此例转引自徐时仪《〈朱子语类〉词语考释》，《上海师范大学学报》1991年第2期。

董。”（47/656a）《圆悟佛果禅师语录》3 例，如卷十三“如或不是到此田地底人，须得向骨董袋里平高就下为他去也。”(47/773c)《大慧普觉禅师语录》3 例，如卷一：“失却祖师禅，拾得个骨董。……亦不曾拾得骨董，既无骨董则无以奉释迦牟尼佛。”（47/814a）《五灯会元》2 例，如卷十七“黄龙悟新禅师”：“安乐处政忌上座许多骨董，直须死却无量劫来全心乃可耳。”又卷二十“净居尼妙道禅师”：“曰：‘如何是佛法大意？’师曰：‘骨底骨董。’”《佛祖历代通载》1 例，如卷十八“慈明楚圆禅师示寂”①：“背橐骨董箱，以竹杖荷之。”(49/664a)《续传灯录》1 例，如卷五“洪州法昌倚遇禅师②”：“法昌然后与尔挑野菜舂黍米，作和罗饭煮骨董羹。”(51/497b)

后代多用指“古玩”，这里不作统计。上述用例语言年代和方言基础见表 2—3：

可见，“骨董”一词多出现在南方文献里，产生之初当为南方方言词。42 方言点未见使用。

① 出金州清湘李氏。（见于《大正藏》第 49 册 664 页）宗性（2004：158）脚注②云：“关于楚圆出生地，杜继文、魏道儒合著《中国禅宗通史》一书中，记为‘金州清湘’，说是今陕西安康县人。查有关楚圆的所有传记，皆作‘全州清湘’，即今广西全州县人。《通史》一书，疑‘全州’误作‘金州’之故。”此李氏也当是全州清湘人，记录者为南方人。

② 漳州（今属福建）林氏子。（见于《大正藏》第 51 册 496 页）此禅师籍贯在南方。

表 2—3:“骨董”一词在历史文献中的地域分布

单位：次

文献	作者或编者	生卒及语言年代	籍贯或方言基础	频次
《景德传灯录》	道原	1004 － 1007 间	长江流域及江南	1
《法演语录》	法演语、才良编	1024 － 1104	语主系绵州人	1
《圆悟佛果禅师语录》	克勤撰、绍隆编	1063 － 1135	撰者系四川彭州人	3
《大慧普觉禅师语录》	宗杲撰、蕴闻编	1089 － 1163	撰者系安徽宣州人	3
《岁暮书怀》	陆游	1125 － 1209	浙江绍兴	1
《素羹》	范成大	1126 － 1193	平江吴郡（江苏吴县）	1
《五灯会元》	普济	南宋晚叶	长江流域及江南	2
《佛祖历代通载》	念常	1282 － 1341	上海松江	1
《续传灯录》	居顶	？ － 1404	浙江黄岩	1

10. 裹足

行礼盘缠。

“裹足”本为“包裹其足”，关于其“行李；盘缠”义的由来，汪少华（2002）认为是由“裂裳裹足”而来，“因为履破足损而裂裳裹足，为的是便于长途跋涉、继续旅行，因而就把‘裹足’来指称旅行所需，指代行李盘缠。好比‘薪水’是柴和水，就用来指称生活的必需品，还指称工资”。甚是。在历史文献中，“裹足（果足、裹费）”[①] 使用较少，如下：

① 又可写作“果足、裹费”，参看汪少华（2002）。

《张协状元》9例，如第二出："(外白)……我却说与你妈妈，教逼逻些行李裹足之资。"又第三十七出："争奈相辜负，裹足全无，怎生底回归乡里！"亦作"果足"。同期用例，洪迈《夷坚甲志》卷十"佛还钗"："恐汝无裹足，赠汝金钗。"[①]后期用例，《新编五代史平话·梁史上》："曹州是咱每故乡，待奔归去，又没果足，怎生去得？"《大宋宣和遗事》前集："那杨志为等孙立不来，又值雪天，旅涂贫困，缺少果足，未免将一口宝刀出市货卖。"此二例被《大词典》所引。

"裹足"仅见上引几例，《宣和遗事》和《新编五代史平话》著者不明；洪迈，饶州鄱阳(今江西省上饶市鄱阳县)人。42个方言点未见使用。

11. 靠歇/靠歇子

待一会；休息一会。

《张协状元》4见，如第十六出："(末)靠歇两个成亲后，须要吃酒。"又同出："(丑)靠歇吃教醉醺醺，我方才骂它。"同期未见他例。后期仅1见，《大宋宣和遗事》元集："撞着八个大汉，担着一对酒桶，也来堤上歇凉靠歇了。"

王学奇、王静竹(2002：602)云："《说文》：'歇，息也。'段玉裁注：'息者，鼻息也。息之义引申为休息，故歇之义引申为止歇。'今江浙土语，仍通行把'待一会'呼做'靠歇'。一作'靠歇子'，

① 此例转引自王学奇、王静竹《宋金元明清曲辞通释》，语文出版社2002年版，第437页。

‘子’为语助词，无义。”42个方言点未见使用。

12. 困睡 / 睡困

睡。

《朱子语类》3例，如卷一百一十五“训门人三”：“如做事须用人，才放下或困睡，这事便无人做主，都由别人，不由自家。”卷一百二十一“训门人九”：“有侍坐而困睡者，先生责之。”

章炳麟《新方言·释言》：“今直隶、淮西、江南、浙江皆谓寝曰困。”清乾隆二十五年《崇明县志》：“卧曰困。”乾隆十五年《昆山新阳合志》卷一“方言”：“睡曰困。”1918年《新昌县志》卷十八“杂记”：“俗谓眠曰困。”[①]复音词“困睡”乃“困”“睡”同义连言，且多用于南方，宋金文献用例如《栾城集》3例，如《乘小舟出筠江二首（之一）》：“幽吟但觉山川走，困睡不知风雨交。”《次韵答人见寄》：“寂默忘言惭社燕，毰毸困睡比春鹰。”《书郭熙横卷》：“日高困睡心有适，梦中时作东南征。”《苏轼集》“补遗”3例，如《与王定国三十五首（之三十一）》：“疲曳之余，即困睡尔。寻酒对菊，岂复梦见。君真世外人也。”宋笔记《默记》2例，卷中：“既而疾作，凭案上困睡，殆不知人。”卷下：“忽一道士自观中呼二人，问其困睡状，起对以曲折。”朱敦儒《满庭芳》：“随分饥餐困睡，浑忘了、秋热春寒。”刘克庄《鹧鸪天》词名：“腹疾困睡和朱希真词”。马天骥《城头月·赠梁弥仙》：“酒醉茶醒，饥餐困睡，不把双眉皱。”无

① 参看许宝华、宫田一郎主编《汉语方言大词典》，中华书局1999年版，第2676页。

名氏《促拍满路花》词之一："妄心寂灭尽，困睡饥餐，更无作用施为。"上引用例作者籍贯考定见表 2—4：

表 2—4：所用"困睡 / 睡困"之文献作者籍贯考察

单位：次

文献	作者	籍贯	生卒年	频次
《苏轼集补遗》	苏轼	眉州眉山（今属四川）	1037 － 1101	3
《栾城集》	苏辙	眉州眉山（今属四川）	1039 － 1112	1
《默记》	王铚	汝阴（今安徽阜阳）	不详	2
《鹧鸪天》	刘克庄	莆田（今属福建）	1187 － 1269	1
《城头月》	马天骥	衢州（今浙江衢县）	不详	1

从宋代复音词"困睡"的地域分布来看，主要集中在南方，且徐时仪（2013：409）亦认为"困睡"乃方言口语词。不过《刘知远》中也有 1 例，似可解作"睡"，如卷二《南吕宫·应天长·尾》："到夜深，潜龙困睡，李洪义门外厅沉，发起毒心，安排下手。"不过汪维辉（2017a）认为直接释为"睡"恐未贴切，当为"困倦地睡"。42 方言点仍以用于南方为常，如绩溪、苏州、崇明、温州、长沙、南昌、福州、厦门、雷州、杭州、金华、娄底、萍乡、黎川用"困"表"睡"。《汉语方言地图集》呈现的结果与此大体一致，据汪维辉（2017a）统计，"睏"系集中分布在吴语、徽语、湘语、赣语和闽语区，江淮官话、西南官话和粤语中也有较多分布，客家话较少，北方仅山东境内的冀鲁官话和胶辽官话中有少许分布。

13. 坯璞子

谓初具规模的事物；半成品。

《朱子语类》1 例，如卷一百二十“训门人八”：“《论语》只是个坯璞子，若子细理会，煞有商量处。”单言“坯”有“未烧过的陶瓷”义，如《淮南子·精神》：“夫造化者既以我为坯矣，将无所违之矣。”“璞”为“未雕琢的玉”，《玉篇·玉部》：“璞，玉未治者。”二者分言各含有未成品之义，连言则为半成品。亦有“坯璞”，义均同，在前一百卷，此不详举。“坯璞子”仅《朱子语类》使用，其他文献未见。现代汉语 42 方言点中，只有娄底用“坯子”，“比喻事物的基础”义，用于南方。

14. 贫胎

詈词。犹言叫化胚。

《张协状元》5 见，如第十二出：“（旦唾）打脊！不晓事底呆子，来伤触人。打个贫胎！”

又第二十七出：“（丑）料贫胎不是我因缘，不筵宴请逐便。”钱南扬校注：“犹今浙语的所谓‘教化胚’，詈词。”胡雪冈校释：“对穷苦人的贱称，犹言贱胎，骂人话。”同期其他文献未见，《大词典》仅引《张协状元》例。后期检得 1 例，《醒》第三十一回：“但这些贫胎饿鬼，那好年成的时候，人家觅做短工，恨不得吃那主人家一个尽饱，吃得那饭从口里满出才住。”《醒》产生于明末清初，“书中反映的是济南、历城、章丘一带的方言口语”（罗福腾：1996）。可见，“贫胎”开始使用时当是南方方言词，随着明代定都南京，官话基础方言的地位上升，南方方言词开始北移也在情理之中。不过仅此 1 例，许是模仿而用也未可知。42 个方言点未见使用。

15. 倾弃

去世。

《张协状元》2 例，第十六出："妾身年少里，父母俱倾弃，在神庙六七年长独睡。"第五十出："见说一女已倾弃，人道却有一女奇。""倾弃"是宋代产生的新词,《大词典》首引元无名氏《小孙屠》戏文第十四出："谁信道得中途，蓦忽娘倾弃。"嫌晚。同期未见他例，元代检得 5 例，无名氏《小孙屠》2 见、高明《琵琶记》3 见，前者如第十七出【红衲袄】："最苦娘亲又倾弃，家私坏了懊恨迟。"后者如第十一出【似娘儿】："老夫人倾弃多年，只有一女，美貌娉婷。"明清未见用例。《小孙屠》题"古杭书会编撰"[①],想必带有南方方言色彩;《琵琶记》作者高明系浙江瑞安人。

由"倾弃"一词在历史文献中的使用情况来看，当为南方方言词。42 个方言点未见使用。

16. 杀泊

停泊，安顿。

《朱子语类》1 例，卷一百二十一"训门人九"："须尽记得诸家说，方有个衬簟处，这义理根脚方牢，这心也有杀泊处。"其他文献未见。42 个方言点未见使用。周振鹤、游汝杰（2006：186）云：

① 参看钱南扬校注《永乐大典戏文三种校注》，中华书局 1979 年版，第 257 页。

"'泊'这个字在书面语中是'船靠岸'的意思，但是在闽方言里这个词的词义大为扩大。鸟停树上叫'泊枝'，蝉附壁上叫'泊壁'，行人投宿叫'投泊'，旅人栖止叫'煞泊'。""煞""杀"音同，"杀泊"也作"煞泊"。可见，闽人仍保留这一意义和用法。

17. 阘靸[①]

萎靡颓唐、懒散疲沓。

《朱子语类》2例，卷一三九"论文上"："有人后生气盛时，说尽万千道理，晚年只恁地阘靸底。"又同卷："文字奇而稳方好，不奇而稳，只是阘靸。"

亦作"塌飒、踏飒、答飒、阘飒、榻㲚、阘阘㲚㲚"，如文同《送张宗益工部知相州》诗："应怜共试金坡者，答飒浑如郑鲜之。"[②]范成大《阊门初泛二十四韵》诗："生涯都塌飒，心曲漫峥嵘。"沈遘《天禄砚匣歌》诗："学注虫鱼问老圃，无乃塌飒为匣羞。"刘克庄《解连环·乙丑生日》："做一个、物外闲人，省山重担擎，天大烦恼。昔似龙鸾，今踏飒、不惊鱼鸟。"[③]辛弃疾《水调歌头·元日投宿博山寺，见者惊叹其老》："坐堆㕓，行答飒，立龙钟。有时三盏两盏，淡酒醉蒙鸿。"字作"阘飒、榻㲚、阘阘㲚㲚"者见于《朱子语类》前一百卷，此不详举。后代文献不多见。

① 参看徐时仪（1991，2013：430）。

② 与前范成大诗例转引自《大词典》。

③ 此三例转引自袁宾编著《宋语言词典》，上海教育出版社1997年版，第269页。

据徐时仪（1991）考证，“阘靸”即“踏趿”，唐时已有，段成式《酉阳杂俎》卷五：“其人曰：‘卜事甚切，先生岂误乎？’钱（术士钱知微）云：‘请为韵语曰：两头点土，中心虚悬。人足踏趿，不肯下钱。’其人本意卖天津桥给之，其精如此。”宋吴曾《能改斋漫录》卷二“事始·俗语踏趿”：“俗语以事之不振者为踏趿，唐人已有此语。”作“答飒”者，如《大词典》引《南史·郑鲜之传》：“范泰尝众中让诮鲜之曰：‘卿与傅谢俱从圣主有功关洛，卿乃居僚首，今日答飒，去人辽远，何不肖之甚！’鲜之熟视不对。”由“事之不振”引申为“延缓”，如清胡文英《吴下方言考》卷十一：“踏趿，延缓貌。吴中谓人作事迟缓曰踏趿。”

下面我们考察“阘靸”一词的使用区域：

段成式（约 803 － 863），山东临淄邹平人，但“段成式生于蜀，青少年时期，一直随宦于父亲，辗转往来于成都、长安、荆州、扬州等地。太和九年，段文昌卒，段成式以父荫官秘书省校书郎，自唐文宗开成二年（837）至唐武宗会昌六年（846），一直任职于京洛之间。”[①] 从他的生平履历来看，其人曾经到过南方，且唐代几部其他北方口语文献[②] 并无用例，“踏趿”产生之初很难说是北方方言词。《南史》的编撰者为李大师及其子李延寿，李大师虽为相州（今河南安阳）人，但史书常用通语写就，且此例是记录范泰之语，范泰是

① 段成式著，元锋、烟照编注《段成式诗文辑注》，济南出版社 1995 年版，“前言”第 1 － 2 页。

② 如敦煌变文、义净译经、《游仙窟》。

南朝宋大臣，顺阳山阴（今湖北光化西北）人，因此他的语言难免不受当地方言影响。

文同，北宋梓州梓潼郡永泰县（今属四川绵阳市盐亭县）人；吴曾，抚州崇仁（今属江西）人；范成大，平江吴郡（今江苏吴县）人；沈遘，钱塘（今属浙江）人；刘克庄，莆田（今属福建）人；辛弃疾，虽祖籍历城（今山东济南），但一生多半时间在南方任职或交游，据《辛弃疾年谱》，1162 年授承务郎，差为江阴签判；1165、1166 年，漫游吴楚各地；1175 年六月任江西提刑；1179 年春改湖南漕副；1182 － 1191 年间居带湖[①]，《水调歌头·元日投宿博山寺，见者惊叹其老》于 1189 年游博山寺所写，身在南方，语言难免受当地方言影响；1192 － 1194 在福建任职；1197 － 1202 在瓢泉[②]；1203 年春在临安；1204 年三月知镇江；1205 年冬奉绍兴新命；1206 年春在临安；1207 年 9 月卒。因此，他的语言极有可能受到南方方言的影响。鲁国尧（1991）曾云："辛弃疾政治失意，在江西闲居多年，用江西话写俚俗词。今南昌话'小孩子'叫'细伢子'，'伢'音 ŋa，所以北宋乡贤黄庭坚，南宋寓公辛弃疾皆以江西方音入韵。"胡文英，江苏武进人。

要之，从"阘靸"一词的使用区域来看，多用于南方；个别北方用例不能成有力的反证。42 方言点未见使用。

---

① 在今江西省上饶市城外。

② 在江西省铅山县期思村瓜山下。

18. 提掇[①]

警醒，振作。

《朱子语类》4 例，如卷一百一十八“训门人六”：“文振近看得文字较细，须用常提掇起得惺惺，不要昏晦。”又卷一百二十“训门人八”：“但须觉见有些子放去，便须收敛提掇起，教在这里，常常相接，久后自熟。”

“提掇”，本为“提拉”，如《大词典》引《坛经·行由品》：“能隐草莽中，惠明至，提掇不动。”由提拉具体的物品到提起精神，故引申为“警醒，振作”，除《朱子语类》外，其他文献用例不多，目力所及，宋禅宗语录 3 见，即《大慧普觉禅师语录》卷二十一：“行住坐卧但时时提掇，蓦然喷地一发。方知父母所生鼻孔只在面上。”（47/900b）又卷二十五：“时时自如此提掇，道业若不成就，则佛法无灵验矣。”（47/919a）《密庵语录·示辉禅人》：“参禅做工夫，无他术。须是恁么提掇，方可有明悟底时节。”(47/981c)

元明多用作“提携、提拔”，个别用如“振作”，如明王盘小令《北双调·沉醉东风·春游》：“丢撇开儿女情，提掇起江山兴，趁今朝日暖风轻，凭着这两只芒鞋一瘦藤，收拾尽繁华万顷。”[②]

《大慧普觉禅师语录》的撰者宗杲系安徽宣州人，《密庵语录》的撰者系福州人，王盘，高邮（今属江苏）人。仅有的几例多用于

① “振作”义。

② 此例转引自王学奇、王静竹《宋金元明清曲辞通释》，语文出版社 2002 年版，第 1066 页。

南方文献，说明“提掇”的南方地域性。后代文献多用“提携”“提出”义，此不详述。现代汉语42方言点未见使用。

19. 托大

①胸怀宽博。②粗心大意。③倨傲自尊。

《张协状元》2见，第九出：“（生）我怎知初托大，两查一击浑身破。”用②义；又同出：“尊神恁说协心下，略托大。”接近①义。“托大”一词中古已见，钱南扬校注：“托大，《世说新语·赏誉》：‘时人目庾郎中善于托大，长于自藏。’注引《名士传》：‘未尝以事自婴,从容博畅。’意即谓胸怀宽博。这里应引申作粗心大意解。……下文【油核桃】‘略托大’，应作‘宽放’解，比较接近本义。”同期未见他例。

字也作“讬大、脱大”。后代主要用②、③义，元代检得1例，无名氏《朱太守风雪渔樵记》第三折【中吕·迎仙客】：“今日得了官，便说是你家女婿。一个好相公也！（唱）他可不讬大不嫌贫。”明代检得17例，《水浒传》5例，用作②义，如第三十一回：“武松拜谢了他夫妻两个，临行，张青又分付道：‘二哥于路小心在意，凡事不可托大。’”《三国演义》1例，用作②义，第七十回：“虽然如此，未可托大。可使魏延助之。”“三言”5例，②、③义皆用，前者如《喻世明言》卷十九：“我前日已分付了，你务要小心在意，不可托大。荣迁之日再会。”后者如《醒世恒言》卷一：“贱人，你是我手内用钱讨的，如何恁地托大！你恃了那个小主母的势头，却不用心伏侍我？”“二拍”5例，②、③义皆用，前者如《二刻拍案惊奇》卷三十四："以后多次，便有些托大了，晓得夜来要用，不耐烦去解他。"后者如《初刻拍案惊奇》卷十五："卫朝奉托大道：'便由你们搜。搜不出时，吃我几个面光！'"《四游记》1例，用作③义，即《西游记》第二十三回"孙行者五庄观偷药"："这猴子曾闹天宫，果是本领，但不可纵容他，免至日后脱大，且还要解他回来治罪。"清代检得1例，《聊·磨难曲》第五回："俺不是自己托大，那官兵直些甚么？长枪一刺仰不踏，齐逃生还要梦里怕。"上举用例地域分布如表2—5：

表2—5：中古至近代文献中"托大"的地域分布[①]

单位：次

时代	文献	义项	频次	作者籍贯或方言基础
南朝	《世说新语》	①	1	彭城（今江苏徐州）
宋	《张协状元》	①②	2	温州
元	《朱太守风雪渔樵记》	③	1	不详
明	《水浒传》	②	5	南方官话[①]
	《三国演义》	②	1	不详
	《三言》	②③	5	长洲（今苏州）
	《二拍》	②③	5	乌程（今浙江湖州）
	《四游记》	③	1	不详
清	《聊》	③	1	山东

由表2-5可知，清代以前，"托大"主要用在带有南方方言色彩

① 刘坚（1982）、吕叔湘（1985：59/2017：63）认为其属于南方官话的代表。下同。

的文献里，当为南方方言词。①。清代，带有山东方言色彩的《聊》里出现1例，许是方言词扩散渗透的缘故。42个方言点中仅见于娄底，用作“自高自大”。

20. 托地

一下子；很快。

《张协状元》1例，第一出：“爹娘不听这句话，万事俱休；才听此一句话，托地两行泪下。”宋代仅此1见，元代无。明代检得28例，其中《三遂平妖传》1例，第一回：“一日，员外与妈妈闲坐在堂上，员外蓦然思想起来，两眼托地泪下。”《水浒传》21例，如第五回：“打闹里，那大王爬出房门，奔到门前，摸着空马，树上析枝柳条，托地跳在马背上，把鞭条便打，那马却跑不去。”《醒世恒言》3例，如卷二十“张廷秀逃生救父”：“杨洪分开众人，托地跳进店里，将链子望张权颈上便套。”《初刻拍案惊奇》3例，如卷二十三：“那日外厢正在疑惑之际，庆娘托地在床上走将起来，竟望堂前奔出。”清代检得5例，清民歌2例，如《白雪遗音》卷二“寄柬（其二）”：“慌的那狂生，（哎哟）急乱不消停，托地毛腰打了一躬。”《粉妆楼》1例，第四十七回：“赵胜大惊，掣铁棍就打，那两个人托地跳开，将火绳一照，叫道：‘不要动手，洪大哥叫我们等候多时了。’”《儿女英雄传》2例，如第六回：“他就把刀尖虚按一按，托地一跳，跳上房去，揭了两片瓦，朝下打来。”上举用例的方言基础如下表2—6：

① 参看胡竹安《〈水浒全传〉所见现代吴语词汇试析》，《吴语论丛》第一辑，上海教育出版社1988年版，第223－231页。

表 2—6：宋至清文献中“托地”的地域分布

单位：次

<table>
<tr><th>时代</th><th colspan="2">文献</th><th>频次</th><th>作者或编者</th><th>籍贯或方言基础</th></tr>
<tr><td>宋</td><td colspan="2">《张协状元》</td><td>1</td><td>九山书会</td><td>温州</td></tr>
<tr><td rowspan="4">明</td><td colspan="2">《三遂平妖传》</td><td>21</td><td>罗贯中</td><td>不详</td></tr>
<tr><td colspan="2">《水浒传》</td><td>1</td><td>施耐庵</td><td>南方官话</td></tr>
<tr><td colspan="2">《醒世恒言》</td><td>3</td><td>冯梦龙</td><td>长洲（今苏州）</td></tr>
<tr><td colspan="2">《初刻拍案惊奇》</td><td>3</td><td>凌濛初</td><td>乌程（今浙江湖州）</td></tr>
<tr><td rowspan="4">清</td><td rowspan="2">清民歌</td><td>《霓赏续谱》</td><td>1</td><td>王廷绍</td><td>大兴（今属北京）</td></tr>
<tr><td>《白雪遗音》</td><td>1</td><td>华广生</td><td>山东历城</td></tr>
<tr><td colspan="2">《粉妆楼》</td><td>1</td><td>竹溪山人</td><td>不详</td></tr>
<tr><td colspan="2">《儿女英雄传》</td><td>2</td><td>文康</td><td>北京话</td></tr>
</table>

由上表 2—6 可知，清代以前，“托地”主要用于南方文献中，当为南方方言词。清代以后，开始向北扩散使用。42 个方言点未见使用。

21. 物事

东西，物品。

“物事”始见于中古，如后秦弗若多罗译《十诵律》第三十七卷：“尔时浴竟，弃浴室去，后火烧浴室。佛言：‘最后比丘应收诸物事。’”[①] 徐时仪（2010）认为始见于汉代，如《论衡》卷三“偶会篇”：“若夫物事相遭，吉凶同时，偶适相遇，非气感也。”又卷十四“谴告篇”：“占大以小，明物事之喻，足以审天。”又何休注《公羊

① 此例转引自汤传扬《宋元小说话本词汇研究》，南京师范大学 2017 年硕士学位论文，第 31 页。

传·隐公元年》“渐进也”云：“渐者，物事之端，先见之辞。”恐未是，《论衡》卷三例“物事”与“吉凶”对文，当指“事和物”，卷十四例亦如是。何休注中的“物事”，《大词典》释为“事情”，当是。不过用例极少，直到唐五代用例都不多[①]，据汪维辉（2018），近代以前“物事”除见用于后秦弗若多罗译《十诵律》外，还用于《太平广记》卷一三〇引《逸史》《唐律疏议》卷九两例，弗若多罗，罽宾人，伪秦弘始中，振锡入关，此后一直在此活动；《逸史》作者系唐卢肇，宜春（今属江西）人，历秘书省著作郎，迁仓部员外郎，充集贤院直学士等；《唐律疏议》是唐代官修法典，带有通语性质。综上，宋代以前“物事”南北皆用，当为通语。不过宋及以后，“物事”渐渐定居于南方。

《朱子语类》173例，略举一二，如卷一百二十一“训门人九”：“若去吃刍豢，自然见鱼咸是不好吃物事。”又卷一百二十六“释氏”：“只是佛氏磨擦得这心极精细，如一块物事，剥了一重皮，又剥一重皮，至剥到极尽无可剥处，所以磨弄得这心精光，它便认做性，殊不知此正圣人之所谓心。又卷一百三十一“中兴至今日人物上”：“某族叔祖时居高邮，一日，使一人往楚州盐城小村中买物事，久而不归。后问之，乃云，彼村中三四日大雪。”又卷一百三十七“战国汉唐诸子”：“只是空见得个本原如此，下面工夫都空疏，更无物事撑住衬簟，所以于用处不甚可人意。”宋代其他文献用例，《张

① 参看汪维辉《近代官话词汇系统的形成——以〈训世评话〉与〈老乞大〉〈朴通事〉的比较为出发点》，《南开语言学刊》2018年第1期。

子语录》3见，如“后录下”：“性只是理，非是有这个物事，若性是有底物事，则既有善亦必有恶，惟其无此物只是理，故无不善。”《河南程氏遗书》3见，如卷十九：“夫小人心中，只得些物事时便喜，不得便不足。他既不得物事，却归去思量，因甚不得此物，元来是为帅君。”《大慧普觉禅师语录》3见，如卷十四：“一时籍没了他家计，却更要他纳物事，教他无所从出。”（47/871a）《象山语录》2见，如《陆象山全集》卷三十五“语录”：“某平日与兄说话，从天而下，从肝肺中流出，是自家有底物事。”《张协状元》8见，如第十二出【双劝酒】末白：“我教孩儿送些物事来，怎地不见归，自在这里厮吵，如何！”又第十九出【添字尹令】白：“（净）我嫁你许多时，身边别无物事，只有两领两领……（末）甚底？（净）水牛皮。”

元明用例，宫天挺《死生交范张鸡黍》2例、高明《琵琶记》1例、无名氏《都孔目风雨还牢末》1例、《老原》2例、《水浒传》9例、《传习录》1例、《西游记》1例、《金瓶梅》6例、《五杂俎》2例、《警世恒言》33例、《醒世恒言》20例、《喻世明言》29例、《初刻拍案惊奇》15例、《二刻拍案惊奇》46例、《型世言》9例。

清代用例，《无声戏》2例、《醒》13例、《歧路灯》1例、《红楼梦》2例、《海上花列传》111例、《儿女英雄传》1例、《老残游记》4例。下面我们考察所有用例的方言背景：

表 2—7：宋及以后“物事”一词的地域分布

单位：次

文献	作者	语言年代	籍贯或方言基础	频次
《张子语录》	张载	1020 － 1077	凤翔郿县（今陕西眉县）	3
《河南程氏遗书》	程颢 程颐	1032 － 1085 1033 － 1107	洛阳（今属河南）	3
《大慧普觉禅师语录》	宗杲	1089 － 1163	宣城	3
《张协状元》	九山书会	南宋早期	温州一带	8
《象山语录》	陆九渊	1139 － 1193	抚州金溪（今属江西）	2
《死生交范张鸡黍》	宫天挺	不详	大名开州（今河南濮阳市）	2
《琵琶记》	高明	1305 － 1380？	浙江瑞安	1
《都孔目风雨还牢末》	无名氏	不详	不详	1
《老原》	不详	约 1346 前	北方官话	2
《水浒传》	施耐庵	1296 － 1371	南方官话	9
《传习录》	王守仁	1472 － 1529	浙江余姚	1
《西游记》	吴承恩	约 1500 － 约 1582	江淮方言①	1
《金瓶梅》	兰陵笑笑生	嘉靖年间	山东	6
《五杂俎》	谢肇淛	1567 － 1624	长乐（今属福建）	2
《三言》	冯梦龙	1574 － 1646	长洲（今苏州）	82
《二拍》	凌濛初	1580 － 1644	乌程（今浙江湖州）	61

① 关于《西游记》的方言归属学界一直存在争议，我们这里采用学界普遍认可的一种观点。

续表

文献	作者	语言年代	籍贯或方言基础	频次
《型世言》	陆人龙	崇祯年间	浙江钱塘（今杭州）	9
《无声戏》	李渔	顺治末年	雉皋（今江苏如皋）	2
《醒》	西周生	明末清初	济南、历城、章丘	13
《歧路灯》	李绿园	1707 – 1790	河南	1
《红》	曹雪芹	1715 ? – 约 1763	北京话	2
《海上花列传》	韩邦庆	1856 – 1894	松江	111
《儿女英雄传》	文康	? – 1865 前	北京话	1
《老残游记》	刘鹗	1857 – 1909	江苏丹徒	4

由上表 2—7 可知，宋以后，“物事”主要使用在南方。我们来看用于“北方”的例子（基于今天的方言归属考虑），首先，《张子语录》《河南程氏遗书》的作者系中原一带人，其方言基础为中原官话，北宋时中原官话属南方系，吕叔湘（1985：58-59/2017：63）云:“北宋的时候，中原的方言还是属于南方系；现在的北方系官话的前身只是燕京一带的一个小区域的方言。到了金、元两代入据中原，人民大量迁徙，北方系官话才通行到大河南北，而南方系官话更向南引退。”而且《河南程氏遗书》的 3 例“物事”均出现在卷十九，此卷为杨迪录，南剑州将乐（今福建将乐）人，他在记录时难免不受自身方言的影响。其次，《死生交范张鸡黍》的作者宫天挺系大名开州（今河南濮阳）人，据《录鬼簿》，其卒于常州，可见一生并非只在北方活动，王国维言其长期寓居浙江，“至中叶以后，则剧家悉为杭州人。中如宫天挺、郑光祖、曾瑞、乔吉、秦简夫、钟嗣

成等，虽为北籍，亦均久居浙江。盖杂剧之根本地，已移而至南方，岂非以南宋旧都，文化颇盛之故欤。”[①]因久居南方，其笔下的“物事”很有可能是受南方方言影响而生。再次，《老原》中的 2 例“干物事”，其中 1 例，《老谚》《老新》《重老》均改成了“干的”；另 1 例，《老新》和《重老》均改成了“干东西”，可见在当时的北方口语中还是以说“东西”为主。最后，前修时贤已证明《金瓶梅》[②]《红楼梦》[③]中含有吴方言成分，至于清代北方文献的少许用例，估计是受南方方言渗透扩散影响的结果。据《汉语方言地图集》，“物事”一词主要分布在浙江、上海的大部以及安徽的旌德、绩溪、歙县、屯溪、休宁；江苏的启东、海门、江阴、无锡、张家港、太仓、昆山、常熟、吴江、苏州；外加湖南宁远和江西婺源。而这些地区多属吴语区[④]，且徐时仪（2013：448）亦云：“‘物事’一词则在吴方言等方言中沿用至今。”王学奇、王静竹（2002：1153）也说：“物事，吴语，犹北人称‘东西’或‘物品’。”从现代汉语角度来看，“物事”更是南方方言词。42 个方言点中，绩溪、崇明、上海、苏州、温州、

① 王国维《宋元戏曲史》第九章，《王国维文集》，北京燕山出版社 1997 年版，第 131 页。

② 参看朱星《〈金瓶梅〉的词汇、语汇札记》，《河北大学学报》1982 年第 1 期；朱德熙《汉语方言里的两种反复问句》，《中国语文》1985 年第 1 期；张惠英《〈金瓶梅〉用的是山东话吗》，《中国语文》1985 年第 4 期；周振鹤、游汝杰（2006：170）也提到《金瓶梅》中夹杂少量吴方言的词汇，其中就有“物事”。

③ 戴不凡（1979）认为，《红楼梦》是“京白苏白夹杂”，“纯粹京语和地道吴语并存”的作品。

④ 据《明清吴语词典》第 848 页《现代吴方言分区图》。

建瓯使用“物事”，均为南方方言区，其他点未见。

22. 乡谈

方言土语 / 口音。

《张协状元》1 例，第八出：“通得诸路乡谈，辨得川广行货。”“乡谈”一词宋代始见。《大词典》首引《朱子语类》卷一四〇：“且如北人居婺州，后来皆做出婺州文章，间有婺州乡谈在里面者，如吕子约辈是也。”甚是。同期用例，《朱子语类》3 见，如卷八十一“狡童”：“《诗》辞多是出于当时乡谈鄙俚之语，杂而为之。如《鸱鸮》云‘拮据’、‘捋荼’之语，皆此类也。”《五灯会元》2 例，卷十五“药山圆光禅师”：“某甲是福建道人，善会乡谈。”又卷二十“剑门安分庵主”：“十五日已后，人间无水不朝东。已前已后总拈却，到处乡谈各不同。”元代仅无名氏《风雨像生货郎旦》2 例，由于作者无考，这里不作考虑。

明代，《水浒传》5 例，第六十一回：“亦是说的诸路乡谈，省的诸行百艺的市语。”《西游记》1 例，第八十四回：“城中的街道，我也认得。这里的乡谈，我也省得，会说。”《喻世明言》2 例，如第二卷：“一日，听得门前喧嚷，在壁缝张看时，只见一个卖布的客人，头上带一顶新孝头巾，身穿旧白布道袍，口内打江西乡谈，说是南昌府人，在此贩布买卖。”《东周列国志》1 例，第二十回：“楚人乡谈，呼乳曰‘谷’，呼虎曰‘於菟’。”《初刻拍案惊奇》1 例，卷十七：“道元目不转睛，看上看下，口里诌道：‘小娘子提起了襕裙。’盖是福建人叫女子抹胸做襕裙，提起了是要摸他双乳的意思，乃彼处乡谈讨便宜的说话。”《二刻拍案惊奇》5例，如卷三十九：“说着闽中乡谈，故意在被中挨来挤去。”《型世言》1例，第十一回：“红儿道：‘是我姐姐慧哥，他晓得一口你们苏州乡谭[①]，琴棋诗写，无件不通。’”明笔记2例，《万历野获编》卷五“嗣封新建伯”：“满口俱杭州乡谈，令人抚掌不能已。”《瀛涯胜览·暹逻国》：“国语颇似广东乡谈音韵。”

清代，《醒》1例，第九十四回：“一伙把大门的皂隶拥将上来，盘诘拦阻，鸡力谷录打起四川的乡谈，素姐、小浓袋一些也不能懂得。”《聊》1例，《磨难曲》第二十四回：“年年流落在江湖，不解乡谈只自咕。”《三侠五义》1例，第九十四回：“蒋爷听了是浙江口音，他也打着乡谈道：‘小弟姓蒋。无事不敢造次，请借一步如何？’”《儿女英雄传》3例，如第三十七回：“此时他大约是一来兢持过当，二来快活非常，不知不觉的乡谈就出来了。”“乡谈”一词的在历史文献中的地域分布如表2—8：

① 同“谈”。话语。如《三国志·魏志·管辂传》：“此老生之常谭。”

表 2—8：宋至清文献中“乡谈”的地域分布

单位：次

<table>
<tr><th>时代</th><th colspan="2">文献</th><th>频次</th><th>作者或编者</th><th>籍贯或方言基础</th></tr>
<tr><td rowspan="3">宋</td><td colspan="2">《张协状元》</td><td>1</td><td>九山书会</td><td>温州</td></tr>
<tr><td colspan="2">《朱子语类》</td><td>3</td><td>朱熹门人等</td><td>南方方言</td></tr>
<tr><td colspan="2">《五灯会元》</td><td>2</td><td>普济</td><td>长江流域及江南[①]</td></tr>
<tr><td rowspan="9">明</td><td colspan="2">《水浒传》</td><td>5</td><td>施耐庵</td><td>南方官话</td></tr>
<tr><td colspan="2">《西游记》</td><td>1</td><td>吴承恩</td><td>江淮</td></tr>
<tr><td colspan="2">《喻世明言》</td><td>2</td><td>冯梦龙</td><td>长洲（今苏州）</td></tr>
<tr><td colspan="2">《东周列国志》</td><td>1</td><td>冯梦龙</td><td>吴语</td></tr>
<tr><td colspan="2">《初刻拍案惊奇》</td><td>1</td><td>凌濛初</td><td>乌程（今浙江湖州）</td></tr>
<tr><td colspan="2">《二刻拍案惊奇》</td><td>5</td><td>凌濛初</td><td>乌程（今浙江湖州）</td></tr>
<tr><td colspan="2">《型世言》</td><td>1</td><td>陆人龙</td><td>浙江钱塘（今杭州）</td></tr>
<tr><td rowspan="2">明笔记</td><td>《万历野获编》</td><td>1</td><td>沈德符</td><td>浙江嘉兴</td></tr>
<tr><td>《瀛涯胜览》</td><td>1</td><td>马欢</td><td>浙江会稽（今绍兴）</td></tr>
<tr><td rowspan="4">清</td><td colspan="2">《醒》</td><td>1</td><td>西周生</td><td>山东</td></tr>
<tr><td colspan="2">《聊》</td><td>1</td><td>蒲松龄</td><td>山东</td></tr>
<tr><td colspan="2">《三侠五义》</td><td>1</td><td>石玉昆</td><td>天津</td></tr>
<tr><td colspan="2">《儿女英雄传》</td><td>3</td><td>文康</td><td>北京话</td></tr>
</table>

显然，清代以前，“乡谈”主要用在南方文献里，当为南方方言词。明末清初开始向北扩散。42 个方言点仅见于广州，用作“①口音，乡音。②土语。”

① 前文已有论述。

23. 牙婆

旧称以介绍人口买卖或其他生意以赚取一定佣金的职业妇女[①]。

“牙婆”始见于宋，如宋陈元靓《事林广记》前集卷九：“上官三不入宅：一、子弟不可入宅；二、牙婆不可入宅；三、师尼不可入宅。”《大词典》首引《水浒传》第二四回：“王婆笑道：‘老身为头是做媒，又会做牙婆。’”嫌晚。《张协状元》1 见，第三十五出：“（净）晓得了，还是卖珠婆、牙婆、看生婆，不要它来。”又作“牙嫂、牙媪”，宋吴自牧《梦粱录·顾觅人力》：“如府宅官员，豪富人家，欲买宠妾、歌童、舞女、厨娘、针线供过、粗细婢妮，亦有官私牙嫂，及引置等人。”宋无名氏《异闻总录》卷一：“婢昏然不省忆，但云因行至一桥迷路，为牙媪引去，迫于饥馁，故自鬻。”

元代检得 2 例，《元·刑》卷十九：“若有首告，令各处官司排门粉壁，严责两邻社长人等，常切觉察，禁治此等纠合牙婆，各务生理，不许似前以乞養过房为名，说诱人家男女，辗转贩卖。”《南村辍耕录》卷十“三姑六婆”：“六婆者：牙婆、媒婆、师婆、虔婆、药婆、稳婆也，盖与三刑六害同也。”

明代，《水浒传》1 见，即上《大词典》首引例。《金瓶梅》3 例，如第二回：“原来这开茶坊的王婆，也不是守本分的。便是积年通殷勤、做媒婆、做卖婆、做牙婆，又会收小的，也会抱腰，又善放刁。”《喻世明言》4 例，如第一卷：“兴哥见他如此，也出了这口气。回去

① 参看王恩建《也释“牙婆”》，载李申主编《近代汉语文献整理与研究》，河北教育出版社 2002 年，第 116-119 页。

唤个牙婆，将两个丫头都卖了。”《醒世恒言》13例，如第一卷：“遗下女儿和养娘二口，少不得着落牙婆官卖，取价偿官。”《初刻拍案惊奇》1例，卷二：“说话的，你说错了！这光棍牙婆，见了银子，如苍蝇见血，怎还肯人心天理，分这一半与他？”《二刻拍案惊奇》4例，如卷五：“元来这婆子是个牙婆，专一走大人家雇卖人口的。”明笔记《陶庵梦忆》5例，如卷五“扬州瘦马”：“娶妾者切勿露意，稍透消息，牙婆驵侩，咸集其门，如蝇附膻，撩扑不去。”

清代检得2例，《风流悟》第三回：“牙婆见了，他就将这些首饰送他，他见了满心欢喜道：‘怎么无功食禄，好受你的。’”《儒林外史》第四十七回：“便有一个卖花牙婆，姓权，大着一双脚，走上阁来，哈哈笑道：“‘我来看老太太入祠！’”上引文献用例的地域分布如表2—9：

表2—9：宋至清文献中“牙婆”的地域分布

单位：次

时代	文献	频次	作者或编者	籍贯或方言基础
宋	《事林广记》	1	陈元靓	福建崇安（今福建建安）
	《张协状元》	1	九山书会	温州
	《梦粱录》	1	吴自牧	浙江钱塘
	《异闻总录》	1	无名氏	不详
元	《元·刑》	1	官修政书	北方官话
	《南村辍耕录》	1	陶宗仪	浙江黄岩

续表

时代	文献	频次	作者或编者	籍贯或方言基础
明	《水浒传》	1	施耐庵	南方官话
	《金瓶梅》	3	兰陵笑笑生	山东
	《喻世明言》	4	冯梦龙	长洲（今苏州）
	《醒世恒言》	3	冯梦龙	长洲（今苏州）
	《初刻拍案惊奇》	1	凌濛初	乌程（今浙江湖州）
	《二刻拍案惊奇》	4	凌濛初	乌程（今浙江湖州）
	明笔记 《陶庵梦忆》	5	张岱	山阴（今浙江绍兴）
清	《风流悟》	1	坐花散人	不详
	《儒林外史》	1	吴敬梓	江淮

从宋至清，除《元·刑》外，“牙婆”主要用于南方文献里，《金瓶梅》虽为北方文献，但前修时贤已考证其带有吴语色彩[①]。42个方言点中见于洛阳和于都，前者用作“旧时以介绍人口买卖为业从中取利的妇女”；后者用作“收生婆，以旧法接生的妇女”。

24. 游手

无固定谋生手段的人，包括市井无赖。

《朱子语类》2例，卷一百七“杂记言行”：“先生尝立北桥，忽市井游手数人悍然突过，先生敛衽桥侧避之。”又卷一百九“论取士”：“然以今观之，士人千人万人，不知理会甚事，真所谓游手！”

① 参看朱星《〈金瓶梅〉的词汇、语汇札记》，《河北大学学报》1982年第1期；朱德熙《汉语方言里的两种反复问句》，《中国语文》1985年第1期；张惠英《〈金瓶梅〉用的是山东话吗》，《中国语文》1985年第4期；周振鹤、游汝杰（2006：170）也提到《金瓶梅》中夹杂少量吴方言的词汇。

唐代已有，见于史书，如《晋书·食货志》：“乡无游手，邑不废时，所谓厥初生民，各从其事者也。”《隋书·食货志》：“使地无遗利，人无游手焉。”但史书成于众人之手，且多为官修，使用语言多为通语。

宋代用例，除《朱子语类》外，《清异录》1见，如卷上“青林乐”：“唐世京城游手夏月采蝉货之，唱曰：‘只卖青林乐。’”为《大词典》所引。《欧阳修全集》2见，如卷三十五《端明殿学士蔡公墓志铭》：“而奸民、游手、无赖子，幸而贪饮食，利钱财，来者无限极，往往至数百千人。”又卷四十五《通进司上皇帝书》：“而今三夫之家一人、五夫之家三人为游手，凡十八九州，以少言之，尚可四五万人不耕而食，是自相麋耗而重困也。”《苏轼全集》2见，如《诗集》卷四十一《和陶劝农》：“父兄搢梃，以抶游手。”又《文集》卷三十《论役法差雇利害起请画一状》：“故皆化为游手，聚为盗贼。”《东轩笔录》1见，如卷四：“王荆公安石当国，以徭役害民，而游手无所事，故率农人出钱，募游手给役，则农役异业，两不相妨。”《靖康纪闻》1见，如“已而诏罢百姓不许上城守御，散行召募忠义之士，旗帜满城，召募者多市井游手之徒耳。”《鸡肋编》1例见，如卷下：“其间逃废之田，不下三十余万顷，不及开元三分之一，是田畴不辟而游手多矣。”①

元无。明代用例，如《万历野获编》卷三十《册封琉球》：“琉球小国最贫，其随中朝奉使者，皆海上无俚游手，充中军诸名色官，造船于闽。”《型世言》第二十三回：“恺儿自小不拘束他，任他与这

① 转引自袁庆述（1990）。

些游手光棍荡惯了，以后只有事生出来，除非难却这些人才好。”《日知录》卷三十二“讹”：“泰昌元年八月，御史张泼言：‘京师奸宄丛集，游手成群，有谓之把棍者，有谓之拏讹头者。’”下面考察“游手”一词的使用范围，见表2—10：

表2—10：“游手”一词的历史地域分布

文献	作者	生卒或语言年代	籍贯或方言基础	频次
《清异录》	陶穀	902 － 970	邠州新平（今属陕西）	1
《欧阳修全集》	欧阳修	1007 － 1072	吉安永丰（今属江西）	2
《苏轼全集》	苏轼	1037 － 1101	眉州眉山（今属四川）	2
《朱子语类》	朱熹等	1130-1200	南方官话	2
《东轩笔录》	魏泰	不详	襄阳人	1
《靖康纪闻》	丁特起	不详	安徽人	1
《鸡肋编》	宋绰	不详	福建惠安人[①]	1
《万历野获编》	沈德符	1578 － 1642	秀水（今浙江嘉兴）	1
《型世言》	陆人龙	崇祯年间	浙江钱塘（今杭州市）	1
《日知录》	顾炎武	1613 － 1682	江苏昆山	1

要之，“游手”刚产生时许是通语词，但宋代后多用于南方，由一个通语词降格为方言词。《清异录》的作者为北方人，然陈振孙云：“其为书殆似《云仙散录》，而语不类国初人，盖假托也。”[②]因此，作者有可能另为他人。42方言点未见使用。

①　绰字季裕，自署清源人，陆心源说是太原人，余嘉锡先生则认为是福建惠安人（《鸡肋编·点校说明》第1页）。

②　陈振孙《直斋书录解题》，上海古籍出版社1987年版，第340页。

25. 查裹 / 查果

行礼。

“查裹（查果）”，钱南扬（1979：11）校注云：“字应作‘遮裹’，谓遮盖身体的衣被。”“遮”本义为“拦住，遏止”，《说文·辵部》：“遮，遏也。”引申为“遮盖；掩蔽”，如白居易《琵琶行》：“千呼万唤始出来，犹抱琵琶半遮面。”“裹”本义为“缠”，《说文·衣部》：“裹，缠也。”显然，“遮裹”为同义连文，即“遮盖；裹缠”，进一步引申为“用来裹缠的东西”，即“行李”，因为出门带的行李多为衣物和棉被，就是为裹缠身体而备。

《张协状元》5例，如第一出：“打得它大痛无声，夺去查果金珠。”又第五出：“（末）这梦得说破，查裹与琴书，雨具牢收记。”宋之前之后文献均未见使用，《大词典》仅引《张协状元》例。42个方言点未见使用。

26. 展拓

豁达，开阔。

“展拓”本为“开辟，扩充”，如宋周密《癸辛杂识别集·汴梁杂事》：“汴之外城，周世宗所筑，神宗又展拓，其高际天，坚壮雄伟。”“开辟，扩充”的本是“具体的实物”，引申为抽象事物的扩大，即“心胸的豁达，胸襟的开阔”，始见于宋，《大词典》首引《朱子语类》卷一〇一：“张思叔敏似和靖，伊川称其朴茂；然亦狭，无展拓气象。”

历代用例很少，《大词典》举清陈光淞《庸盦笔记·幽怪一·江南某生神游兜率天宫》按语：“前后约六千余字，融会贯通，思议展拓超迈，均为前人所未及。”经查实，《庸盦笔记》作者乃清薛福成，校理者为陈光淞。薛福成，字叔耘，号庸盦，江苏无锡人。

仅此两例，均用于南方。42 方言点中未见使用。

27. 著（着）精神

振作精神，留神。

《朱子语类》1 例，如卷一百一十七“训门人五”：“故人初看时不曾著精神，只管看向后去，却记不得，不若先草草看正史一过。”

又作“著精彩”“著精采”①。“精彩、精采”指“目光”，“著精彩”犹如“集中精神；看仔细”②。五代已有，如《祖堂集》卷七“雪峰和尚”：“和尚子，若实未得悟入，直须悟入始得，不虚度时光。莫只是傍家相徵，掠虚嫌说悟入，且是阿谁分上事？亦须著精神好！”

“著精神”例，如《景德传灯录》卷十九：“若是初心后学，直须著精神莫空记人说。”《圆悟佛果禅师语录》卷十二：“只如今衲僧家，也须著精神参取始得。”《宏智禅师广录》卷六：“是自家真实游践处，著精神体取。”又卷七：“点活眼著精神，野草闲华自在春。”又卷八：“禾黍十分秋可望，饱丛林汉著精神。”《五灯会元》卷十七“兜率从悦禅师”：“始见新春，又逢初夏。四时若箭，两曜如梭。不觉红颜黧成白首。直须努力，别著精神，耕取自己田园，莫犯他人苗稼。”

“著精采”例，如《陆象山全集》卷三五：“精读书，著精采警语处。”

① 参看袁宾《禅宗著作词语汇释》，江苏古籍出版社 1990 年版，第 266 － 267 页。

② 详参王云路、方一新《中古汉语语词例释》，吉林教育出版社 1992 年版，第 232 － 233 页。

“著精彩”用例较多，《碧岩录》1见，如卷六：“且道作么生是箭后路，也须是自著精彩始得。”《宏智禅师广录》2见，如卷四：“寄语行人著精彩，著精彩相谩杀。”《大慧普觉禅师语录》11见，如卷十九：“或照顾不着起一恶念，当急著精彩。”《密庵和尚语录》1见，如“示源监市”：“如何对他，急著精彩，下取一转语。”《虚堂和尚语录》1见，如卷四“示日本国心禅人”：“当人负不群气概，猛著精彩，直下坐断一切得失是非。”《五灯会元》7见，如卷十八：“百杖以栖禅师”：“山僧今日已是平地起骨堆，诸人行时，各自著精彩看。”后代无见。下面考察五代至宋文献用例的方言基础，见表2—11：

表2—11：五代至宋文献中“著精神/著精彩”一词的地域分布

单位：次

文献	作者或编者	成书年代	方言基础	频次
《祖堂集》	静、筠二禅师	五代	长江流域及江南	1
《景德传灯录》	道原	1004 － 1007	长江流域及江南	1
《圆悟佛果禅师语录》	克勤撰、绍隆编	1063 － 1135	撰者系四川彭县人	1
《碧岩录》	克勤撰	1063 － 1135	撰者系四川彭县人	1
《宏智禅师广录》	正觉撰、宗法等编	1071 － 1157	撰者系隰州人	5
《大慧普觉禅师语录》	宗杲撰、蕴闻编	1089 － 1163	撰者系安徽宣城人	11
《密庵和尚语录》	咸杰撰、了悟等编	？ － 1168	撰者系福州人	1
《虚堂和尚语录》	虚堂语、妙源编	宋末元初	语主系浙江宁波人	1
《陆象山全集》	陆九渊	1139 － 1193	抚州金溪（今属江西）	1
《五灯会元》	普济	南宋晚叶	长江流域及江南	7

要之，“著精神 / 著精彩”一词，均用于南方籍作家笔下，当为南方方言词。42 方言点未见使用。

28. 做种

传宗接代。

《张协状元》1 见，第十一出：“只因父母丧亡，水火盗贼，害了家计。如今只留得个女孩儿，在古庙中做种。”胡雪冈校释：“温州方言犹云传宗接代。做，充当，担任。”“种”有“谷物的种子”义，如《书·吕刑》：“稷降播种，农殖嘉穀。”“做种”本指“留作种子”，《汉语方言大词典》：“做种，〈动〉做种子。闽语。广东揭阳：少二斗粟留放～这两斗粟留著作种子。”引申为“传宗接代”，后期用例如《西游记》第七十七回：“即往腰间顺带里摸摸，还有十二个。‘送他十个，还留两个做种。’”奇怪的是其本义在宋之前未见使用，倒在清代文献里检得 1 例，李渔《无声戏》第四回：“不想那一年，淮扬两府饥馑异常，家家户户，做种的稻子，都舂米吃了。等到播种之际，一粒也无，稻子竟卖到五两一担。”不管是本义还是引申义均用例不多，仅检索到上述几例，且都用在南方文献[①]里。42 个方言点见于丹阳、南昌、雷州。义项分别如次：丹阳：①留下用作种子。②用以传宗接代（多就小孩而言）。南昌：作为动物、植物繁殖下一代的种畜、种禽、种子使用。雷州：①把稻种浸到发芽然后播种。②当种子。③做传宗接代的人。

① 《西游记》带有江淮方言色彩；李渔小说带有吴语色彩。

第二节　见于北方文献的北方方言词

1. 俺

我；我们（不包括听话人）。

两种诸宫调用例很多，如《刘知远》卷一【仙吕调·六幺令】："如今入舍，俺为亲舅，恣情终日打和拷。"《董西厢》卷二【正宫·甘草子缠令】："满寺里僧人听呵！随俺后抽兵便回去，不随后您须识我。"

按："俺"始见于宋金。"二典"均首引宋辛弃疾《夜游宫·苦俗客》词："且不罪，俺略起，去洗耳。"《康熙字典·人部》："俺，《广韵》：'于验切。'《集韵》：'于赡切。'并音，我也，北人称我曰俺。"考求语源，"'您'与'俺'既为表音之字，而nim与（ʔ）am又如上所陈，可析为'你'，'我'加-m尾，是则问题所在即此尾音。笔者之愚，以为此-m尾即'们'或'每'之缩音也。……若'你每'，'我每'或'你们'，'我们'之出现在'您'与'俺'之先，则合音变化固已具备其客观条件矣。"[①] 依吕先生之见，"俺"即"我每/我们"之合音，并云："抑尔时南北通语之分，不独们，每之别，您与

① 吕叔湘《释您、俺、咱、喈，附论们字》，原载《华西协和大学中国文化研究所集刊》1940年一卷二期；收入《汉语语法论文集》（增订本），商务印书馆1984年版，第10、14页。

俺二合音字似亦限于北方。”①

目力所见，“俺”在宋金的地域分布②如下表2—12：

表2—12：宋金文献中“俺”的地域分布

单位：次

文献	作者	籍贯（方言基础）	作者生卒及语言年代	频次
《夜游宫·苦俗客》	辛弃疾	历城（今山东济南）	1140－1207	1
《浪淘沙》《好事近》《夜行船》	石孝友	江西南昌	生卒年不详	4
《菊花新》	葛长庚	闽人，一云琼州	1194－？	1
《张协状元》	九山书会	温州	南宋早期	2
《南迁录》	旧题张师颜③	不详	不详	1
《续夷坚志》	元好问	太原秀容④	1190－1257	1
《诸宫调》	无名氏、董解元	燕京一带	12、13世纪	98

由上表2—12可知：南方文献用例很少，石孝友词4例，葛长庚词1例，据鲁国尧（1991，1994：152－153）的研究，宋词用韵

① 吕叔湘《释您，俺，咱，咱，附论们字》，原载《华西协和大学中国文化研究所集刊》1940年一卷二期；收入《汉语语法论文集》（增订本），商务印书馆1984年版，第14－15页。

② 为省篇幅，具体例证不一一列举，只提供篇名和作者以便考察所属地域。

③ 陈振孙《直斋书录解题》卷五：“《金人南迁录》一卷，称伪著作郎张师颜撰。顷初见此书，疑非北人语，其间有晓然傅会者，或曰华岳所为也。近扣之汴人张总管翼，则云岁月皆抵牾不合，益证其妄。”

④ 今山西忻县。

虽受方音、仿古、取便等因素的影响，仍有一定的规律可循。他在对宋词用韵进行穷尽式的研究后，分为 18 部，大多数词人（不分区域）的作品都与之相符合。这是因为“北宋时期，经济发达，文化繁荣，汴洛的中州之音当即通语的基础，南宋虽偏安江左，并不以吴语为通语。词人按照通语押韵，相从成风，相沿成习，于是造成了宋词用韵 18 部的模式”[①]。反映在词语的运用上，又何尝不曾仿中州之词而用？《张协状元》的 2 例“俺”，其中 1 例显然是出于避复和押韵的考虑，如第三十九出：“（净）记不得伊时须记得俺，我要照着多娇面。”从宋金文献考察结果来看，“俺”主要用于北方。李文泽（2001a：217）云：“‘俺’是一个北方方言词，主要通行于北方地域，南方籍作家很少使用。……在现代北方口语中，‘俺’仍然是一个活跃的第一人称代词。”

“俺”在现代汉语方言 42 个点中，济南、牟平、徐州、洛阳指“我”“我们”；西安和太原作定语“我的”“我们的”；建瓯有两个义项，“我”和“咱”。除建瓯外，余皆在北方方言区。

2. 不刺

助词。用于语尾，加强语气。

《董西厢》1 例，卷一【般涉调 · 墙头花 · 尾】：“穷缀作，腌对付，怕曲儿捻到风流处，教普天下颠不刺的浪儿每许。”宋文献未见，

① 鲁国尧《论宋词韵及其与金元词韵的比较》，《中国语言学报》第四期，商务印书馆 1991 年版。收入《鲁国尧自选集》，河南教育出版社 1994 年版，第 152 – 153 页。

元曲 12 例[①]，有名姓可考的 6 例，即关汉卿小令《中吕·普天乐·普救姻缘》1 例、马致远套数《大石调·青杏子·悟迷》1 例、乔吉《两世姻缘》1 例、范康《竹叶舟》1 例、汤舜民套数《南吕·一枝花·夏闺怨》《咏素蟾》各 1 例。上述文献作者的籍贯如下：

关汉卿，解州（今属山西运城）人[②]；马致远，大都人；乔吉，祖籍太原；范康，杭州人；汤舜民，宁波人，一说象山（今属浙江）人。

“不剌”主要用在“颠、破、活、弯”后面，组成“颠不剌、破不剌、活不剌、弯不剌”。《汉语方言大词典》收有“不剌”，北京官话。明闵玉五《五剧笺疑》云：“不剌，北方语助词，不音餔，剌音辣，去声。如怕人云怕人不剌的，唬人云唬人不剌的。”但王学奇、王静竹（2002：107）对此提出质疑：“谓‘不剌’为语助词，其说是也。但谓为‘北方语助词’，恐非。因为《竹叶舟》的作者是杭州人，《两世姻缘》的作者，原籍虽在太原，后来长期侨居杭州。据调查，现在不仅在内蒙和东北，远在新疆克拉玛依地区也普遍使用‘不剌’为语助。可见其使用范围很广，其使用历史亦很悠久。它的根源一直可以追溯到很古。”这再次印证了“论证词的时代性和地域性都是难度很大的工作，地域性比时代性更难”[③]的结论。不过“不剌”

① 无名氏《孟德耀举案齐眉》、无名氏《叨叨令过折桂令》、无名氏《赏玩》、无名氏《忆佳人》、无名氏《飞刀对箭》。

② 据徐子方（1996）推考，关汉卿解州出生，汴梁做官，晚年南下楚湘江浙，最后归葬祁州，一生主要活动范围在北方。

③ 汪维辉《论词的时代性和地域性》，《语言研究》2006 年第 2 期。收入《汉语词汇史新探》，上海人民出版社 2007 年版，第 47 页。

开始使用时当为北方方言词，闵玉五所说应当是有所本的。到了元代，随着元朝统一中国，北方方言及通语影响扩大，“不剌”开始向南渗透使用，并保留了下来。现代汉语42个方言点中，只有宁波使用，如“腻腥不剌”等，据周志锋（2012：228-230）可知，宁波话中的“不剌”来自古代北方话，理由有三：第一，用法上与古、今北方话的“不剌”一脉相承，都带有贬义感情色彩。第二，明代闵遇五明确说过“不剌”是“北方语助词”。第三，也是最重要的，有读音上的支持。宁波话“不”一般说成“弗”或“勿”，读轻唇音；唯独“不剌”的“不”音八，读本音，读重唇音，这说明古代北方话“不剌”传入宁波一带后，一直保留了原来的读法。

3. 不戏

憔悴。

张相（1953：610）云：“可喜或可戏之反言，则曰不戏，不戏犹言憔悴也。”《董西厢》2例，卷一【双调·搅筝琶】：“一个少年身己，多因为那薄幸种，折倒得不戏。”又卷五【黄钟宫·降黄龙兖缠令】：“料来想必定是些儿闲气，白瘦得个清秀脸儿不戏。”

历史文献中，“不戏”仅此两例。《汉语方言大词典》收“不戏”，注为“官话”。42个方言点未见使用。

另，诸宫调亦用“不戏”的反义词“忔戏/吃喜”[①]，卷一【双调·豆叶黄·尾】：“千方百计，无由得见意中人；使尽身心，终是难

① 亦作“可喜、可戏、吃戏、吃喜、吃喜”，详参张相（1953：608－609）。

逢忔戏种。”又卷七【越调·上平西缠令·尾】:“吃喜的冤家，怎生安稳？”然郭作飞（2008：387）视“忔戏”为南方方言词，诸宫调和《张协状元》属“同时异域”文献，二者皆有使用，郭先生如此处理恐不妥。

4. 槽头

给牲畜喂饲料的地方。

《刘知远》始见，1例，卷十二【大石调·玉翼蝉·尾】:“南北槽头催战马，盘缰坠蹬。”元曲3例，高茂卿[①]《翠红乡儿女两团圆》1例，即第二折:“你分娩呵，若得一个小厮儿，就槽头上选那风也似的快马，着小的每到城中来报我。”高茂卿为河北涿州市人；朱凯《昊天塔孟良盗骨》1例，即第二折:“比及你架上掇雕鞍，槽头牵战马。”朱凯里籍不详；无名氏《罗李郎大闹相国寺》1例，即楔子:“(正末云)侯兴，槽头快马鞴上一匹，多带些钱物，不问那里，与我寻将来。”

明代，《喻世明言·张古老种瓜娶文女》1例，据孙楷第（2009：111）考证，此篇另见《宝文堂目》《也是园目》，非冯梦龙所作。《西游记》1例，江淮方言。清代，《说唐》3例，作者不详;《三侠五义》1例，石玉昆述，天津人;《聊》和《醒》各1例，用于“槽头买马看母子”的固定俗语。《汉语方言大词典》未收此义。《现代汉语方

① 《翠红乡儿女两团圆》的作者存有争议，一说高茂卿，一说杨文奎，这里从郑骞（2017：247）说，题作高茂卿撰最为妥当。

言大词典》收有“槽头兴旺”[①]一词，方言点为“洛阳”，可见北方仍保留此义。

5. 虫蚁

对禽鸟等小动物的通称。

《董西厢》4 例，如卷一【双调·搅筝琶】：“虫蚁儿里多情的，莺儿第一，偏称缕金衣。”又卷六【黄钟宫·整金冠令】：“促织儿外面斗声相聒，小即小，天生的口不曾合。是世间虫蚁儿里的活撮，叨叨的絮得人怎过？”

单言“虫”者，古已有之，称一切动物。许政扬（1984：68）云：“所有一切古者目为‘虫’的，不论飞禽走兽，昆虫鳞介，无不可称‘虫蚁’。”儿化前的“虫蚁”，中古已有，指一般虫豸，如《大词典》首引鲍照《拟行路难》诗之七：“飞走树间啄虫蚁，岂忆往日天子尊。”其他如《洛阳伽蓝记》卷二：“地多湿垫，攒育虫蚁，疆土瘴疠，蛙黾共穴，人鸟同群。”唐代继之，如杜甫《缚鸡行》：“家中厌鸡食虫蚁，不知鸡卖还遭烹。”

宋代，有指兽类者，如《景德传灯录》卷二十二“漳州保福院清豁禅师”：“吾灭后，将遗骸施诸虫蚁，勿置坟塔。言讫，潜入湖头山，坐盘石，俨然长往。弟子戒因入山寻见，禀遗命，延留七日。竟无虫蚁之所侵食。”（51/384b）“虫蚁”即“虫蚁”。黄庭坚诗《戏赠彦深》：“虫蚁无知不足惊，横目之民万物灵；请食熊蹯楚千乘，

① 过春节贴对联时，贴在牛屋槽头的吉利话。

立死山壁汉公卿。”[①]

元明，有指水生动物者，如尚仲贤《柳毅传书》第三折白：“（柳毅笑云）钱塘君差了也。你在洪波中扬鬐鼓鬣，掀风作浪，尽由得你。今日身被衣冠，酒筵之上，却使不得你那虫蚁性儿。”

检文献，“虫蚁”以指“虫豸”和“禽鸟”为主，“兽类”和“水中生物”为辅。东汉至清文献用例如下表 2—13：

表 2—13：东汉至清文献中“虫蚁”的地域分布

单位：次

时代	文献	作者或编者	籍贯或语言	义项	频次	形体
六朝	《拟行路难》	鲍照	东海[②]	虫豸	1	虫蚁
	《洛阳伽蓝记》	杨衒之	北魏北平（今河北满城）	虫豸	1	虫蚁
唐	《枯柟、缚鸡行》	杜甫	河南巩县	飞禽、虫豸	2	虫蚁
	《嗟哉董生行》	韩愈	南阳	虫豸	1	虫蚁
	《赠询公上人》	齐己	潭之益阳	虫豸	1	虫蚁
	《焰阳洞记》	杜光庭	缙云，一曰长安	虫豸	1	虫蚁
	《谏白马司坂营大像表》	张延珪	河南济源	虫豸	1	虫蚁
	《义净译经》	义净	齐州（今山东省济南地区）山庄	虫豸	21	虫蚁

① 此二例转引自许政扬《许政扬文存》，中华书局 1984 年版，第 67 页。

② 今山东省临沂市郯城县。

续表

时代	文献	作者或编者	籍贯或语言	义项	频次	形体
宋金	《景德传灯录》	道原	长江流域及江南[①]	泛指鸟兽等动物	3	虫蚁、虫蚁
	《虚堂和尚语录》	妙源	浙江宁波	虫豸	1	虫蚁
	《东坡志林》	苏轼	眉州眉山（今属四川）	虫豸	1	虫蚁
	《东京梦华录》	孟元老	不详[②]	鸟儿	3	虫蚁
	《武林旧事》	周密	山东历城[③]	鸟儿	4	虫蚁
	《董西厢》	董解元	燕京一带	鸟儿	4	虫蚁儿

① 参考袁宾（2003）。

② 但据何兆泉（2015）考证，孟元老少年时即跟随父亲宦游南北，崇宁二年（1103）始居汴京，此后在汴京生活长达24年，到靖康二年（1127）才被迫逃离京城，避兵江南。显然，正是作者居于汴京之久，对京城的繁华生活非常熟悉，才得以撰成《东京梦华录》。

③ 参看刘静《周密研究》，2005年四川大学博士论文，第17页。

续表

时代	文献		作者或编者	籍贯或语言	义项	频次	形体
元明	《琵琶记》		高明	温州瑞安	鸟儿	1	虫蚁
	《柳毅传书》		尚仲贤	河北正定	水生物	1	虫蚁
	《牡丹亭》		汤显祖	江西临川	萤火虫	1	虫蚁
	《水浒传》		施耐庵	南方官话	鸟儿	2	虫蚁
	《西游记》		吴承恩	江淮方言	鸟儿	1	虫蛾
	《金瓶梅》		兰陵笑笑生	山东	鸟儿	1	虫蚁儿
	《三言》		冯梦龙	长州（今苏州）	鸟儿	7	虫蚁
	明笔记	《万历野获编》	沈德符	浙江嘉兴	虫豸	1	虫蚁
		《余冬序录》	何孟春	郴州	鸟兽	1	虫蚁
		《炎徼纪闻》	田汝成	浙江钱塘	虫豸	1	虫蚁
		《五杂俎》	谢肇淛	长乐（今属福建）	虫豸	4	虫蚁
		《治世余闻》	陈洪谟	武陵（今山东常德）	鸟兽	1	虫蚁
清	《醒》		西周生	山东	喻人	1	虫蚁
	《聊》		蒲松龄	山东	喻仙女	1	虫蚁
	《歧路灯》		李绿园	河南	鸟雀	2	虫蚁儿
	《老残游记》		刘鹗	江淮官话	虫豸	2	虫蚁、虫蚁儿
	《浮生六记》		沈复	江苏苏州	虫豸	1	虫蚁

由上表 2—13 可知，“虫蚁”本指“虫豸”，南北方文献均有使用，是一个通语词。“鸟儿”义，元代以前多用在北方籍作家文献里。随着元朝统一中国，北方方言及通语的影响扩大，北方口语词开始

向南扩散，如用于《琵琶记》和“三言”中即是证明。不过儿化的“虫蚁”仍然多用于北方籍作家笔下，“儿，名词词尾。作为词尾，‘儿’是从表示‘小儿’的意义发展出来的。这一词尾产生于唐代，宋代沿用了下来。”①“虫蚁”本身就含有“小”义，加“儿”带有一种喜爱的感情色彩在内，且“儿”本身亦带有北方方言色彩，“从地域分布上看，词缀‘儿’的使用存在北多南少的情况，反映北方方言的作品使用较多，反映南方方言的作品使用较少”②。

直至今天，北方方言仍说“虫蚁儿”。42 个方言点中，“虫蚁”，忻州、福州、厦门泛指昆虫，是其本义的遗留。“虫蚁儿”，徐州泛指小鸟、小昆虫、小动物（多指可供观赏、玩赏的，如黄鸟、百灵、画眉、蟋蟀、蝈蝈、金鱼等），是“虫”指一切生物的保留；洛阳、万荣泛指鸟类。可见，指“鸟儿”义的“虫蚁儿”当是北方方言词，这从北方避“鸟”讳而用“虫蚁儿”代称“鸟儿”也可窥知，据汪维辉（2013a）的研究可知，至晚元明以后，北方话中“虫蚁”其实就成了“鸟”的别称，一直沿用到今天的部分官话方言中，这是因为北方话中“男阴”亦用“鸟”表示，出于避讳，就用“虫蚁儿”来指称“鸟儿”，而南方“鸟”不用做亵词，则无需避讳。很显然，“虫蚁儿”带有北方方言色彩。

6. 出跳

犹出众；长成。多用以指男女青春期的体态、容貌、智能等。

《董西厢》1 例，卷六【双调·倬倬戚】:“是则是这冤家没弹剥，

---

① 李文泽《宋代语言研究》，线装书局 2001 年版，第 125 页。

② 袁宾《近代汉语概论》，上海教育出版社 1992 年版，第 160 页。

陡恁地精神偏出跳，转添娇，浑不似旧时了？”

字亦作“出挑、出条、出脱、出退、出落”等。“出”有“出现；显露”义，《玉篇．出部》：“出，见也。”第二个音节的本字有可能是“䠷”，“䠷”有“身长”义，如《广韵．篠韵》：“䠷，身长皃。”明焦竑《俗书刊误．俗用杂字》：“长身曰䠷。”“身长”是“生长”的结果，故曰“出众，长成”。不过因“䠷”形体稍显繁杂，故白话文献中多作“挑”等字形。

元明用例，关汉卿《南吕·一枝花·赠朱帘秀》：“十里扬州风物妍，出落着神仙。”《西游记》1 例，即第十一出【大石调·六国朝】：“抬举偌来大，出退得全别。俺孩儿现世的观音样，羞花也闭月。”作者是否为杨景贤，素有争议，如严敦易（1957：145-152）、杜治伟，王进驹（2019）认为《西游记》可能是拼凑包括吴昌龄、杨景夏等前人作品的产物，属于集体智慧。《金瓶梅词话》12 例，如第一回：“后日不料白玉莲死了，止落下金莲一人，长成一十八岁，出落的脸衬桃花，眉湾新月，尤细尤湾。”又第七十六回：“贲四的那孩子长儿，今日与我磕头，好不出跳了，好个身段儿。”《牡丹亭》3 例，如第三出：“娇养他滨上明珠，出落的人中美玉。”又第四十八出：“（老旦背与贴语介）有这等事？（贴）便是，难道有这样出跳的鬼？”作者汤显祖（1550 － 1616），江西省抚州临川县人，据徐朔方（1983：1）的介绍，他三十四岁中进士，在南京历任太常博士、詹事府主簿、礼部祠祭司主事等职。万历十九年（1591），被贬官到广东徐闻，挂一个典史的空衔。两年后，量移浙江遂昌知县，做了五年县官，弃官后家居玉茗堂，直到老死。从这个简单的介绍可知，他一生未到过北方。《初刻拍案惊奇》1 例，即卷十六："这却不是出跳的贼精，隐然的强盗？"《醒世恒言》2 例，如卷七："看看长成十六岁，出落得好个女儿，美艳非常。"《东周列国志》1 例，即第九回："及文姜渐已长成，出落得如花似玉，诸儿已通情窦，见文姜如此才貌，况且举动轻薄，每有调戏之意。"《红梅记》1 例，即第十七出【尾煞】白："（众）委似慧娘庞儿无异。（贾）不信有这等一个出跳的鬼。"《燕子笺》1 例，即第十二出【醉扶归】："敢则是丰神出脱的忒天然！因此上他化为云雨去阳台畔。"[①] 单本《蕉帕记·脱化》："捏怪兴妖，出脱千般新做作。藏头露脚，腾那一种旧苗条。"

清代，《醒世姻缘转》5 例，如第一回："渐渐到了十六七岁，出落得唇红齿白，目秀眉清。"又第十一回："萧夫人道：'出挑的比往时越发标致，我就不认的他了。想是扶了堂屋了。'"《聊斋俚曲集》1 例，即"增补幸云曲"第十回："长到十二三岁，出脱的如花似玉，才有了佛动心之名。"《红楼梦》10 例，如第十六回："宝玉心中品度黛玉，越发出落的超逸了。"又一百一十九回："众人远远接着，见探春出跳得比先前更好了，服采鲜明。"《吟风阁杂剧·偷桃捉住东方朔》1 例，即【商调·吴小四】白："呀！你就这样出跳！"[②]《儒林外史》1 例，即第五十三回："后来没奈何，立了一个儿子，替他讨了一个童养媳妇，长到十六岁，却出落得十分人才，自此孤老就走破了门

① 此两例转引自王学奇、王静竹《宋金元明清曲辞通释》，语文出版社 2002 年版，第 186 页。

② 《吟风阁杂剧·偷桃捉住东方朔》和《红梅记》例参看王学奇、王静竹（2002：186）。

槛。"《儿女英雄传》3例，如第一回："那时候公子的身量也渐渐的长成，出落得目秀眉清，温文儒雅。"《平山冷燕》1例，即第六回："这年已是十二岁，出落的人才就如一泓秋水。"《品花宝鉴》1例，即第十三回："蕙芳便到房中换了一身衣裳出来，益发出落得齐整。"《豆棚闲话》1例，即一〇则："只有晚生当日曾与几位老先生经手几个，后来出跳伶俐，收在房中，越发出跳得一个好人。"①

表2—14："出跳"在历代文献中的地域分布

单位：次

时代	文献	作者	籍贯或语言	频次	字形
金代	《董西厢》	董解元	燕京一带	1	出跳
元明	《南吕·一枝花·赠朱帘秀》	关汉卿	解州（今属山西）	1	出落
	《西游记》	杨景贤	不明②	1	出退
	《金瓶梅词话》	兰陵笑笑生	山东话	12	出跳
	《牡丹亭》	汤显祖	江西抚州临川	3	出跳
	《初刻拍案惊奇》	凌濛初	乌程（今浙江吴兴）	1	出跳
	《醒世恒言》	冯梦龙	长洲（今江苏苏州）	2	出落
	《东周列国志》	冯梦龙	长洲（今江苏苏州）	1	出落
	《红梅记》	周朝俊	浙江鄞县（今浙江宁波）	1	出跳
	《燕子笺》	阮大铖	安徽桐城人③	1	出脱
	《蕉帕记》	单本	会稽（今浙江绍兴市）	1	出脱

① 此例转引自白维国主编《近代汉语词典》，上海教育出版社2015年，第241页。

② 因作者有争议，我们注为"不明"。

③ 一说安徽怀庆人。

续表

时代	文献	作者	籍贯或语言	频次	字形
清	《醒世姻缘传》	西周生	山东方言	5	出挑、出条、出落
	《聊斋俚曲集》	蒲松龄	山东方言	1	出脱
	《红楼梦》	曹雪芹	北京话	10	出挑、出跳、出脱、出落
	《吟·偷》①	杨潮观	江苏无锡	1	出跳
	《儒林外史》	吴敬梓	江淮官话	1	出落
	《儿女英雄传》	文康	北京话	3	出落
	《平山冷燕》	不详	不详	1	出落
	《品花宝鉴》	陈森	江苏常州	1	出跳
	《豆棚闲话》	艾衲居士	杭州②	1	出跳

现代42个方言点中，济南、南京、厦门作“出挑”，义为“（青年人的体格、相貌等）向美好的方面发育、变化”或“长相漂亮”；西安、忻州作“出脱”，义为“青年人（多指女性）的体态、容貌（向美好的方面）变化”；杭州作“出跳”，指“孩子青少年聪明能干，有发展前途”；宁波作“出躿”，义为“高出于众人，不同一般”；徐州使用反义词“不出条（儿）”。

历史文献和现代汉语均是南北皆有使用，不过宋元多在北方使用，《汉语方言大词典》该义项下注为官话，举《董西厢》例，记

① 《吟风阁杂剧·偷桃捉住东方朔》的简称。

② 参看（清）艾衲居士著，王秀梅点校《豆棚闲话》，中华书局2002年，第2页。

录的是宋元实况。据此，我们认为“出跳”初产生时为北方方言词，到明中后期向南扩散使用，《牡丹亭》等例即是明证。现代北京话和普通话都收录该词，这说明，发展到现代，“出挑”俨然已成通语词。

7. 二四

任意；放肆；无赖。

关于“二四”的得义之由，已有相关学者进行探讨，如刘瑞明（1995）认为“四”是“肆”的代写，“放二四”即“放肆”，“二”无实义，仅起虚陪的修辞作用；刘敬林（2007）则认为“放二四”是“放三”的藏词，“三”是“散”的记音字，“放二四”即“放散”，“不自约束”义；马思周（2011：229）提出新解：“二四”等于“八”，为“巴”之谐音，“巴”义同“吧”，禅家流行“口吧吧的”一语，即“张大嘴巴（说话）含有讽刺意味”，有“胡说”“瞎说”义。元代，“巴巴”减缩为“巴”，而且词义也趋于单一和专门化，特称那种无根据或无理由的言语表达为“巴”，犹今之“瞎说；胡说”，如“巴三览四”(《杀狗劝夫》4【上小楼】)。马先生的说解别出心裁，且有理有据，而且今天一些方言中仍用“说话巴巴的”来表示“瞎说；胡说；乱说”，笔者方言即是如此，只是“巴”在元代始见单用例，而金代《董西厢》里已有“放二四”的用例，若能找到同时代“巴”单用作“瞎说；胡说”的用例，会更有说服力。其来源留待以后再做考察，我们来看“放二四”的使用地域。

《董西厢》4例，如卷一【仙吕调·整金冠】：“放二四不拘束，尽人团剶。”元曲3例，如尚仲贤《汉高皇濯足气英布》第四折【黄钟·竹枝儿】:“今日个鸣金收士马，奏凯见君王。堤防，只怕他放二四，又做出那濯足踞胡床。”高文秀《好酒赵元遇上皇》第一折【仙吕·赏花时】:“则为一貌非俗离故乡，二四的司公能主张。则他三个人很心肠，做夫妻四年向上，五十次告官房。”王晔小令《双调·殿前欢·再问》:“那件著情，休胡芦提二四应，相徯幸。端的接谁红定？休教勘问，便索招承。”前举用例的作者籍贯分别为：河北正定、东平（今属山东）、杭州。“二四”除王晔小令外，均用于北方籍作家笔下，《汉语方言大词典》注为官话，所举《董西厢》和元杂剧例，反映的是历史文献中的使用情况。42 个方言点未见使用。潘庚（1960）解释“放二四、二四”时举江苏邳县的活方言用例，江苏邳县隶属徐州，其方言为中原官话，中原官话今天属于北方方言区，这说明“放二四”今天仍然多在北方使用。

8. 渌老

眼睛。

《董西厢》4 例，如卷一【中吕调·香风合缠令】:“那多情媚脸儿，那鹘鸰渌老儿，难道不清雅？”又【般涉调·墙头花】:“小颗颗的一点朱唇，溜汈汈一双渌老。”

字亦作“睩老、绿老、六老、矑老、臚老”。关于近代汉语中“～老”中“老”的性质，汪维辉（2013b）论述颇详，分为两种，一为名词后缀，如“孤老、渌老、躯老、顶老”等；二为有实义的谓词词尾，可释为“……的人”“……的东西”，如“痴老、听老、嗅老、插老”等。“渌老”中的“老”为名词后缀，表义的前一成分，本字当是“矑”,《玉篇·目部》:“矑,目童子也。”《文选·杨雄〈甘泉赋〉》:“玉女亡所眺其清矑兮,宓妃曾不得施其蛾眉。”李善注引服虔曰:“矑,目童子也。”“𥈠是矑的异体字,睩、渌、绿、六则都是通假字,这四个入声字只有在入声舒化以后才可能用来记录‘矑’字,其中隐含着方音信息。”[①] 隐含的是何地的方音呢?我们考察了这四个字在《中原音韵》中的读音,除“睩”[②] 外,其他三字均已有入声变成了去声,而大多数学者都认为《中原音韵》反映的是元代大都(今北京)的实际语音[③],是“北音”的代表,如钱玄同首开其端,早在20世纪20年代就指出《中原音韵》是根据当时北方话的语音来作的,代表了六百年前的“普通口音”[④]。而当时及其后的南音中仍存在入声,即使在今天的很多南方方言中依然存在,如沈德符《万历野获编》卷二十五“词曲”载:“章邱李中麓太常亦以填词名,与康王俱石友,不娴度曲,即如所作《宝剑记》,生硬不谐,且不知南曲之有入声,自以‘中原音韵’叶之,以致吴侬见诮。”可证明代南音中仍存在入声,故从音的角度来说,“渌老”一词隐含了北音信息,那么从词汇运用的角度来看,是否也带有北方方言色彩呢?

元代4例,如王嘉甫套数《仙吕·八声甘州》:“窄弓弓撇道,溜刀刀渌老。”王实甫《西厢记》第一本第二折【中吕·小梁州】:“胡

① 汪维辉《近代汉语中的“～老”系列词》,《古汉语研究》2013年第3期。

② 未在《中原音韵》里检索到。

③ 王弘治《官话方言中的入声演变》,载《东方语言学》编委会编《东方语言学》第15辑,上海教育出版社2015年,第55页。

④ 钱玄同《文字学音篇》,北大出版组1925年,第3页。

伶渌老不寻常，偷睛望，眼挫里抹张郎。”高安道套数《般涉调·哨遍·嗓淡行院》：“瞅粘的绿老更昏花，把棚的莽壮真牛。”邓玉宾套数《仙吕·村里迓鼓·仕女圆社气球双关》：“把闲家扎塾的饱，六老儿瞍趁的早，脚步儿赶趁的巧。”明1例，沈璟《义侠记》十二：“（净：）爱杀他滴溜溜𥆧老儿好，（丑：）是双好俊眼儿。”清代2例，尤侗《南吕宫·宜春引·赠冯静容校书》：“鹘伶渌老，秋波一转天然妙。”[①]《品花宝鉴》第十五回：“我看媚香真算个鹘伶渌老不寻常，竟有人笼络得住他么？这人必是不凡。”前举作者籍贯或语言如下表2—15：

表2—15：金至清文献中“渌老”的地域分布

文献	作者	生卒及语言年代	籍贯或语言
《董西厢》	董解元	12、13世纪左右	燕京一带
《仙吕·八声甘州·六幺遍》	王嘉甫[②]	约1208前－1268后	河北完县
《西厢记》	王实甫	不详	河北定兴
《般涉调·哨遍·嗓淡行院》	高安道	不详	不详
《仙吕·村里迓鼓·仕女圆社气球双关》	邓玉宾	不详	不详
《义侠记》	沈璟	1553 － 1610	吴江（今属江苏）
《宜春引·赠冯静容校书》	尤侗	1618 － 1704	江苏长州（今吴县）
品花宝鉴	陈森	约1791 － 1848后	江苏常州

① 本例与前《义侠记》例转引自王学奇、王静竹《宋金元明清曲辞通释》，语文出版社2002年版，第690页。

② 参看宁希元《王嘉甫生平小考》，《殷都学刊》2003年第1期。

从仅有的用例来看，“渌老”开始也许只用于北方。而到明代后期和清代，南方文献也有个别用例，这有两种可能的解释：第一，北方方言词向南渗透使用；第二，曲文词语的相沿习用。《品花宝鉴》虽不是戏文，但其作者陈森“对梨园戏场有着浓厚的兴趣，曾常年流连于歌楼舞馆之间，对于当时的戏剧活动相当熟悉”[①]，而且《品花宝鉴》本身也有袭用旧文的特点[②]，所以明清的用例不好定性。42个方言点未见使用。《汉语方言大词典》注为“官话”，以《董西厢》和王实甫《西厢记》为例，反映的是宋元时期的使用情况。

9. 年时

去年。

《董西厢》1例，如卷七【仙吕调·点绛唇缠令】：“从别后，脸儿清秀，比是年时瘦。”

江蓝生（2003：185）云：“作为时间名词，‘时’可以指过去、现在、将来任何一个时段或时点。”因此，“年”“时”并用的初期，“年”为“岁月，光阴”，“时”为过去的时段，合指“逝去的岁月”，如晋·张华《壮士篇》：“有始必有终，年时俯仰过。”晋·陆机《梁甫吟》：“冉冉年时暮，迢迢天路征。”随着“年时”使用的增多，其意义也越来越具体化，仅指刚过去的一年，即“去年”，如唐卢殷《雨霁登北岸寄友人》诗：“忆得年时冯翊部，谢郎相引上楼头。”《全

① 朱崇志《清末民初戏剧传播研究 新世纪戏曲研究文库》，复旦大学出版社2018年，第18页。

② 见前所述。

唐诗》卷八九九无名氏《撷芳词》:"春衫窄，香肌湿，记得年时，共伊曾滴。"宋代时，"年时"多与"今年、而今"等对比使用，"去年"义更加明确。如邵伯温《邵氏闻见录》卷十八:"君家梁上年时燕，过社今年尚未回。"宋词用例很多，此简择一二，如苏庠《菩萨蛮》词:"年时忆着花前醉，而今花落人憔悴。"谢逸《江神子》词:"夕阳楼外晚烟笼，粉香融，淡眉峰。记得年时相见画屏中。只有关山今夜月，千里外，素光同。"曹组《十二时》词:"年时酒伴，年时去处,年时春色。清明又近也！却天涯为客。"[①] 王庭珪《虞美人·辰州上元》词:"花衢柳陌年时静，划地今年盛。"张纲《朝中措·安人生日（第一）》词:"年时生日宴高堂，欢笑拥炉香。今日山前停棹，也须随分飞觞。"蔡伸《浣溪沙》:"年时曾伴玉人来，一枝斜插凤皇钗。今日重来人事改，花前无语独徘徊。"韩元吉《临江仙·次韵子云中秋》词:"记得年时离别夜，都门强半清秋。今年想望只邻州。"赵长卿《探春令·寻春》词:"年时曾把春抛弃，与春光陪泪。待今春、日日花前沉醉。"辛弃疾《汉宫春·立春日》词:"年时燕子，料今宵、梦到西园。"《张协状元》第五十三出【迎仙客】:"(丑）记年时，不接那鞭，怎知今日，又还为姻眷。"以上均是采取今昔对比的手法，"年时"义显而易见。《大词典》首引明孔尚任《桃花扇·拜坛》:"年时此日，问苍天，遭的什么花甲。"嫌晚。上引用例的作者籍贯及语言如表 2—16:

---

① 此二例转引自张相《诗词曲语辞汇释》，中华书局 1953 年版，第 790 页。

表 2—16：宋以前文献中“年时”的地域分布

文献	作者	籍贯或语言	生卒及语言年代
《邵氏闻见录》	邵伯温	洛阳	1057 － 1134
《菩萨蛮》	苏庠	本泉州（福建省东南部）①	1065 － 1147
《江神子》	谢逸	抚州临川（今江西抚州）	1066？—1113
《十二时》	曹组	颍昌（今河南许昌）②	不详
《虞美人·辰州上元》	王庭珪	庐陵（今江西吉安）	1079 － 1171
《朝中措·安人生日》	张纲	润州丹阳（今金坛薛埠）	1083 － 1166
《浣溪沙》	蔡伸	莆田（今属福建）	1088 － 1156
《临江仙·次韵子云中秋》	韩元吉	开封雍邱（今河南开封）	1118 － 1187
《探春令·寻春》	赵长卿	南丰（江西省）	生卒年不详
《汉宫春·立春日》	辛弃疾	历城（今山东济南）	1140 － 1207
《张协状元》	九山书会	温州	南宋早期

宋以前，“年时”南北文献均有使用。然而金元明清的用例又恰与之相反。详如下表 2—17：

表 2—17：金元明清文献中“年时”的地域分布

单位：次

文献	作者	籍贯或语言	生卒及语言年代	频次
《董西厢》	董解元	燕京一带	12、13 世纪左右	1
《小桃红·采莲女》	杨果	祁州蒲阴（今河北安国市）	1197 － 1269	1

① 随父苏坚徙居丹阳（今属江苏）。

② 一说阳翟（今河南禹县）。

续表

文献	作者	籍贯或语言	生卒及语言年代	频次
《新水令·驻马听》	关汉卿	解州（今属山西运城）	1226前后－1297和1324年间	1
《清平乐》①	卢挚	涿郡（今河北省涿县）	1242 － 1314	1
《新水令·武陵春》	康进之	棣州（今山东惠民县）	元代前期	1
《越调·天净沙》	张养浩	济南	1270 － 1329	1
《山坡羊·别怀》	张可久	浙江宁波	约1280 － 1349以后②	1
《庆宣和·春思》				1
《快活三过朝天子·春思》				1
《祆神急·闺思》	朱庭玉	不详	不详	1
《元·刑》	不详	北方	元英宗时纂集而成	1
《老原》	不详	北方	约1346前	6
《荆钗记》	柯丹邱	不详③	生卒年不详	1
《老新》	不详	北方	1761	1
《醒》	西周生	山东	明末清初	8
《聊》	蒲松龄	山东	清代中期之前	2
《归莲梦》	苏庵主人	不详	清康熙、雍正年间	2

要之，从文献用例来看，金元以前，“年时”可能为通语词。郭作飞（2008：377）认为“年时”在南宋为南方方言词，我们不从。因

① 参看张相（1953：791）。

② 参看《张可久集校注· 前言》，下同。

③ 据清张大复《寒山堂新定九宫十三摄南曲谱》旧抄残本所载“吴门学究敬先书会柯丹邱著”，吴门，即苏州，可见柯丹邱是苏州敬先书会中的书会才人，有可能是苏州人。

为他仅列举了几个南方籍作家文献中的“年时”用例，便认为“年时”为南方方言词，但穷尽同期其他用例，北方籍作家笔下也有使用。

金元时已主要用在北方文献里，到了明清，只见于北方文献。现代方言也是如此，42个点中只有济南、徐州、银川、万荣、太原、忻州、洛阳（年时年）、西安和乌鲁木齐（年时个）、西宁（年时个儿）这些北方地区保留使用。《大词典》注为方言，估计是依据现代汉语方言的使用情况。《汉语方言大词典》注其使用范围为“冀鲁官话、中原官话、晋语、兰银官话”①；同时由《汉语方言地图集》《普通话基础方言基本词汇集》《汉语方言词汇》（第二版）提供的方言资料来看，“年时”②一词亦主要使用在官话和晋语区。

10. 躯老

身段或身体。

《董西厢》2例，如卷五【高平调·木兰花】：“东倾西侧的做些腌躯老，闻生没死的陪笑。”

“老”属于汪维辉（2013b）所论的名词后缀，“躯老”即“躯体”，王学奇、王静竹（2002：895）云：“老，用为助词，在称身体某一部位时用之，无义。称身体为躯老，犹如眼称睩老、头称顶老、耳称听老、鼻称嗅老、手称爪老、发称稍老、牙称齿老、乳称乳老、肚称庵老，等等。解为身段，是引申义，因脚色动作、姿态，均以

① 《汉语方言大词典》2107页。

② 包括其变体形式“年时个（儿）”“年时年”“年时啊”等。

人体为媒质，故曲中科段，亦称躯老。”王学奇、王静竹释“躯老”为“身体”无误，不过“老”的性质及出现范围不能一概而论，首先，用于体词性成分和谓词性成分后性质不同；其次，“老”并非只用于表身体部位的词后①。

字亦作“躯劳、区老”。元代8例，王实甫《西厢记》第五本第三折【越调·络丝娘】：“乔嘴脸、腌躯老、死身分，少不得有家难奔。”关汉卿《救风尘》第三折【正宫·滚绣球】：“有那千般不实乔躯老，有万种虚嚣歹议论，断不了风尘。”高安道《般涉调·哨遍·嗓淡行院》：“登踏判躯老瘦，调队子全无些骨巧，疙痘鬼不见些搊搜。”宋方壶《南吕·一枝花·蚊虫》：“不想瘦躯老人根前逞精细。”《宦门子弟错立身》第十二出【四国朝】：“庄家调判，难看区老。”另有无名氏《般涉调·耍孩儿·拘刷行院》《施仁义刘弘嫁婢》《争报恩三虎下山》各1例。

明清曲文沿用，如明·朱有燉《曲江池》第一折【后庭花煞】白：“那小哥呆答孩的看了软兀剌了躯老。”明·徐霖《绣襦记》三一【醉太平】：“单单剩得个躯劳，身边没了宝钞。”②明·沈璟《义侠记》一二出：“[净]我爱杀他玉亭亭躯老儿娇。[丑]是好个身材儿。”明·凌云翰《沈谷华入道结庵疏》：“打筋斗跳出名利场，妆躯老作个呆痴汉。”明·陈铎《醉花阴·赏灯》：“社火每衣冠新制，灯影下

① 参看汪维辉（2013b）。

② 此三例转引自王学奇、王静竹《宋金元明清曲辞通释》，语文出版社2002年，第895页。

乔躯老人未识。”清·李玉《清忠谱》八折：“打碎你惯吞噬谗眼脑，打杀你被刀锯残躯老。”[①] 考“躯老”一词使用地域[②] 如下表2—18：

表2—18：“躯老”一词的历史地域分布

文献	作者	籍贯或语言	生卒及语言年代
《董西厢》	董解元	燕京一带	12、13世纪
《西厢记》第五本》	王实甫	大都	1260-1336[③]
《救风尘》	关汉卿	解州（今属山西）	1226前后－1297至1324年间
《般涉调·哨遍·嗓淡行院》	高安道	不详	不详
《南吕·一枝花·蚊虫》	宋方壶	华亭(今上海市)	不详
《宦门子弟错立身》	古杭才人	杭州	不详
《沈谷华入道结庵疏》	凌云翰	钱塘（今浙江杭州）	1323-1388
《曲江池》	朱有燉	安徽凤阳人	1379-1439
《绣襦记》	徐霖[④]	华亭（今属上海之松江县）	1462-1538
《醉花阴·赏灯》	陈铎	下邳（今江苏邳州）	约1488-1521
《义侠记》	沈璟	江苏吴江	1553—1610
《清忠谱》	李玉	苏州吴县	约1591-1671

由上表可知，元代以后，“躯老”除了在北方使用外，亦使用在南方，而且多用在曲文中，或许是出于戏剧舞台演出的需要而设，

① 以上四例转引自白维国主编《近代汉语词典》，上海教育出版社2015年，第1767页。

② 无名氏籍贯无考，其作品不做考察。

③ 王万庄《王实甫及其〈西厢记〉》，长春：时代文艺出版社1990年，第5页。

④ 参见邓长风《徐霖研究——兼论传奇＜绣襦记＞的作者》，《上海研究论丛》第5辑。收入《明清戏曲家考略》上海古籍出版社1994年版，第40—41页。

很有可能是一个行业词，当然也不排除是方言词的南移。42 个方言点未见使用。《汉语方言大词典》收“躯老”，注为“官话”，举元杂剧例，反映的是历史文献中的使用情况。

11. 牙推

对医、卜、星、算等术士的称呼。

《刘知远》4 见，如卷一【南吕宫·应天长·尾】:“我女儿曾有牙推算，不久咱门风也改换，你管有分侢盘龙九凤冠。”缘于“衙推”，一种官名。唐时节度、观察、团练诸使的下属官吏。如《全唐文》卷五六八韩愈《祭鳄鱼文》:“维年月日，潮州刺史韩愈，使军事衙推秦济，以羊一、猪一投恶溪之潭水，以与鳄鱼食。”以官名代称“医、卜、星、算等术士”，如孙光宪《北梦琐言》卷十八云:“庄宗好俳优，宫中暇日，自负蓍囊药箧，令继岌破帽相随，似后父刘叟以医卜为业也。后方昼眠，岌造其卧内，自称刘衙推访女。”宋陆游《老学庵笔记》卷二云:“陈亚诗云:‘陈亚今年新及第，满城人贺李衙推。’李乃亚之舅，为医者也。今北人谓卜相之士为巡官，唐、五代郡僚之名。或谓以其巡游卖术，故有此称。然北方人市医皆称衙推，又不知何谓。”正如王学奇、王静竹所说:“由于唐末五代以来，官名泛滥，以官名相滥称，成为社会风气。例如：呼工匠为待诏，呼卖茶人或卖酒人为博士，……称医生为衙推，与称待诏、博士之类正同。”①

① 王学奇、王静竹《宋金元明清曲辞通释》，语文出版社 2002 年版，第 1241 页。

字亦作“牙椎、牙槌、牙搥”。关汉卿《拜月亭》第二折【南吕·梁州第七】:“内伤、外伤，怕不待倾心吐胆尽筋竭力把个牙推请，则怕小处尽是打当。”马致远《吕洞宾三醉岳阳楼》第三折【正宫·滚绣球】:“淡则淡淡中有味，又不是坐崖头打当牙椎。”石君宝《秋胡戏妻》第二折【正宫·滚绣球】:“怕不待要请太医看脉息，着甚么做药钱调治？赤紧的当村里都是些打当的牙槌。”元无名氏《刘弘嫁婢》第二折【中吕·普天乐】:“听的道海棠身边有些春消息，他背地里使心机，寻个打当的牙搥。”上引作者籍贯及语言详下表 2—19:

表 2—19：金元文献中“牙推”的地域分布

文献	作者	籍贯或语言	生卒及语言年代
《刘知远》	无名氏	燕京一带	12 世纪左右
《拜月亭》	关汉卿	解州（今属山西运城）	1226 前后 － 1297 至 1324 年间
《吕洞宾三醉岳阳楼》	马致远	大都（今北京）	生平事迹不详
《秋胡戏妻》	石君宝	平阳（今山西临汾）	生卒年不详
《刘弘嫁婢》	无名氏	不详	不详

陆游云“北方人市医皆称衙推”，一语中的，上引文献用例结果确实如此。故“牙推”一词也当主要用于北方。42 个方言点未见使用。

12. 咱 / 咱家

我；我们。

吕叔湘（1985：97/2017：103-104）云:“‘咱’字不见于宋以前的字书，但是宋词之近于语体者里头已经有这个字，这分明是个俗字。……从语音方面说,又恰好是‘自家’的切音。”李文泽(2001a:218)说:“‘咱’也是一个方言词语,在宋代的使用范围主要限于北方话区域,南方地区使用极少。北方话写成的戏曲作品中‘咱’的用例较多,如《刘知远诸宫调》有14例:咱7、俺咱2、你咱5。董解元《西厢记》有23例:咱11、你咱2、我咱2、俺咱3、咱家5。”

宋代用例,赵长卿《浪淘沙》词:“惟有俺咱真分浅,往事成空。”沈瀛《卜算子》词:“你待更瞒咱,咱今也知晓。”又《驻马听》:“你待前面怎那,且随任咱分。”晁端礼《一斛珠》词:“外边闲事无心觑,直自我咱,怕你恶肠肚。”无名氏《永遇乐》词:“我咱饮后,神歌鬼舞,任尔万般毁谤。”宋金用例如下表2—20:

表2—20:宋金文献中“咱”的地域分布

单位:次

文献	作者	籍贯或语言	生卒及语言年代	频次
《浪淘沙》	赵长卿	南丰(江西省)	生卒年不详	1
《卜算子》	沈瀛	吴兴归安(今浙江湖州)	生卒年不详	1
《驻马听》				1
《一斛珠》	晁端礼	祖籍澶州清丰(今属河南)	1046 – 1113	1
《永遇乐》	无名氏	不详	不详	1
《刘知远》	无名氏	燕京一带	12世纪左右	14
《董西厢》	董解元	燕京一带	12、13世纪左右	23

宋金时,南方籍词人仅出现在赵长卿、沈瀛笔下,许是仿中州之词而用;余皆见于北方籍作家笔下。吕叔湘(1940;1984:25)

云:“咱与喒之行使，似亦限于北方。”

现代汉语方言中，济南、牟平、徐州、洛阳、西安、万荣、太原等北方方言点使用，义项有少许差别，如表2—21：

表2—21：现代汉语方言中“咱”的共时分布

义项/地点	（1）	（2）	（3）
济南	①我们，我们的	②我	
牟平	①我	②咱们	③借指“你”或“你们”
徐州	①俺	②相当于“咱们”	③相当于“你”
洛阳	①我	②咱们	
西安	①咱们（作定语）	②借指“我”	
万荣	称听话人和说话人		
太原	称已方，我		

小结

一、南方方言词向北扩散多发生在明末清初。如“贫胎”“乡谈”向北扩散最早用于明末清初的《醒》里，这有两方面的因素。第一，政治因素。学界多认为明代官话的基础方言是代表江淮方言的南京话，如鲁国尧（1985）利用《利玛窦中国札记》证明了明代官话的基础方言是南京话，“如果在明代，南京话是有别于官话的一种方言，那庞迪我就没有必要，至少不值得花力气在一开始学中国话的时候就去学纯粹的南京话，因为《札记》讲过，懂得通用的语言即官话，‘我们耶稣会的会友就的确没有必要再去学他们工作的那个省份的方言了。’”张卫东(1998)认为：“有明一代至清末的汉语官话分南北两支，南方官话以江淮方言为基础方言、以南京话为标准且长期处于主导地位，通行全国。”杨荣贤（2006：46）谈到，随着明代都城的再次南下定都江淮官话的中心，这时官话基础方言“南系重新出现，一直到清初、中叶还是占上风”。政治中心设在南京时，南方方言地位一时提高，南方方言词乘势向北扩散尽在情理之中。第二，移民因素。明代的移民使得南方方言和北方话得以融合，以致明末清初南方方言词开始向北蔓延使用。叶宝奎（1985）提道：“明洪武元年（1368年）顺帝及有关人众俱退往北方，……，洪武三十五年（1402年）明成祖即位后更加频繁地向北京大量移民，为迁都做准备。……明初五十多年，全国各地移居北京的人口当有几十万，再次大大改变了北京的人口结构。这一时期与北京话接触最频繁的已不是契丹、女真等少数民族语言而是来自中原和江南各地的汉语方言了。”

二、历史方言词界定的困难性。第一，我们不可能遍检所有的传世文献，更何况还有许多未传世的文献。第二，有些文献并不是出于一人之手，也并非成于一时一地，其地域性本身就很难界定；有些文献的作者籍贯是此地，而活动区域是彼地，也不易界定其所著文献的地域色彩。第三，一个词多在甲地使用偶在乙地使用能否界定为甲地的方言词？如“睡困、牙婆”，传世文献中能搜检的用例多出现在南方，但是北方文献也有个别用例，鉴于北方少用，我们暂列为南方方言词，但随着传世文献的增多，在不久的将来，如若在同时代可靠的北方文献中找到更多的文献用例，或许就要重新考虑它的地域属性。第四，有些词只在某一部文献中使用，其他文献几乎不用，界定为某一文献特用词似乎更为合适，如“搬涉、当门犬、坯璞子、杀泊、查裹/查果”，因个别词语今天仍留存于南方方言中，如“杀泊”，故也暂列为南方方言词。

三、历史方言词的稳固性和变动性。仅据目力可及文献中的使用情况来看，有些方言词的古今地域一致，如“吃死饭、赤骨立、做种”，历史文献中多用于南方，今亦多用于南方，古今传承性强，类似这样的词语宜界定为南方方言词。但更多情况下则处于变动的状态，如“物事”最初南北皆用，为通语词，而到了宋金及以后则固定在南方使用，降格为方言词；“裹足、倾弃、闒靸、展拓、著精神”等历史文献中多用于南方，然而今天已不再使用，古今籍具有不对应性，不能以“今籍”推“古籍”。

四、北方方言词上升为通语词，如“出跳”最初主要用于北方，于明代中后期开始向南扩散使用，发展到今天，成为普通话中的一员，这和北方话在当时处于权威地位有关。金代北方官话的基础方言是燕京（北京）话，北京在唐代属于幽州，自 936 年石敬瑭割燕云十六州于契丹后，从此脱离中原汉族的统治，成为辽金两代的战略要地，元朝统一中国，定都大都（北京），以元大都为中心的基础方言的地位随之上升。林焘（1998）说：“到了元代，蒙古族统一了中国，在北京地区兴建了世界闻名的元大都，取代了过去的长安和洛阳，成为全国唯一的政治中心，元大都话也就取代了长安、洛阳一带的中原方言，成为具有新的权威性的方言。”何九盈（2007：174）亦云：“幽州无论是在辽代还是在金代都是政治、经济、文化中心，幽州话也就是北京话无疑处于强势地位。发展到元代，北京话已取代洛阳话的地位而成为北京官话的标准语了。”北京话成为权威方言，其方言词自然有能力向大江南北扩散，并发展为通语词。

五、方言词和行业词的难区分性。张海媚（2011b）通过《刘知远》和《董西厢》中几个具有时代特色词语的发展、演变和消亡说明了曲文语言的一脉相承性。如果一个词语始见于北曲，之后在曲文中相沿习用，就很判定是行业词还是方言词，如“躯老”，有金一代和元代前中期都是以北方使用为主，元末开始使用在南方文献中，但多是曲文文体，从曲文语言的相承性特点来看，不排除是后期曲文沿用前期曲文出现的方言词，如张相（1953：843）引方诸生本《西厢》五之三注说明北人喜用“老”作衬字，即“北人乡语，多以老作衬字，如眼为睩老，鼻为嗅老，牙为柴老，耳为听老，手为爪老，拳为扣老，肚为菴老之类。”但又因其使用范围几乎是清一色的曲文体文献，其他文体文献少见，也能说是一个行业词。

六、通语词有可能降格为方言词，如“年时”开始时南北方均有使用，金代以后使用区域渐至缩小，到明清只见于北方。这就给蒋绍愚（2005a：334/2017：443）的理论设想提供了证据，“从理论上讲，一个词语原来是‘通语’，后来只在某一方言使用，以及一个词语原属于甲方言，后来进入了乙方言，最后甲方言中这个词语消失，而在乙方言中却保存了下来，这两种情况都是可能的。”

第三章 “北语南移、北杂夷虏”的语言接触情况考察

颜之推在《颜氏家训·音辞篇》云：“南染吴越，北杂夷虏，皆有深弊，不可具论。”所谓“南染吴越”是指汉语北方方言随北人南迁至吴越之地而染上吴越语的成分；“北杂夷虏”是指汉语北方方言深受阿尔泰语的影响而杂有夷虏语成分。两宋和辽金是南北语言接触融合的重要时期，靖康之难，南宋朝廷为躲避金军进攻，移跸杭州，随之南迁的亦有中原之语，这种来自中原的官话方言在一定程度上受有当地吴语的影响，但同时势必给当地的南方方言带来影响和冲击，前者是“南染吴语”，后者是“北语南移”，由于“北方汉语千百年来被视为华夏雅言，更由于南迁的北方士人在政治和文化等方面的优势”[①]，北方汉语移至南方仍然拥有权威地位，对当地方言的影响深远，而受当地方言的影响反而不明显，明代郎瑛《七修类稿》卷二十六述及杭州方音时说：“城中语音，好于他郡，盖初皆汴人，扈宋南渡，遂家焉。故至今与汴音颇相似。……惟江干人言语躁动，为杭人之旧音。”游汝杰（2004：144）加按语说：“所谓城中

① 王启涛《论“南染吴越，北杂夷虏”》，《语文研究》1997 年第 2 期。

语言好于他郡，是指杭州城内方言较接近北方官话，系北宋末年北方移民带来，是一种优势方言。”可证，故我们重点讨论“北语南移”的情况。另外，金为女真族统治的朝代，其地的共同语和方言都不可避免地受到外族语的影响，即“北杂夷虏”，这是我们考察语言融合的另一方面内容。

第一节 南方文献中官话方言词考察

北人之语随宋室南迁至杭，使杭州话带上了官话方言色彩，如“在与北方方言长时间的接触中，土著方言在语音系统上顽强地保留了吴语原有的特征，同时又在其他一些方面对北方官话作出了若干选择性地吸收。例如：人称代词用‘你、我、他’复数加‘们’、否定词用‘不、没、没有’、结构助词用‘的’、‘儿’读 [l] 不读 [n]。一些日常用语与北方方言相同而与周边吴语不同。例如不用‘面’用‘脸’，不用‘汏’用‘洗’，不用‘镬’用‘锅’，不用‘小囡’用‘小伢儿’等等。”[①] 这是因为北方移民和当地土著相比无论在人口数量上还是政治特权上都占有绝对优势，他们的语言自然也是权威方言，在与土著方言的接触中始终处于优势地位，因此，南方话中带有官话方言成分在所难免。“据《重修浙江通志稿》载：‘浙江自

① 徐越《从宋室南迁看杭州方言的文白异读》，《杭州师范学院学报》（社会科学版）2005 年第 5 期。

宋高宗南渡，中州臣民扈毕相从，散处各州府县，文言土话，掺杂糅混，因双声迭韵之转变，渐趋分异。’杭州作为南宋都城，迁到杭州定居的人当然比别处多，远多于原住居民。《建炎以来系年要录》说：‘切见临安府自累经兵火之后，户口所存，裁十二三，而西北人以驻跸之地，辐辏骈集，数倍土著。’这种情况，当然会使杭州原有语言发生变化，带上北方话的特点。”① 针对这种情况，慧子（1989）、徐越（2005）等学者均曾站在共时层面的角度上进行过讨论，并认为这种现象和历史上的宋室南迁有直接的关系，前贤的研究成果对我们的研究奠定了基础，然而宋金对峙时期，南北方言接触和互相影响的具体情形如何？这是近代汉语史的一个重要问题，迄未廓清，又甚少讨论。因此，文章通过考察一些从北入南的词语来说明宋金对峙时期南北方言的实际接触情况，方法是掘发南宋时期带有温州方言色彩的《张协状元》里有哪些可能是随移民从北方带来的官话方言词。

1. 肐落

（末白）老汉然虽是个村肐落里人，稍通得些个人事。（《张协状元》第十二出）

肐落：即角落，背人偏僻之处。亦可作“阁落、纥络、哈喇子、猪剌（儿）、肐拉（子）、圪拉（子）”等。“肐落”一词始见于宋，元明清的文献中南北方均有使用，不同字形的“肐落”各举一例如下：

① 慧子《杭州方言的文化特色及其成因》，《东南文化》1989 年第 6 期。

（1）老夫人转关儿没定夺，哑谜儿怎猜破；黑阁落甜话儿将人和，请将来着人不快活。（王实甫《西厢记》第二本第四折【双调·乔牌儿】）按：王实甫乃河北保定人。

（2）真当骚，真当骚，大门阁落里日多闩介两三遭，小阿奴奴好像寺院里斋僧来个便有分，我情郎好像撑船哥各人有路各人摇。（冯梦龙编《明清民歌时调集·山歌》卷一）按：《山歌》带有吴语色彩。

（3）须臾剃下发来，窝作一团，塞在那柜脚纥络里。（《西游记》第四十六回）按：《西游记》带有江淮方言色彩。

（4）金莲道：“我在这背哈喇子，谁晓的！”（《金瓶梅》第二十一回）按：《金瓶梅》带有山东方言色彩。

（5）那个没有娘老子，就是石头狢刺儿里迸出来，也有个窝巢儿。（《金瓶梅词话》第二十五回）按：《金瓶梅词话》带有山东方言色彩。

（6）薛夫人道：“这里就好，背肐拉子待亲家的。”（《醒世姻缘传》第五十九回）按：《醒世姻缘传》带有山东方言色彩。

（7）拉到个屋肐拉子里，悄悄从袖中取出够一两多的一块银子递与他说：“你买炒栗子炒豆儿吃，你替我多多上覆老太太：……。”（《醒世姻缘传》第七十回）按：《醒世姻缘传》带有山东方言色彩。

王伯良注《西厢》曰：“黑阁落，北人乡语，谓屋角暗处，今犹以屋角为阁落子。”当然，从以上用例可以看出“阁落”并不单指屋角暗处，一切背人偏僻之处均可称“阁落”，不过王伯良却注出了

“阁落”为“北人乡语”，既然如此，那么能否说南宋《张协状元》中的“肐落”来自北方官话方言呢？我们先来考察“肐落”的“古籍”。宋洪迈《容斋随笔》卷十六“切脚语”条：“角为矻落。”今天的晋方言中“圪牢（肐落）”仍是“角”的分音词[①]，而且在晋语中，以“圪”打头的词非常丰富，“圪”的写法亦异彩纷呈，有十数种之多，如“圪、屹、虼、疙、仡、纥、扢、肐、旮、胳、阁、砢”等，圪头词从结构分，有单纯词、派生词两类，“圪塄（肐落）”属于其中的单纯词[②]，而且是单纯词中的联绵词，据董性茂、贾齐华（1997）的研究，联绵词发端于单音词[③]，如“囫囵”为“浑”，“窟窿”为“孔”等，显然，“肐落”的源词即是“角”。

据汪维辉（2007；2011：20）考察，东汉买地券中已出现表“角落”的“角”，如延熹四年《钟仲游妻镇墓券》：“四角立封，中央明堂皆有尺六桃券、钱布、铅人。”光和二年《王当买地券》：“故立四角封界，界至九天上、九地下。”光和五年《刘公则买地券》：“中有丈尺，券书明白，故立四角封界。”年份不明《甄谦买地券》：“券书明白，故立四角封界。”[④]这些买地券分别出土于河南省孟津县、洛

① 候精一《现代晋语的研究》，商务印书馆1999年版，第332页。

② 邢向东《晋语圪头词流变论》，《内蒙古师大学报》（汉文哲学社会科学版），1987年第2期。

③ 董性茂、贾齐华《联绵词成因推源》，《古汉语研究》1997年第1期。

④ 此四例转引自汪维辉（2007；2011：20）。

阳一座东汉墓中、河北望都二号汉墓中、河北无极县[①]，从买地券的出土地均为北方来看，“角”刚产生时可能即是北方方言词，魏晋南北朝的中土文献仍以北方使用为多，《搜神记》[②]4例，作者干宝为河南省新蔡县人；《世说新语》5例，作者刘义庆原籍南朝宋彭城，世居京口；《异苑》5例，作者刘敬叔为彭城人；“北魏三书”之《水经注》28例、《齐民要术》17例、《洛阳伽蓝记》7例。带有南方方言色彩的《世说新语》和《异苑》的几例，估计是由于社会动乱北方移民带到南方所致，“由于西晋末年的八王之乱导致了边疆少数民族的入侵，因此而压迫中原大量汉人向南流徙，在永嘉元年至泰始二年（307—466）的一百五十年间，从河北，山西、陕西及淮水以北的河南、江苏、安徽和黄河以北的山东等地，向南方涌来的流民达九十万人之众。……由于迁徙时间集中，侨寓地区集中，而且侨民的居住方式往往是聚族而居，不杂土著，在这种情况下，侨民所带来的北方语言必然要对土著语言发生深刻影响。……唐代人士也注意到这种由于移民活动所引起的语言变化现象，诗人张籍的《永嘉行》写道：‘北人避胡多在南，南人至今能晋语’。所谓‘晋语’显然指的就是晋代北方移民带来的语言。”[③]“角”很可能是南人口中的“晋语”。

---

① 参看鲁西奇著《中国古代买地券研究》，厦门大学出版社2014年，第27-44页。

② 四例均为干宝所著。

③ 周振鹤《中国历代移民大势及其对汉语方言地理的影响》，《国外人文地理》1988年第1期。

由上可知，“肐落”即“角”当为北方方言词。从唐入宋，移民仍然不断，尤其是两宋之际，为避金兵，南宋朝廷偏安江左，带去了影响力极大的北方官话方言，“肐落”就是一个很好的例证。

时至今日，“肐落”一词仍多在北方方言中使用，如冀鲁官话，字作“圪老、圪落”[①]。而且“圪头词”的普遍存在，是晋语方言词汇、语法的主要特点之一[②]。

2. 得法

小子忍饿得法。才肚饥时，紧缚了腰，一番腰紧，便嗳一嗳。(《张协状元》第二十四出)

得法：获得正确的方法或找到窍门。先秦已有，如：

(1)《国语·鲁语上》：“是良罟也，为我得法。”

据陈长书研究，《国语》当中存有部分方言词，《齐语》《鲁语》当中的方言词多渗透到别的国别中，而《齐语》和《鲁语》中却没有别的方言区的方言词，《国语》的编者极有可能是鲁国人，而不是像有的学者认为的是赵国人[③]。基于此，“得法”出现于《鲁语》中，或许就是鲁地方言词。因为在魏晋南北朝时期的带有山东方言色彩的《齐民要术》中亦检得一例，应该不是偶然的。即：

(2)《齐民要术》卷七“笨麴并酒”：“三日一酿，满九石米

---

① 许宝华、宫田一郎《汉语方言大词典》，中华书局1999年版，第1575、1585页。

② 邢向东《晋语圪头词流变论》，《内蒙古师大学报》(汉文哲学社会科学版)，1987年第2期。

③ 陈长书《〈国语〉方言词研究》，《古籍整理研究学刊》2007年第2期。

止。臣得法，酿之常善。”

从“得法”的出处和使用来看，“得法”最初很可能是北方方言词。然而在魏晋南北朝南北对峙时期，由于战乱的频仍，致使北人大规模南迁，第一次汉人移民大浪潮即发生在西晋永嘉以后至南朝宋泰始年间[①]，北人的南徙也使北方方言大规模地进入南方，“得法”在此时已由北向南渗透使用，如：

（3）南朝梁庾元威《论书》：“一者学书得法，二者作字得体，三者轻重得宜。”

所以，到了宋金对峙时期，该词在带有南方方言色彩的《张协状元》里使用是很自然的事，因为这是北词南移后运用的结果。

由于有“正确的方法和窍门”，“得法”引申为“顺利；舒服合适”，多用于北方方言中，如：

（4）清李绿园《歧路灯》第三三回：“看见酒肴，便道：‘得法呀！’”按：李绿园原籍洛阳市新安县北冶乡马行沟，生于宝丰宋寨（今平顶山市湛河区曹镇乡宋家寨）。

在今天的河南方言中，表“舒服”的“得法”是一个使用频率很高的词[②]。北方的晋方言、河南方言亦有使用，如山西忻州：“吃上油条，喝上蛋汤，可得法哩。”河南周口“不得法”即“不好受，不顺心，不愉快”。由于“得法”在中古已由北向南扩散使用，今天的

① 周振鹤《中国历代移民大势及其对汉语方言地理的影响》，《国外人文地理》1988 年第 1 期。

② 张启焕、陈天福、程仪《河南方言研究》，河南大学出版社 1993 年版，第 406 页。

吴方言中亦有使用，如上海，上海松江、宝山，江苏苏州、常熟、丹阳、金坛①。用如本义“办事的方法正确，找到窍门”者，也是南北均有使用，如济南、万荣、崇明、杭州、宁波、福州等②。

3. 脱空

怕它两行真个泪，一片脱空心。(《张协状元》第三十出)

脱空：言语虚妄，欺骗，哄骗。亦可单言“脱”，如：

(1) 乌贼……遇大鱼，辄放墨，方数尺，以混其身，江东人或取墨书契，以脱人财物，书迹淡如墨，逾年字消，唯空纸耳。(唐段成式《酉阳杂俎》卷十七《广动植》之二《鳞介篇》)③

按：段成式，临淄邹平(今山东邹平县)人。

李申考证“脱”的本字为“詑”④,《说文·言部》:“詑，沇州谓欺曰詑。”按:“沇州”即“兖州”，位于山东省中部偏西南，济宁市境北部。由“脱”本字及其用例均可证明表“欺骗”的“脱”乃北方方言词。

“空”有“虚妄；虚假”义。《说文·穴部》:“空，窍也。”本义为“孔，窟窿”。因“孔内无物”，引申为“空虚；内无所有”，如《管子·五辅》:“仓廪实而囹圄空。”由实物的“空虚”引申为抽象

① 许宝华、宫田一郎《汉语方言大词典》，中华书局1999年版，第5590页。

② 李荣主编《现代汉语方言大词典》，江苏教育出版社2002年版，第3882页。

③ 此例转引自楠木《“脱”、“脱空”、“脱空汉”》,《南京师大学报（社会科学版)》1986年第3期。

④ 李申《〈明清吴语词典〉订补》,《辞书研究》2011年第6期。

的“空洞；空泛”，即“虚妄；虚假”，如唐王勃《续书序》：“吾欲托之空言，不如附之行事。”“脱”“空”同义连言，为“虚妄，虚假无凭；欺骗”义。如：

（2）得今朝便差，更有师人谩语一段，脱空下卦烧香呵，来出顷去，逡巡呼乱说词。(《敦煌变文校注·不知名变文》)

黄征、张涌泉注：“脱空：虚假无凭。”敦煌变文带有西北方言色彩已成为学界的共识。

“脱空”到宋代亦作“捎空、稍空”者，如：

（3）粘罕云：“你说得也煞好，只是你南家说话多生捎空。”小注云：谓虚诳为捎空。(《三朝北盟会编·茅斋自叙》)

《茅斋自叙》乃马扩于北宋宣和二年（1120）随父使金的记录，该例即是金朝名将粘罕应马扩谈判的答话，出于金人之口，太田辰夫（1954）考证“捎空/稍空”为“汉儿言语”，与之相对的中原一带的汉人说“脱空”，如：

（4）诸酋曰：“枢密不稍空，我亦不稍空。”如中国人称“脱空”，遂解兵北去。(《宋史》卷三七一《宇文虚中传》)

此例言北宋钦宗统治期间，面对金兵的步步紧逼，宋臣宇文虚中前去和金军议和，结果是金军解兵北去，这里的中国当为北宋王朝，“脱空”用于中原官话中，说明“脱空”已有北方移至中原，而南宋朝廷移跸杭州后，“脱/脱空”一词开始多用于南方文献中，如：

(5) 宋叶绍翁《四朝闻见录》卷一甲集《杨和王相字》：“司帑老于事王者，持券熟视久之，曰：‘尔何人？乃敢作我王赝押来脱吾钱！吾当执汝诣有司。'"[①]

（6）此老大怒，骂曰："此吐血秃丁、脱空妄语，不得信。"（《五灯会元》卷十七"清凉慧洪禅师"）

（7）或问"言前定则不踬"。曰："句句著实，不脱空也。今人才有一句言语不实，便说不去。"（《朱子语类》卷六十四"中庸三"）

综上，"脱空"当是南宋时随北方移民而迁往南方的一个北方方言词，不过发展到今天，反而保留在南方方言中，如江西南昌[②]用"脱"，表"<动>不守信用，假允诺"；崇明使用"脱空"，表"无根据"[③]；建瓯使用"脱人"，表示"有心欺骗或使人上当"[④]。北方反而使用不多。

4. 厢

左壁厢角奴鸳鸯楼，右壁厢散妓花柳市。（《张协状元》第二十四出）

《说文新附·广部》："厢，廊也。从广，相声。"《类篇·广部》："厢，庑也。"《文选·张衡〈东京赋〉》："下雕辇于东厢。"李善注引薛综曰："殿东西次为厢。"本义为"东西廊"；引申为"堂屋的东西

---

① 此例转引自徐时仪《〈朱子语类〉词汇研究》（下），上海古籍出版社2013年版，第404页。

② 许宝华、宫田一郎《汉语方言大词典》，中华书局1999年版，第5679页。

③ 李荣主编《现代汉语方言大词典》，江苏教育出版社2002年版，第3923页。

④ 李荣主编《现代汉语方言大词典》，江苏教育出版社2002年版，第3921页。

墙”，如《玉篇·广部》：“厢，序也，东西序也。”又引申为“正房两侧的房屋”，如《广韵·阳韵》：“厢，亦曰东西室。息良切。”因正房两侧的房屋位于正房的旁边，引申为“边，旁”，最初见于佛经中，如元魏菩提流支译《大萨遮尼乾子所说经》卷五：“次列上品最健兵马分在两厢，令护步众不生畏心。”（9/338a）《张协状元》中的“厢”即“边”义。

香阪顺一认为表“边”的“厢”带有南方地域色彩：

> “这厢”“那厢”近世时期经常使用，有时作“～壁厢”。“厢”被说成是“指地之辞”，比起“里”“搭”来，无宁说它跟“边”更贴近些。……这个词现在好像固定在南方语系里[①]。

这是就现代汉语方言而言的，那么历史文献中“厢”的地域分布如何呢？据张海媚（2013）的考证，“厢”在宋金之前为北方方言词，宋时开始向南扩散，《张协状元》中的用例即是其证。“厢”由北向南扩散的使用和当时的社会状况有直接的关系，随着政权的更迭，宋室南迁杭州，元朝统一中国等，北方方言及通语的影响扩大，北方方言的一些词（如“厢”等）又逐渐渗入并不同程度地沉淀在吴方言里，而且“厢”被带到南方使用之后便一直保留使用至今，如温州、上海和浙江苍南金乡、宁波的“厢”有“指地之辞”义[⑦]；而北方反而使用不多，只在个别地区使用，如河南林州。

南方文献中的官话方言成分远不止这些，限于篇幅，本研究仅

① ［日］香坂顺一，江蓝生、白维国《白话语汇研究》，中华书局1997年版，第55页。.

举例式地列举一二，这些官话方言词经过南北交融和渗透后，其“今籍”和“古籍”不尽相同，除“肐落”古今地域基本一致外，其他三词均有所变化，如“得法”南北兼用，而“脱空”和“厢”则反而多用在南方。不过随宋室南迁而徙的移民虽然带去了强势且权威的北方方言，然而并没有取代土著方言，而是两种方言并存地互相影响和渗透，使得杭音带上了明显的北音特点，正如周振鹤所云：“两宋之际的移民情形大体如此。……最显著的影响在苏南浙北，使苏州和杭州都一度出现苏音与北音，杭音与北音对立并存的现象。经过几百年的发展演化，苏州的北音已经消融，但杭州的北音显然顽强保留着。”[①] 徐越（2005）亦云：“宋室南迁导致两种方言发生接触。北方官话依仗其政治上的特权地位和小范围内人口数量的绝对优势，给土著方言以影响和冲击。土著经济、文化、科学技术等方面的相对先进，又构成了一种顽强的语言自我保护能力。两种语言接触的结果是：北方官话给土著方言留下了抹不去的印记，并且一直遗存到现在；土著方言在最重要的方面仍然保持着吴语原有的特征，从而形成了今天带官话色彩的吴语杭州话。”本文的研究为今天的杭州话带有北音特点提供了历史文献资料的支持和例证。然而杭音与北音并存的结果应该是互有让步和取舍，我们仅仅讨论了北音对杭音的影响，反过来，杭音对北音有哪些影响？影响的程度是多大？恐怕还需做进一步的研究才能得出一个公允的结论。

① 周振鹤《中国历代移民大势及其对汉语方言地理的影响》,《国外人文地理》1988 年第 1 期。

第二节　南方文献中“儿缀”现象窥探

赵元任早在（1928：116）就已提到杭州话的儿尾是自成音节的；郑张尚芳（1980）亦持同论，他在《温州方言儿尾词的语音变化》（一）一文里谈到很多吴语方言都有儿尾，一般读 [ŋ̩ n ŋ] 鼻音，唯独杭州话儿尾用 [l̩]，那是因为宋室南渡在杭州建都受北方语音影响的结果。史瑞明（1989）虽然不赞同杭州话的儿尾是边音，但同样认为杭州话的儿尾明显跟北方官话相似而跟吴方言不同，这个情况反映出十二世纪宋朝迁都到杭州时所发生的根本语言变化。徐越（2002）作了另外一种推测，“从地理环境看，杭州周边的余杭、富阳、萧山，以及稍远的嘉兴、湖州、绍兴等地，已基本不用儿缀，代之以子缀和头缀，可见儿缀消失的年代已很久远，杭州话的儿缀很可能是宋时从北方直接带来的，南方人不会发儿化韵而以音色较近的边音代之并自成音节。”已有的研究观点分为两类：一、杭州方言儿尾的发音之所以有别于吴语区其他地方儿尾的发音是受北方话影响所致；二、杭州方言中的“儿缀”是宋金时期随宋室南迁直接从北方带来的。前修时贤的研究结果为我们的研究提供了借鉴和帮助，不过关于历史文献中“儿缀”的使用情况如何，“儿缀”在历史文献中是南北兼用还是宋金以前只在北方使用？诸如这样的讨论还鲜有人及，只有梳理“儿缀”的使用历史方能回答前述问题。

一、“儿缀”和“儿化”的区分

我们这里采用李立成（1994）的观点，“儿缀”中的“儿”是一个后缀语素；而“儿化”中的“儿”不是一个独立的音节，而是一个卷舌韵尾。

二、“儿尾”的使用

“儿”本指小孩，《甲骨文字典》（第3版）释为“象小儿头大而囟门未合之形，与《说文》篆文同”。《说文·儿部》：“儿，孺子也。从儿，象小儿头囟未合。”段玉裁注：“儿孺双声，引申为凡幼小之称。”秦汉以前，“儿”主要用作实词，且多为本义，如《荀子·正论》：“安禽兽行，虎狼贪，故脯巨人而炙婴儿矣！”《吕氏春秋·孟冬纪·异宝》：“今以百金与抟黍以示儿子，儿子必取抟黍矣。”关于其虚化为后缀的时间，王力（1980：229）认为始于唐代；潘允中（1982：37）、伍巍（1986）、李立成（1994）等考证南北朝时“儿”已用作后缀；郑张尚芳（1981）、鲁允中（2001：78）、竺家宁（2005）等认为“儿缀”产生更早，在汉代已经开始了“虚化”的过程；但据郑张尚芳、鲁允中、竺家宁所举用例来看，汉代，“儿缀”的使用尚不多见，所以我们从魏晋南北朝开始考察“儿缀”[①]的使用情况。

（一）魏晋南北朝

竺家宁（2005）通过考察中古佛经中“儿缀”的使用情况，认为“‘儿’后缀并不分南北方言，而是使用于全国的共同语里”。为了更全面地考察此期“儿缀”的地域分布，我们选取这一时期几部地域色彩鲜明的口语文献[②]具体来看，详如表 3—1。

---

① 学界一般界定词缀为“虚语素”，所以当“儿”的实义特征 [+ 年龄小][+ 人] 趋于模糊不清时，“儿”便由实词一步步虚化为词缀，即：实词→实义语素→虚义语素。董秀芳（2016：36-37）对“词缀”的特点和“儿缀”的功能有很好的阐释，她认为汉语中的名词词缀“儿”属于表达性派生词缀，其中一个特点是不改变词的类别，即加在名词后构成的还是名词，加在动词后构成的还是动词等；功能上，本指“小”，而且这种功能在发展中逐步萎缩，发展出一些主观评价功能，比如喜爱，更进一步的发展是表达“非正式”。董先生精到的论述为我们的研究奠定了立论的基础，但词缀“儿”的功能还不止这些，如可作转指标记，用于动词、形容词后使之变为名词，指称与行为或属性相关的事物，如“盖儿、淘气儿”等，详参方梅（2007）。

② 因每一阶段的历史文献众多，为节省篇幅，我们采用抽样调查的方法选取每一阶段的代表性文献，若调查结果显示“儿缀”在带有南北方言色彩的代表性文献中均有使用，那就证明“儿缀”不是南方或北方独有的语言现象。

表 3—1：魏晋南北朝时期南北口语文献中“儿缀”的使用情况

单位：次

文献 其他	南方文献[①]				北方文献			
	《抱朴子》	《世说新语》	《周氏冥通记》	《百喻经》	《水经注》	《齐民要术》	《洛阳伽蓝记》	《贤愚经》
作（译）者	葛洪	刘义庆	陶弘景	求那毗地	郦道元	贾思勰	杨衒之	慧觉等
籍贯或语言	丹阳句容人	南朝通语＋吴语	南朝通语＋吴语	南朝通语＋吴语	范阳涿州人	北朝通语＋山东方言	北平（今河北）人	凉州人
生卒及语言年代	284-364 年	403-444 年	456-536 年	492 年译	470-527	公元六世纪	不详	445 年译
用法及频次[②]	朱儿（1）	胡儿（9）	0	0	冰儿（1）	0	狮子儿（1）	0

“儿”在这一时期用例虽少，但南北均有使用，很难界定其地域色彩。如：

（1）若取九转之丹，内神鼎中，夏至之后，爆之鼎热，内

① 文中所说的南（北）方文献指的是带有一定南（北）方方言色彩的文献，并非全用方言写就的文献。而对于一部文献地域色彩的界定，我们或依据已有学者的观点，或调查文献作者的生平履历以作出判断，均有所本，为省篇幅，不再逐一注出引用的观点和述其生平履历。

② 因这一时期“儿”的用例较少，不再增加“万字出现频率”的数据。另外，潘允中（1982：36-37）将接于动词之后使之名物化的“儿”看成是虚化比较成熟的词缀，如“偷儿”“屠儿”“乞儿”等，因类似这样的“儿”仍未完全脱离 [+人] 的实义，因此我们不作统计。

朱儿[①]一斤于盖下。(《抱朴子内篇·金丹》)

（2）兄子胡儿曰:“撒盐空中差可拟。”(《世说新语·言语》)

（3）主簿刺杀北面者，江神遂死。蜀人慕其气决，凡壮健者，因名冰儿也。(《水经注》卷三十三“江水”引《风俗通》)

（4）时跋提国送狮子儿两头与乾陀罗王，云等见之，观其意气雄猛，中国所画，莫参其仪。(《洛阳伽蓝记》卷五“凝玄寺”)

王力（1980：227）云:“‘儿’字的用为词尾，是从‘小儿’的意义发展来的。可能开始是用为小字（小名）的词尾。”这种用法东汉应该已有，如例（3）引《风俗通》即为证，例（2）中的“胡儿”乃谢朗小名，是该用法的承袭；在此基础上，并扩展用于矿物名词和动物名词后，如例（1）和例（4）。不过总的来看，这一时期的“儿”多用作实义语素，如“庸儿”“田舍儿”“牧牛儿”等。词缀例较少，处于发展的萌芽期。

（二）唐五代

魏晋南北朝时期的“儿缀”从使用地域上来看，南北难分伯仲，当为通语现象。下面我们来看唐五代口语文献中“儿缀”的使用情况，见表3—2。

① “朱儿”即“朱砂”。钱志熙、刘青海注李白《庐山谣寄卢侍御虚舟》诗中“还丹”为:“道家合九转丹与朱砂再次提炼而成的仙丹，据说服后可成仙”，即引此例为证。“朱”有“朱砂”义，《周礼》中已见，如《周礼·考工记·钟氏》:“染羽，以朱湛丹秫，三月而炽之。”戴震《考工记图》引徐昭庆曰“:“朱，硃砂也。”另，《广韵》《集韵》均释“硃”为“朱砂（丹砂）”，“硃”本作“朱”。

表 3—2：唐五代代表性口语文献中“儿缀”的使用情况

单位：次

文献 其他	南方文献			北方文献		
	《寒山诗》	《六祖坛经》	《祖堂集》	《王梵志诗》	《游仙窟》	《敦煌变文》
作（编）者	寒山	慧能	静、筠二禅师	王梵志	张鷟	不详
籍贯或语言	浙东天台山	岭南新州（今广东新兴县）	长江流域及江南	黎阳（今河南浚县）	深州陆泽（今河北深县）	西北方言
生卒及语言年代	不详	638-713 年	五代	约 590-660 年	约 660-740 年	8-10 世纪
频次	6	0	24	5	4	74
万字出现频率①	3.24	0	0.96	2.02	3.74	2.20

此期的“儿”显然亦是南北均有使用，主要用于指称人的小名、动物和成人。如：

（5）一时俱坐，即唤香儿取酒。(《游仙窟》)

（6）骅骝将捕鼠，不及跛猫儿。(《寒山诗·夫物有所用》)

（7）僧便敲门。师问：“阿谁？”僧云：“师子儿。”师便开门。其僧便礼拜。师骑却头云：“者畜生！什摩处去来？”(《祖堂集》卷五“德山和尚”)

① “使用频次”均为检索朱冠明整理的电子语料库所得，故每一部文献的总字数以电子文献 word 本显示为准，并四舍五入为小数点后两位，计算得出的万字出现频率也四舍五入至小数点后两位。

（8）日日造罪不知足，恰似独养神猪儿。(《王梵志诗·傍看数个大憨痴》)

（9）初习毗尼，喟然叹曰：“大丈夫儿焉局小道而晦大方！”(《祖堂集》卷八“云居和尚”)

“儿”用于人的小名及“形体小”的动物（猫儿等）后，是其“指小”功能的体现；而用于“形体大”的动物（神猪等）和“成人”（丈夫等）后，其表“小”意味磨损，词缀特征更加典型，而且例（7）的“师子”是佛家语，用以喻佛，指其无畏，法力无边，显系抽象名词，“儿”用于其后更能说明其用法有了较大的发展。

从魏晋南北朝和唐五代“儿缀”的使用情况来看，“儿缀”遍布南北，为了确切地说明宋金之前吴语区及杭州市已有“儿缀”的事实，我们补充一条语音学和文献学的证据。“儿”在中古是日母支韵字，王力拟音为ȵ/nʑ ĭ e，李荣拟音为ȵie，邵荣芬拟音为nʑiɛ[①]，声母属鼻音。“随着语言的发展，这个词的语音在不同的方言中发生了不同的变化，在吴方言的口语中还保持着鼻音的读法，只是原来的韵母全部丢失，变成一个声化韵，读 n 或 ŋ，宁波方言现在都读 ŋ，而在北方方言中它大多演变为一个卷舌元音 ɚ。……从语言的发展阶段来看，鼻音早于卷舌元音，宁波方言的儿化现象也早于北京话的儿化现象。”（徐通锵 1985）所言甚是，通过我们下文的考察，北方话的“儿”发展成为卷舌元音 ɚ 是在宋金时期，而吴语区的“儿”读鼻音要早于这个时期，显然，宋金之前宁波方言乃至吴语区存在

① 三位学者的拟音参看《汉字字音演变大字典》135 页。

"儿缀"是不争的事实。

杭州人金昌绪的《春怨》是公认带有民歌色彩的唐诗[①]，其中已使用"儿缀"，即"打起黄莺儿，莫教枝上啼"，虽是孤例，但多少能说明宋金以前杭州的口语中也已存在"儿缀"的事实，这就很好地排除了宋室南迁以前杭州市及吴语区无"儿缀"的可能。

（三）宋金

宋金是讨论"儿缀"发展的一个关键时期，因为很多已有的研究证明杭州话的"儿缀"是此时从北方直接带到南方或者至少受北方话的影响而产生的，下面我们来考察这一时期南北文献中"儿缀"的使用情况，详如下表3—3：

表3—3：宋金南北文献中"儿缀"的使用情况

单位：次

文献 其他	南方文献				北方文献			
	《张协状元》	《朱子语类》	《梦粱录》	《武林旧事》	《东京梦华录》	《归潜志》	《刘知远》	《董西厢》
作（编）者	九山书会	朱熹门人	吴自牧	周密	孟元老	刘祁	不详	董解元
籍贯或语言	温州	南方方言	浙江钱塘人	济南人	不详	山西大同浑源人	燕京一带	燕京一带

① 参看俞平伯等著《唐诗鉴赏辞典》（新1版），上海辞书出版社2013年，第1491页。

续表

文献 其他	南方文献				北方文献			
	《张协状元》	《朱子语类》	《梦粱录》	《武林旧事》	《东京梦华录》	《归潜志》	《刘知远》	《董西厢》
生卒及语言年代	南宋早期	1130-1200	不详	1232-1298	不详	1203-1250	12、13世纪	12、13世纪
频次	103	3	145	139[①]	53	5	36	377
万字出现频率	19.80	0.01	15.93	21.38	15.96	0.59	18.85	66.96

这一阶段的“儿缀”结构形式更为多样，语义内涵更为虚化，使用范围更大。如用在有生命的生物词后，像“粉蝶儿、黄莺儿、蝌蚪儿、戏蜂儿”等；用在无生命事物的词后，像“鼓儿、浪儿、门儿、雪儿”等；用在抽象词和时间词后，像“模样儿、人品儿、时辰儿、夜儿”等；用在数量词后，像“一对儿、半盏儿、两口儿、一壶儿”等，这是名词后缀的引申用法，此期的“儿”虚化程度进一步加深，发展日趋成熟。检举数例如下：[①]

(10)(净)斗些百草唱些曲。(外)戏蜂儿趁，粉蝶儿舞。(《张协状元》第四十九出)

(11)午初二刻奏办就，本殿大堂面北坐，官家花帽儿上盖，皇后三钗头冠，并赐簪花。(《武林旧事》卷七“乾淳奉亲”)

(12)(净)手里有拳。(末)我有模样儿。你适来说贫女则甚？(《张协状元》第十一出)

① 《武林旧事》与《梦粱录》“儿缀”的使用频次均引自翁颖萍(2016)。

（13）纸窗儿前，照台儿后，一封儿小简，掉在纤纤手。（《董西厢》卷四【仙吕调·绣带儿】）

上述调查结果显示，“儿缀”仍然一袭前代，在南北方均有使用，并非像杨建国（1993：140）所论：“《五灯会元》《朱子语类》中，几乎没有发现‘儿尾’词，而《东京梦华录》《梦粱录》《武林旧事》中，‘儿’尾词比比皆是。这可能是不同方言在书面记录上的反映。前者可能是代表南系方言，后者可能代表北系方言，也许还包括受北系方言影响甚深的杭州话。”带有南方方言色彩且篇幅浩瀚长达230万字的《朱子语类》确实很少使用，但《五灯会元》里几乎不见“儿缀”却不知何据，我们仅统计该书后四卷[①]，其中就已使用“儿缀”37次，如“猫儿、雀儿、叉儿、木羊儿”等等，相当丰富。另外，如果说《梦粱录》《武林旧事》里出现大量的“儿缀”词是受北系方言影响所致，那么由温州九山书会才人编写的《张协状元》里出现那么多的“儿缀”又该作何理解呢？联系宋金之前“儿缀”的地域分布，“儿缀”显然是一种通语现象，所以把今天杭州话的“儿缀”直接看成是随宋室南迁由北方带到南方的产物似乎有悖语言发展的事实。然而杭州话那带有强烈卷舌性质的“儿缀”又确实跟北方话相似而跟吴方言不同，据此，我们推测南宋时“儿”已由自成音节的“儿缀”发展成了带卷舌色彩的“儿化”，并随宋室南

① 如袁宾（2000）所云：“我们仅统计该书后四卷，因为此四卷所收四百余名禅僧均系北宋中叶至南宋时人，如此可避免因僧人年代过早而夹杂过多的前代语言成分。”

迁被杭州话吸收，对其“儿缀”产生了影响，使其鼻音带上了一定的卷舌色彩而变成了边音，正如郑张尚芳（1980）所云：“依我们看，倒可能是杭州话中本来的 [n] 尾受了北方方言的影响变成 [l] 尾。”那“儿化”是否产生于南宋时期呢?

1.“儿化”产生于南宋时期补证

唐虞（1932）根据《辽史》和《元史》中三十一条中西对音材料考证了卷舌“儿”音始于辽金时期；李格非（1956）根据《董解元西厢记》的韵脚字系联同样得出“[ɚ]”音始于南宋[①]时期的结论；季永海（1999）在研究了金代诸宫调和话本小说中的语言以及辽金元明清资料中的对音后得出结论：儿化音发生于宋代。这些已有成果为我们的推测提供了强有力的支持。季先生在论证“儿化音”产生的时代时列举了《刘知远诸宫调》中“儿”的例子，即同一个词的儿化有时写出“儿”，有时不写出，也说明此时的“儿”已成“儿化音”符号[②]，这种现象在同时代的《董解元西厢记》中亦存在不少，检举一二略做补证。如：

（14）小颗颗的一点朱唇，溜汈汈一双渌老。（卷一【般涉调·墙头花】）

等得夫人眼儿落，斜着渌老儿不住睃。（卷三【南吕宫·瑶台月·三煞】）

（15）没一个日头儿心放闲，没一个时辰儿不挂念，没一个夜儿不梦见。（卷一【中吕调·碧牡丹·尾】）

---

① 李思敬（1986：7）云：“从时代看，南宋说也就是辽金说。”

② 这种方法也是李思敬（1986：41）判断“儿化”是否形成的依据。

寺墙儿便是铣钢裹，更一个时辰打不破，屯着山门便点火。（卷二【正宫·甘草子缠令·尾】）

（16）俏一似风魔，眉头儿厮系着。（卷四【黄钟宫·出队子】）

收拾行李，一步地都行上，两口儿眉头暂开放。（卷八【大石调·洞仙歌】）

（17）马儿登程，坐车儿归舍；马儿往西行，坐车儿往东拽：两口儿一步儿离得远如一步也！（卷六【黄钟宫·出队子·尾】）

这些例子中的“儿”都是儿化，特别是例（17）中的“一步”和“一步儿”显系同意，一个用“儿”，一个不用，在排除押韵等因素[①]的前提下，这说明“儿”不再是一个独立的音节，而只是一个儿化音符号。不过此时的“儿化”刚刚萌芽，还很不成熟，主要用在双音节词语后，如例（15）第一句由三个并列短句组成，上下文句对偶工整，因此“日头儿＝时辰儿＝夜儿”，显然前两个“儿”已经“儿化”，而“夜儿”中的“儿”仍然自成音节。元代亦是如此，“前边我们论述了元杂剧中容易儿化和必须儿化词语的特点，双音节词语和词组的儿化幅度较大。……但总的来看，元杂剧的儿化的类型比较简单，儿化音的密度也不及明代成熟期的儿化音”（季永海1999）。儿化音发生在南宋不是偶然的，“既有汉语的来源，又有外

① 前举用例中的“儿”均用在句中，不存在押韵的需要；再看对偶对字数的要求，除例（14）首句为求上下文句对偶工整用“渌老”不用“渌老儿”外，余皆不存在为求对偶而用“儿”或不用“儿”的问题；用“儿”不用“儿”也不存在单双音节搭配的限制，如例（16）第二句“眉头”不用“儿”如果说是为了和“两口儿”在音节个数上保持一致，更说明了“两口儿”中的“儿”不再是一个独立音节。

来的影响”（季永海 1999）。

2“儿化”的来源

先看“儿缀”自身读音的发展演变，唐代时，“儿”读“汝移切”[①]，如前所述，拟音为ȵie等。但到了南宋，“儿”之读音发生了很大的变化，已非唐时读音。李格非（1956）从声母和韵母相互影响的辩证关系，同时参照宋代韵图所标明的“等”的变化情况，把儿音演变的问题和汉语i韵母发展为I（舌尖元音）韵母的问题联系起来重点讨论了宋金时期通俗文学作品尤其是《董解元西厢记》中的“儿缀”，并和相同或相近时期口语材料中的“儿缀”进行了详细的比对研究后，得出“我们不敢说这一阶段‘儿’的音质是ri（日）或者已经变成了er（儿），但我们可以断言均不会停顿在‘nie’的阶段是无问题的”的结论，态度审慎，令人信服。季永海（1999）利用辽金资料中的对音情况进一步证实南宋时“儿”的音值已是“er[ɚ]”，如《辽史》中对译“ger”为“狗儿”、“dargan”为“牒尔葛”、“dong el”为“东儿”等，将音节末辅音r、l对译为“儿”系列字;《金史》中对译“sigur”为“师古儿；石狗儿；赤狗儿”、“bar”为“八儿”、“cenl”为“陈儿”、“lul”为“六儿”，亦将音节末辅音r、l对译为“儿”系列字；并详细说明了阿尔泰语系中辅音音节r、l具备产生[ɚ]的音理条件。以此“可以看到民族语对音汉语儿系列字的，只有r、l两个辅音，可以断定儿系列字的音值是[ɚ]”（季永

① 这由唐诗韵脚的押韵可知，如金昌绪《春怨》:“打起黄莺儿，莫教枝上啼。啼时惊妾梦，不得到辽西。”“啼、西”押“齐”韵，首句韵脚“儿”属邻韵相借，以“支”韵衬“齐”韵，依据韵脚字押韵系联，“儿”读“汝移切”。

海 1999)。"儿"音的发展演变，再加上外来语译音影响的推波助澜，"r、l对音为[ɚ]，为儿化的产生提供了充分条件"（季永海 1999），故"儿缀"在宋金时期发展成"儿化"是情理之中的事。因为该时期南宋与金朝南北分治，社会动乱，每一次战争都带来民族的迁徙，致使番汉杂居，语言接触和交融在所难免，汉语"儿化"的产生既有汉语本身的因素，亦是语言接触背景下的产物。

（四）元明清[①]

为了更好地考察出"儿缀"在历史文献中的地域分布，我们来看元明清方言色彩明显的南北文献中"儿缀"的使用情况，见表3—4。

表3—4：元明清代表性文献中"儿缀"的使用情况

单位：次

时代	元		明			清		
文献	《新校元刊杂剧三十种》	《小孙屠》	《训世评话》	《金瓶梅（万历）》	《型世言》	《儒林外史》	《红楼梦（前80回）》	《海上花列传》
方言基础	北方	古杭书会	江淮方言	山东	吴语等	全椒方言	北京	吴语
频次	530	26	100	7329	363	29	3676	149
万字出现频率	30.44	17.81	24.33	88.27	10.81	0.88	62.23	4.57

① 这一时期的一些"儿尾"已经不再是自成音节，过渡成了"儿化"，但为了考察清楚"儿尾"的使用地域，这里"儿尾""儿化"暂不做区分。

从元明清几部代表性文献中“儿缀”的使用情况来看，南方文献中“儿缀”的使用在逐渐减少，到了清代，“儿缀”在带有全椒方言背景的《儒林外史》和吴语色彩的《海上花列传》中万字出现频率分别仅有 0.88 和 4.57，这和《红楼梦》前 80 回的 62.23 相比，真可谓是微乎其微了，也难怪袁宾（1992：157）有这样的论断：“近代汉语各个阶段的文献里，都可以看到后缀‘儿’的用例，……从地域分布上看，后缀‘儿’的使用存在北多南少的情况，反映北方方言的作品使用较多，反映南方方言的作品使用较少。”这是就近代汉语的后一阶段而言的，而近代汉语前期如唐五代和宋金，“儿缀”的使用南北难分高下，这说明“儿缀”的使用地域在逐渐缩小。据王福堂（1999：125-127），缩小的原因在于儿缀词的减少和衰亡，“儿”在不少方言（如吴方言、徽州方言和赣方言等）中都经由独立的儿尾发展成儿化形式，即经过合音使得“儿”与词根合成为一个音节，在形式上缩短，如宁波话中的雀儿→酱，猫儿→猫 [mɛ]（徐通锵 1985），这样由“儿”构成的派生词就变成了单纯词，本地人已经不知道这些词语中还包含有语素“儿”，儿缀词也就不复存在了。

这一阶段的“儿缀”已完全发展成熟，从结构上看，除用在名词、动词、形容词等后外，开始用在代词、副词、“的”字结构、动词或形容词的重叠形式等后，功能上也趋于全面，除表指小功能外，亦可表喜爱、轻松、转指等。检举数例如下：

（18）你养着别个的，看我如奴婢！燕燕那些儿亏负你？（《元刊杂剧·诈妮子调风月》第二折【中吕·江儿水】）

（19）春梅道："爹娘正睡得甜甜儿的，谁敢搅扰他。你教张安且等着去，十分晚了，教他明日去罢。"（《金瓶梅词话》第三十回）

（20）凤姐儿道："谁教老太太会调理人，调理的水葱儿似的，怎么怨得人要？我幸亏是孙子媳妇，若是孙子，我早要了，还等到这会子呢。"（《红楼梦》第四十六回）（表喜爱）

（21）你不嫌脏，进来逛逛儿不是？（同上第六十回）（表轻松）

（22）武大每日自挑炊饼担儿出去，卖到晚方归。（《金瓶梅词话》第一回）（表转指）

单就地域上看，在近代汉语后期，"儿缀"在南方确实呈现衰减之势；现代汉语是在近代汉语的基础上发展而来的，我们来看现代汉语方言中"儿缀"的地域分布。

（五）"儿尾"在现代汉语方言中的共时分布

据李荣主编《现代汉语方言大词典》，42个方言点中，武汉、西宁、忻州、杭州、温州、黎川有"儿缀"，但又不尽相同，武汉：名词后缀（保存在旧俚语里）；西宁：名词后缀。①表示微小、喜爱；②表示名词化；③表示具体事物抽象化；④区别不同事物。忻州：表示儿化现象的后缀，与前一音节合在一起，并使前一音节的韵母成为卷舌韵母。杭州：是一个独立的，自成音节的词尾，在连读中按阳平的规律变调，在阴上、阴去后，调值较低，一般不读轻声。温州：一般多作小称词尾。黎川：名词词尾，表示小称。

莫景西（1992）考察了"儿化"和"儿尾"的分类和分区，"儿尾”主要分布在甘肃、青海、河北、山西、江苏、安徽、江西、浙江、湖北、湖南、四川、云南 12 个省内，“儿化”主要分布在甘肃、河北、吉林、辽宁、山东、山西、江苏、安徽、浙江、河南、四川、云南、湖北、湖南 14 个省内。显然，无论是自成音节的“儿缀”也好，还是不成音节的“儿化”也好，南北均有使用，只是相对而言，北方使用较多，南方使用较少。这恐怕是一些学者认为“北方多儿尾，南方较少使用”立论的基础，如詹伯慧（1985：67）就曾有这样的论断，“儿尾”主要分布在北方方言区，东南各大方言除浙江吴方言[①]有所反映外，大都缺乏“儿”尾这一附加成分。

要之，“儿缀”从其历时和共时的地域分布来看，当是一种通语现象；北方汉语“儿缀”到“儿化”的转变既有汉语本身的因素，亦是受阿尔泰语的影响所致，而这一由内外因素影响产生的“儿化”在宋金时期又恰好随宋室南迁带到了杭州，以至于使杭州话的“儿缀”受其影响带上了北音的特点。这一结论既为杭州话的“儿缀”为什么不同于周边地区而更接近于北方话的发音特点提供了一种解释，同时又反过来为“儿化”产生于宋金时期提供了文献资料的依据。

---

① 如前所述，吴方言的一些“儿缀”词走向了衰亡，为什么这里还说浙江吴语区存在“儿尾”，这是因为在吴方言浙南地区儿化韵和自成音节的“儿”尾共存，王福堂（1999：127-128）和曹志耘（2001）等均有论述，而且王文认为儿化韵和自成音节的“儿”尾显然不属于同一时间层次，前者趋于消失，后者属于新一代的“儿”尾，还处在合音前的阶段，自然能反映“儿尾”的存在。但正如曹志耘（2001）所云：“东南各地方言的小称音的来源是一源的还是多源的”？恐怕还要做进一步的思考和研究。

第三节　金代女真语同北方汉语语言接触的文献学考察

历史上每一次民族的融合通常都会带来语言的交融。金代女真族和汉族的杂居和融合亦是如此，使得女真语同北方汉语有了大规模的语言接触，女真语在深受汉语影响的同时，自然也会对北方汉语的面貌产生一定程度的影响。对于这种影响，前贤从语言学角度来论证者不在少数，如袁宾（1987）研究了近代北方汉语中的两种特殊的被字句“零被句”和“原因被字句”，认为它们是在金元时期受外来语的影响而形成。刘一之（1988）考察了从唐至明16种文献材料，对北方方言中排除式和包括式对立的产生过程作了详细的论证，得出“北方方言中第一人称代词复数包括式和排除式的对立产生于十二世纪”的结论；基于这个结论，梅祖麟（1988）讨论了造成这种对立的来源，认为是受了女真语或契丹语的影响。江蓝生（1992）分析了金元时期新兴比拟助词“似”“也似”产生的原因，是源于阿尔泰语语法影响的结果。江蓝生（2000）认为金代《刘知远诸宫调》中的特殊语序SOV很可能是汉语与阿尔泰语接触的反映。前贤的这些成果对我们沾溉良多，然而从文献角度来论证者尚未见到，迄今人们对这种影响的文献表现并不清楚，对接触所造成的可能的语言学后果还缺乏清晰的认识。因而深入研究这一时期的语言接触，对于廓清金代北方汉语的实际面貌，客观估价女真语对金代汉语的影响等，都具有重要意义。

为清晰地描摹出金代女真语同北方汉语接触的实际语言概貌，本书拟从文献学的角度，对这一接触作一个系统考察。为论述方便，我们把金代女真语同北方汉语的语言接触分为三个阶段：1. 发端期（1114—1160），从完颜阿骨打起兵反辽到金世宗即位。金国初建，文字始创，教育落后，受汉文化独特魅力的吸引，金人逐渐掀起学习汉文化的高潮，同时，汉人也开始吸收一些女真文化。文化的交融带来了语言的接触。2. 高潮期（1160—1208）。即金世宗和金章宗两朝。此期金朝发展鼎盛，"治平日久，宇内小康"[①]，金宋达成和议，双方和平对峙，民族融合达到高潮，语言接触亦全面、深广。3. 融合期（1208—1234）。这个阶段金王朝内外交困，北方人民的反抗斗争此起彼伏，民族融合进程大大加速，进而形成民族融合的共同语——汉儿言语（金国统治下幽燕一带的汉族所说的语言[②]）。

一、发端期（1114—1160）

据马端麟《文献通考》[③]、洪皓《松漠纪闻》[④]、徐梦莘《三朝北盟

---

① 《金史》卷十二《章宗纪四》。

② 参看太田辰夫著，江蓝生、白维国译《汉语史通考》，重庆出版社 1991 年版，第 200 页。

③ 《文献通考》卷 327："女真盖古肃慎氏，世居混同江之东，长白山、鸭绿江之北，……五代始称女真。"

④ 《松漠纪闻》："女真即古肃慎国也。……五代时，始称女真。"

会编》[①]、《金史》[②]等记载，女真即古肃慎国，五代时始称女真。"肃慎是东北地区有文献记载的最古老的居民。从虞舜历经夏、商、周、秦，以迄西汉，都留下了肃慎在白山黑水间活动及其同中原保持联系的传说与记载。"[③]秦汉以前肃慎的语言不见文献记载，女真语同汉语最初的接触还要追溯到辽代，"自从公元907年契丹人建立了辽朝之后，生活在松花江以南被当时称为熟女真的女真人与汉族产生了广泛接触。他们从汉族那里学习农耕生产的同时，接受了汉族的语言、文字以及诸多文化内容，从而使他们在使用自己语言的前提下，很快熟悉地掌握了汉语。……然而，当时生活在松花江以北被称为生女真的女真人，尤其是生活在偏远地区的女真部落的女真人，不仅保持了自古以来的语言文化，同时不断扩大与契丹人的接触，从而他们中的不少人不同程度地掌握了契丹语。"[④]而生女真完颜部是后来建立金王朝的主体，从这点来看，女真语同汉语最初的接触是相当有限的。而女真语同北方汉语大规模的接触是以各民族杂居为前提的。

（一）语言接触的先决条件

辽天庆二年（1114年），女真族首领阿骨打不堪契丹的统治，起兵抗辽，战争带来了民族迁徙，民族迁徙造成了各民族大杂居的局

① 《三朝北盟会编》卷三："女真古肃慎国也。……五代时，始称女真。"

② 《金史·世纪》："金之先，出靺鞨氏。靺鞨本号勿吉。勿吉，古肃慎地也。"

③ 宋德金《中国历史·金史》，人民出版社2006年版，第1页。

④ 朝克《关于女真语研究》，《民族语文》2001年第1期。

面，这是女真语同汉语大规模接触的先决条件。

金朝统治者率领女真族人民反辽时，对辽朝境内的汉人，开始仅对降附加以安置。到1123年攻占燕山府后，才把大批汉人迁往内地。1127年攻破开封后，金军掠“华人男女，驱而北者，无虑十余万”[①]。金兵略地陕右后，把陕右“尽室迁辽东”[②]，连居住在陕西的回鹘族，也一起迁到燕山、辽东。在迁汉、契丹、奚、渤海等族人民的同时，还把大批女真人迁到原辽宋地区，以征服者的身份去监视统治被征服者。灭亡北宋以后，女真统治者“虑中国怀二三之心”[③]，几次大规模地从东北把女真人迁到华北、中原、山东、陕西等地，人数达几百万，以监视汉人。第一次移民高潮从1127年北宋灭亡到1137年废伪齐刘豫。灭亡北宋以后，金“留大军夹河屯田”[④]。攻克山东后又“屯田遍于诸郡”[⑤]。1136年，兀术攻蜀失败后，“还凤翔、授甲士田，为久留计”[⑥]，这名义上是屯田，实际上是监视汉人。1137年废除刘豫后，原北宋地区变为金的直接政区。为了防止汉人的反抗，又一次大规模移民。这次“非止女真，契丹、奚家亦有之。自本部族迁居中土。今屯田之处，大名府、山东、河北、关

① 《建炎以来系年要录》卷四。

② 《遗山先生文集》卷二七《恒州刺史马君神道碑》。

③ 《大金国志》卷二十七。

④ 《金史》卷二《太祖本纪》。

⑤ 《大金国志》卷十。

⑥ 《大金国志》卷八。

西诸路皆有之，约一百三十余千户，每千户止三百人。”[①]第二次移民高潮在1145年，“凡女真、契丹之人，皆自本部徙居中州，与百姓杂处，……自燕山之南，淮、陇之北，皆有之，多至六万。”[②]金代统治者的不断移民，使原来居住在白山黑水的女真人，遍布于整个北中国。而集中居住在关内的汉人则大批迁到东北，使金代东北户数大增，二倍于辽代，达69万户。从而在整个北中国形成了各民族杂居的状况[③]。正是这种杂居为女真语同北方汉语的接触提供了有利条件。

（二）**语言接触的背景**

女真人相继灭辽及北宋，政治上处于统治地位，然而经济文化却相对落后。为改变这一事实，金初的统治者继位后多重用汉臣，采用汉制改革政治，提倡学习汉文化。如“对于来附汉人，尤加重视，如辽朝旧臣、汉族士人左企弓、刘彦宗、韩企先等都在金初政权建设中发挥了重要作用。左企弓降金后，累官太傅、中书令；刘彦宗佐宗翰治理汉地，累官同中书门下平章事、知枢密院事等职；韩企先官至尚书右丞相，参与制定制度，是金朝著名贤相。”[④]金廷重用汉人、采纳汉制、习汉文化的举措为女真语同汉语的密切接触提供了条件。

---

① 《大金国志》卷三十八。

② 《大金国志》卷十二。

③ 以上参考张荣铮《论金代民族融合》，《天津师大学报》，1984年第3期，第56-57页。

④ 宋德金《中国历史·金史》，人民出版社2006年版，第20页。

1. 政治制度方面

金王朝初建时，其最高权力机构是由皇帝与诸勃极烈组成，实行勃极烈辅政制度，全面行使参议国事、总理政务、统军作战等职能。各种勃极烈全由皇帝的亲近子侄担任。金太宗上任后，在改革派的倡导下，开始改变勃极烈制，采用汉制。熙宗继位，改革力度更大，天眷元年八月，颁行官制和换官格，全面改行汉官制度，将女真内外职官，按汉官制换授相应的新职，制定勋封食邑制度，即按功勋等第授予封爵、勋级、食邑。海陵王在熙宗所颁行官制的基础上，进一步整顿和改革，终于彻底废除勃极烈制，建立了中央集权制。可以说，有金一代的官制，基本上是熙宗、海陵王时期确定下来的。

2. 社会生活方面

社会习俗涉及内容很多，如“女真人改汉姓、穿汉服、饮食起居仿汉人；汉人亦习女真俗”等。

改汉姓。《南村辍耕录》对女真人改汉姓者记述颇详，如完颜汉姓曰王，乌古论曰商等；穿汉服。女真服饰的特点是“布衣好白，衣短而左衽”，迁居中原后，纷纷改服汉人衣冠，如熙宗“雅歌儒服”①,海陵王“见江南衣冠文物朝仪位著而慕之”②。女真统治者带头穿汉服，臣民们更是纷纷仿效，一时穿汉服之风兴起。

饮食起居仿汉人。女真族的饮食简易鄙陋，而且食具粗糙简单，

① 《大金国志》卷十二。

② 《大金国志》卷十三。

如“以糜为酒，以豆为浆，以半生米为饭，渍以生狗血及葱韭之属，和而食之”，“食器无瓠陶，无碗筯，皆以木为盘。……以长柄小木杓子数柄，四环共食”[①]。但金灭辽、北宋后，与中原交往增多，受汉风的影响，中原地区的女真人在饮食方面迅速汉化。就拿饮茶来说，金国本不产茶，金人饮用之茶主要来源于南宋，其煎饮方法、饮茶习俗等也为金人所接受。熙宗、海陵王对“分茶”“点茶”等表现出极大的兴趣。熙宗还把那些拒绝和反对接受“雅歌儒服、分茶焚香”之类汉族文化的女真开国旧臣，视作“无知夷狄”[②]。女真统治者的带头“汉化”有力地促进了民族的融合。另外，女真民居相当简陋，为适应北方天寒风大的特点，“其居多依山谷，联木为栅，或覆以板或桦皮如墙壁，亦以木为之。冬极寒，屋才高数尺，独开东南一扉，既掩复以草绸缪塞之。穿土为床，煴火其下，而寝食起居其上”[③]。而且金初皇帝宫室和民居相差无几，亦简易粗陋。后来受中原影响，宫室渐同贵族、平民住所区别开来。如金太宗在上京会宁府建乾元殿，海陵王南迁后更在中都和开封大修宫殿，其奢侈豪华的程度超过中原王朝。迁居中原的几百万女真人，由于气候环境的变化，居住方式也就完全相随汉人了。

汉人亦习女真俗。比如，燕地汉人早在契丹统治下的时候，已改着胡服。金初，蕃汉杂处，女真散居汉地，金朝统治者强制各族

① 《三朝北盟会编》卷五。

② 《大金国志》卷十二。

③ 《大金国志》卷三十九。

人民改行女真衣着、发式，胡化进一步加深[①]，如女真族的服装便于骑射和劳动，北方的汉族人民也喜欢穿;女真人“以豆为浆”[②]，吃葱韭、烧炕等习惯也为北方人接受。

3. 科举制度方面

金代科举“其设也，始于太宗天会元年十一月，时以急欲得汉士以抚辑新附”[③]，即“金朝占领辽的燕云地区后，即确定了对汉人依旧制而进行统治的新政策。由于新占领区官吏死亡逃散，女真人不谙汉事，为了抚辑新附，必须从汉人士大夫中选拔官吏，科举之制便应运而生。”[④]而且金代科举多仿唐辽宋制度，“辽起唐季，颇用唐进士法取人，然仕于其国者，考其致身之所自，进士才十之二三耳。金承辽后，凡事欲轶辽世，故进士科目兼采唐、宋之法而增损之。”[⑤]显然，金初的科举是仿汉制为选汉官所设，大大促进了汉文化在金代的推广和普及。

金代科举在太宗朝虽然为草创、形成期，但到熙宗、海陵王两朝则渐趋完善和成熟，如熙宗时将科举取士大权收归中央，将临时措施变为正常制度；仿北宋建弥封、眷录制，健全考场制度；增加明经、律科、经童科等。海陵时在京师创立高级教育机构——国子监，下设国子学；并南北选为一，罢经义、明经、经童等科，只以

① 罗贤佑《金、元时期女真人的内迁及演变》，《民族研究》1984 年第 2 期。

② 《大金国志》卷三十九。

③ 《金史》卷五十一《选举志一》。

④ 都兴智《金代科举制度的特点》，《北方文物》1988 年第 2 期。

⑤ 《金史》卷五十一《选举志一》。

词赋、律科取士；增殿试之制等。这些渐趋完善的制度仍多依唐宋汉制，说明金人对汉文化的接受之迅速和普遍。

4. 文化教育方面

金国统治者非常重视汉文化教育，积极搜求汉文图书典籍。攻宋战争中，金人每到一处，即大肆搜求汉文典籍和文物。如宋靖康元年（1126）十二月，金兵攻陷汴京，入城后，“索监书藏经，苏黄文及古文书、《资治通鉴》诸书”①。宋靖康二年（1127）正月，金破汴京，索取“太学博士十人、太学生堪为法师者三十人”，并索“画工百人，医官二百人、诸般百戏一百人，教坊四百人，木匠五十人、弟子帘前小唱二十人，杂戏一百五十人，舞旋弟子五十人。”②这些图书典籍、学士和诸色人物大批流入北方，在客观上为汉文化、汉语在金朝境内的传播推广创造了条件。再者，女真者统治者自身并积极学习汉文化，重视教育。如“熙宗自幼受汉文化熏陶滋育，汉士韩昉便是他的老师。熙宗崇尚汉文化，对儒家学说深所服膺，倾心于中原王朝那种‘君君臣臣’、尊卑分明的封建纲常秩序。熙宗对汉文化元素的接受，倾重于封建关系、典章制度等，其他方面如生活方式，他也竭力提倡汉化。对于女真人的固有文化，他是十分蔑视的。尤其是太宗以前那种亲切随便、尊卑不分的君臣关系，更为他所不满。熙宗即位后，以韩昉为翰林学士，制订礼仪典章，严明君

① 《三朝北盟会编》卷七三。

② 《三朝北盟会编》卷七七。

臣之间的尊卑关系，一改女真旧俗。”[1] 并于天眷三年十一月，袭封孔子49代孙孔璠为衍圣公，以表示对孔子及其所代表的儒家文化的尊重。再如海陵王完颜亮天德年间，虽然战争频繁，但金朝却在这一时期建立了国子监等教育机构[2]，以“五经”“十七史”及百家之言教育学生。女真统治者在重视汉文化教育的同时，亦重视传承播扬本民族文化，这从金初创办的学校中即可窥知一二。

（1）中央官学和地方官学

金朝的中央官学，一般认为始设于海陵王天德三年（1151年），“天德三年正月甲午，初置国子监。”[3] 招收对象为“宗室及外戚皇后大功以上亲、诸功臣及三品以上官兄弟子孙年十五以上者”[4]，学生来源主要是女真皇族、贵官子弟，也包括一些仕金的汉人高官子弟，受学对象有限。

> 在建立、完善中央官学的同时，女真统治者十分重视地方学校建设，地方普遍设立了府、州、县学。“金朝地方官学的兴复，最早见于太宗天会年间。《金文最·创建文庙学校碑》记载，天会七年（1129年）金朝曾‘诏颁新格，具载学宫’。熙宗至海陵王时期，由于社会相对稳定，经济有所发展，学校的兴复也

① 张晶《试论金代女真文化与汉文化的融合与排拒》，《社会科学辑刊》1991年第2期。

② 《金史》卷五十一《选举志一》。

③ 《金史》卷五《海陵本纪》。

④ 《金史》卷五十一《选举志一》

有所增加。”[①]

不管是中央官学还是地方官学，多以教授经史之类的汉文化典籍为主，为女真人习得汉语创造了条件。

（2）女真字学

女真字学是教授女真文字的学校。“女真字学校开办的具体时间，《金史》记载并不明确，但可以确定的是，在天会初年女真字学校已经在一些地方兴办。”[②]女真字学最初设在京师，由各路选女真优秀子弟到京师学习，毕业后大部分到地方府所办的女真字学任教授，如完颜兀不喝，“年十三，选充女直字学生”[③]；又如宗宪，“颁行女直字书，年十六，选入学”[④]。起初，进入女真字学校学习的人数较少，多为女真贵族子弟。后来，也允许女真平民及其他民族优秀子弟进入女真字学校学习，如汉人曹望之，“天会间，以秀民子选充女直字学生。年十四，业成，除西京教授”[⑤]，汉人曹望之可谓是语言接触背景下培育出来的双语人才。

（三）语言接触的表现

金国初建时，女真人没有本民族的文字。“生女真无书契”[⑥]，“（女

① 黄凤岐《论金朝的教育与科举》，《北方文物》2002 年第 2 期。

② 吴凤霞《金代女真学的兴衰及其历史意义》，《社会科学辑刊》2005 年第 4 期。

③ 《金史》卷九十《完颜兀不喝传》。

④ 《金史》卷七十《宗宪传》。

⑤ 《金史》卷九十二《曹望之传》。

⑥ 《金史》卷一《世纪》。

真）与契丹语言不通，而无文字，赋敛科发，刻箭为号，事急者三刻之。”[①] 金太祖阿骨打天辅三年（1119）、金熙宗天眷元年（1138）始创女真大小字，在创制文字之前，女真人或口授密旨，凭记忆传达，如“耨盌温敦思忠，本名乙剌补，阿补斯水人。太祖伐辽，是时未有文字，凡军事当中复而应密者，诸将皆口授思忠，思忠面奏受诏，还军传致诏辞，虽往复数千言，无少误。”[②] 或利用契丹字、汉字进行对外交涉和国内文移，如“及与辽议和，书诏契丹、汉字，宗雄与宗翰、希尹主其事。”[③] 但这种契丹字、汉字是在金朝建立前后，女真贵族从对辽战争中俘获的契丹、汉人那里习得的，仅在女真上层少数人中通行，并非人人都能识读，所以女真人在涉外的一些事务中还要凭借通事的翻译来进行。

1. 译史、通事

“通事”是专指口头转述的翻译；“译史”是指从事文字类的翻译人员。金代的“通事”或“译史”主要从事女真、汉人间的翻译活动，“金朝中央机构与诸府以上之地方机构皆置‘通事’和‘译史’（地方机构称为‘译人’）。除尚书省所属之高丽、夏国、回鹘译史系为翻译外交文书而设置外，大多数的译职人员从事于女真、汉人二族群间的沟通工作”，“而且，金朝译史、通事较前提高。译史，通事本身虽为吏职，不具品级，但考满之后，起官可能高至正六品，

① 《大金国志》卷三十九。

② 《金史》卷八十四《耨盌温敦思忠列传》。

③ 《金史》卷七十三《宗雄列传》。

往往以宗亲、高官子弟、终场举人，乃至现任下级官员充任。”[①]担任通事或译史者需通两种及两种以上语言，不限民族，女真人、契丹人、汉人等均可。如：

金国之法，夷人官汉地者皆置通事（即译语官也，或以有官人为之），上下重轻，皆出其手，得以舞文招贿，三二年皆致富，民俗苦之。有银珠哥大王（银珠者，行第六十也）者，以战多贵显，而不熟民事，尝留守燕京。有民数十家负富僧金六七万缗，不肯偿。僧诵言欲申诉，逋者大恐，相率赂通事，祈缓之。通事曰：汝辈所负不赀，今虽稍迁延，终不能免。苟能厚谢我，为汝致其死。”众皆欣然许诺。僧既陈牒，跪听命。通事潜易他纸，译言曰：“久旱不雨，僧欲焚身动天，以苏百姓。”银珠笑，即书牒尾，称“塞痕”者再。庭下已有牵拢官二十辈驱之出，僧莫测所以。扣之，则曰：“塞痕，好也。状行矣。”须臾出郭，则逋者已先期积薪，拥僧于上，四面举火。号呼称冤，不能脱，竟以焚死。（洪皓《松漠纪闻》）

根据记载，此金朝通事利用女真人不通汉语贪赃受贿，故意误译，颠倒黑白，“因言语不通，翻译人员借此徇私舞弊，通过有意误译而造成冤案，也难于避免”[②]。

再如契丹人为通事的例子：

① 中国元史研究会《元史论丛》第6辑，中国社会科学出版社1997年版，第36页。

② 参看马祖毅等著《中国翻译通史 古代部分 全1卷》，湖北教育出版社2006年版，第221页。

萧肄，本奚人，有宠于熙宗，复谄事悼后，累官参知政事。皇统九年四月壬申夜，大风雨，雷电震坏寝殿鸱尾，有火自外入，烧内寝帏幔。帝徙别殿避之，欲下诏罪己，翰林学士张钧视草。钧意欲奉答天戒，当深自贬损，其文有曰：“惟德弗类，上干天威”及“顾兹寡昧，眇予小子”等语。(萧)肄译奏曰：“弗类是大无道，寡者孤独无亲，昧则于人事弗晓，眇则目无所见，小子婴孩之称，此汉人托文字以詈主上也。”帝大怒，命卫士拽钧下殿，榜之数百，不死。以手剑剺其口而醢之。(《金史》卷一百二十九《萧肄传》)

此为萧肄通过口译而陷害张钧一事。这两个例子均是金朝通事利用语言不通而残害他人的例子，这从某种程度上也激发了番、汉互相学习对方语言的斗志，这也是语言接触必然会有的结果。

2. 女真字学生员、熟悉女真字的令史

“女真字是根据汉字改制的契丹字拼写女真语言而成的，所以女真人在学习女真字的过程中必须兼通契丹字和汉字。太祖异母弟斡者之孙璋、宗雄之子阿邻皆通女真、契丹、汉三种文字。”[①] 显然，女真字学生员多为双语人士，如前文提到的汉人曹望之等，例多不举。

令史即令吏，在汉代为兰台尚书属官，居郎之下，掌文书事务，历代因之。“金代的令史仍属于吏，主管文书案牍等事务。但是，为了适应女真贵族统治的需要，金尚书省、枢密院、都元帅府、御史

① 都兴智《金朝教育述论》,《辽宁师范大学学报》(社科版) 1988年第2期。

台以及尚书六部、三司等中央机构，除设有汉令史外，还增设了女真令史……金代的女真令史占总数的三分之一以上，这些女直令史，尤其是尚书省的女真令史,多是女直进士出身。”[①]然而女真进士科创设于大定十一年（1171 年），在此之前，由熟悉女真字者任地方官署的令史，这其中包括女真字学生员和非女真字学生员。如：

纳合椿年本名乌野。初置女直字，立学官于西京，椿年与诸部儿童俱入学，最号警悟。久之，选诸学生送京师，俾上京教授耶鲁教之，椿年在选中。补尚书省令史，累官殿中侍御史，改监察御史。(《金史》卷 83《纳合椿年传》)

耨盌温敦兀带，太师思忠侄也。天会间，充女直字学生，学问通达，观史书，工为诗。选为尚书省令史。(《金史》卷 84《耨盌温敦兀带传》)

纥石烈良弼，本名娄室，回怕川人也。……天会中，选诸路女直字学生送京师，良弼与纳合春年皆童卯，俱在选中。……年十七，补尚书省令史。(《金史》卷 88《纥石烈良弼传》)

移剌道，本名赵三，其先乙室部人也，初徙咸平。为人宽厚，有大志，以荐孝著名。通女直、契丹、汉字。皇统初，补刑部令史，转尚书省令史。(《金史》卷 88《移剌道传》)

正是由于女真语同汉语既有接触的先决条件，又有良好的接触

① 孟繁清《金代的令史制度》，载中国社会科学院历史研究所宋辽金元史研究室编《宋辽金史论丛》第 2 辑，中华书局 1991 年版，第 340 页。

背景，所以“汉儿言语”[①]在当时极为流行，在母语各异的北方民族中间被作为共同语。如金代前期许亢宗为贺金太宗继位受命使金的行程录[②]中就有记载：

第三十三程：自黄龙府六十里至托撒孛堇寨。府为契丹东寨。当契丹强盛时，虏获异国人则迁徙杂处于此。南有渤海，北有铁离、吐浑，东南有高丽、靺鞨，东有女真、室韦，东北有乌舍，西北有契丹、回纥、党项，西南有奚，故此地杂诸国风俗。凡聚会处，诸国人语言不能相通晓，则各为汉语以证，方能辨之。

“这些记录中表现出的‘汉儿言语’，很难断言它们没有受到某种形式的胡语的影响，但其自身是不掺假的汉语。尽管如此，它似乎总是被看作非汉语的东西。”[③]“汉儿言语”的形成与流行是语言接触的最好说明。

二、高潮期（1160—1208）

（一）语言接触的背景

世宗、章宗两朝是金朝社会发展的鼎盛期，社会安定，民族矛

① “汉儿”或“汉人”通常指金国统治下的幽燕一代的汉族，与此相应，这一带人所说的语言被称为“汉儿言语”。关于“汉儿”和“汉儿言语”，前贤多有论及，如太田辰夫等，此不赘述。

② 《三朝北盟会编》卷二十《宣和乙巳奉使行程录》。

③ 太田辰夫著，江蓝生、白维国译《汉语史通考》，重庆出版社 1991 年版，第 200 页。

盾和民族压迫有所缓和减轻，各民族相对安定团结地生活在一起，各民族语言也得以全面接触和融合。“到了1161年，女真人几乎占领了整个中原地区。进入中原后的初期阶段女真人的语言文化发挥了较大作用，使女真语的使用范围得到空前扩大，结果相当地区的汉族不仅不同程度地掌握了女真语，甚至一些汉族达到了跟女真人对话如流的程度。与此同时，女真语中也开始大量地借入汉语新词术语。”[①] 如果说第一个阶段是以金人学习汉语为主,那么这个阶段应属于汉语、女真语双方互相影响、互相渗透期。

社会安定后首先要考虑发展经济和文化，而女真族的经济生产方式和文化教育都较落后，因此，迁居中原后，他们积极学习汉族的经济生产方式以及汉文化。

1. 经济生活方面

建国之初，金朝还处于奴隶制阶段，没有货币，以物换物，“无市井,买卖不用钱,惟以物相贸易”[②]。入主中原后,金人感受到中原生产方式的先进性后便纷纷仿效，弃落后的奴隶制生产方式而改用先进的租佃制。中原地区女真人的封建化在世宗时达到了高潮。如中都地区的女真人，都“不自种，悉租与民，有一家百口垅无一亩者”。随着封建化的发展，女真族固有的牛头地也随之瓦解。同时，女真人改变了以物换物的原始状态，采用中原王朝通用的铜钱和发

① 朝克《关于女真语研究》,《民族语文》2001年第1期。

② 《三朝北盟会编》卷二十《宣和乙巳奉使行程录》。

行纸币“交钞”等措施，商品交换得到飞速发展[①]。商品交换促进了民族交往，民族交往亦促进了不同语言的接触和交融。

2. 文化教育方面

世宗、章宗二人深受汉文化影响。如金章宗自幼深受儒学教育，“始习本朝语言小字，及汉字经书”[②]，待其即位后，数次祭拜孔庙，并“诏修曲阜孔子庙学”[③],明确昭示了自己以儒治国的施政方略。所以二人身体力行，兴办教育，积极学习和推广汉文化，在他们的积极倡导下，全民汉文化素质得以改善和提高，达到“世宗、章宗之世，儒风丕变，庠序日盛……能自树立唐宋之间，有非辽世所及”[④]的地步。但女真统治者在带头学习汉文化的同时，亦非常注重自身民族素质教育的发展，提倡学习女真语言文字，把女真语言文化教育放在首位。从而建立了汉儿和女真两套完整的教育体系。

（1）汉儿教育体系

① 太学

海陵王时期已设国子监，但受学对象很有限。世宗大定六年（1166 年）始设太学，“初养士百六十人，后定五品以上官兄弟子孙百五十人，曾得府荐及终场人二百五十人，凡四百人”[⑤]，生源范围较国子学有所扩大，由中上层贵族子弟和平民子弟混合而成，符合

① 参看张荣铮《论金代民族融合》,《天津师大学报》1984 年第 3 期。

② 《金史》卷九《章宗纪一》。

③ 《金史》卷九《章宗纪一》。

④ 《金史》卷一二五《文艺列传》。

⑤ 《金史》卷五十一《选举志一》。

条件的女真和汉人均可入学。太学属于中央官学系统，隶属于国子监[①]。

入太学，要经过严格的考试，如太学学生试补，由礼部掌管，考试科目是由国子监统一刊印的若干经史子书，包括《诗》《书》《礼》《易》《春秋左氏传》等,而且对注本均有规定[②]。太学入学后的考试，由太学博士主管，太学博士多由学识渊博、进士出身又具有一定从政资历者的汉人或女真人[③]担任。学校使用的教材也都由国子监统一印刷，以儒家经典为主，兼及诸子及历代史籍，主要有《易》《书》《诗》等“九经”和《史记》《汉书》《三国志》等“十七史”，共计28种。

太学的师生既有汉人，又有女真人，虽然已传授和学习汉文经典为主，但授受知识以语言交流为前提。

② 地方府、州、县学

世宗在中央增设太学的同时，地方普遍设立了府、州、县学。大定十六年置府学十七处，养士千人，后增州学。至章宗时，府学增至二十四处，节镇州学三十九处，防御州学二十一处，养士凡一千八百人，这是金朝教育的全盛时期，加之各刺史州、县学的学生，总数将逾万人。入学资格也进一步放宽:“加以五品以上官、曾任随

---

① 《金史》卷五十六《百官志二》。

② 《金史》卷五十一《选举志一》。

③ 相对较少,《金史》卷五十六《百官志二》:“明昌二年添女直一员，泰和四年减，大安二年并罢。”

朝六品官之兄弟子孙，余官之兄弟子孙经府荐者，同境内举人试补三之一，阙里庙宅子孙年十三以上不限数”[①]。府、节镇州、防御州各设教授一员，“选五举终场或进士年五十以上者为之”[②]。行政上派一名文职官员兼管学校教育。刺史州、县虽不设教授，但也各聘地方名儒为教员，由进士出身的州县长官或属官负责学校教育[③]。

地方府、州、县学在入学考试内容和教材使用方面均与太学相类，生员亦多为女真人和汉人，负责地方教育事宜者也是兼有女真人教授和汉人教授。汉人、女真人杂处而学，所用语言互为影响在所难免。

（2）女真教育体系

① 女真国子学和女真太学

女真国子学和女真太学均属于女真中央官学。

女真国子学正式创设于金世宗大定十三年（1173），由策论生和小学生组成，“十三年，以策、诗取士，始设女真国子学”[④]。从所教内容“以女直大小字译经书”[⑤]来看，女真国子学应是对太宗天会年间设立的女真字学扩充和升级的结果，因为这些用女真大小字翻译的书籍多为《贞观政要》《史记》《西汉书》等经史书籍，教学内容

---

① 《金史》卷五十一《选举志一》。

② 《金史》卷五十一《选举志一》。

③ 参看都兴智《金朝教育述论》，《辽宁师范大学学报》（社科版）1988 年第 2 期。

④ 《金史》卷五十一《选举一》。

⑤ 《金史》卷五十一《选举一》。

已经突破了原有的单纯学习语言文字的藩篱，使女真字学发展成为文字与经史并重的教育。

女真太学是女真民族教育进一步发展的产物，创建于大定二十八年（1188 年），“命建女直大（太）学”[①]。史书关于女真太学的记载过少，“由于史料所限，估计女真太学和汉族太学一样，是同国子学分担不同阶层士子教育问题的。”[②]

② 女真府学

女真府学属于女真地方官学。女真地方官学在世宗以前虽有零星记载，但正规女真地方官学体系的建立，主要是在金世宗大定十三年（1173），为了加强对女真族子弟的教育而设立的女真府学，“诸路设女直府学，以新进士为教授，国子学策论生百人，小学生百人。府州学二十二，中都、上京、胡里改、恤频、合懒、蒲与……东平、益都、河南、陕西置之。凡取国子学生、府学生之制，皆与词赋、经义生同。又定制，每谋克取二人，若宗室每二十户内无愿学者，则取有物力家子弟年十三以上、二十以下者充。”[③] 女真府学共设有 22 所，分布于女真故地及契丹、女真族聚居的 22 个府州地区，招收对象是女真人，满足了女真子弟的学习要求。

女真官学学生的主要来源是女真人，也有少数汉人和契丹人；教师主要以女真族知识分子为主，也有少数汉族知识分子。女真官

① 《金史》卷八《世宗本纪下》。

② 兰婷、孙运来《金代女真官学》，《东北史地》2006 年第 2 期。

③ 《金史》卷五十一《选举一》。

学与汉族官学的教学内容相同，也是以儒家经典为主，兼学诸子百家及各朝正史。所用教材为译成女真字的汉籍，由国子监统一负责刊印。

（二）语言接触的表现

金统治者建立的汉儿和女真两套教育系统使得汉人、女真人杂处而学，为汉语、女真语的广泛接触提供了一定的条件和保障，同时随着番汉杂居既久，女真人在汉化的同时，汉人亦呈现出一定的“胡化”现象，范成大《揽辔录》记录了汉人女真化的一些现象：“民亦久习胡俗，态度嗜好，与之俱化。最甚者衣装之类，其制尽为胡矣。自过淮已北皆然，然而京师尤甚。”汉语的“胡化”痕迹也很明显，有诗为证：“上源驿中搥画鼓，汉使作客胡作主。舞女不记宣和妆，卢儿尽能女真语。”[①] 语言接触的事实从“双语”人士的增多上亦可窥知一二。这一时期的“双语”人包括以下几类：

（1）女真官学生员

女真官学的师生以女真人为主，亦有少数汉人。汉人在女真学校里读书，自然掌握了女真语；女真人学习女真字翻译的汉籍时必须兼通契丹和汉字，亦习得了汉语。因此，理论上讲，女真官学生员均属“双语”人士，以女真进士为例，“世宗大定十一年，创设女真进士科，初但试策，后增试论，所谓策论进士也。明昌初，又设制举宏词科，以待非常之士。”[②] “由于设立女真进士科，使金朝出现

① 陆游《剑南诗稿》第四卷《得韩无咎书寄使虏时宴东都驿中所作小阕》。

② 《金史》卷五十一《选举一》。

了不少精通汉文和女真文的少数民族学者，促进了金朝文教事业的发展，也使金朝统治者感觉到，有了本民族的选士制度，可为巩固其统治提供可靠的人才保证。”[①] 精通双语的女真进士举例：

夹谷衡本名阿里不，山东西路三土猛安益打把谋克人也。大定十三年，创设女直进士举，衡中第四人，补东平府教授。调范阳簿，选充国史院编修官，改应奉翰林文字。(《金史》卷九十四《夹谷衡传》)

粘割斡特剌，盖州别里卖猛安奚屈谋克人也。贞元初，以习女直字试补户部令史，转尚书省令史。(《金史》卷九十五《粘割斡特剌传》)

尼厖古鉴本名外留，隆州人也。识女直小字及汉字，登大定十三年进士第，调隆安教授。(《金史》卷九十五《尼厖古鑑传》)

（2）通事、译史

“诸宫护卫、及省台部译史、令史、通事，仕进皆列于正班，斯则唐、宋以来之所无者。”[②] 从“仕进皆列于正班”来看，金朝很重视“译史、通事”所做的工作，如金世宗时设译经所，用女真字翻译汉文经史，“译经所进所译《易》《书》《论语》《孟子》《老子》《扬子》《文中子》《刘子》及《新唐书》”[③]；金章宗设弘文院，“译写经

① 黄凤岐《论金朝的教育与科举》，《北方文物》2002 年第 2 期。

② 《金史》卷五十一《选举一》。

③ 《进史》卷八《世宗本纪下》。

书”[①]。这都说明了金朝统治者对翻译工作的重视,对翻译人员的礼遇和厚待。重要的译史如:

徒单镒本名按出,上京路速速保子猛安人。……大定四年,诏以女直字译书籍。五年,翰林侍讲学士徒单子温进所译《贞观政要》、《白氏策林》等书。六年,复进《史记》、《西汉书》,诏颁行之。……镒在选中,最精诣,遂通契丹大小字及汉字,该习经史。(《金史》卷99《徒单镒传》)

温迪罕缔达,该习经史,以女直字出身,累官国史院编修官。初,丞相希尹制女直字,设学校,使讹离刺等教之。……十五年,缔达迁著作佐郎,与编修官宗璧、尚书省译史阿鲁、吏部令史张克忠译解经书。(《金史》卷一百五《温迪罕缔达》)

马庆祥字瑞宁,本名习礼吉思。先世自西域入居临洮狄道,以马为氏,后徙家净州天山。泰和中,试补尚书省译史。大安初,卫王始通问大元,选使副,上曰:“习礼吉思智辩通六国语,往必无辱也。”(《金史》卷124《马庆祥传》)

萧永祺字景纯,本名蒲烈。少好学,通契丹大小字。广宁尹耶律固奉诏译书,辟置门下,因尽传其业。固卒,永祺率门弟子服齐衰丧。固作《辽史》未成,永祺继之,作纪三十卷、志五卷、传四十卷,上之。(《金史》卷125《萧永祺传》)

① 《金史》卷十《章宗本纪二》。

三、融合期（1208—1234）

早在章宗即位时，金朝已经出现了许多矛盾和问题。如土地兼并问题严重、猛安谋克渐趋衰落、吏权过重、世俗侈糜等等[①]。章宗病逝后，世宗第七子卫王永济即位，是为卫绍王，在其短暂的统治期间，政乱于内、兵败于外，加速了金朝的衰落。宣宗即位后，在蒙古军的进攻之下，于贞佑二年（1214 年）迁都汴京。哀宗即位，虽全力抗蒙，但已无力回天，于天兴三年（1234 年）正月，金朝在蒙古与南宋的联合进攻下灭亡。金朝后期，经济渐趋萧条，政治日益腐败，面对蒙古铁骑的强势进攻，只有招架之功，而无还手之力，亦无暇顾及其他，女真学在这一时期迅速衰落，一方面是由政治、经济各方面的因素所致，但同时也反映了文化上的民族融合，以女真人的汉化而告终。

（一）女真学的衰退

“金宣宗南渡后，教育随着社会的崩溃而崩溃。金代教育之衰，有内外两个重因，金末经济残破，财政枯竭，纲纪大坏，学风不正。吏权太盛，读书人被歧视、压抑、侮辱、排挤，士气无素养，士风甚薄，‘一登仕籍，视布衣诸生遽为两途’。从外部看，在战争的摧残下，学校多废，‘中原板荡之余，郓学久废’。”[②] 自然，女真学也

① 参看宋德金《中国历史·金史》，人民出版社 2006 年版，第 63 页。

② 张博泉《金代教育史论》，《史学集刊》1989 年第 1 期。

不能幸免，“国家的兴衰关系着官办学校的命运，女真学的衰落正是与金朝的衰弱同步的，也是从金章宗后期开始明显化。卫绍王、金宣宗时期的内忧外患，权臣掌政，一些武将虽没有捍卫国家的实力，却有着排斥异己的势力。……金宣宗也喜用近侍，朝廷崇儒重教之风为之改变。可以说政治形势的变化直接影响了文化教育的发展。”①女真学的衰落直接导致习女真字的人数直线下降，统治者积极兴学促其国人学习女真字尚且无法阻止女真人学习汉字、汉文化的进程，更何况少了统治者的提倡和呼吁，女真字乃至女真语渐至湮灭是落后语言文化向先进语言文化靠拢的大势所趋。

（二）这一时期的“双语”人

尽管女真学在衰退，习女真字、说女真语的人在减少，如早在1185年，章宗判大兴府事时，用女真语向世宗入谢。世宗大为感动，对宰臣们说：“朕尝命诸王习本朝语，惟原王语甚习，朕甚嘉之。”②世宗大为感动的原因就在于“众人皆说汉语，而独章宗说本族语”，显然，汉语已占领了金国的大部分市场。即使如此，此期亦不乏有懂女真语的汉人，如：

> 赵重福字履祥，丰州人。通女直大小字，试补女直诰院令史。转兵部译史、陕西提刑知法，迁陕西东路都勾判官、右藏库副使、同知陈州防御事。（《金史》卷128《赵重福传》）

① 吴凤霞《金代女真学的兴衰及其历史意义》，《社会科学辑刊》2005年第4期。

② 《金史》卷九《章宗纪一》。

（三）汉化轨迹研讨

早在世宗、章宗统治时期，女真人汉化程度已渐趋增高，以致很多人都渐忘本俗而只从汉俗，“女真人的汉化带来了一个不可忽视的后果，就是使这些勇武强悍的‘猛安谋克’，逐渐变得文弱儒雅起来，女真人赖以起家的‘法宝’——那种勇武骠悍的民族精神，正在逐步沦丧。”[①] 面对这一情况，女真统治者试图制止汉化的潮流，一再提倡保存女真风俗，如大定十三年，“禁女直人毋得译为汉姓”[②]；大定二十七年，“禁女直人不得改称汉姓，学南人衣装”[③]；明昌二年，“制诸女直人不得以姓氏译为汉字”[④]；泰和七年，“女直不得改为汉姓及学南人装束”[⑤]。然而这些措施并不能阻止女真汉化趋势，女真语汉化的表现除其中有大量的汉语借词[⑥]外，其汉化的最高境界即是被汉语同化，以致到章宗时，女真人讲汉语的更加普遍，甚至有人敢公开称女真语为蕃语。为此，章宗在1191年下令：“禁称本朝人及本朝言语为‘蕃’，违者杖之”[⑦]，章宗以后，金王朝不再禁止女真人讲汉语[⑧]。入元以后，契丹、女真与汉人融为一体，“若女真、契丹生西北

---

① 张晶《试论金代女真文化与汉文化的融合与排拒》，《社会科学辑刊》1991年第2期。

② 《金史》卷七《世宗纪中》。

③ 《金史》卷八《世宗纪下》。

④ 《金史》卷九《章宗纪一》。

⑤ 《金史》卷十二《章宗纪四》。

⑥ 参看五月《女真语中的外来语成分》（下），《满语研究》2004年第1期。

⑦ 《金史》卷九《章宗纪一》。

⑧ 张荣铮《论金代民族融合》，《天津师大学报》1984年第3期。

不通汉语者，同蒙古人;女真生长汉地，同汉人。”[①]民族融合宣告完成。契丹、女真融于汉族，同历史上匈奴、鲜卑、羯、氐、羌、满等民族融合一起奠定了“多元一体”民族格局形成的基础，而融合后的共同语就是“汉儿言语”，即今北京官话雏形，是一种以汉语语音成分、基本词汇和语法构造为主体，有着阿尔泰语（契丹语、女真语都属于阿尔泰语系）影响痕迹的汉语变体（太田辰夫，1954）。

四、结论

金人虽以征服者的身份入主中原，但迫于政治、经济、文化等各方面发展的需要，不得不主动学习汉民族先进的语言和文化，却又不愿放弃本民族的语言文字，在汉语和女真语两种语言的竞争中，尽管金朝统治者采取诸多措施用于保护民族语言，但语言的融合不以个人的意志为转移，汉民族先进的经济文化、汉语自身的特点及其使用人口的众多都使其具有竞争优势，最终在母语各异的北方民族中取代女真语而成为共同语。列宁在其《关于民族问题的批评意见》中说:“本国的哪种语言有利于多数人的商业往来，经济流通的需要自然会作出决定的。”是对语言融合中优势语言胜出的最好说明。

① 《元史》卷十三《世祖纪十》。

第四节　北方文献中夷虏成分考察[①]

宋金时期番汉民族接触融合虽然以女真人的汉化而告终，但金朝统治下北方汉儿言语在一定程度上受到女真语的影响却是不容置疑的。女真语在金代对汉语的影响有多大？我们这里以金代的两部诸宫调为研究对象，考察里面有多少受阿尔泰语[②]影响而产生的词汇、语法成分。

研究元杂剧中蒙古语借词的前修时贤、探讨元杂剧受阿尔泰语影响而产生的语法现象的学者，远比研究"诸宫调"中有多少外来语词及语法成分的多得多。前者的研究成果如张清常（1978）《漫谈汉语中的蒙语借词》、孙玉溱（1982）《元杂剧中的蒙古语曲白》、贾晞儒（1982）《元杂剧中的蒙古语词》、韩登庸（1983）《元杂剧中的少数民族语词》、方龄贵（2001）《古典戏曲外来语考释词典》等等；而后者研究成果仅有袁宾（1987）、刘一之（1988）、梅祖麟（1988）、江蓝生（1992；1999c）等零星的阐述。从这一点似乎可以说明，产生于金代的"诸宫调"远没有产生于元代的杂剧受外来语的影响大，

① "儿化"韵也属于夷虏成分，但因为前文已有所论，此不赘述。

② 女真语属于满洲·通古斯语族，满洲·通古斯语族和蒙古语族、突厥语族同属于阿尔泰语系，联系金的时代环境，诸宫调受蒙古语或突厥语的影响都有可能，所以这里总起来研究诸宫调所受阿尔泰语的影响。

事实证明确实如此，我们调查了两部诸宫调中的词语，未曾发现外来语词[①]。这里仅就语法方面所受外来语的影响谈一下自己的看法，前修时贤已有论述且我们赞同的，就简要提及；反之则稍作阐述。

一、比拟式

从先秦到唐宋时期，比拟式基本是充当句子的谓语，偶有作状语的。但是到了金元时期，又出现了“似”“也似”“般”等新的比拟助词，同时比拟式功能也扩展了，除继续一贯的谓语、状语功能外，还可作定语，是什么原因导致这类比拟助词的出现？已有观点多认为是受阿尔泰语的影响所致。

两部诸宫调使用最多的比拟助词为“似”和“也似”，我们穷尽性地统计了二书里两个比拟助词的用例，“似”18 例，“也似”2 例[②]，主要做定语和状语。如：

(1) 熟睡鼻气似雷作。去了俺眼中钉，从今后好快活。(《刘知远》卷二【般涉调·麻婆子】)

(2) 五人决战起悲风，便似雾罩天神擒鬼魅。(又卷十一【般涉调·沁园春·尾】)

① 或许是笔者学力有限，没能区辨出来。不过太田辰夫（1953）考证《三朝北盟会编》中的“捎空 / 稍空”及《黑鞑事略》等笔记小说中的“歹”属于非汉语词，说明金代“汉儿言语”在以“北方汉语为词汇供给语”（李崇兴等，2009：259）的同时，亦吸收部分少数民族词汇。

② 两部诸宫调“也似”总共有 2 例，江蓝生（1992；1999c）均已举到。

(3) 冬冬的鼓响，画角声缭绕，猎猎征旗似火飘。(《董西厢》卷二【般涉调·墙头花】)

(4) 把山海似深恩掉在脑后。(又卷三【黄钟宫·侍香金童·尾】)

(5) 正熟睡，倾盆也似雨降。(《刘知远》卷二【正宫·锦缠道】)

(6) 回头来觑着白马将军，喝一声爆雷也似喏。(《董西厢》卷三【般涉调·墙头花·尾】)

除第四例外，“X + 似”或者“X + 也似”都是修饰名词或名词性词组做定语，按照江蓝生（1999c；2000：191）的看法，第四例可作两解：把“深恩”看作一个词，则“X + 似”是定语；把“深恩”看作短语,则“X + 似”是状语[①]。剩下的 14 个用例也是以作定语为主。可见，在金代，“X + 似”和“X + 也似”作状语的用例还比较少见。金以后，“也似”的用例逐渐增多，“似”的用例则渐趋减少。据李思明（1998）的统计:《元曲选》中，“相似”9 例，全式做谓语，简式[②]做补语;“也似”60 例，全式和简式均作状语;“也似的”6 例，用全式，作谓语;“似”13 例，用简式，作状语和定语。这种变化的原因，正如江蓝生（1992；2000：174）所说:“在助词‘似’前加上‘也’作‘也似’，就能在形式上把它跟动词‘似’区

① “X + 似”修饰谓词性成分“深”作状语，然后“X + 似 + 深”共同修饰“恩”。

② 全式指带像义动词的，如“像花儿似的”；简式是指省略像义动词的，如“花儿似的”。

别开来，一目了然，这恐怕是单用‘似’远不如‘也似’通行的原因所在。”

江蓝生（1999c）在考察元代的比拟助词的发展情况时，选用《元刊杂剧》和《元典章》作为代表语料，结论是:“金代及以后的比拟结构‘X+似’是个修饰成分，它的后面一定要有中心语，当中心语为NP时，‘X+似’充当定语，当中心语是VP时，‘X+似’充当状语，‘X+似’不能独立使用，因而它不能充当谓语。”而李思明（1998）的研究选用《元曲选》作为代表语料，所以存在有6例“也似的”作谓语的情况。臧懋循（晋叔）的《元曲选》共选了一百种作品（其中元人作品94种，明初人作品6种），不但宾白可能时代较晚，而且曲文也多有改动。[①] 从所选语料的可靠程度来看，我们觉得江蓝生的研究结论更可信。这样，金元时期就出现了与前代差别很大的比拟式[②]。产生这种差别的原因是什么呢?

李思明的文章从“相似”和“似”的关系入手，认为“似”是由“相似”中的“相”意义虚化而成，避而不谈金元以来出现新比拟式的原因；黑维强（2002）、翟燕（2008）都认为比拟助词“也似”“似”是汉语土生土长的成分，与外来语的影响没有关系。而江蓝生（1992；1999c）谈到了造成这种变化的原因，是源于阿尔泰语

① 参看梅祖麟《从语言史看几本元杂剧宾白的写作时期》，《语言学论丛》第13辑，商务印书馆1984，第138 － 139页。

② 金元以前的比拟式发展可参看李思明（1998）、江蓝生（1999c）的研究，二先生的结论基本一致：即先秦、两汉、魏晋南北朝、唐宋的比拟式多用全式，而且多作谓语。

语法的影响，同时举蒙古语比拟表达方式的例子为证，比较有说服力。如：

ral metü ularan tur

火 似 红 旗（像火一样红的旗子）

mori nisqu metü qaruluna

马 飞 似 跑（马像飞一样地跑）

李崇兴、丁勇（2008：9）持相同观点："我们认为李文不足以颠覆江说。第一，江蓝生（1999）对汉语比拟结构的发展历史进行了梳理。第二，'似'、'也似'与'相似'的句法表现很不相同。第三，就我们调查的元代文献看，'喻体 + 似'、'喻体 + 也似'只在《元杂》[①]《元典章》《老》[②]三种文献中出现，别的文献都没有出现。根据以上三条，我们认为'喻体 + 似'、'喻体 + 也似'这样的比拟结构的形成极有可能是受了阿尔泰语的影响。"

张美兰（2003：120-123）从认知的角度探讨了金元时期新兴比拟式产生的原因：一、像义动词的词汇兴替与语言经济原则的相互作用；二、作状语比拟结构式的历时发展诸因素的相互作用；三、句式结构变化的时间要求；四、阿尔泰语同类句式推波助澜的作用。她认为金元新的比拟结构的产生和使用是汉语比拟句自身发展的结果，但同时也承认蒙古语比拟结构的表达方式对汉语的影响。

综上，我们认为新兴比拟助词"似""也似"偏偏在金元时期出

① 《元刊杂剧三十种》。

② 《原本老乞大》。

现，即使是汉语自身发展的产物，也多少受阿尔泰语的影响，因为二者的表达方式在语序上有惊人的一致性，都是在名词或代词后面加上后置词，然后再接中心语。

二、两种特殊“被”字句①

“‘被’字式被动句的萌芽大约是在战国末期，《韩非子》《战国策》中出现了个别用例。到了汉代，‘被’字式的运用开始增多，但这一时期‘被’字式中的‘被’字尚不能引出动作的施事者。魏晋南北朝时期‘被’字式得到迅速而又充分的发展，在承袭汉代用法的基础上又产生了许多前此未有的新形式。”②被字句在近代汉语阶段，较之中古汉语阶段，又有了新的发展。王力（1958：433）首先指出近代汉语阶段特殊“被”字句的存在，同时揭示了它的结构形式和表达的意义，“这种表示不幸的脱离正常轨道的句子可以大致分为两种情况。第一种情况施事者在动词前，受事者在动词后，和一般‘主动宾’的结构相似，但是，‘被’字放在主语的前面。除非词序变换，否则不能成为被动式。……第二种情况，在结构上和第一种相同，只是没有被动的意味，‘被’字仅仅用来表示一种不幸的遭遇，而且词序不能变换成为被动式。”第一种情况我们称为“零被句”，

① 原因“被”字句和“零被”句均有具体的分类，可参看冯春田（2000）和俞光中、[日本]植田均（1999），这里为简便计，不再细分。

② 柳士镇《魏晋南北朝历史语法》，南京大学出版社1992年版，第324页。

第二种情况我们称为原因“被”字句，正是我们打算讨论的两种特殊“被”字句。

1.“零被”句。一般被字句的受动者在“被”字之前充当句子的主语，即使在一定条件下，这个主语被省略了，但在意念上仍然存在，如有必要，可以补出主语来，然而“零被”句却是无法补出主语的。如：

(1) 恰才撞到牛栏圈，待朵闪应难朵闪。被一人抱住刘知远。(《刘知远》卷二【仙吕调·胜葫芦·尾】)

(2) 叫喊语言乔身分，但举动万般村桑，被匹夫时下，惊散鸳鸯。(《刘知远》卷十一【仙吕调·恋香衾】)

(3) 见人不住偷睛抹，被你风魔了人也嗏！(《董西厢》卷一【中吕调·香风合缠令】)

(4) 你道是可憎么？被你直羞落庭前无数花。(《董西厢》卷一【中吕调·香风合缠令·尾】)

2. 原因“被”字句，“由于句子语义组合关系的制约，‘被’字具有表示原因的色彩。”① 如：

(5) 抬脚不知深共浅，只被夫妻恩重，跳离陌案，脚一似线儿牵。(《刘知远》卷二【仙吕调·胜葫芦】)

(6) 被你一生在村泊，不知国法事如何。有多少跷蹊处，不忍对你学。(《刘知远》卷二【般涉调·麻婆子】)

(7) 是岁浑太师薨，被丁文雅不善御军，其将孙飞虎半万兵

① 冯春田《近代汉语语法研究》，山东教育出版社2000年版，第596页。

叛，劫掠蒲中。(《董西厢》卷二【仙吕调·剔银灯·尾】)

这两种“被”字句与常规的“$N_{(受)}$被$N_{(施)}$V”的被动句有所不同，始见于近代。

“零被句”晚唐已见，后代继之，如：

(8) 彼被趁急，遂失脚走，被舍利弗化火遮之，不能去。(《敦煌变文校注·祇园因由记》)①

(9) 日所以蚀于朔者，月常在下，日常在上，既是相会，被月在下面遮了日，故日蚀。(《朱子语类》卷二“天地下”)

(10) 被小夫人引了我魂灵。(元刊杂剧《诈妮子调风月》第三折【越调·天净沙】)

(11) 被你这厮蒿恼了我们半日。(《三遂平妖传》十回)②

原因“被”字句北宋已有，后代继之，如：

(12) 坐井观天，非天小，只被自家入井中，被井筒拘束了。(《河南程氏遗书》卷七)

(13) 圣人言语，皆天理自然，本坦易明白在那里。只被人不虚心去看，只管外面捉摸。(《朱子语类》卷十一“读书法下”)

(14) 宋江道：“观察久等，却被村里有个亲戚在下处说些家务，因此担阁了些。”(《水浒传》第18回)

(15) 只被这知府受了张都监贿赂嘱托，不肯从轻。(《水浒传》第30回)③

---

① 该例转引自蔡镜浩（1995）。

② 9－11例转引自俞光中、植田均（1999）。

③ 12－15例转引自冯春田（2000）。

单就“诸宫调”的用例来看，“零被”句可能和曲文押韵的需要有关，如“被一人抱住刘知远”中的“远”和“圈”押韵，同为“廉纤”韵。所以将“被”字前的受事者放到了宾语的位置上。但是同时期非韵文体的文献也有用例，是押韵的需要还是其他原因？原因“被”字句又该作何解释？这两种非常规的“被”字句始于近代，是汉语固有的？还是受外来语的影响产生的？

对此，学术界有不同的看法。一是以俞光中、植田均（1999）为代表，认为是民族语言自身的产物；二是以袁宾（1987）为代表，认为是受外来语的影响，金元时期在元大都一带形成的。袁先生主要考察了特殊被字句在元代汉语的地域分布情况，由考察的结果“元代使用特殊被字句的区域，是以大都为中心，连及河北、山东、山西、河南形成一块辐射区”[①]来看，主要分布在北方地区，元代南方口语里不使用特殊被字句。再联系金元时期的特殊社会背景，便得出金元时的特殊被字句是受外族语的影响而产生的结论。但是，我们觉得袁先生的结论有两点不能令人信服：一、两种特殊的“被”字句，均产生于金元之前，并不仅限于北方的文献。这一点俞光中、植田均（1989、1999）已经阐述，并统计了六朝至明十二部口语性比较强的文献里特殊被字句的使用比例，宋代已经占到全部被字句的29%。我们这里再附以崔宰荣（2001）的统计，带有南方方言色彩的《朱子语类》里特殊被字句的比例为11.2%，从这一点来看，

① 袁宾《近代汉语特殊被字句探索》，《华东师范大学学报》（哲学社会科学版），1987年第6期，第90页。

袁先生的结论值得再商榷。二、袁先生文中认为女真语和蒙古语均属阿尔泰语系蒙古语族，这里以蒙古语中的被动态为例，看看是不是与文中讨论的特殊被字句相似？蒙古语表达被动语态是在及物动词词干后面接被动态附加成分，表示这个动作为主语所承受。被动态附加成分是 -gd。如：

minii jim sœl-（ĭ）gd-ʧĭ ʤ。

我 东西 换 （我的东西被换掉了。）

ɷɷl ɪ ĭ œrœœ sɛlx ĭ nd id-（ə̆）gd-əəd ər ə̆ g b [illegible] lʤee。

山 顶 风吃 吃 崖 成 （山顶被风刮成悬崖了。）①

由这两个例子可以看出，蒙古语中的被动态也是受事者在前。从形式上来看，与汉语中的零被句不同；从表达语义上来看，也与汉语中的原因被字句相差很大。蒙古语表达被动态的基本形式本身就与汉语很不相同，汉语中“被”字和动词之间可以加入其他成分，如“每被老元偷格律”（白居易《编集拙诗成一十五卷因题卷末戏赠元九、李二十》），而且“被”字比较灵活，可以位于句中，也可以位于句首。而蒙古语的被动态标志以语尾的形式附着于及物动词后，女真语也是如此。“在女真语里动词与助动词是分不开的，因为除了命令词只用词干之外，其他举凡：自动、它动、被动、同动、可能、否定助动词以及时间的现在、过去等形式全以助动词表达出来。动词必须借助动词以补充意思之不足；助动词则根本不能独立使用，

① 例子来源于道布编著《蒙古语简志》，民族出版社 1983 年版，第 46 页。

必须附着于动词之后以见意，助动词实际上就是动词的语尾变化。”[①]可见蒙古语和女真语中被动态的表达与汉语差别很大，所以近代汉语中的两种特殊被字句，认为是受外来语影响而产生的结论不足以服人。不过袁宾在《汉语史研究中的语言接触问题》一文中已经修订了先前的看法：“但是我们并不认为汉语里的零主句[②]是由外族语直接移植来的外来句型。在语言接触过程中，某些词语的互相渗透或借用现象屡见不鲜，然而不同语种之间，句型的移植并存活却是比较困难的。……我们仔细地考察 A 型零主句的产生过程，旨在说明汉语中即使像零主句这样变化较大的新生句型，其实也是汉语句型系统本身逐步演变的结果。”[③]

我们认为近代汉语中的特殊被字句是汉语自身的产物。俞光中（1989、1999）、蔡镜浩（1995）、刁晏斌（1995）、黄晓雪、李崇兴（2007）对于其演变来源都已有论述。这里择举其要点如下：一般“被”字句带上宾语，就形成了 [S + 被 + N（施）+ V + O] 形式，这种形式六朝就有，如《百喻经·以梨打破头喻》：“如彼愚人，被他打头，不知避去，乃至伤破，反谓他痴。”这种带宾语的句式为后代“零”被句的产生奠定了基础。到了近代，由于语言羡余的原因，“被”字句发生了两种变化：一、在主语不出现或承上省略的情况下，

① 金光中、金启孮《女真语言文字研究》，文物出版社 1980 年版，第 215 页。

② “零主语被动句”的简称。

③ 袁宾、何小宛《汉语史研究中的语言接触问题》，收入蔡才德主编《语言接触与语言比较》，学林出版社 2007 年版，第 198 – 200 页。

被动者却作为宾语而出现在句中，这是“零被句”的来源。如《敦煌变文校注·祇园因由记》：“彼被趁急，遂失脚走，被舍利弗化火遮之，不能去。”这里最后一个分句的主语“彼”，承上省略了，“化火遮之”的“之”是宾语，指代的是被省略的主语“彼”，其实是个羡余的成分。又如《刘知远》卷二【仙吕调·胜葫芦·尾】：“恰才撞到牛栏圈，待朵闪应难朵闪，被一人抱住刘知远。”整个复句的主语都应是“刘知远”，但在句中隐而未现，因而在“被”字句中“刘知远”做了宾语。这样的“被”字句就开始越出了“被动者＋被＋主动者＋动词”的常规句型的范围。这种“被”字句相当于在主动句之前加上了一个“被”字，为“原因”被字句的形成创造了条件。二、“零被句”进一步发展的话，“被”介绍的不单单是主动者，还包括主动者所发出的动作，是一个子句，而整个句子的谓语则指这一动作所产生的效果，被动者仍作为宾语或兼语而出现在句中。如《大唐三藏取经诗话》卷五：“猴行者当下怒发，却将主人家新妇，年方二八，美貌过人，行动轻盈，西施难比，被猴行者作法，化此新妇作一束青草。”这种被字句如果再进一步，被动者不作为宾语或兼语出现，而作为后一分句的主语出现，即“化此新妇作一束青草”变换成“此新妇化作一束青草”，那么“被”所介绍的子句就成了一个分句，介绍的就是被动者获得某种结果的原因。如《刘知远》卷二【仙吕调·胜葫芦】：“只被夫妻恩重，跳离陌案，脚一佀线儿牵。”这样，“原因”被字句就产生了。

附带提一下兼表被动的“教”“交”字使役句。《刘知远》卷二

【道宫·解红·尾】:“大男小女满庄里，与我一个外名难揩洗，都交人唤我做‘刘穷鬼’。”又《董西厢》卷四【般涉调·哨遍缠令·尾】:“莫怪我抢，休怪我责，我为个妹妹你作此态，便不枉了教人唤做秀才。”对于这一类使役句，罗杰瑞（1982）、桥本万太郎（1987）认为是受阿尔泰语的影响而产生的，而江蓝生（1999a）对此提出反对意见，从汉语的本质特征找到了解释的理据，应属汉语本土固有的产物。我们认为凡是能从语言内部找到合理解释的，就没有必要去外部——语言接触、语言渗透等因素中寻找答案。

三、SOV 句型

汉语的基本语序是SVO，但两部诸宫调里出现了一些非常规的特殊语序，即SOV，这种语序是押韵的需要还是受阿尔泰语的影响所致？宋洪迈《夷坚丙志》卷十八《契丹诵诗》云:“契丹小儿初读书，先以俗语颠倒其文句而习之，至有一字用两三字者。顷奉使金国时，接伴副使秘书少监王补每为余言以为笑。如‘鸟宿池中树，僧敲月下门’两句，其读诗则曰:‘月明里和尚门子打，水底里树上老鸦坐’，大率如此。补，锦州人，亦一契丹人也。”其中“和尚门子打”即是SOV句型的反映。[①] 江蓝生（1999b；2000：399）说：“‘树上老鸦坐’是说老鸦蹲宿于树上，《刘知远诸宫调》‘清凉伞儿

① 转引自江蓝生《重读〈刘知远诸宫调〉》,《文史》第三辑，中华书局1999年版，第275页。收入《近代汉语探源》，商务印书馆2000年版，第399页。

打’‘布衣下官家潜隐’结构与此相仿。联系宋金时代的历史背景，《刘知远诸宫调》中的一些特殊语序很可能是汉语与阿尔泰语接触的反映。”我们考察了两部诸宫调的特殊语序 SOV，大部分符合汉语的表述习惯，个别是出于曲文押韵的需要，如果有外族语的影响，也是不明显的。下面略举一二：

(1) 自从离乱士马举，都不似梁晋交兵多战赌。(《刘知远》卷一【正宫·应天长缠令】)

“士马举”正常的语序是“举士马”。蓝本注：“士马举，发动战事。士马，兵马，代指战争。”

本套曲押鱼模韵（举、赌、富、辅、路、母……）。“举”字入韵。

(2) 唐末龙蛇未辨，布衣下官家潜隐。(又【中吕调·柳青娘】)

正常语序为“官家潜隐布衣下”。本套曲真文（人、婚、稳、尽、寸、昏、神、闻、身、尽、欣、官、隐、人、亲、贫）和庚青（并、称、惊、定、明）二韵通押。“隐”入韵。

(3) 莫想清凉伞儿打，休指望坐骑着鞍马。(又【黄钟宫·出队子·尾】)

正常的语序为“莫想打清凉伞儿”。本套曲押家麻韵（罚、华、娃、答、骂、呷、发、他、打、马、杀)。“打”字入韵。

(4) 诸武艺稍曾攻，演习到数年中。(又【中吕调·拂霓裳】)

正常语序为“稍曾攻诸武艺”。本套曲押东钟韵（容、松、松、雄、攻、中、用、勇、钟、钟、东、风、同、恐、公、龙、弓)。“攻”字入韵。

(5) 金印祝付牢收赏，又辞别小李三娘。(又【仙吕调·恋香衾】)

正常语序为“祝付牢收赏金印”。本套曲押江阳韵(赏、娘、徨、肠、郎、响、忙、黄、桑、鸯、棒、障、上)。“赏”字入韵。

(6) 莫区区，好天良夜且追游，清风明月休辜负！(《董西厢》卷一【般涉调·太平赚】)

正常语序为“休辜负清风明月”。本套曲押鱼模韵(谷、缕、渚、妇、雏、主、土、住、……度、古、露、负、古、遇……)。“负”字入韵。

(7) 脸儿稔色百媚生，出得门儿来慢慢地行。(又【中吕调·鹘打兔·尾】)

正常的语序为“生百媚”。本套曲押庚青韵(镜、庭、静、冷、情、哽、听、莺、生、行、撑)。“生”字入韵。

(8) 君瑞心头怒发，忿得来七上八下。烦恼身心怎按纳？(卷三【仙吕调·乐神令】)

正常语序为“怎按纳烦恼身心”。本套曲押家麻韵(发、下、纳、骂、话、咱),“纳”字入韵。

(9) 侧着耳朵儿窗外听，千古清风指下生。(又【中吕调·粉蝶儿·尾】)

正常语序为“指下生千古清风”。本套曲押庚青韵(醒、静、影、听、径、庭、定、听、生)。“生”字入韵。

(10) 省可里晚眠早起，冷茶饭莫吃。（又【越调·错煞】）

正常语序为“莫吃冷茶饭”。本套曲押齐微韵（淅、离、西、岐、细、垂、里、理、戏、第、息、帔、闭、洗、必、寄……衣、归、意、起、吃、息、你）。“吃”字入韵。

汉语的正常语序多为 SVO 语序，而阿尔泰语序则以 SOV 为主。以女真语为例，“在女真语里，主语与谓语的排列次序与汉语没有不同，也是主语在前，谓语在后。只是谓语之中的述语、宾语、补语的次序与汉语却不相同。女真语是宾语在前，述语在后。”[①] 如：

[illegible]（仝上碑 17 行）

相府　　礼官（于）交

主语　　宾语（介词）述语

汉语译为：相府　交于　礼官。

主语 述语 宾语

诸宫调的 SOV 语序与阿尔泰语相同。但是诸宫调的 SOV 语序大多符合汉语的表述习惯，如《刘知远》卷二【仙吕调·胜葫芦】：“只为牛驴寻不见，担惊忍怕，捻足潜踪，迤逦过桃园。”“牛驴寻不见（0V）”和“寻不见牛驴 (VO)”两种表达方式汉语都有。又《董西厢》卷八【大石调·还京乐·尾】：“虎符金牌腰间挂。”“挂腰间”也可说成“腰间挂”。其他能从押韵的角度来解释，所以我们宁可相信是汉语固有的，而非受外来语的影响而生。

① 金光平、金启孮《女真语语言文字研究》，文物出版社 1980 年版，第 255 页。

四、第一人称代词复数包括式和排除式的对立

据刘一之（1988：140）的研究,《刘知远》中第一人称代词复数包括式用“咱”，11 例，排除式用“俺”，18 例;《董西厢》包括式用“咱”，13 例，排除式用“俺”，3 例。如：

包括式：

（1）咱家不恶，到底是亲故。(《刘知远》卷十一【仙吕调·相思会】)

（2）吾令精严休不彩，咱都是丈夫慷慨，只管擒贼不管败。（又卷十二【大石调·玉翼蝉·尾】)

（3）贼军厮见，道:“咱性命合休也！”(《董西厢》卷三【般涉调·墙头花】)

（4）如今待欲去又关了门户，不如咱两个权做妻夫。（又卷四【仙吕调·绣带儿·尾】)

排除式：

（5）妻父妻母在生时，凡百事做人且较容易，自从他化去，欺负杀俺夫妻。(《刘知远》卷二【道宫·解红】)

（6）前生注在今生受，俺子母朵闪无由。（又卷十一【黄钟宫·愿成双】)

（7）你把笔尚犹力弱，伊言欲退干戈，有的计对俺先道破。(《董西厢》卷二【黄钟宫·快活尔缠令·尾】)

（8）不图酒食不图茶，夫人请我别无话，孩儿，管教俺两

口儿就亲吵！（又卷三【仙吕调·赏花时·尾】）

两种诸宫调中第一人称代词复数包括式和排除式的对立非常明显。刘一之（1988）考察了从唐至明16种文献材料，对北方方言中排除式和包括式对立的产生过程作了详细的论证，得出“北方方言中第一人称代词复数包括式和排除式的对立产生于十二世纪”的结论。基于这个结论，梅祖麟（1988）讨论了造成这种对立的来源，认为是受了女真语或契丹语的影响。因为包括式和排除式的对立，大多出现在代表北方方言的文献里，如金代的两种诸宫调、《蒙古秘史》、元杂剧等，现代汉语方言中，第一人称代词复数包括式和排除式的对立也只存在于北方系官话中。吕叔湘（1940）说：“包容排除二式之分，疑非汉语所固有。”“颇疑缘于北方外族语言之影响。”张清常（1982）对“咱们”的起源也进行了推测：“宋元明清以来，蒙语、满语对汉语的影响如此之久，蒙古族建立的元朝和满族建立的清朝都具有强大的政治影响。因此汉语从蒙语、满语吸收包括式第一人称代词的说法是可能的，这种说法在汉语中长期使用下来也是可能的。”但是这种借鉴他族用法的观点却无法解释现代闽语和部分吴语方言中的排除式和包括式的对立，梅祖麟（1988）认为这是某个东南亚民族语言的遗迹，但仍存在一些无法回答的问题[①]，没有成为定论，仍需进一步研究。蒋绍愚、曹广顺（2005b：488）说：“根据我们的观察，汉语语法演变中真正属于句法借用的情形极少，目

① 梅祖麟（1988：144）说：“目前我们不知道闽语、吴语包括式和排除式的区别借自底层中的哪个或哪几个语言，这问题也许永远不能解答。”

前发现的唯一的实例是汉语第一人称代词包括式（inclusive）和排除式 (exclusive) 的区分，这个二分范畴明显是借自阿尔泰语言，而以往报道的汉语语法受阿尔泰语言渗透和影响的实例绝大部分是句法影响而非句法借用。”张俊阁（2007）考证出汉语第一人称代词“俺”是由人称代词“我”音变而成，而“我”经历了复杂的音变过程：“我”字韵头 ŋ-脱略，同时受到了阿尔泰语领属格辅音词尾 -n 的影响，“我”在领属格的位置上又发生了鼻音音变，即“我”音发生了由 [ŋa] → [a] → [an] 的连续变化，因而借“俺”作为音变后的第一人称代词。显然，由“我”到“俺”，语言接触是直接动因。张文虽然并未直接探讨第一人称代词复数包括式和排除式对立的问题，但他的“俺”源于受阿尔泰语影响而生的观点从侧面支持了“第一人称代词复数包括式和排除式的对立，在一定程度上受了阿尔泰语影响”的结论。

五、结论

从以上分析可以看出，金代的诸宫调受外来语的影响不是太明显。在语法方面，只有比拟助词“似”“也似”、第一人称代词复数包括式和排除式的对立，在一定程度上受了阿尔泰语的影响。其他几点都可以从汉语本身找到答案，不能看作是受了外来语的影响。词汇方面的影响更小，两种诸宫调里不曾发现外来语词。李崇兴（2005）云：“语言接触最常见的情况是语言间相互借词，所以语言之间的相互影响主要表现在词汇方面。跟词汇不同，语法则具有较强的排他性，接受外来影响不像词汇那么便捷。”这就引起我们的思考，为什么金代诸宫调受外来语的影响不是那么明显？这和女真人的“汉化”有关。

恩格斯在《反杜林论》中说：“每一次由比较野蛮的民族所进行的征服，不言而喻地都阻碍了经济的发展，摧毁了大批的生产力。但是在长时期的征服中，比较野蛮的征服者，在绝大多数情况下，都不得不适应征服后存在的比较高的‘经济情况’；他们为被征服者所同化，而且大部分甚至还不得不采用被征服者的语言。”女真人相继灭辽及北宋，政治上处于统治地位，然而经济文化却相对落后，迁居中原后，多弃本民族语言文化而习汉语言文化。宋德金（1982）说：“金朝除了使用契丹字、女真字之外，还用汉字。金初，俘获大批汉人，传进了汉字。后来汉字的命运与契丹字不同，它没有因为女真字的创制而废止流行。在女真人中，使用女真语言者日趋减少，通晓女真字者，也很少见。到世宗大定年间，甚至在女真族的故乡都很难听到有能唱女真歌曲的了。”何九盈（2007：169 – 170）云：“契丹、女真乃至第一次南北朝时期的鲜卑等族，基本上都是游牧民族。通过战争改变了他们自己的社会结构，也改变了北中国的版图，还改变了他们的语言，两个南北朝的历史都证明，战争也是汉语普通话传播的重要方式。北中国汉语内部的高度一致，主要是战争造成的。契丹、女真等少数民族，在战争中夺取了汉族统治者把持的政权，掠夺抢劫了汉人的财富，改变了北方城市的政治文化地位，同时也失去了自己的社会结构、生产方式，而且毫无例外地失去了自己的语言。语言的丧失也带来了思想、观念、价值取向的丧失。因此，毫无例外地以‘汉化’而告终。”汉化的体现即女真族融于汉族，女真语融于汉语，金代文学自然用汉语创作，而且两部诸宫调的作者要么是熟悉河东(今山西)文化的人、要么是河东人。“《刘知远》的作者的姓名已无考，但有一点可以肯定，他应是一位熟悉河东（今山西省）地理与人文环境的人，或者就是河东人——一位才识渊博的河东民间艺术家。否则，无法创作出结构宏丽的《刘知远》来。”[①] 据李正民（1991）考证,董解元也为河东绛州人。作者本身不是女真等其他少数民族人，加之诸宫调属于说唱文学，服务于下层百姓（包括汉人和汉化了的女真人），用大家都明白易晓的“纯汉语”创作便毋庸置疑了。

① 龙建国《诸宫调研究》，江西人民出版社 2003 年版，第 32 页。

第四章　宋金对峙时期南北语言中出现的新词语[①]的挖掘

宋金对峙时期各种类型的语料比较丰富，这些语料中都存在着不少反映南北语言特点的新词语，对这些语料进行深入细致的研究，发掘新词语也是体现南北语言差异的重要部分。限于篇幅，我们这里只考察南方文献《张协状元》和北方文献《董西厢》中所见的宋金新词。

第一节　《张协状元》中所见的宋金新词

《张协状元》属于早期南戏，多用当时活泼的口语，保存了一批宋金新词新义，具有丰富的语料价值。为南北代表性文献中新词比较的方便，兹将《张协状元》中所见宋金新词罗列如下。

1. 腌臜 (2 次)

（净）腌臜打脊，罔两当值。（第五出）

① 前文研究已经涉及到宋金新词不在统计之列。

腌臜：脏；不干净。《正字通》："俗呼物不洁曰腌臜。"《大词典》首引元·王实甫《西厢记》第二本第二折："腔子里热血权消渴，肺腑内生心且解馋，有甚腌臜？" 嫌晚。

2. 挨闹 (1 次)

（外出唱）[卜算子] 百尺采楼高，十里人挨闹。（第二十七出）

挨闹：拥挤。《大词典》仅引《张协状元》例，其他文献不多见。

3. 挨也（2 次）

（末白）挨也！我上又不得，下又不得。（第八出）

挨也：叹词，犹哎呀。钱南扬（1979：47）校注云："也作'阿也'，见《元刊杂剧三十种·拜月亭》第三折白。也作'哎也'，见《水浒传》第八回。"《大词典》仅引《张协状元》例，没有注意到近代汉语的义同而形别的现象。

4. 安歇（5 次）

身上没衣，口中没食，疮痕没药医，归去没盘缠，夜间又无被盖，庙里又难安歇。(第十二出)

安歇：住下休息。后期用例，《大词典》首引元·马致远《汉宫秋》第二折："且教使臣馆驿中安歇去。" 嫌晚。

5. 棒法（1 次）

（丑）我思量枪法。（净）我思量棒法。（第八出）

棒法：用棒的套路招式。武术的一种。后期用例，如《水浒传》第一回："说犹未了，太公到来喝那后生：'不得无礼！'" 那后生道：'叵耐这厮笑话我的棒法！'"《大词典》首引《金石萃编》卷四一引清林侗《来斋金石刻考略》:“今少林寺僧以棒法擅天下，在隋之世已能助秦王抗王世充 。”嫌晚。

6. 鲍老（2 次）

（末）好似傀儡棚前，一个鲍老。（第五十三出）

鲍老：古剧脚色名。钱南扬（1979：12）校注云:“古剧脚色名。《后山诗话》载杨大年《傀儡诗》云:‘鲍老当筵笑郭郎，笑他舞袖太郎当。若教鲍老当筵舞，转更郎当舞袖长。’郭郎也是脚色名，盖即引戏，见《乐府杂录》‘傀儡’条。《武林旧事》卷二‘舞队、大小全棚傀儡’有‘《大小斫刀鲍老》、《交衮鲍老》。鲍老似乎与傀儡戏关系特别密切，故上句云云。’”后期用例，如《水浒传》第三三回:“锣声响处，众人喝采。宋江看时，却是一伙舞‘鲍老’的。”《大词典》首引《张协状元》例，是。

7. 卑田院（1 次）

裙破衣穿瘦着脸，一似乍出卑田院。（第三十九出）

卑田院:“悲田院”的语讹。原为佛寺救济贫民之所，后泛称收容乞丐的地方。《大词典》首引元·石君宝《曲江池》第三折:“我家须不是卑田院，怎么将这叫化的都收拾我家来了。”嫌晚。

8. 被包（1 次）

是事一齐瞥样，挑取被包雨具，度岭涉长川。（第二十二出）

被包：包裹、行李。后期用例，如《水浒传》第二十五回:“武松把那被包打开一抖，那颗人头血淋淋的滚出来。”《大词典》失收，当补。《汉语方言大词典》注为①吴语（浙江）。②闽语（福建厦门）[①]。

9. 备马（1次）

（丑）你与我请府眷轿先去，我一面备马来。（末）领钧旨。（第四十二出）

备马：谓备好鞍辔，以供乘骑。后期用例，《大词典》首引《宋史·吴昌裔传》："至于治兵足食之法，修车备马之事，乃缺略不讲。"嫌晚。

10. 编撰（1次）

精奇古怪事堪观，编撰于中美。（第二出）

编撰：编写剧本[②]。由"编写剧本"引申为"编写其他一切文字"，即"编辑撰著"，后期用例，如《小孙屠》第一出："想像梨园格范，编撰出乐府新声。"《大词典》首引明张居正《纂修事宜疏》："盖编撰之事，必草创修饰，讨论润色，工夫接续不断，乃能成书。"嫌晚。

11. 薄贱（5次）

一路自去时，是奴吃薄贱。（第三十九出）

薄贱：折磨、摧残。《刘知远》中有用例，但用为"鄙视；看不起"。《大词典》失收。

12. 不好看（1次）

（丑）叵耐你道是状元了，我女千金之体，嫁你个穷个

---

① 参看许宝华、[日]宫田一郎《汉语方言大词典》，中华书局1999年版，第5192页。

② 参看郭作飞《〈张协状元〉词汇研究》，巴蜀书社2008年版，第278页。

穷……（末）听得不好看。（第二十七出）

不好看：不体面，不光彩。“好看”在南宋已经成词[①]，其反义词“不好看”用例虽不如“好看”多，但联系“不+V”结构在宋代多已成词的语言事实，“不好看”亦已成词。《大词典》首引《二刻拍案惊奇》：“虽然自古皆有死，这回死得不好看。”嫌晚。

13. 不拟（1次）

（外）妈妈终朝怕寂寥。（旦）不拟今朝重再会。（第四十五出）

不拟：不料。《大词典》首引元·无名氏《小孙屠》戏文第八出：“老身大的孩儿必达，不曾婚娶。半月前有媒婆来，曾说亲，不拟三言两句，便说成就。”嫌晚。

14. 搽灰抹土 / 抹土搽灰（2次）

苦会插科使砌，何吝搽灰抹土，歌笑满堂中。（第一出）

搽灰抹土：开脸谱。钱南扬（1979：6）注云：“这是古代滑稽戏中副净的化妆，戏文继承了这种方式。灰指白色，土指黑色。大概满脸白粉，所以称搽；更加几条黑线，所以称抹。《太平乐府》卷九《庄家不识拘阑》套【四煞】：‘满脸石灰，更着些黑道儿抹。’正可作此语注脚。至于说石灰，乃在形容庄家的不识货，应如《水浒传》

① 参看张海媚《〈朱子语类〉中“好看”的词汇化及使用》，《石河子大学学报》（哲学社会科学版）2009年第1期；徐时仪（2013：395）亦云：“‘好’有‘美好’义，‘好看’由‘好’和动词‘看’组成偏正词组。由美好的事物看起来给人一种享受的感觉引申有‘美观，看着舒服’义，唐代已凝固成词。……由‘美观，看着舒服’义引申又有‘体面、风光’义。”

八十二回所说‘匹面门搭两色蛤粉’为是。也作‘抹土搽灰’，见本戏二出【烛影摇红】、《错立身》五出【六么令】。”《大词典》仅引《张协状元》例，嫌少。

15. 拆散（1次）

一街两岸官员，宅眷。念奴夫妇不团圆，拆散。（第三十七出）

拆散：使家庭成员、伴侣或组织分散。同期用例，如《董西厢》卷七【中吕调·古轮台】：“好心酸，寸肠千缕若刀剜。被那无徒汉，把夫妻拆散。”《大词典》首引《初刻拍案惊奇》卷二十：“今他于某月某日，替某人写了一纸休书，拆散了一家夫妇。”嫌晚。

16. 偿还（1次）

更望娘行，多方宛转。（合）宛转些添，回来自当偿还。（第十八出）

偿还：归还所欠的。后期用例，如《大宋宣和遗事·元集》：“蔡京奏言，徽宗蹙额道：‘我国家欠少商贾钱债，久不偿还，怎不辱国。’”《大词典》首引《警世通言·桂员外途穷忏悔》：“桂迁没奈何，特地差人回家变产，得二千余，加利偿还。”嫌晚。

17. 超烘（1次）

使拍超烘非乐事，筑毬打弹谩徒劳，没意品笙箫。（第二出）

超烘：打趣；凑趣。钱南扬（1979：16-17）校注云：“超，市语谓打。《金陵六院市语》‘超者打之谓’，可见明初犹然。打烘，谓说笑话，使满座烘然大笑。也作‘打閧’，《董西厢》卷六【芰荷香尾】:‘法聪笑道休打閧。’也作‘打哄’,《古今杂剧》马致远《陈抟高卧》一折【醉中天】:‘干打哄胡厮啾过了半生。’”同期用例，如无名氏《水调歌头》词:“太平无事，超烘聚哨效梨园。”《大词典》首引《张协状元》例，甚是。

18. 车仗（1次）

欲经过五矶山上，小客独自不敢向前，等待官程，不然车仗，厮赶过去。（第八出）

陈仗：车舆和兵仗。同期用例，如马扩《茅斋自叙》:“时适元日，隔夕令大迪乌具车仗，召南使赴宴。”大词典首引《三国演义》第九六回:“却说陆逊正望捷音，须臾，徐盛、朱桓、全琮皆到。所得车仗、牛马、驴骡，军资、器械不计其数，降兵数万余人。”嫌晚。

19. 宸京（8次）

（合）怎得盘缠，盘缠到得宸京。（第十八出）

宸京：京城，帝都。《大词典》首引元·王实甫《西厢记》第五本第二折:“阑干倚徧盼才郎，莫恋宸京黄四娘。嫌晚。

20. 痴迷（2次）

论娘行恁娇媚，何不嫁个良壻？（旦）孰敢痴迷！（第十四出）

痴迷：沉迷不悟。同期用例，如宋曾觌《鹊桥仙》词:“从来可恁，痴迷着相，百计消途不过。”《大词典》首引元·马致远《青衫泪》第二折:“这其间枉了我再三相劝，怎当他痴迷汉苦死歪缠。”嫌晚。

21. 叱谴（1 次）

（生揖）长官，（唱）既蒙天眷，望特赐相荐。（末）告恩官免叱谴。（第四十八出）

叱谴：叱骂谴责。检可见到的传世文献，唯《张协状元》用，之前之后文献均未见。《大词典》失收。

22. 出豁（1 次）

（旦白）大树之下，草不沾霜。奴家求庇于李大公大婆，庄家有甚出豁？（第十八出）

出豁：出息。《大词典》首引《儿女英雄传》第二七回："世上偏有等不争气没出豁的男子，越是遇见这等贤内助，他越不安本分，一味的啖腥逐臭。"嫌晚。

23. 糍糕（1 次）

祭吾时多是豆粽糍糕，阴空里一个乡霸。（第十出）

糍糕：即糍粑。一种用糯米蒸制的食品。如《东京梦华录》卷十："第三日毕，即游幸别宫观或大臣私第。是月卖糍糕鹑兔方盛。"《大词典》首引元·周文质《时新乐》曲："迓鼓童童笆篷下，数个神翁年高大。糍糕着手拿，磁瓯瓦带浑淬。"嫌晚。

24. 村蛮汉（1 次）

（净）村蛮汉，买甚底？（第二十八出）

村蛮汉：乡巴佬。《大词典》仅引《张协状元》例，其他文献不多见。

25. 村僻（1 次）

（旦）此处村僻荒羌，那人烟最稀。（第十四出）

村僻：偏僻。后期用例，如《水浒传》第三十六回："打麦场边屋后是一条村僻小路，宋江看在眼里。"《大词典》首引《张协状元》例，甚是。

26. 存宿（2次）

苦也更无存宿处，此身寄在阿谁边。（第九出）

存宿：歇脚；住宿。"存"和"宿"为同义连文，均有"住宿"义，前者如宋·宋敏求《春明退朝录》卷中："太宗于西郊凿金明池，中有台榭，以阅水戏，而士人游观，无存泊之所。"[①] 后者如唐·柳宗元《渔翁》诗："渔翁夜傍西岩宿，晓汲清湘燃楚竹。"《大词典》失收。

27. 打熬（1次）

（末）相必出路打熬惯了。（丑）不是。小子忍饿得法。（第二十四出）

打熬：忍受。《大词典》首引元·张国宾《合汗衫》第一折："身上单寒，肚中饥馁，怎么打熬的过！"嫌晚。

28. 打弹（1次）

使拍超烘非乐事，筑毬打弹谩徒劳，没意品笙箫。（第二出）

打弹：用棒打球。钱南扬（1979：17）校注云："打弹，用棒打毬，古称'捶丸'。"后期用例，如《水浒传》第一回："即如琴棋书画，无所不通，踢球打弹，品竹调丝，吹弹歌舞，自不必说。"《大词典》首引《张协状元》例，甚是。

---

① 转引自郭作飞《〈张协状元〉词汇研究》，巴蜀书社2008年版，第68页。

29. 打瓦（1 次）

君子还是合婚、选日、揣骨、听声、打瓦、钻龟、发课、算命？（第四出）

打瓦：即瓦卜。古代一种占卜方法：击瓦而视其裂纹以定吉凶。钱南扬（1979：29）校注云："打瓦，即瓦卜。《九家集注杜诗》卷三十二《戏作俳谐体遣闷》'瓦卜传神语'注：'巫俗击瓦，观其文理分析，以定吉凶，谓之瓦卜。'"后期用例，如元·朱庸《和西湖竹枝词》："小姑疑郎去不归，为郎打瓦复钻龟。"《大词典》首引《张协状元》例，甚是。

30. 打火（2 次）

（合）肚中饥馁。（丑）都不见打火。（第四十出）

打火：旅途中休息做饭。《大词典》首引元·王实甫《西厢记》第四本第四折："天明也，喒早行一程儿，前面打火去。"嫌晚。

31. 打乖（1 次）

隐僻处直是会打乖，谁头发剪落更有人买？（第二十出）

打乖：耍花招，不老实。同期用例，如罗大经《鹤林玉露》卷四："（张子房）得老氏'不敢为天下先'之术，故不伤手，善于打乖。"用如"机变"义。而"耍花招"义下，《大词典》首引《张协状元》例，甚是。

32. 大娘子（1 次）

（丑）饶我！店主婆！大娘子！（末）有许多称呼。（第二十四出）

大娘子：尊称已婚的中青年妇女。《大词典》首引《水浒传》第四九回："乐大娘子惊得半晌做声不得。"嫌晚。

33. 呆子（1 次）

（旦唾）打脊！不晓事底呆子，来伤触人。打个贫胎！（第十二出）

呆子：傻子。智力低下，不明事理的人。如周密《武林旧事》："买笑千金，呼卢百万，以至痴儿呆子，密约幽期，无不在焉。"也作"獃子"[①]，如《朱子语类》卷五十四"孟子四"："曰：'看来不是狡狯，只是獃子。'"《大词典》首引《醒世恒言·汪大尹火烧宝莲寺》："不知这佳人姓名居止，我却在此痴想，可不是个呆子！"嫌晚。

34. 当巡（1 次）

一条扁担，敌得塞幕里官兵；一柄朴刀，敢杀当巡底弓手。（第八出）

当巡：值班巡逻。《大词典》仅引《张协状元》例，其他文献不多见。

35. 等待（1 次）

欲经过五矾山上，小客独自不敢向前，等待官程，不然车仗，厮赶过去。（第八出）

等待：等候。同期用例，如《董西厢》卷二【大石调·玉翼

① 徐时仪（2013:539）云："'獃'有'痴呆，愚笨'义，用于口语，后又作'呆'。"

蝉】:“和尚，休要狂獐等待着！紧揣着铁棒，牢坐着鞍韂，想着西方极乐，见得十分是命夭。”《大词典》首引元·宫天挺《范张鸡黍》楔子:“哥哥，您兄弟在家杀鸡炊黍，等待哥哥相会。”嫌晚。

36. 爹妈（5次）

（白）孩儿覆爹妈:“自古道：一更思，二更想，三更是梦。”（第一出）

爹妈:父母。同期用例，如《董西厢》卷八【大石调·还京乐】:“蒲州里大小六十万家，人人钦仰，悄如爹妈。”《大词典》首引元本高明《琵琶记·蔡宅祝寿》:“喜爹妈双全，谢天相佑。”嫌晚。

37. 爹娘（12次）

爹娘不听这句话，万事俱休；才听此一句话，托地两行泪下。（第一出）

爹娘:父母。同期用例，如《刘知远》卷八【大石调·伊州令】:“咱是的亲爹娘生长，似奴婢一般摧残。”《大词典》首引元·张国宾《薛仁贵》楔子:“你如今离了村庄，别了乡党，拜辞了年老爹娘。”嫌晚。

38. 跌大（1次）

（末起身、丑撷）（末）这回饶个跌大。（第二十一出）

跌大:犹言跌个仰面朝天。钱南扬（1979：116）校注:“跌大，仰跌在地，手脚开张，像个‘大’字，故云跌大。”《大词典》仅引《张协状元》例，其他文献不多见。

39. 跌折（1 次）

（净）叫轻放，怕跌折了！（末）说话一似当门犬。（第一出）

跌折：摔断。后期用例，如高文秀《保成公径赴渑池会》第三折【仙吕·赏花时】：“将鞴雕鞍马褂袍，未曾上阵跌折腰。”《大词典》首引《红楼梦》第三一回：“偏偏晴雯上来换衣裳，不防又把扇子失了手，掉在地上，将骨子跌折。”嫌晚。

40. 店头（1 次）

（末）娘子问它则甚？（净）小二便做东村店头去。（第三十出）

店头：集市。《大词典》首引宋范成大《大宁河》诗：“梨枣从来数内丘，大宁河畔果园稠。荆箱扰扰拦街卖，红皱黄团满店头。”自注：“北人谓道上聚落为店头。”是。

41. 斗煎（1 次）

（生、末合）看口休得要斗煎。（第二十四出）

斗煎：争执、争吵。《大词典》仅引《张协状元》例，其他文献不多见。

42. 犇避（1 次）

他为状元，终不成犇避你。（第三十九出）

犇避：犹“躲避”。同期用例，如《五灯会元》卷十一“兴化存奖禅师”：“中途遇一阵卒风暴，却向古庙里犇避得过。”《大词典》首引宋陈元靓《事林广记戊集·圆社市语》：“把金银锭打旋起，花星临照我，怎弹避？”是。

43. 讹未（1次）

（生上白）讹未。（众喏）（生）劳得谢送道呵！（第二出）

讹未：旧剧伶人上场时的发语词。钱南扬（1979：16）校注：“讹未，发语辞。‘讹’当即‘呵’字，更带一尾音‘未’字。生倘默然登场，未免冷落，故用此以助声势。”《大词典》仅引《张协状元》例。其他文献不多见。

44. 恩官（6次）

恩官台旨，今日要离京，你各人肩着担杖。（第四十出）

恩官：对给自己以恩惠者的敬称。《大词典》首引元·曾瑞《留鞋记》第四折：“谢恩官肯见怜，休拗折并头莲，莫掐杀双飞燕。”嫌晚。

45. 芳堤（1次）

步芳堤，游上苑，便贪游戏。（第二十一出）

芳堤：芳草丛生的堤岸。同期用例，如周密《声声慢·柳花咏》：“燕泥沾粉，鱼浪吹香，芳堤十里晴。”《大词典》失收。

46. 放参（1次）

见有观察使、防御使人从，未敢放参。（第四十八出）

放参：放人进衙参谒。《大词典》首引《三国演义》第二回：“玄德几番自往求免，俱被门役阻住，不肯放参。”嫌晚。

47. 分福（5次）

（后出接）蓦忽地思量，簌是奴没分福。（第二十七出）

分福：福分；福气。同期用例，如《刘知远》卷二【商角·定风波·尾】："星移斗转近三鼓，怎显得官家分福，没云雾平白下雨。"《大词典》首引元汤式《一枝花·同前意》套曲："据标格是有那画阁兰堂的分福，论娇羞怎教他舞台歌榭里淹留。"嫌晚。

48. 风药（1次）

（末）赠几贴风药与你吃。（第十六出）

风药：医风湿病的药。钱南扬（1979：93）校注云："风，病名。《左昭元年传》：'风淫末疾。'注：'末，四肢也；风为缓急。'此诨语对'腰疼'而发。"同期用例，如《大金吊伐录》[①]卷二"别幅"："酒五十瓶，果子四合，茶一合，风药一合，白花蛇一合。"《大词典》在此义下仅引《张协状元》例，嫌少。

49. 福分（1次）

（旦）只怕奴家福分微。（外）相公休要忆孩儿。（第四十七出）

福分：福气。同期用例，如张榘《千秋岁·为壑翁母夫人寿》："个般福分人间少，塞上西风老。"《大词典》首引《水浒传》第九八回："我真个有福分，天赐异人助我！"嫌晚。

---

① 《四库全书总目》云："不著撰人名氏。其书纪金太祖太宗用兵克宋之事，故以'吊伐'命名。盖荟萃故府之案籍，编次成帙者也。……所录与徐梦莘《三朝北盟会编》详略互见，不识梦莘何以得之。……然梦莘意存忌讳，未免多所刊削。独此书全据旧文，不加增损。可以互校缺讹，补正史之所不逮，亦考古者所当参证也。"据此可知，《大金吊伐录》与《三朝北盟会编》成书年代相近。

50. 府厅（1 次）

（末）兀底便是府厅。（净）与你一贯酒钱。（第五十出）

府厅：官署的厅堂。《大词典》首引《醒世恒言·勘皮靴单证二郎神》："王观察便带了任一郎，取了皂靴，火速到府厅回话。"嫌晚。

51. 副末（3 次）

你交副末底取员梦先生来员这梦看。（第二出）

副末：宋杂剧、金院本的脚色。从参军戏中的苍鹘演变而来。任务是烘托发挥"副净"所制造的笑料。《大词典》首引宋·欧阳修《与梅圣俞书（嘉祐三年）》："正如杂剧人，上名下韵下来，须勾副末接续尔。"是。

52. 缚住（1 次）

（净）来依贫女，缚住庙门。开时要响，闭时要迷。（第十出）

缚住：捆住；捕获。同期用例，如《朱子语类》卷九十一"杂仪"："带只是一条小皮穿几个孔，用那跨子缚住。"《大词典》首引《警世通言·金令史美婢酬秀童》："胡美正躲得稳，却被张四哥一手拖将下来，就把麻绳缚住。"嫌晚。

53. 赶出

我只是不还赁钱。（净）赶出去桥亭上眠。（第二十四出）

赶出：驱赶出去。同期用例，如《朱子语类》卷一百三十六"历代三"："孔明是杀贼，不得不急。如人有个大家，被贼来占了，赶出在外墙下住，杀之岂可缓？"《大词典》失收。

54. 高攀（1 次）

桃花已透三层浪，桂子高攀第一枝。（第二十七出）

高攀：科举高中。同期用例，如《董西厢》卷八【越调·渤海令】：“幸天子开贤路，因而赴帝里，也已高攀月中桂。”《大词典》失收此义。

55. 高姓（2 次）

尊兄高姓？（生）小子姓张。（第二十四出）

高姓：敬辞。犹尊姓，贵姓。同期用例，如《五灯会元》卷十七“内翰苏轼居士”：“泉问：‘尊官高姓？’公曰：‘姓秤，乃秤天下长老底秤。’”《大词典》首引《西游记》第二三回：“老菩萨，高姓？”嫌晚。

56. 各人（4 次）

稍稍有违，各人十下铁槌！（丑）单是铁槌，又着打钉。（第十出）

各人：各个人；每个人。同期用例，如《朱子语类》卷一百二十一“朱子十八”：“每思以前诸先生尽心尽力，理会许多道理，当时亦各各亲近师承，今看来各人自是一说。”《大词典》首引清·李渔《怜香伴·女校》：“拈了题目，各人静坐构思，不得交颈接耳。”嫌晚。

57. 孤凄（2 次）

[红衫儿]独步廊西魂欲断，自觉孤凄，奈眼前尽成怨忆。（第十四出）

孤凄：孤独凄凉。同期用例，如陈德武《望海潮·二之二》："百折江流，峡猿水鸟助孤凄。"《大词典》首引元·关汉卿《鲁斋郎》第二折："单是这小业种好孤凄，从今后谁照觑他饥时饭，冷时衣？"嫌晚。

58. 乖蹇（1 次）

（旦出唱）[哭梧桐] 谁人谁人信道奴，得恁时乖蹇？（第三十九出）

乖蹇：不顺遂；不走运。《大词典》首引明·高明《琵琶记·义仓赈济》："思量我，命乖蹇。"嫌晚。

59. 官房（1 次）

此庙虽无敕额，且是威灵。比着官房，到有些广阔。（第四十四出）

官房：旅店；客舍。《大词典》首引《二刻拍案惊奇》卷二三："（李行修）行次稠桑驿。驿馆中先有馆使住下了，只得讨个官房歇宿。那店名就叫稠桑店。"嫌晚。

60. 鬼乱（1 次）

（净）它打我一拳，被我闪过，踢了一脚。（末）鬼乱一和！（第八出）

鬼乱：闹乱，胡闹。同期用例，如《朱子语类》卷一百二十"训门人八"："先生谓显道曰：'人心存亡之决，只在出入息之间。岂有截自今日今时便鬼乱，已后便悄悄之理？"《大词典》仅引《张协状元》例，嫌少。

61. 鬼头风（2 次）

劝你莫图它做老公，它毕竟是个鬼头风。（第二十六出）

鬼头风：旋风。喻指行踪不定的人。钱南扬（1979：133）校注云："俗称旋风为鬼头风。《临川先生文集》卷三十二《破家诗》：'旋风时出地中尘。'李壁注：'俗云："旋风，鬼所为也。"'这里谓一去无踪。"后期用例，如：清·西湖渔隐主人《欢喜冤家》第十七回："把他一魂先出，一阵鬼头风。"《大词典》仅引《张协状元》例，未及探流。

62. 聒扰（1 次）

（生、旦白）谢荷公婆，又成聒扰！（第十六出）

聒扰：打扰。多用为表示谢意的谦词。后代用例如明·陆粲《庚巳编》卷五："秀才沈鎏弟妇，以失意死。死后见光怪，自云在五圣部下，在家通昼夜聒扰。"《大词典》仅引《张协状元》例，未及讨流。

63. 蒿恼（1 次）

（净）只被当直蒿恼，日夜骂着伊。（末）你好没巴臂。（第五出）

蒿恼：打扰；麻烦。后期用例，《大词典》首引元本高明《琵琶记·五娘到京知夫行踪》："奴家准拟今日抄题得几文钱，追荐公婆，谁知撞着两个风子，自来蒿恼人一场。"嫌晚。

64. 荷蒙（1 次）

一来仰答天地，二来感谢圣恩，三来荷蒙慈父，今日已成大器。（第四十六出）

荷蒙：犹承蒙；承受。《大词典》首引明·唐顺之《条陈海防经略事疏》："至嘉靖十八年，正使硕鼎等赍献贡物，并进表文伏罪，荷蒙皇上扩天地之仁，虽非朝期，复准入贡。"

65. 洪福（1次）

［十五郎］张叶托在洪福，今叨冒身挂绿。（第二十七出）

洪福：大福气；好福气。同期北方文献《刘知远》有用，如卷一："到底高祖洪福果齐天，整整四百年间。"《大词典》首引明·沈采《千金记·定谋》："上赖吾王洪福，下承阃帅成事有济。"嫌晚。

66. 胡乱（11次）

（净白）张丈，你胡乱去供床下睡一宵。（第十出）

胡乱：马虎；草率。同期用例，如《朱子语类》卷一百一十"朱子七"："天下事最大而不可轻者，无过于兵刑。临陈时，是胡乱错杀了几人。"《大词典》在此义下首引《张协状元》例，甚是。

67. 花衢（1次）

［粉蝶儿］徐步花衢，只得回家，叩双亲看如何底。（第二出）

花衢：犹言花街柳市。同期用例，如王庭珪《虞美人·辰州上元》："莲灯初发万枝红。也似江南风景、半天中。花衢柳陌时年时静。"《大词典》首引明·朱有燉《神仙会》第二折："自惜青春，误落花衢作妓人。"嫌晚。

68. 活落（1次）

那胜花娘子一意要嫁状元，那张状元心下好不活落。（第

三十二出）

活落：活动；不固执。正作“活络”，同期用例，如《鹤林玉露》卷二：“大抵看书，要胸次活络。”[①]《大词典》首引《张协状元》例，甚是。

69. 霍索（1次）

（后）你出来勉强作礼，叫夫人霍索你方寸。（第四十五出）

霍索：开解，排遣。钱南扬（1979：192）：“霍索，犹云‘开展’。《九宫正始》……引《孟姜女》：‘霍索心头且宽取，免千愁万虑。’”亦作“镬索”“濩索”“嚯索”，同期用例，如宋·吴潜《谒金门》词：“独上小楼闲濩索，云垂天四角。”《大词典》首引《张协状元》例，甚是。

70. 宧裔（1次）

世态只如此，何用苦匆匆。便咱们，虽宧裔，总皆通。（第一出）

宧裔：官宦人家的后代。后期用例，如《二刻拍案惊奇》卷七：“此女虽落娼地，实非娼流，乃名门宧裔，不幸至此。”《大词典》首引清·蒲松龄《聊斋志异·柳生》：“周生，顺天宧裔也。”嫌晚。

71. 计结（1次）

我不道你痴心，别寻个计结来闭门。（第四十一出）

计结：打算，主张。钱南扬（1979：181）校注云：“计结，计

① 此例转引自郭作飞《〈张协状元〉词汇研究》，巴蜀书社2008年版，第390页。

较。结、较双声，一音之转。”后期用例，如明·罗贯中《三遂平妖传》第四回：“那个月的初十边，被我叮咛得紧，不敢变物事，却在这里舞弄法术。且看他怎地计结？”《大词典》首引《张协状元》例，甚是。

72. 即刻（2次）

（净）即刻共惟台候万福！（第五十出）

即刻：立刻。《大词典》首引《警世通言·杜十娘怒沉百宝箱》：“倘若妈妈失信不许，郎君持银去，儿即刻自尽。”嫌晚。

73. 佳谶（1次）

（生）此行必是好佳谶。（旦）遂功名，莫来适来反面没前程。（第二十出）

佳谶：吉祥的谶语。《大词典》首引明·沈德符《野获编·科场·廷试》：“今上癸未阅进呈卷中，有吾乡朱少宰，与国姓既同，且名亦似佳谶，因拔为首。”嫌晚。

74. 假装（1次）

林浪里假装做猛兽，山径上潜等着客人。（第八出）

假装：假扮；假冒。又作“假妆”，后期用例，如《元曲选·赵氏孤儿》二折：“你则将我的孩儿假妆做赵氏孤儿，报与屠岸贾去。”《大词典》失收此义。

75. 嫁聘（1次）

别无儿男，只有一女，小字胜花。年方及笄，未曾嫁聘。（第二十一出）

嫁聘：嫁人。“嫁聘”亦作“嫁娉”，同期用例，如《五灯会元》卷十三“广德义禅师”：“问：‘有一室女，未曾嫁娉，生得一子，姓个甚么？’”《大词典》失收。

76. 娇妳妳（1次）

在家春不知耕，秋不知收，真个娇妳妳也。（第一出）

娇妳妳：比较娇贵、舒适。钱南扬《校注》：“娇妳妳，比喻舒适。温州方言至今如此。”[①] 如包筱清《温州方言初稿》：“妳、奶俱读如哪。”[②]《大词典》失收。

77. 剪径（1次）

如今要过五矾山，怕有剪径底劫掠人，厮赶去。（第八出）

剪径：拦路抢劫。后期用例，如《水浒传》第四十二回：“李逵见了，大喝一声：‘你这厮是甚么鸟人，敢在这里剪径！’”《大词典》首引《张协状元》例，甚是。

78. 脚色（1次）

后行脚色，力齐鼓儿，饶个撺掇，末泥色饶个踏场。（第一出）

脚色：传统戏曲中演员的类别。《大词典》首引清·孔尚任《〈桃花扇〉凡例》：“脚色所以分别君子小人，亦有时正色不足，借用丑净者。”嫌晚。

79. 脚头（2次）

（末白）只为吃。（净连唱）你道婆婆，怎地了脚头紧。（第

① 钱南扬《永乐大典戏文三种校注》，中华书局1979年，第9页。

② 转引自九山书会编撰、胡雪冈校释《张协状元校释》，上海社会科学出版社2006年版，第9页。

二十出）

脚头：脚步。多指走路时腿的动作。同期用例，如宋·妙源编《虚堂和尚语录》："火冷云寒桂子香，脚头到处乾坤阔。"①《大词典》首引元·无名氏《朱砂担》楔子："带月披星，忍寒受冷，离乡井，过了些芳草长亭，再不曾半霎儿得这脚头定。"嫌晚。

80. 教化（2 例）

裙破衣穿瘦着脸，一似乍出卑早院。（旦）教化归乡为没钱。（第三十九出）

教化：乞丐。后期用例，如明·高明《琵琶记·祝发卖葬》："虽然这头发值钱不多，也只把他做些意儿，恰似教化一般。"《大词典》首引《张协状元》例，甚是。

81. 叫取（1 例）

一来雪儿正下，二来身上查痕未好，好时自来叫取大公大婆。（第十二出）

叫取：招呼；拜会。后期用例，如《小孙屠》第十出："（旦）为家虑恐难脱离，须叫取叔叔前去。"《大词典》仅引《张协状元》例，未及探流。

82. 节病（2 次）

（净做神出唱）[剔银灯] 吾血食一方却最灵，百余岁都说我感应。年年祭户，见没节病。（第十六出）

节病：毛病。同期用例，如《朱子语类》第一百二十一"朱子

① 转引自郭作飞《〈张协状元〉词汇研究》，巴蜀书社 2008 年版，第 387 页。

十八”:“正当学者里面工夫多有节病。人亦多般样。”《大词典》失收此词。

83. 今番（11次）

（外）也说得是，我女今番嫁状元。（第二十七出）

今番：这回，此次。同期北方文献《刘知远》有用，如卷十二【大石调·玉翼蝉】:“刘安抚从怒恶，不似今番（煞），一对眼睁圆，龙颜尽变改，失却紫玉似颜色。”《大词典》首引元·杨文奎《儿女团圆》第三折:“你今番去了，再几时来也。”嫌晚。

84. 金睛（1次）

只见一个猛兽，金睛闪烁，尤如两颗铜铃；锦体斑斓，好若半团霞绮。（第一出）

金睛：闪金光的眼睛，形容眼光敏锐。同期用例，如宋·孟元老《东京梦华录》:“又一声爆仗，乐部动《拜新月慢》曲，有面涂青碌，戴面具金睛，饰以豹皮锦绣看带之类，谓之‘硬鬼’。”《大词典》首引《西游记》第八回:“卷脏莲蓬吊搭嘴，耳如蒲扇显金睛。”嫌晚。

85. 近才（1次）

贫女身上狼狈，我女近才丧亡，脸儿相类恁精神。（第四十五出）

近才：最近；刚刚。《王安石集》卷七十八“答俞秀老书”:“窃闻秀老亦久伏枕，近才康复，不知营从何时如约一至乎？”《大词典》失收。

86. 近目（1次）

九山书会，近目翻腾，别是风味。（第二出）

近目：目前。《大词典》仅引《张协状元》例，其他文献不多见。

87. 尽都（1次）

莫是有人来阴害你，浑身尽都是鲜血。（第四十一出）

尽都：全都；统统。同期用例，如《董西厢》卷八【越调·斗鹌鹑】:“据自家，寡才艺，尽都是父母阴功所得。”《大词典》仅引《水浒传》第六八回:“史文恭、苏定当先，曾密、曾魁押后，马摘鸾铃，人披软战，尽都来到宋江总寨。”未及探源，嫌晚。

88. 惊吒（1次）

张叶运蹇，被贼来惊吒，当山土地无可奈何，借此之处与它宿过一夜。（第十出）

惊吒：惊吓。目力所及，“惊吒”仅见于《张协状元》中，未见他用。

89. 静悄（1次）

画堂静悄，华屋森严。（第二十一出）

静悄：寂静无声。形容非常宁静。本作“静悄悄”，如《京本通俗小说·碾玉观音》①:“奔到府中看时……静悄悄地无一个人。”省作“静悄”,《大词典》首引《全元散曲·初生月儿》:“香消烛灭人静悄。夜迢迢，难睡着，窗儿外雨打芭蕉。”嫌晚。

90. 看冷暖（1次）

（末）世情看冷暖，人面逐高低。（第三十四出）

---

① 汪维辉（2019）考证《京本通俗小说》系伪书，7篇作品是从三桂堂本《警世通言》(6篇）和衍庆堂本《醒世恒言》(1篇）中抄出来的，只是略加改动，又把正体字改成俗字而已，因此就其来源说,《京本通俗小说》各篇均属宋以后作品。

看冷暖：谓看财产、地位分别对待人。后期用例，如《水浒传》十七回："好兄弟，休得要看冷暖。只想我日常的好处，休记我明时的歹处，救我这条性命！"《大词典》首引《张协状元》例，甚是。

91. 看生婆（1次）

还是卖珠婆、牙婆、看生婆，不要它来。（第三十五出）

看生婆：稳婆；收生婆。《大词典》仅引《张协状元》例，其他文献多作"稳婆"，后期用例，如元·陶宗仪《南村辍耕录》卷十"三姑六婆"："三姑者：尼姑、道姑、卦姑也；六婆者：牙婆、媒婆、师婆、虔婆、药婆、稳婆也，盖与三刑六害同也。"

92. 磕脑（1次）

虎皮磕脑上皮袍，两眼光辉志气号。（第一出）

磕脑：古代男子裹头的巾。钱南扬（1979：11）校注云："即抹额，古代武士裹头的帕。下文第八出白作'搕脑'。朱熹有'聚头磕脑'语，见《两山墨谈》卷五，与此义异。"后期用例，《西游记》第五十六回："他两个头戴虎皮花磕脑，腰系貂裘彩战裙。"《大词典》首引《张协状元》例，甚是。

93. 客长（8次）

客长是那里人？（末）是梓州人。（第八出）

客长：旧时客店主人对客人的敬称。后期用例，如《宋四公大闹禁魂张》："走将入去，妇女叫了万福，问道：'客长用点心。'"《大词典》首引《古今小说·陈从善梅岭失浑家》："路逢一店，唤'招商客店'。王吉向前去敲门，店小二问曰：'客长有何勾当？'"

嫌晚。

94. 骷髅（1 次）

你个骨是乞骨。（末）且打你那骷髅！（第三出）

骷髅：死人，亦泛指“尸骨”[①]。《大词典》首引明·郎瑛《七修类稿·诗文六·元末僧》：“尝记元僧有诗云：‘百丈岩头挂草鞋，流行坎止任安排，老僧脚底从来阔，未必骷髅就此埋。’”嫌晚。

95. 苦胎（2 次）

我适来担至庙前，见一个苦胎与它厮缠。（第十二出）

苦胎：对人的蔑称。犹穷鬼、贱种。《大词典》仅引《张协状元》例，其他文献不多见。

96. 快当（1 次）

（丑）我得老婆便去。（末）且是快当。（第十一出）

快当：快速；迅速[②]。《大词典》首引《古今小说·陈御史巧勘金钗钿》：“便折十来两，也说不得，只要快当，轻松了身子好走路。”嫌晚。

97. 快子（1 次）

旗帜交加乐器催，快子行如电，簇着大魁。（第二十七出）

快子：衙役。钱南扬（1979：139）校注云：“快子，卫队之类。犹云‘快手’。《宋书·建平宣简王传》：‘王左右勇士数十人，并荆

① （宋）九山书会编撰；胡雪冈校释《张协状元校释》，上海社会科学院出版社 2006 年，第 28 页。

② （宋）九山书会编撰；胡雪冈校释《张协状元校释》，上海社会科学院出版社 2006 年，第 61 页。

楚快手。'子与手都指人而言，如门子、书手；也有二字连用的，如刽子手。快子盖是当时俗语，与后世作'筷子'解者义异。"《大词典》仅引《张协状元》例，其他文献不多见。

98. 亏负（1次）

（外）孩儿你说破它何亏负？（第五十三出）

亏负：辜负；亏待。同期用例，如《董西厢》卷二【黄钟调·四门子】："国家又不曾把贤每亏负，试自心窨腹：衣粮俸禄是吾皇物，恁咱有福。"《大词典》首引元张可久《寨儿令·失题》曲："亏负咱，怎禁他！觑着头玉容憔悴煞。"嫌晚。

99. 亏心（2次）

（净）亏心折尽平生福。（丑）行短天教一世贫。（第二十八出）

亏心：负心，违背良心。同期用例，如金·元好问《续夷坚志》卷一"李昼病目"："问神霄何道士求治疗，何问渠守作亏心事耶。"《大词典》首引元·乔吉《两世因缘》第二折："比及你见俺那亏心的短命，则我这一灵儿先飞出洛阳城。"嫌晚。

100. 乐酶酶（1次）

出入烦还诗断送，中间惟有笑偏饶，教看众乐酶酶。（第二出）

"乐酶酶"即"乐陶陶"：形容很快乐的样子。《大词典》首引元·郑光祖《老君堂》第四折："文武公卿，笑语欢声，乐酶酶方归画庭。"嫌晚。

101. 礼上（1 次）

幸然得到梓州，择吉日礼上。（第四十六出）

礼上：官员上任交接、举行上任的仪式。后期用例，如《清平山堂话本·雰川萧琛贬霸王》："次日舟行，将带钧眷往西川赴任，远接，近接，到成都公廨，选择吉日礼上。"《大词典》失收。

102 撩丁（1 次）

神思又不忺，钱又没撩丁，米又没半升，只得往大公家去，缉麻缉苎，胡乱讨些饭吃。（第二十三出）

撩丁：分文；钱。也作"寮丁、镣丁、嘹丁、遼丁"[①]，后期用例，如《五代史评话·周史》："郭威见说，谢长看觑；但小人身畔没个遼丁，怎生敢说婚姻的话？"《大词典》首引《张协状元》例，甚是。

103. 邻庇（1 次）

（生）荆妇凡百仰赖邻庇。稍获寸进，自当修谢。（第二十出）

邻庇：邻居的庇护。同期用例，如《大金吊伐录》卷二："大宋皇帝致书于大金元帅伊拉齐贝勒："逖闻高谊，未觌英标。兹再讲于欢盟，获永依于邻庇，兴言载戢，未易叙陈。《大词典》失收。

104. 令利（1 次）

大家雅静，人眼难瞒，与我分个令利。（第二出）

令利：清楚明白。钱南扬（1979：18）校注云："令利，即伶俐。

① 参看张相（1953：860—861）。

《语辞汇释》：‘伶俐，犹云干净也。’也作‘怜俐’，见本书《错立身》十二出【紫花儿序】。也作‘零利’，见《清平山堂话本·快嘴李翠莲记》。这里应引申作‘清楚’解。”《大词典》仅引《张协状元》例，嫌少。

105. 啰唣（3次）

（末）一夜睡不着。（净）外面啰唣。（第二出）

啰唣：骚扰；吵闹。《大词典》首引《水浒传》第二回：“这厮们既然大弄，必然早晚要来俺村中啰唣。”嫌晚。

106. 马八六（1次）

（丑白）我胜花娘子，见报街道者：（唱）[太子游四门]撞见马八六。（第四十五出）

马八六：指撮合男女搞不正当关系的人。亦作“马泊六、马伯六、马百六”，后期用例，如《金瓶梅》（崇祯本）第六回：“郓哥道：‘我是小猢狲，你是马伯六，做牵头的老狗肉！’。”《大词典》首引《张协状元》例，甚是。

107. 马明王（1次）

我那神道威！（净睁眼作威）（丑）怎比马明王？（第十六出）

马明王：马头娘之别称。钱南扬（1979：90）校注：“马明王，蚕神，即马头娘。《七修类稿》卷十九：‘所谓马头娘者，本《荀子·蚕赋》“身女好而头马首者欤”一语附会。’俗称马明王，明王乃神之通号。”后期用例，如明·陆容《菽园杂记》卷八：“尝在定州，适知州送马神胙，因问所祭马神何称？云：‘称马明王之神。’”《大词典》首引《张协状元》例，甚是。

108. 买路（2 次）

（丑）你要好时，留下金珠买路，我便饶你去。（第八出）

买路：花钱求得在路上平安通过。后期用例，如《水浒传》第三十三回："三个好汉大喝道：'来往的到此当住脚，留下三千两买路黄金，任从过去！'"《大词典》首引《张协状元》例，甚是。

109. 没兴（2 次）

从前作过事，没兴一齐来。（第八出）

没兴：晦气，倒霉。《大词典》首引宋·陆游《老学庵笔记》卷四："没兴主司逢葛八，贤弟被黜兄荐发。"是。

110. 媒主（1 次）

（生）娘行恁说有些儿意。（末）不肖得我每为媒主。（第十四出）

媒主：婚姻介绍人。《大词典》仅引《金瓶梅词话》第八六回："休说我是你个媒主，替你作成了恁好人家，就是闲人进去，也不该那等大意。"未及探源，嫌晚。

111. 每常间（1 次）

李大婆每常间忺要头发做头髢，只怕吾家割舍不得。（第十八出）

每常间：犹往常、往日。《大词典》首引《杀狗记·乔人行谮》："二位兄弟每常间见了做哥哥的，欢天喜地，今日为何这般愁烦。"嫌晚。

112. 猛省（1 次）

沉吟一和，猛省孩儿事未员。（第十五出）

猛省：忽然忆起，《大词典》首引《张协状元》例，是。亦用作“猛然觉悟；忽然明白过来”，如《朱子语类》卷二七“论语九”：“曾子迟钝，直是辛苦而后得之。故闻一贯之说，忽然猛省，谓这个物事元来只是恁地。”

113. 免虑（1 次）

（生上唱）[薄媚令]愁多怨极，历尽万千滋味。幸几日身安免虑。（第十四出）

免虑：放心，不挂念。《大词典》仅引王实甫《西厢记》第五本第一折：“惟恐夫人与贤妻忧念，特令琴童奉书驰报，庶几免虑。”未及探源，嫌晚。

114. 命快（1 次）

（净）你命快，撞着我一道行。（第八出）

命快：命运好。后期用例，如元·无名氏《中吕·快活三过朝天子》：“芝兰种不生，荆棘乱纵横。偶因命快得个虚名，只管望前挣。”《大词典》首引《张协状元》例，甚是。

115. 末泥色（1 次）

后行脚色，力齐鼓儿，饶个撺掇，末泥色饶个踏场。（第一出）

末泥色：宋杂剧中的男主角，相当于戏文中的生。钱南扬（1979：12）校注云：“《梦粱录》卷二十‘伎乐’：‘且谓杂剧中末泥为长。’

又云：‘末泥色主张。’这里生在演古剧，故称它末泥色。”《大词典》收有“末泥”，首引《梦粱录》例，是。

116. 目即（5 次）

请君目即出门，休在这里！（第十四出）

目即：立即；即刻。《大词典》首引《董西厢》例，是。亦用作“目前；现今”，如岳飞《奏乞进驻淮西札子》：“臣度今日事势，彼必未能便有举动，襄阳上流，目即亦无贼马侵犯。

117. 纳步（2 次）

（丑）容送。（净）纳步。（丑）今番这浮浪官人，未好请见，且请老成官员。（第四十八出）

纳步：犹留步。后期用例，《大词典》仅引明·陶宗仪《辍耕录·先辈谦让》：“徐永之先生为江浙提举日，客往访之者，无间亲疏贵贱，必送之于门外。客或请纳步，则曰，不可，妇人送迎不踰阈。”未及探源，嫌晚。

118. 那些个（5 次）

（丑接）做功果，道洁净，使着它。（末白）那些个洁净！（生、旦唱）（第十六出）

那些个：哪里是；说不上。同期北方文献《刘知远》有用，如卷十二【正宫·文序子】：“两人凝眸，认得经略，却是女婿刘郎，那些个惨羞！”《大词典》首引元·白朴《梧桐雨》第二折：“那些个齐管仲、郑子产，敢待做假忠孝龙逄、比干？”嫌晚。

119. 弩子（1次）

（丑）记得那一年射弩子好。（第四十八出）

弩弓。《大词典》首引《水浒传》第四九回：“那弟兄两个当官受了甘限文书，回到家中，整顿窝弓药箭，弩子镋叉。”嫌晚。

120. 呕气（1次）

银和酒是家里底，休闲争休得呕气。（第二十出）

呕气：赌气；斗气。后期用例，如萧德祥《小孙屠》第八出：“休得听闲说是非，劝娘行也休得呕气。这般闲争甚巴臂，傍人听是何张志。”《大词典》首引《初刻拍案惊奇》卷二九：“众人见他说呕气的话，一发不安。一个个强陪笑脸道：‘夫人说那里话！’”嫌晚。

121. 抛闪（3次）

前遮后拥一少年，绿袍掩映桃花脸，把奴家直苦成抛闪。（第三十二出）

抛闪：丢弃，舍弃。《大词典》首引《京本通俗小说·错斩崔宁》：“得官不得官，早早回来，休抛闪了恩爱夫妻。”嫌晚。

122. 陪伴（1次）

同连理至诚，我许多恩情陪伴你。（第四十一出）

陪伴：陪同作伴。同期用例，如宋·蔡絛《铁围山丛谈》卷一：“政和三年春二月，上出西郊，幸普安寺奠昭怀刘太后，百官陪伴。”《大词典》首引元·乔吉《小桃红·点鞋枝》曲：“月牙脱出宫莲瓣，虽然草木，不堪憔悴，陪伴玉纤纤。”嫌晚。

123. 棚栏（1次）

门前有食店酒楼，来壁有浴堂米铺，才出门前便是试馆，要闹却是棚栏，左壁厢角奴鸳鸯楼，右壁厢散妓花柳市。（第二十四出）

棚栏：乐棚勾栏。钱南扬（1979：127）校注云："棚栏，同上卷二'东角楼街巷'条：'街南桑家瓦子，近北则中瓦，次里瓦，其中大小勾栏五十余座。内中瓦子莲花棚、牡丹棚，里瓦子夜叉棚、象棚最大，可容数千人。'这种棚和勾栏，与后世游艺场相似。"同期用例，如《五灯会元》卷十五"灵隐云知禅师"："四衢道中，棚栏瓦市。"《大词典》仅引《张协状元》例，嫌少。

124. 瞥样（1次）

是事一齐瞥样，挑取被包雨具，度岭涉长川。（第二十二出）

瞥样：丢开，不管。钱南扬（1979：119）校注云："应作'撇漾'。"后期用例，如元·戴善夫《风光好》第二折："有句话须索商量，你休将容易恩情，等闲撇漾。""瞥样"下，《大词典》引《张协状元》例，是。

125. 品竹（1次）

弹丝品竹，那堪咏月与嘲风。（第一出）

品竹：吹奏管乐器。《大词典》首引《秦并六国平话》卷上："调弦成合格新声，品竹作出尘雅韵。"嫌晚。

126. 扑簌簌（1次）

[乌夜啼]听得你鸡鸣起。（旦出接）扑簌簌泪两下。（第

三十三出）

扑簌簌：形容物体轻轻而不断地落下；多形容流泪。同期用例，如《董西厢》卷六【黄钟宫·神杖儿】："这对眼儿，这对眼儿，泪珠儿滴了万颗；止约不定，恰才淹了，扑簌簌的又还偷落，胜秋雨点儿多。"也作"扑扑簌簌、撲速速、普速速"，例多不举。《大词典》首引《张协状元》例，甚是。

127. 乞婆（1 次）

（旦）状元，奴不是别人，是五鸡山下贫女。（净）贫女是乞婆，打个乞婆！（第三十五出）

乞婆：讨饭婆。亦用作对妇人的蔑称。《大词典》首引元·无名氏《货郎旦》第二折："难道你不听得？任凭这老乞婆臭歪刺骂我哩。"嫌晚。

128. 忔戏（2 次）

（生白）"望江南"多忔戏，本事实风骚。（第二出）

忔戏：可爱；美满。字又作"可喜、可戏、吃戏、吃喜、喫喜、不戏"[①]，同期用例，《董西厢》卷一【双调·豆叶黄·尾】："千方百计，无由得见意中人；使尽身心，终是难逢忔戏种。"《大词典》首引宋·赵长卿《念奴娇·席上即事》词："忔戏笑里含羞，回眸低盼，此意谁能识？"是。

129. 佥判（6 次）

（净扶后下）（外）相公，你莫说张协受梓州佥判，带累我

① 参看张相（1953：608-609）。

女孩儿。（第三十二出）

佥判：即签判。签书判官厅公事的简称。为宋代各州幕职，协助州长官处理政务及文书案牍。《大词典》首引宋·陆游《老学庵笔记》卷三："晏安恭为越州教授，张子韶为佥判。"是。

130. 庆煖（2次）

（净）亚公，今日庆煖酒，也不问清，也不问浊，坐须要凳，盘须要卓。（第十六出）

庆煖：祝贺喜庆热闹之事。旧时贺结婚叫煖房，贺生日叫煖寿，贺迁居叫煖屋，故云。钱南扬（1979：92）校注云："遇喜庆之事，亲友集资办酒席庆贺，叫庆煖酒。煖，盖取热闹之意。这是总名，细分之，贺结婚叫煖房。《荆钗记》二十三出：'打扮光光，做个新郎。三钱一分（份），与我暖房。'贺生日叫煖寿，贺迁居叫暖屋，今浙语犹然。而《辍耕录》卷十一、《陔余丛考》卷四十三，把'煖房''煖屋'混为一谈，都说是贺迁居，不提贺结婚，误。"《大词典》仅引《张协状元》例，其他文献不多见。

131. 穷秀才（1次）

（丑）一万年只唤做穷秀才。（第二十四出）

穷秀才：旧时泛指贫穷的读书人。同期用例，如《朱子语类》卷八十四"论修礼书"："穷秀才如何得许多钱？是应必废也。"《大词典》首引元·王实甫《西厢记》第一本第二折："量着穷秀才人情，则是纸半张。"嫌晚。

132. 取覆（2次）

[神仗儿]欲待取覆，欲待取覆：昨蒙钧旨，非不整肃，采楼如法价结束。（第二十五出）

取覆：答复，复命。同期用例，《梦粱录》卷十六“面食店”条：“客至坐定，则一过卖执箸遍问坐客。杭人侈甚，百端呼索取复，或热，或冷，或温，或绝冷，精浇熬烧，呼客随意索唤。”《大词典》首引《警世通言·崔衙内白鹞招妖》：“衙内道：‘领爹尊旨。则是儿有一事，欲取覆慈父。’”嫌晚。

133. 泉世（2次）

相府之家有一女，求汝为东床女婿，你只不肯，带累我女一息不来，早归泉世。（第四十二出）

泉世：犹阴世；阴间。同期用例，如《董西厢》卷五【大石调·感皇恩·尾】：“妹子、夫人记相识，多应管命归泉世。”《大词典》首引明·贾仲名《升仙梦》第四折：“怎生得人来救我身躯，俺归泉世命已夫。”嫌晚。

134. 软顽（1次）

（丑白）你到软顽，剥了衣裳！（第九出）

软顽：表面和顺，内心狡猾。钱南扬（1979：52）校注云：“软顽，表面和顺，内心狡猾。《淮海居士长短句》卷上【满园花】：‘惯纵得软顽，见底心先有。’”《大词典》仅引《张协状元》例，嫌少。

135. 日子（4次）

（净）别选个日子，移在庙中去。（第三十九出）

日子：日期。《大词典》首引元·王实甫《西厢记》第五本第四折：“今日好个日子，过门者，准备下筵席，郑恒敢待来也。嫌晚。

136. 洒家（4 次）

[五韵美] 洒家即日共惟。（第四十八出）

洒家：宋元时关西一带男子的自称。代词，犹“咱”。后期用例，如《水浒传》第十一回：“杨志道：‘好汉既然认得洒家，便还了俺行李，更强似请吃酒。’”《大词典》首引《张协状元》例，甚是。

137. 嫂嫂（1 次）

（丑）你来劫我！（末）嫂嫂住休！（第二十四出）

嫂嫂：泛指年纪不大的已婚女子。《大词典》首引元·郑廷玉《金凤钗》第一折：“店小二云：嫂嫂，咱且回店中去來。”嫌晚。同期北方文献《刘知远》用为“兄之妻”义，如卷一【南吕宫·应天长】：“三娘子背着庄院，把嫂嫂过谩，分钗股与了一半。”

138. 上门（1 次）

二十四个月日，没一人上门。（第三出）

上门：登门，到别人家里去。同期用例，如《朱子语类》卷三十五“民可使由之章”：“圣人只使得人孝，足矣，使得人弟，足矣，却无缘又上门逐个与他解说所以当孝者是如何，所以当弟者是如何，自是无缘得如此。”《大词典》首引元·王实甫《西厢记》第五本第三折：“我明日自上门去，见俺姑娘，只做不知。”嫌晚。

139. 烧化（1 次）

（白）吾住五鸡山下，远近俱闻声价。显圣八百余年，三度

有些纸钱来烧化。（第十出）

烧化：指烧掉尸体、纸钱等。《大词典》首引《水浒传》第二六回："只三日便出殡，去城外烧化。"嫌晚。

140. 少待（1次）

（丑）员梦人吃我做陆地仙，几番说中人喝采！（末）先生少待，男女请出那解元来。（第三出）

少待：稍等。同期用例，如《董西厢》卷三【高平调·于飞乐】："师笑许之曰：'先生少待，小僧径往。'"《大词典》仅引明·汤显祖《南柯记·就征》："请到时，东华馆少待。"未及探源，嫌晚。

141. 申呈（1次）

（末）男女非别人，张佥判有简子申呈。（第五十出）

申呈：呈报。《大词典》仅引《水浒传》第八九回："宋江闻报大喜，即令申呈陈安抚，并标録索超等功次，赏赐来人。"未及探源，嫌晚。

142. 甚般（7次）

幞头儿，幞头儿，甚般价好！（第五十三出）

甚般：多么，何等。《大词典》首引《宣和遗事》前集："天子是甚般聪俊，何事不理会？"《大宋宣和遗事》历来认为是宋人所作，但实际上可能成书于元代[①]，如鲁迅《中国小说史略·宋元之拟话本》就对《大宋宣和遗事》成书于"宋代说"持怀疑态度："《大宋宣和

① 参看蒋绍愚《近代汉语研究概要》（修订本），北京大学出版社 2017 年版，第 24 页。

遗事》世多以为宋人作，而文中有吕省元《宣和讲篇》及南儒《咏史诗》，‘省元’‘南儒’皆元代语，则其书或出于元人，抑宋人旧本，而元时又有增益，皆不可知，口吻有大类宋人者，则以钞撮旧籍而然，非著者之本语也。”[①] 萧相恺在《宋元小说史》中更是列举大量力证说明《大宋宣和遗事》成于元代[②]，故《大词典》首引《宣和遗事》例嫌晚，不过亦同时举《董解元西厢记》卷七：“怕到黄昏后，窗儿下甚般情绪。”是。

143. 甚底（20 次）

（末喏）也员男女一梦，续得谢伊。（丑白）你也要员梦，还是梦见甚底？（第四出）

甚底：甚的，什么。同期北方文献《刘知远》有用，如卷十二【黄钟宫·快活年·尾】：“交他做姐姐，我做姊妹，俺两个一个口儿里出气，想大妇小妻又争甚底！”《大词典》首引宋·庄季裕《鸡肋编》卷上：“问何故负暄。乃大怒云：‘家私间事，关公甚底！’”是。

144. 声颡（1 次）

再泻酒。（丑哭）（末）甚声颡！（第十六出）

声颡：即“声嗓”，声音腔调。《大词典》仅引梁斌《红旗谱》十八：“嘿呀！你哥们把声嗓放小点儿，四邻民宅呀！”未及探源，嫌晚。

145. 圣杯（1 次）

神还喜妾嫁君时，觅一个圣杯。（第十四出）

① 鲁迅《中国小说史略》，上海古籍出版社 1998 年版，第 82 页。

② 萧相恺《宋元小说史》，浙江古籍出版社 1997 年版，第 84-90 页。

圣杯：犹圣珓。钱南扬（1979：80）校注云：“杯即‘杯珓’，《昌黎先生集》卷三《谒衡岳庙遂宿岳寺题门楼》：‘手持盃珓导我掷。’……《石林燕语》卷一：‘太祖皇帝微时，尝被酒入南京高辛庙，香案有竹杯筊，因取以占己之名位。以一俯一仰为圣筊。……一掷而得圣筊。’《演繁露》卷三：‘后世问卜于神，有器名盃珓者，以两蚌壳投空掷地，观其俯仰，以断休咎……后人或以竹，或以木，略斲削使如蛤形，而中分为二，有仰有俯，故亦名盃珓。盃者，言蛤壳中空，状如盃也。’大概古代用玉做，见《广韵》，故珓字从玉。后世用竹木，故有竹杯筊（见上）、木环珓（见《挥麈后录》卷一）之称。也间有用瓦的（见《南部新书戊集》）。《甕右间评》卷七：‘今人皆言珓杯，古人谓之杯珓。’其种类之繁多，名称之复杂，可见旧社会迷信风俗流行的广泛了。”《大词典》仅引《张协张元》例，其他文献不多见。

146. 圣手遮拦（1 次）

怕它张协相抛弃，望圣手遮拦奴到京里。（净唱）（第三十三出）

圣手遮拦：请求神灵指引保佑。后期用例，如元·孟汉卿《魔合罗》一［一半儿］：“敢是我这身体不洁净，触犯神灵；望金鞭指路，圣手遮拦。”《大词典》失收。

147. 施礼（2 次）

［红绣鞋］状元与婆婆施礼。（第五十三出）

施礼：行礼。同期北方文献《刘知远》有用，如卷一【黄钟宫·女冠子】:“此夜潜龙向心中倒大惊然，连忙土榻边，躬身施礼问当:‘姐姐寅夜之间，因何来到此？早离西房，是为长便。’”《大词典》首引《秦并六国平话》卷上:“诸王接了楚襄王书开看，克日车驾起程……皆到楚地，入朝施礼毕。”嫌晚。

148. 时常（2 次）

时常眼泪不曾干，只恐别郎容易见郎难。（第二十三出）

时常：常常；经常。同期用例，如《五灯会元》卷十“天台德韶国师”:“乃曰:‘诸佛法门，时常如是。譬如大海，千波万浪，未尝暂住，未尝暂有，未尝暂无，浩浩地光明自在。’”《大词典》首引元·无名氏《独角牛》第一折:“（这孩儿）学拳摔交，时常里把人打伤了。”嫌晚。

149. 使婢（1 次）

思之，论梳妆和针指，怎晓得！仗托云鬟粉面，使婢随侍。（第十三出）

使婢：使女，婢女。《大词典》首引《初刻拍案惊奇》卷二:“你是我家使婢，逃了出来，却在此处！”嫌晚。

150. 使拍（1 次）

使拍超烘非乐事，筑毬打弹谩徒劳，没意品笙箫。（第二出）

使拍：谓唱曲时打拍子。钱南扬（1979：16）校注云:“‘使’有‘用’义，用拍即打拍。《都城纪胜》‘瓦舍众伎’:‘嘌唱，谓上鼓面唱令曲小词。……若不上鼓面，祗敲盏者，谓之打拍。’”《大词典》仅引《张协状元》例，其他文献不多见。

151. 丝鞭（29 次）

公相当朝何用媒，仗托我丝鞭，去选大才。（第二十七出）

丝鞭：古代用作缔结婚姻的信物。同期北方文献《刘知远》用为“丝制的马鞭”义，如卷十二【般涉调·墙头花】：“其人绰起丝鞭，高呼：‘经略好在？从别你安乐？吾今到此来。’”

152. 厮吵（2 次）

我教孩儿送些物事来，怎地不见归，自在这里厮吵，如何！（第十二出）

厮吵：相争吵。同期用例，如《朱子语类辑略》卷五：“又如今两人厮吵，自家要去决断他，须是自家高得他。”《大词典》仅引《张协状元》例，嫌少。

153. 厮打（4 次）

（生、末）要厮打只得请退。（第二十四出）

厮打：相打。同期北方文献《刘知远》有用，如卷十一题名《知远探三娘 洪义厮打》。《大词典》首引《水浒传》第三八回：“戴宗埋冤李逵道：‘我教你休来讨鱼，又在这里和人厮打。’”嫌晚。

154. 索是（1 次）

蓦忽地思量，索是奴没分福。（第二十七出）

索是：犹煞是。甚是；真是。《大词典》首引元·李寿卿《伍员吹箫》第四折：“这个俺就去，索是谢了将军也。”嫌晚。

155. 踏场（2 次）

后行脚色，力齐鼓儿，饶个撺掇，末泥色饶个踏场。（第一出）

踏场：按照乐调节拍在戏台上舞蹈。钱南扬（1979：16）校注云："踏场数调，谓按照乐调的节奏，在戏台上舞蹈。成化本《白兔记》一出有【红芍药】一曲，有声无辞，情况虽与这里不尽同，也还留存一些踏场数调的痕迹。"《大词典》仅引《张协状元》例，未及探流。

156. 噔（1次）

一声鼓打冬冬，一棒罗声噔噔。（第四十四出）

噔噔：拟声词，敲锣、打人、敲门等发出的声音。《大字典》未举例，《大词典》首引《儿女英雄传》第六回："那女子就把身子一扭，甩开左脚，一回身，噔的一声，正踢在那和尚右肋上。"嫌晚。

157. 特骨（2次）

又何苦特骨底，要嫁状元？（第二十七出）

特骨：特意；特别。又作"大故、特古、特故、大冈、大纲"①，例多不举，《大词典》首引《张协状元》例，甚是。

158. 调风月（1次）

呆小二村沙调风月，莽强人大闹五鸡山。(《张协状元》戏文题目）

调风月：调弄风月。后期用例，如元·关汉卿《调风月》第四折："双莺燕暗争春，诈妮子调风月。"《大词典》首引《张协状元》例，甚是。

---

① 参看张相（1953：492）。

159. 挑担（1 次）

恩官台旨，今日要离京，你各人肩着担杖。（净）挑担尤闲。（第四十出）

挑担：以肩荷物。《大词典》首引《元典章·兵部·禁例》："各路差使人员往往强拖铺兵并镇店百姓挑担行李及牵船只。"嫌晚。

160. 铁查（2 例）

懦弱底与它几下刀背，顽猾底与它一顿铁查。（第八出）

铁查：铁檛。铁鞭。钱南扬（1979：46）校注云："查，'檛'的同音假借，鞭之类。"《大词典》仅引《张协状元》例，其他文献不多见。

161. 头稍（1 次）

左手捽住张协头稍，右手扯住一把光霍霍冷搜搜鼠尾样刀，翻过刀背，去张协左肋上劈，右肋上打。（第一出）

头稍：头发。也作"头梢"，《大词典》首引元·王晔《桃花女》楔子："坐着门程披着头稍，将小名儿唤，马杓儿敲。"嫌晚。

162. 拖带（2 次）

（末）惭愧，拖带一道行。（净）你命快，撞着我一道行。（第八出）

拖带：带挈；提挈。《大词典》首引明·孟称舜《死里逃生》第二折："杨爷呵，求拖带，今朝得出牢笼外。"嫌晚。

163. 外方人（1 次）

其次村里汉、外方人及妇女，莫容它来。（第三十五出）

外方人：外乡人。同期用例，如孟元老《东京梦华录》卷五："加之人情高谊，若见外方人为都人凌欺，众必救护之。"大词典首引《明成化说唱词话丛刊·包龙图陈州粜米记》："当时便把坊官骂，如何欺负外方人？"嫌晚。

164. 温顾（1次）

（末）草系门君解破，靠歇须有人温顾。（第九出）

温顾：犹温存。后期用例，如《水浒传》第二一回："我女儿在家里专望，押司胡乱温顾他便了。"《大词典》首引《张协状元》例，是。

165. 我们 (2次)/ 我每（9次）

我们怎知你笑人，唱只曲教奴仔细听。（第二十六出）

（生）娘行恁说有些儿意。（末）不消得我每为媒氏。（第十四出）

我们 / 我每：我们。"我们"条下，《大词典》首引宋苏轼《傅大士赞》："善慧执板，南泉作舞，借我们槌，为君打鼓。"是。"我每"词条下，《大词典》首引元·王实甫《西厢记》第五本第一折："感蒙赏赐，我每就此吃饭。"嫌晚。

166. 梧桐角（2次）

（白）村南村北梧桐角，山后山前白菜花。（第二十三出）

梧桐角：用梧桐叶卷成的角状物。可吹奏鸣响。《大词典》仅引元·王祯《农书》卷十三："梧桐角，浰东诸乡农家儿童，以春月卷梧桐为角吹之，声遍田野。前人有'村南村北梧桐角，山前山后白菜花’之句，状时景也。”未及探源，嫌晚。

167. 兀底（11 次）

（末）兀底老汉有粗道服，赠君家须着取。（第十二出）

兀底：犹云这；这个。同期用例，如《董西厢》卷一：“须看了可憎底千万，兀底般媚脸儿不曾见。”《大词典》首引宋·张镃《夜游宫·美人》词：“鹊相庞儿谁有，兀底便笔描不就。”是。

168. 息怒（2 次）

（净）学你只会吃死饭。（生）妈妈息怒。（第五出）

息怒：止怒。同期北方文献《刘知远》有用例，如卷十二【般涉调·墙头花】：“知远又回告：‘夫人但息怒，不看是咱骨肉，不成今朝待凌辱？’”《大词典》首引明·刘基《二鬼》诗：“自可等待天帝息怒解猜惑，依旧天上作伴同游戏。”嫌晚。

169. 希吒 / 稀姹（2 次）

贫女回来必不容它，凭小圣说教希吒。（第十出）

希吒：希奇。钱南扬（1979：58）校注云：“希吒，希奇。也作‘希姹’，见本戏十六出【红绣鞋】。也作‘稀姹’，《雍熙乐府》卷十一《尼姑怀胎套》【甜水令】：‘几件事忒稀姹。’也作‘希差’，《夷坚支志》卷四【减字木兰花】‘嘲赵葫芦’：‘家门希差，养得一枚依样画。’也作‘希诧’，《古今杂剧》郑廷玉《后庭花》第三折【太平令】：‘我见他撦身子十分希诧。’也作‘稀诧’，又关汉卿《鲁斋郎》楔子【端正好么】：‘赤紧的他官职大的忒稀诧。’”《大词典》仅引《张协状元》例，嫌少。

170. 戏房（6 次）

（净在戏房作犬吠）（净出白）小二，去洋头看，怕有人来偷鸡！（第二十三出）

戏房：剧场的后台。《大词典》首引《醒世恒言·张廷秀逃生救父》："将廷秀推入戏房中，把纱帽员领穿起，就顶《王十朋祭江》这一折。"嫌晚。

171. 下梢头（1 次）

到京里果不管，下死工夫。（净）下梢头有团圆日。（第三十三出）

下梢头：以后；将来。可省作"下梢"，同期用例，如《董西厢》卷一【大石调·梅梢月】："此愁今后知滋味，是一段风流冤业，下梢管折倒了性命去也。"《大词典》失收此义。

172. 掀焰（1 次）

千里外豹变，一时掀焰，归来贺喜。（末唱）（第四出）

掀焰：掀起火焰。谓显赫。钱南扬（1979：31）校注云："掀焰，犹云发旺。《白獭髓》：'嘉泰初童谣云："掀也。"又曰："火裹"。'原注云：'此银匠谚语。''焰''也'音近借用。也作'歆焰'，《墨庄漫录》卷七：'蒋堂希鲁将致政归，（胡）文恭昔为诸生，尝受学于蒋公，乃即其里第，表之为难老坊。蒋公见之，不乐曰："此俚俗歆焰，内不足而假之人以为夸者。"'此引申作炫耀解。也作'歆艳'，《挥麈后录》卷三：'工部尚书刘炳子蒙，……俱长从班，歆艳一时。'义同上。"《大词典》仅引《张协状元》例，嫌少。

173. 贤门（1次）

厮罗响，贤门雅静，仔细说教听。（第一出）

贤门：贤每。钱南扬（1979：7）校注云：“贤，第二人称之敬辞，犹云君；门，同们或每；俱详《语辞汇释》。”同期文献有用作“贤每”者，如《董西厢》卷二【般涉调·长寿仙衮】：“朝廷咫尺不晓？定知道。多应遣军，定把贤每征讨。”《大词典》仅引《张协状元》例，嫌少。

174. 显圣（3次）

显圣八百余年，三度有些纸钱来烧化。（第十出）

显圣：迷信指神圣的人物死后显灵。《大词典》首引元·朱凯《昊天塔》第四折：“那哭的莫不是山中老树怪，潭底毒龙精？敢便待显圣通灵，只俺个道高的鬼神敬。”嫌晚。

175. 乡下人（1次）

我是乡下人，都说不出。（第二十八出）

乡下人：居住在农村里的人。有时含贬义。后期用例，如《山歌》卷九“烧香娘娘”：“春二三月暖洋洋，姐儿打扮去烧香，（白）乡下人一味老实，城里人十分介轻狂。”《大词典》仅引曹禺《日出》第一幕：“你真是个乡下人，太认真，在此地多住几天，你就明白活着就是那么一回事。”未及探源，嫌晚。

176. 相傍（1次）

膏雨弄晴，蝶粉蜂黄，相傍养花时候。（第十七出）

相傍：靠近；依傍。同期用例，如张炎《风入松·赠蒋道录溪山堂》:“门前山可久长看。留住白云难。溪虚却与云相傍，对白云、何必深山。”《大词典》首引《水浒传》第二三回:“那时已有申牌时分，这轮红日厌厌地相傍下山。”嫌晚。

177. 相扰（1次）

（旦）今朝倚靠，非外来相扰。（第十九出）

相扰：客套语。打扰，叨扰。同期用例，如《云笈七签》卷一百一十三“袁滋知”:“乃引袁公出历拜，五人相顾失色，悔饮其酒，兼怒儒生，曰：公不合以外人相扰。”《大词典》首引《水浒传》第二三回:“武松谢道:‘实是多多相扰了大官人！’”嫌晚。

178. 想必（2次）

君来则甚？想必是来路杳。（第七出）

想必：表示偏于肯定的推断。同期用例，如《董西厢》卷五【黄钟宫·降黄龙兖缠令】:“料来想必定是些儿闲气，白瘦得个清秀脸儿不戏。”《大词典》首引元·杨暹《西游记》第四本第十五出:“孙悟空久不见来，此时想必到也。”嫌晚。

179. 小二/小二哥（33次）

柴米有时无，教小二频赍送。（第六出）

小二：青年男子的称呼，亦可用作青年男子自称。《大词典》首引元·卢挚《蟾宫曲》:“小二哥昔涎剌塔，碌碡上渰着個琵琶。”嫌晚。

180. 歇歇（1次）

（丑）都不见打火。（合）歇歇了去。（第四十出）

歇歇：休息一会儿。《大词典》首引《西游记》第九九回：“因是我们走快了些儿，教我们在此歇歇哩。”嫌晚。

181. 谐老（1 次）

若要奴家好，遇得一个意中人，共作结发，夫妻相与谐老。（第三出）

谐老：谓夫妻谐合到老。《大词典》首引《水浒传》第二五回：“等待夫孝满日，大官人娶了家去。这个不是长远夫妻，谐老同欢？”嫌晚。

182. 鞋面（1 次）

哥哥，狗胆梳儿，花朵鞋面头须。（第五出）

鞋面：鞋帮。也指鞋帮的面料。《大词典》首引《金瓶梅》第七回：“毛青鞋面布，俺每问他买，定就三分一尺。”嫌晚。

183. 谢荷（1 次）

（生、旦白）谢荷公婆，又成聒扰！（第十六出）

谢荷：感谢。《大词典》仅引《张协状元》例，其他文献不多见。

184. 谢酒（1 次）

（生）诸脚夫各支二百。（净、丑）谢酒！（喏）（末）且宁耐。（第四十出）

谢酒：宴会结束，道谢告辞。《大词典》首引《水浒传》第二回：“当晚，众人谢酒，各自分散回家。”嫌晚。

185. 行馆（3 次）

（生）尊兄行馆在那里？（丑）只在前面茶坊里。（第

二十四出）

行馆：旧时官员出行在外的临时居所。《大词典》首引《水浒传》第三八回：“张顺答道：‘些小微物，何足挂齿。兄长食不了时，将回行馆做下饭。’”嫌晚。

186. 絮烦（1次）

极目荒郊无旅店，只听得流水潺潺。（白）话休絮烦。（第一出）

“絮”本义是粗丝棉，因丝棉濡滞牵连而引申有“犹疑不决”义。又因丝棉濡滞牵连而引申有“唠叨、啰嗦”义[①]。“烦”有“繁多，烦琐”，如《释名·释言语》：“烦，繁也。”“絮”“烦”连言为“噜苏繁琐”。亦作“絮繁”，《大词典》首引元关汉卿《五侯宴》第二折：“官人不嫌絮繁，听妾身口说一遍。”嫌晚。也可倒作“繁絮、烦絮”等，如《朱子语类》卷一百四十“论文下”：“夔州诗却说得郑重烦絮，不如他中前有一节诗好。”徐时仪（2013：457）认为此词当是宋代南方一带的方言口语词。

187. 血沥沥（1次）

（旦连唱）在路途值雪正飞，盘缠被劫得没分文，打一查血沥沥底。（第三十五出）

血沥沥：鲜血淋漓的样子。《大词典》首引元·高文秀《黑旋风》第四折：“献上这血沥沥两颗活人头。”嫌晚。

---

① 参看徐时仪《〈朱子语类〉词汇研究》，上海古籍出版社2013年版，第456页。

188. 牙关（1次）

紧闭牙关，都不省人事。（第三十二出）

牙关：上下颌之间的关节。同期用例，如《董西厢》卷八【南吕宫·瑶台月】："牙关紧，气堵了咽喉；脑袋裂，血污了阶址。"《大词典》首引《红楼梦》第一一〇回："贾母的牙关已经紧了。"嫌晚。

189. 雅静（3次）

厮罗响，贤门雅静，仔细说教听。（第一出）

雅静：肃静，宁静。《大词典》首引清·江世荣《军情》："民团心胆不齐，有警时须令站齐雅静。"嫌晚。

190. 亚爹（12次）

[缕缕金]亚爹不曾见，一个大猪头。（第十六出）

亚爹：阿爹。《方言大词典》注为"湘语、客话、粤语"[①]，《大词典》失收，当补。

191. 亚哥（4次）

（丑白）亚哥，亚哥，狗胆梳千万买归，头须千万买归，亚哥。（第五出）

亚哥：阿哥。钱南扬（1979：38）校注云："《岐海琐谈》卷八：'吾温方言，凡呼爷、妈、哥、嫂，以"亚"先之；儿女弟行以至命名，无不皆然。此之"亚"，犹吴下之言"阿"也。'按：《洛阳伽蓝记》卷二'景宁寺'条：吴俗有自呼'亚侬'，语则'阿傍'。可见，

① 参看许宝华、宫田一郎主编《汉语方言大词典》，中华书局1999年版，第1734页。

亚、阿之用，由来很古了。本戏尚有‘亚公’、‘亚婆’、‘亚娘’、‘亚奴’等称，仿此。”《大词典》失收，当补。

192. 亚公（12 次）

（净作李大婆接唱）亚公，早辰烧香谢神明，惟愿两口儿夫妻，头白牙黄免得短宁。（第十一出）

亚公：阿公。对老年男子的尊称。其他文献不多见，《大词典》仅引《张协状元》例。

193. 亚娘（2 次）

（丑）亚娘，定定与小二讨做老婆。（第十一出）

亚娘：阿娘。《大词典》失收，当补。其他文献不多见。

194. 亚奴（3 次）

[台州歌] 亚奴，是人道相公女子好做妇，弗比小人子女穷合穷。（第三十二出）

亚奴：阿奴，古时对女孩子的称呼。《大词典》仅引《张协状元》例，其他文献不多见。

195. 亚婆（4 次）

（末）亚婆，我有道礼。（第十一出）

亚婆：即阿婆。对老年妇人的尊称。《大词典》仅引《张协状元》例，其他文献不多见。

196. 轧色（1 次）

适来听得一派乐声，不知谁家调弄？（众）【烛影摇红】。（生）暂藉轧色。（第二出）

轧色：宋代剧场的奏乐者，即乐工。钱南扬（1979：17）校注云："轧色，当即'把色'，指奏乐者，轧、把一声之转。《都城纪胜》'瓦舍众伎'：'其吹曲破断送者，谓之把色。'"《大词典》仅引《张协状元》例，字作"轧色"者，其他文献不多见。

197. 眼望（1次）

（生）欲寄音书山路僻。（末）我每眼望捷旌旗。（第二十出）

眼望：盼望。《大词典》首引《水浒传》第二四回："王婆道：'眼望旌节至，专等好消息。'不要叫老身'棺材出门讨挽歌郎钱。'"嫌晚。

198. 央靠（1次）

[同前]大雪下浑身都似冰，我双双底早寻思贫女。有时央靠，它缉麻苎。（第十一出）

央靠：央求，请托，依靠。后期用例，如元·高明《琵琶记·五娘葬公婆》："又无钱雇人，又无人得央靠，只得独自搬泥运土。"《大词典》首引《张协状元》例，甚是。

199. 洋头（1次）

（净出白）小二，去洋头看，怕有人来偷鸡！（第二十三出）

洋头：方言。田间。钱南扬（1979：121）校注云："洋，当作'垟'。温州方言田间叫'垟'，至今犹然。"《大词典》仅引《张协状元》例，其他文献不多见。

200. 一陌（1次）

献四五碟芝麻糖饼，一陌两陌纸钱，如何会通灵显圣。（第

十六出）

一陌：旧时一百纸钱之称。亦泛指一串纸钱。《大词典》首引元·王子一《误入桃源》第三折："今日当村众父老在我家赛牛王社，烧一陌纸，祈保各家平安。"嫌晚。

201. 倚靠（1次）

兼自执卓做人，除非自若怀抱。妾又无倚靠。（第三出）

倚靠：依赖；依靠。"倚"有"靠"义，如《论语·卫灵公》："立则见其参于前也，在舆则见其倚于衡也。"倚""靠"为同义连言，同期用例，如《董西厢》卷二【道宫·解红】："我随强寇，年老婆婆有谁倚靠？"《大词典》首引《朱子语类》卷八："不可倚靠师友。"是。

202. 莹玉（1次）

（丑）念女子生得绝妙，似我样肌莹玉。（第二十七出）

莹玉：光洁透明的玉。同期用例，如苏轼《诉衷情·琵琶女》："小莲初上琵琶弦，弹破碧云天。分明绣阁幽恨，都向曲中传。肤莹玉，鬓梳蝉。"《大词典》首引清·郑燮《后孤儿行》："顾此孤儿，肌如莹玉。"嫌晚。

203. 有采（3次）

有采时捉一两个大虫，且落得做袍揾脑。（第八出）

有采：得采头；走运。《大词典》仅引《醒世恒言·郑节使立功神臂弓》："那厮立在面前道：'今日夏德有采，遭际这一会员外。'"未及探源，嫌晚。

204. 右壁厢（1 次）

左壁厢角奴鸳鸯楼，右壁厢散妓花柳市。（第二十四出）

右壁厢：右边；右侧。《大词典》仅引《水浒传》第四六回：“右壁厢一行，书写‘庭幽暮接五湖宾’；左势下七字，题道‘户敞朝迎三岛客’。”未及探源，嫌晚。

205. 鸳鸯楼（1 次）

左壁厢角奴鸳鸯楼，右壁厢散妓花柳市。（第二十四出）

鸳鸯楼：妓女聚居之所。《大词典》仅引清·褚人获《坚瓠三集·狎娼》：“谢希孟好狎娼，陆象山责之曰：‘士君子朝夕与贱娼居，独不愧名教乎？’希孟敬谢，请后不敢。他日复为娼建鸳鸯楼，象山又以为言。”未及探源，嫌晚。

206. 远亲（2 次）

远亲房族更无一人，诸姊妹又绝一个。（第六出）

远亲：血缘关系疏远的亲戚。《大词典》首引《醒世恒言·钱秀才错占凤凰俦》：“颜俊有个门房远亲，姓尤名辰，号少梅，为人生意行中，颇颇伶俐。”嫌晚。

207. 燥痒（2 次）

我在屋里心烦，浑身都燥痒了。（第二十三出）

燥痒：干燥发痒。后期用例，如《西游记》第二十五回：“正可老孙之意。这一向不曾洗澡，有些儿皮肤燥痒，好歹荡荡，足感盛情。”《大词典》失收。

208. 张志（3 次）

苦欺它道没张志！（第十二出）

张志：样子。钱南扬（1979：71）校注云：“张志，犹云‘样子’。《杀狗记》三出【节节高犯】：‘对面间枉屈人，甚张志！’本书《小孙屠》八出【朱哥儿】：‘这般闲争甚巴臂？傍人听，是何张志！’也作‘张致’，《水浒传》二十四回：‘且说那妇人做出许多奸伪张致。’也作‘张緻’，《古今小说·珍珠衫》：‘便把前夫如此张緻，……述了一遍。’也作‘张智’，《元曲选》范康《竹叶舟》一折白：‘比三教圣人还张智哩。’惟此应引申作体面解。今浙语仍称态度不好为嘸样子。体面，即是有样子。”《大词典》首引《张协状元》例，甚是。

209. 知会（1 次）

我阿儿归报，与娘行知会。（第三十出）

知会：通知；告诉。后期用例，《金瓶梅》（崇祯本）第十八回：“西门庆道：‘提刑所贺千户新升新平寨知寨，合卫所相知都郊外送他来，拿帖儿知会我，不好不去的。’”《大词典》首引《张协状元》例，是。

210. 则剧（2 次）

京都有甚土宜则剧，买些归家里。（第五出）

则剧：好玩。同期用例，如刘克庄《贺新郎》词：“生不逢场闲则剧，年似龚生犹夭，吃紧处无人曾道。”用作“嬉戏作乐”义。《大词典》首引《张协状元》例，甚是。

211. 扎脚（3 次）

（旦）奴家是妇人。（净）妇人叫何不扎脚？（第三十五出）

扎脚：缠足。《大词典》首引清·钱泳《履园丛话·杂记上·裹足》："陶九成《辍耕录》谓扎脚始于五代以来方为之。"嫌晚。

212. 乍然（3 次）

（生）谢荷诸公！乍然抵此，未及请礼。（第二十四出）

乍然：忽然；突然。《大词典》首引清·周亮工《五更起坐走笔欲寄舍弟》诗："乍然念尔泪空堕，已识无家梦尚过。"嫌晚。

213. 招子（2 次）

青布帘大写着"员梦如神"，纸招子特书个"听声揣骨"。（第三出）

招子：犹招牌。似今之广告。《大词典》首引元·无名氏《错立身》戏文第四出："今早挂了招子，不免叫出孩儿来，商量明日杂剧。"嫌晚。

214. 照杯

神还灵异，赐照杯许妾同连理，若不是匆匆分散无终始。（第十六出）

照杯：占卜器具。用两块蚌壳或竹木片等制成，掷地观其俯仰，以定吉凶。《大词典》仅引《张协状元》例，其他文献不多见。

215. 折桂枝（3 次）

诗书未必困男儿，饱学应须折桂枝。（第二出）

折桂枝：犹折桂。《大词典》仅引元·王实甫《西厢记》第三本第一折："你将那偷香手，准备着折桂枝。"未及探源，嫌晚。

216. 这般样（2 次）

（合）这般样人，这般样心。（第二十出）

这般样：这个样子，这一种。后期用例，如元·关汉卿《尉迟恭单鞭夺槊》第一折【仙吕·那吒令】："俺这里虽然是有纪纲，知兴败，那里讨尉迟这般样一个身材！"《大词典》首引明·高明《琵琶记·瞷询衷情》："似我这般样为官呵，只管待漏随朝，可不误了秋月春花也，干碌碌头又早白。"嫌晚。

217. 整日（3 次）

从早上出去，整日不见归来，不道我每要出路。（第二十出）

整日：整天。同期用例，如《朱子语类》卷一百二十一"训门人九"："今学者全无曾点分毫气象。今整日理会一个半个字有下落，犹未分晓，如何敢望他？"《大词典》仅引《儒林外史》第十一回："小姐越发闷上加闷，整日眉头不展。"未及探源，嫌晚。

218. 正房（1 次）

（丑）主门下不是正房生。（末）是庶出？（丑）不是庶出。（第四出）

正房：正妻，俗称大老婆，对偏房而言。《大词典》仅引明·汤显祖《牡丹亭·仆贞》："活鬼头还做了秀才正房，俺那死姑娘到做了梅香伴当。"未及探源，嫌晚。

219. 芝麻（1 次）

献四五碟芝麻糖饼，一陌两陌纸钱，如何会通灵显圣。（第

十六出）

芝麻：脂麻的俗名。一年生草本植物。种子小而扁平，有白、黑、黄、褐等不同颜色。作食用，也可榨油。古代也称胡麻。《大词典》首引明·李时珍《本草纲目·谷一·胡麻》（释名）：“巨胜、方茎、狗虱、油麻、脂麻。俗作芝麻，非。”嫌晚。

220. 值日（1次）

吾是值日，小鬼甲头。（第十出）

值日：在当值的那一天承应差事或担任某项工作。后期用例，如《西游记》第十五回：“我等是六丁六甲、五方揭谛、四值功曹、一十八位护教伽蓝，各各轮流值日听候。”《大词典》首引明·来集之《铁氏女》：“今日轮该铁布政两个女儿值日，他却并不肯迎接官府的。”嫌晚。

221. 周庇（1次）

张叶谢，公婆至！感叠叠蒙周庇。（第十六出）

周庇：周全庇护。《大词典》首引元·无名氏《小孙屠》戏文第三出：“只怕奴家无此福分，若得官人如此周庇之时，待奴托与终身，未为晚矣。”嫌晚。

222. 走智（1次）

（净）婆婆劝你休走智。（生）我异日风云际会时。（第十四出）

走智：谓花言巧语骗人。钱南扬（1979：80）校注云：“《都城纪胜》‘瓦舍众伎’条：‘商谜：……有道谜、正猜、下套、贴套、走智、横下、问困、调爽。’走智下注云：‘改物类以困猜者。’盖谓用花言巧语把猜者的思路引入歧途，使其不易中的，以增加其困难。这里是嘱咐张协说话要算数，不要花言巧语骗人。"《大词典》首引《张协状元》例，是。同期或后期的其他文献多用作"谜语"解，例多不举。

223. 庄家（2 次）

奴家求庇于李大公大婆，庄家有甚出豁？（第十八出）

庄家：庄稼人；农家。同期北方《刘知远》有用，如卷一【中吕调·安公子缠令】："虽是个庄家女，颜皃倾城谁堪并？洛浦西施共妲己，也难似这佳人。"《大词典》首引元·杜仁杰《要孩儿·庄家不识构阑》套曲："风调雨顺民安乐，都不似俺庄家快活。"嫌晚。

224. 做媒（4 次）

你笑甚底？（净）做媒须着办几面笑。（第十四出）

做媒：给人介绍婚姻。同期北方《刘知远》有用，如卷二【般涉调·沁园春】："李辛着言，虎吓新人，要他做媒。"《大词典》首引《水浒传》第三四回："总管息怒，既然没了夫人，不妨，小人自当与总管做媒。"嫌晚。

225. 阻节（1 次）

夫人要为养女，汝若故生阻节，（白）堂后官，（接唱）缚在马前别有施行！（第四十三出）

阻节：阻止；阻拦。同期用例，《朱子语类》卷七十三"易九"："'说以行险'，伊川之说是也。说则欲进，而有险在前，进去不得，故有止节之义。又曰：'节，便是阻节之意。'"《大词典》首引《朱子语类》例，是。

第二节 《董解元西厢记》中所见的宋金新词

《董解元西厢记》是现存宋金诸宫调最完整的作品，属于通俗文学，保留了不少宋金新词新义；且和《张协状元》同为戏文类体裁，用语特色同中有异、异中有同；再加上二者在地域上一北一南，比较其中的新词也是比较南北文献用词差异的一个方面。为比较的方便，兹将《董西厢》中的宋金新词罗列如下。

1. 腌臜

鬓边虮虱浑如糁，你寻思大小大腌臜！（卷七【中吕调·牧羊关】）

自家这一场腌臜病，病得来跷蹊。（卷五【黄钟宫·刮地风】）

腌臜：①肮脏。②恼人的，令人不快的。字亦作“唵咱、淹咱、腌酸”[①]等，《正字通》：“俗呼物不洁曰腌臜。”同期用例，如《张协状元》第十出：“（净）纸炉里又腌臜，它来供床下睡。”用义项①；“肮脏”义下，《大词典》首引元·王实甫《西厢记》第二本第二折：“腔子里热血权消渴，肺腑内生心且解馋，有甚腌臜？”嫌晚。

2. 挨靠（1次）

小生客寄，没个人挨靠。（卷六【大石调·蓦山溪】）

① 王学奇、王静竹《宋金元明清曲辞通释》，语文出版社2002年版，第1页。

挨靠：依靠。“挨”有“靠近”义，《正字通·手部》：“今俗凡物相近谓之挨。”引申为“倚靠”义，如《五灯会元》卷十六“禾山用安禅师”：“僧问：‘莲华未出水时如何？’师曰：‘鱼挨鳖倚。’”“挨”即“倚”，“靠”义，“挨”“靠”为同义连言。后期用例，如关汉卿《拜月亭》第二折【南吕·牧羊关】：“您孩儿无挨靠，没倚仗，深得他本人将傍。”《大词典》首引《董西厢》例，是。

3. 唵诨（1次）

> 盛说法，打匹似闲唵诨；正念佛作偈，把美令儿胡嘌。（卷一【般涉调·哨遍缠令】）

唵诨：胡扯，打趣。《大词典》仅引《董西厢》例，其他文献不多见。

4. 八阵法（1次）

> 开六钧弓，阅八阵法，读五车书。（卷三【中吕调·碧牡丹缠令】）

八阵法：八阵图。“八阵图”中古已有，如《三国志·蜀志·诸葛亮传》：“推演兵法，作八阵图。”而“八阵法”始于宋金，《大词典》首引《董西厢》，是。

5. 巴避（1次）

> 一刻儿没巴避抵一夏，不当道你个日光菩萨，没转移好教贤圣打。（卷四【黄钟宫·出队子·尾】）

巴避：来由；根据。“它常与否定词‘没’或‘无’连在一起。……‘巴臂’‘把臂’‘把背’‘把壁’‘巴鼻’‘靶鼻’，义并同，与‘把鼻’为一声之转。盖宋、元口语，本无定字，各就方音随手写来，故呈现此多种写法也。”[①] 同期用例，如《张协状元》第五出：“（净）只被当直蒿恼，日夜骂着伊。（末）你好没巴臂。”《朱子语类》卷一百三十三“盗贼”：“当时也自响应，但未几而哲宗上仙，事体皆变了，所以做得来也没巴鼻。”“巴避”下，《大词典》首引《董西厢》例，是。

6. 把定[②]（3次）

手中把定套头儿，满满地两眼儿泪。（卷五【双调·御街行】）

不须把定，不在通媒媾，百媚莺莺应入手。（卷三【黄钟调·侍香金童】）

把定$_1$：抓紧、控制住、把握住。始于宋金，《大词典》首引《朱子语类》卷五二：“告子不动心，是硬把定。”是。

把定$_2$：结亲前下定礼，送信物；亦指定礼，信物。《大词典》首引《董西厢》例，是。简作“定”，如宋·孟元老《东京梦华录》卷五“娶妇”条：“下定了，即旦望媒人传语。遇节序，即以节物头面羊酒之类追女家，随家丰俭。”

7. 半恰（2次）

咱供养不曾亏了半恰，枉可惜了俺从前香共花。（卷四【黄钟宫·出队子】）

---

① 王学奇、王静竹《宋金元明清曲辞通释》，语文出版社2002年版，第20-21页。

② 徐时仪（2013：117）云：“‘把定’是宋时的口语词，有‘控制住、把握住’义。《朱子语类》有11例。今闽语沿用。”

半恰：犹半点儿，形容数量极少。本作“半掐”，“掐”或“掐儿”，这里用作量词，是指拇指和另一手指尖对握的数量，“半掐”是一掐的一半，形容数量之少。《大词典》首引《董西厢》例，是。亦作“纤掐”“纤恰”，后代有用例，兹不详举。

8. 包笼（1 次）

明道暗包笼，是您姐姐。红娘，你好不分晓，甚把我拦截？（卷四【双调·搅筝琶】）

包笼：包藏，隐藏。包，本义指胎衣，依次引申为裹、包容、包揽等；“笼”作动词为“笼罩；遮掩”“包括；包罗”义。“包”“笼”同义连言，为“包揽；包罗”义，如《朱子语类》卷一二一“训门人九”：“只是去巴揽包笼他，元无实见处。”“包”“笼”又分别含有“藏”义，“包、笼”连言还有一层隐含义，即“包藏，隐藏”，《大词典》首引《董西厢》例，是。

9. 冰弦（3 次）

冰弦重理，声渐辩雄雌。（卷四【仙吕调·赏花时】）

冰弦：本义指用冰蚕丝作的琴弦，因用作琴的美称。同期用例，如苏轼《减字木兰花·琴》：“神闲意定，万籁收声天地静。玉指冰弦，未动宫商意已传。”《大词典》首引《董西厢》例，是。

10. 擘阮（2 次）

选甚嘲风咏月，擘阮分茶。（卷一【仙吕调·赏花时】）

擘阮：谓弹琴。阮，阮咸，拨弦乐器，形似月琴，竖抱怀中，用两手齐奏。《大词典》首引《董西厢》例，是。后期用例，如元·石君宝《紫云亭》第三折【中吕·幺篇】:“不争这厮提起那打球诈柳，写字吟诗，弹琴擘阮，擷竹分茶，交我兜地腹痛，乍地心酸！”

11. 不错（3次）

思量俺，日前恩非小，今夕是他不错。（卷五【仙吕调·朝天急】）

不错：明白鉴谅。同期用例，如《刘知远》卷十二【仙吕调·恋香衾缠令·尾】:“不免具词与经略，伏望台颜不错，向衙中搜刷穷刘大。”《三朝北盟会编》卷十三“燕云奉使录”:“对以大信既定，本无异同之意。粘罕云:‘候到日皇帝不错。’”“不错”的“明白见谅”义具有很强的时代性，主要用在诸宫调、平话、元曲中，明代有少量用例，到了清代，不再使用①。《大词典》首引《董西厢》例，是。

12. 不忙不暴（1次）

不紧不慌（荒），不惊不怕，不忙不暴。（卷二【大石调·红罗袄】）

不忙不暴：不慌不忙。其他文献不多见，《汉语大词典》列了该词条，但未举例，可补。

13. 不戏（2次）

一个少年身己，多因为那薄幸种，折倒得不戏。（卷一【双

① 参看张海媚《金代诸宫调词汇研究》，南京大学出版社2014年版，第218页。

调·搅筝琶】)

不戏：憔悴。张相（1953：610）云："可喜或可戏之反言，则曰不戏，不戏犹云憔悴也。"《大词典》仅引《董西厢》，其他文献不多见。

14. 不斩（1次）

一双乖眼，果是杀人不斩。（卷二【仙吕调·绣带儿】）

不斩：不眨眼。《大词典》仅引《董西厢》例，其他文献不多见。

15. 猜破（1次）

那积世的老婆婆，其时暗猜破，高点着银釭堂上坐。（卷六【大石调·红罗袄】）

猜破：猜出真相。同期用例，如欧阳修《醉蓬莱》："更问假如，事还成后，乱了云鬟，被娘猜破。"大词典首引元·王实甫《西厢记》第二本第三折："老夫人转关儿没定夺，哑谜儿怎猜破？"嫌晚。

16. 拆散（1次）

好心酸，寸肠千缕若刀剜。被那无徒汉，把夫妻拆散。（卷七【中吕调·古轮台】）

拆散：使家庭成员、伴侣或组织分散。同期用例，如《张协状元》第三十七出："念奴夫妇不团圆，拆散。"《汉语大词典》首引《初刻拍案惊奇》卷二十："今他于某月某日，替某人写了一纸休书，拆散了一家夫妇。"嫌晚。

17. 缠惹（1次）

俺咱恁时，准备了娶他来也，不幸病缠惹。（卷八【黄钟

宫·神仗儿】)

缠惹：缠扰。《大词典》仅引《董西厢》，其他文献不多见。

18. 长喟（1次）

一声长喟，两行血泪落纷纷。(卷七【越调·上平西缠令】)

长喟：犹长叹。《大词典》首引清·顾炎武《赠路舍人泽溥》诗："相逢金阊西，坐语一长喟。"嫌晚。

19. 畅啤（1次）

隔窗促织儿泣新晴，小即小，叫得畅啤，辄向空阶那畔，叨叨地悄没休歇。(卷七【正宫·梁州三台】)

畅啤：极其厉害。"畅"为甚词，犹"甚，很，极、十分、非常"等，如《董西厢》卷七【越调·揭钵子】："青衫忒离俗，裁得畅可体。""啤"为宋元时俗语，犹"厉害；猛"，"畅""啤"合言即"极其厉害"，《大词典》仅引《董西厢》，其他文献不多见。

20. 畅好（1次）

都不到怎大小身材，畅好台孩，举止没俗态。(卷三【大石调·红罗袄】)

畅好：正好；甚好。《大词典》首引《董西厢》，是。后期用例，如元·孟汉卿《魔合罗》第四折【鲍老儿】："你畅好会使拖刀计，漾个瓦儿在空虚里怎住的，嗏！"字又作"常好、畅好道、常好道、畅好是、常好是、畅好个"，例多不举。

21. 彻放（1次）

听说破，听说破，把黄髯撚定，彻放眉间锁。(卷二【正

宫·甘草子缠令】)

彻放：解开；放松。其他文献不多见。《汉语大词典》失收，当补。

22. 吃受（1次）

怎吃受夫人看冷破，云雨怎成合？也啰！（卷五【高平调·糖多令】)

吃受：承受，忍受。《大词典》首引《宣和遗事》前集："贾奕小词讥讽官里，是天子吃受不过赐死市曹。"次引《董西厢》例。由前所述，学界多认为《宣和遗事》成于元朝，故当首引《董西厢》例。

23. 重孙（1次）

是杜如晦的重孙，英烈超宗祖。（卷三【中吕调·碧牡丹缠令】)

重孙：曾孙，孙子的儿子。也叫重孙子。同期用例，如陈日章《鹧鸪天·内乐清虚息万缘》："来年此日称觞处，定有重孙戏膝前。"《大词典》首引洪深《香稻米》第三幕："恭喜你，阿叔，添了重孙了！"嫌晚。

24. 偢采（1次）

骋无赖，傍人劝他又谁偢倸。（卷一【大石调·吴音子】)

偢采：理睬。"偢采"即"瞅睬"，顾视之意，引申为理会、理睬。亦作"偢采、秋采、揪睬、揪采、采揪、睬偢"，《大词典》首引宋·张镃《眼儿媚·初秋》词："起来没箇人偢采，枕上越思量。"是。

25. 僦问（1 次）

从自斋时，等到日转过，没个人僦问，酩子里忍饿。（卷三【高平调·木兰花】）

僦问：关心过问。“僦”为“瞅”古字，即“看，理睬”，如《董西厢》卷三【南吕宫·三煞】：“是他家佯不僦人。”“僦问”亦作“瞅问、秋问、揪问、愀问、问僦”[①]，《大词典》首引《董西厢》例。

26. 出马（3 次）

请个出马决胜负，不消得埋杆竖柱。（卷二【黄钟调·喜迁莺缠令】）

出马：指将士上阵作战。同期用例，如《刘知远》卷十二【大石调·玉翼蝉·尾】：“见二人头领出马，便是坠云轩降落天丁，战马似翻山碣石猛虎。”《大词典》首引《水浒传》第一一五回：“厉天佑首先出马，和吕方相持，约斗五六十合，被吕方一戟刺死厉天佑。”嫌晚。

27. 出丑（4 次）

张兄淫滥如猪狗。若夫人知道，多大小出丑！（卷四【仙吕调·绣带儿】）

出丑：露出丑相；丢人。同期用例，如《朱子语类》卷一二三“陈君举”：“那时节已自极了，只得如此做。若不得温公如此做，更自有一场出丑。”《大词典》首引《董西厢》例，是。

---

① 参看王学奇、王静竹《宋金元明清曲辞通释》，语文出版社 2002 年版，第 182 页。

28. 出地（1 次）

法聪出地过，谁人比得他骁果？（卷二【中吕调·乔捉蛇】）

出地：忽地，突然地。《大词典》首引《董西厢》例，是。又作“出的”，见于宋金以后文献，如元·尚仲贤《单鞭夺槊》第三折【越调·收尾】：“我则见忽地战马交，出的枣槊起，飕的钢鞭重。”

29. 出乖弄丑（1 次）

经今半载，双双每夜书帏里宿，已恁地出乖弄丑，泼水再难收。（卷六【仙吕调·六么令】）

出乖弄丑：出丑；丢脸。《大词典》首引《董西厢》例，是。亦作“出乖露丑”，如元·无名氏《鸳鸯被》第一折【仙吕·寄生草】：“小姐，若真个打起官司来，出乖露丑，一发不好。”

30. 出跳（1 次）

相国夫人自窨约：是则是这冤家没弹剥，陡恁地精神偏出跳，转添娇，浑不似旧时了？（卷六【双调·倬倬戚】）

出跳：犹出众；长成。多用以指男女青春期的体态、容貌、智能等。字亦作“出挑、出条、出退、出脱”，《大词典》首引《董西厢》例，是。后期用例，如《醒世姻缘传》第三十六回：“带到华亭，又到通州；回到家长了一十六岁，越发出跳得一个好人。”《红楼梦》第四回：“虽隔了七八年，如今十二三岁的光景，其模样虽然出脱得齐整好些，然大概相貌，自是不改，熟人易认。”

31. 厨房（1 次）

到经藏北，法堂西，厨房南面，钟楼东里。（卷一【双调·文

如锦】)

厨房：做饭食的屋子。宋金之前表达这一概念或曰“庖厨”，或曰“厨下”等，如《孟子·梁惠王上》：“君子之于禽兽也，见其生，不忍见其死；闻其声，不忍食其肉。是以君子远庖厨也。”唐·王建《新嫁娘》诗：“三日入厨下，洗手作羹汤。”而“厨房”一词始于宋金，《汉语大词典》首引《儒林外史》第四回：“胡老爹上不得台盘，只好在厨房里，或女儿房里，帮着量白布、秤肉，乱窜。”嫌晚。

32. 粗鲁（2 次）

忒昏沉，忒粗鲁，没掂三，没思虑，可来慕古。(卷一【大石调·伊州衮】)

粗鲁：性格、行为等粗野鲁莽。亦作“粗卤”，同期用例，如《刘知远》卷一【黄钟宫·愿成双·尾】：“你恁凶顽骋粗卤，交外人怎生存住。待你再打着，共你两个没好处。”《汉语大词典》首引元·尚仲贤《单鞭夺槊》第一折：“量尉迟恭只是一个粗鲁之夫，在美良川多有唐突，乞元帅勿罪。”嫌晚。“粗鲁”亦作“粗疏，不严谨”义，如《朱子语类》卷一三五“历代二”：“要做大功名底人，越要谨密，未闻粗鲁阔略而能有成者。”

33. 簇捧（3 次）

这每取经后不肯随三藏，肩担着扫帚藤杖，簇捧着个杀人和尚。(卷二【双调·文如锦·尾】)

簇捧：簇拥。亦作“簇拥、簇涌”，同期用例，如《东京梦华录》卷八“宰执亲王宗室百官入内上寿”：“亦每名四人簇拥，多作仙童丫髻，仙裳执花，舞步进前成列。”《汉语大词典》首引明贾仲名《金安寿》第一折：“鸾箫吹，象板敲……簇捧定可喜娘，风流万种。”嫌晚。

34. 撺掇（1次）

遂唤几个小倭儸，传令教撺掇。（卷二【正宫·甘草子缠令】）

撺掇：搬弄；怂恿；催逼。此作“催逼”义，乃“怂恿”义口气的加重，《大词典》首引《董西厢》例，是。字亦作“撺断、撺调、撺顿、窜掇、搀掇、撮掇”，例多不举[①]。同期《张协状元》有用例，义项有二，一作“撮合即搬弄”义，如第四十七出：“把你撺掇嫁，一个好儿夫，那更效绸缪。”一作“戏剧音乐用语”，犹云奏演也。此为搬弄义之引申[②]。如第一出：“后行脚色，力齐鼓儿，饶个撺掇，末泥色饶个踏场。”

35. 撺掾（1次）

盘得两个气一似撺掾，欲逋逃，又恐怕诸军笑。（卷二【大石调·红罗袄】）

撺掾：形容劳累气喘。字亦作“撺椽”，后期用例，如元·尚仲贤《单鞭夺槊》第四折【黄钟·醉花阴】：“两只脚蓦岭登山快捻，走的我一口气似撺椽。”《大词典》首引《董西厢》例，是。

36. 村沙（1次）

不稔色，村沙段：鹘鸰乾淡，向日头獾儿般眼。（卷七【中

① 参看王学奇、王静竹《宋金元明清曲辞通释》，语文出版社2002年版，第207页。

② 参看张相《诗词曲语辞汇释》，中华书局1953年版，第691页。

吕调·牧羊关】）

村沙：粗鄙；伧俗。字亦作“村桑、忖沙”，亦可倒作“沙村”。《大词典》首引金·无名氏《刘知远》卷十一【仙吕调·恋香衾】：“叫喊言语乔身分，但举动万般村桑。”

37. 村厮（1次）

欢喜教这两个也，干撞杀郑恒那村厮。（卷八【南吕宫·瑶台月】）

村厮：粗鲁、伧俗、莽撞的家伙。字亦作“村材、村倈、村夫”，“厮、材、倈、夫，皆指人。冠‘村’字，讥其鄙陋无知也。”[①]《大词典》首引《董西厢》例，是。

38. 错口（1次）

俺捺拨那孟姜女，之乎者也，人前卖弄能言语，俺错口儿又不曾还一句。（卷四【仙吕调·绣带儿】）

错口：开口，说话。《大词典》首引《董西厢》例，是。

39. 答和（1次）

把张生新诗答和，语若流莺啭。（卷一【仙吕调·绣带儿】）

答和：依韵和诗。《大词典》首引清·吴骞《扶风传信录》：“秋鸿来，有九云赠以诗，秋鸿答和云：‘家居近在海云中，寒色侵天彼此同。’”嫌晚。

40. 大牢（1次）

大牢里虞候羊儿般善，是有大人弹压。（卷八【大石调·还

① 王学奇、王静竹《宋金元明清曲辞通释》，语文出版社 2002 年版，第 212 页。

京乐】)

大牢：监狱。《大词典》首引《水浒传》第二七回："其余一干众人，省谕发落，各放宁家。大牢里取出王婆，当厅听命。"嫌晚。

41. 大腿（2次）

休针喇，放二四不识娘羞！待要打折我大腿、缝合我口。（卷四【仙吕调·绣带儿·尾】)

大腿：人下肢从臀部到膝盖的一段，也叫股。《大词典》首引周而复《上海的早晨》第一部四九："她把心里想的这一番意思告诉了朱瑞芳，朱瑞芳拍着自己的大腿说：'你说得对呀。'"嫌晚。

42. 担带（1次）

张君瑞病恹恹担带不去。说不得凄凉，觑不得凄楚。（卷五【大石调·感皇恩】)

担带：承受，承担。《大词典》首引《董西厢》例，是。字亦作"担待、担戴、单待、耽待"，义稍有差别。后期有用例，如元·王仲文《救孝子》一【忆王孙】："则他这数年家，将俺寡妇孤儿耽待煞。"用为"关照"；《水浒传》第八回："林冲道：'小人在太尉府里折了些便宜，前日方才吃棒，棒疮并发。这般炎热，上下只得担待一步。"用为"谅解，宽容"[①]。

43. 担阁（3次）

是前世里债，宿世的冤，被你担阁了人也张解元！（卷六

① 参看王学奇、王静竹《宋金元明清曲辞通释》，语文出版社2002年版，第253页。

【中吕调·香风合缠令·尾】)

担阁：耽误。字亦作“担搁、耽阁、耽搁、淹阁”[①]等，同期用例，如《朱子语类》卷十：“少间担阁一生，不知年岁之老。”《大词典》首引宋·王安石《千秋岁引·春景》词：“无奈被些名利缚，无奈被他情担阁。”

44. 当待（2次）

来后怎生当待？思量恁怪那不怪，由然甚矮也不矮，仿佛近此中境界。（卷二【正宫·脱布衫】)

当待：对待。《大词典》仅引《董西厢》例，其他文献不多见。

45. 道话（1次）

欲得三个月道话，何必留房缗，俗之甚也。（卷一【大石调·吴音子】)

道话：攀谈；搭话。同期用例，如《五灯会元》卷十二“文公杨亿居士”：“夜语次，慧曰：‘秘监曾与甚人道话来？’”《大词典》首引《董西厢》例，是。

46. 道破（2次）

你把笔尚犹力弱，伊言欲退干戈，有的计对俺先道破。（卷二【黄钟宫·快活尔缠令·尾】)

道破：说明；说穿。同期用例，如《五灯会元》卷十八“云岩天游禅师”：“初三十一，中九下七，若信不及，云岩与汝道破：万

---

① 参看王学奇、王静竹《宋金元明清曲辞通释》，语文出版社2002年版，第254页

人齐指处，一鴈落寒空。”《大词典》首引《水浒传》第五三回：“戴宗道：‘我说甚么？且不要道破他，明日小小地要他要便了。’”嫌晚。

47. 邓虏沦敦（1次）

生得邓虏沦敦着大肚，眼三角鼻大唇粗，额阔颏宽眉卓竖，一部赤髭须。（卷二【仙吕调·哈哈令】）

邓虏沦敦：形容滚圆。凌景埏校注：“邓虏，圆。沦敦，圆的副词。现在语言中也还有‘圆滚沦敦’这样的话。”笔者周口方言中就有“圆滚沦敦”的说法。《大词典》仅引《董西厢》例，其他文献不多见。

48. 低矮 / 低矮矮（2次）

窗间修竹影扶疏。围屏低矮，都画山水图。（卷一【正宫调·应天长】）

低矮：又低又矮，不高。同期用例，如宋·曾敏行《独醒杂志》卷六：“余尝闻山阴有古梅，极低矮，一枝才三四花，枝干皆苔藓。”“低矮”由具体的“又低又矮”引申为抽象的“短浅”。如《朱子语类》卷七二：“今世之人，见识一例低矮，所论皆卑。”《大词典》首引《儒林外史》第四一回：“只见前面一间低矮房屋，门首围着一二十人在那里吵闹。”嫌晚。

49. 低趄（1次）

席上正諠哗，不觉玉人低趄。莺道：“休劝酒，我张生哥哥醉也。”（卷三【双调·月上海棠】）

低趄：头低垂，脚趔趄，形容醉酒的样子。后期用例，如《新校元刊杂剧三十种·单刀会》第二折【正宫·滚绣球】:“若是他玉山低趄你则频斟酒,若是他宝剑离匣你则准备着头!”《大词典》首引《董西厢》例,是。

50. 敌头(1次)

一对儿佳人才子,年纪又敌头。(卷六【仙吕调·六么令】)

敌头:相当;相匹敌。门当户对之意。同期用例,如《刘知远》卷六【仙吕调·六么令】:“一对儿佳人才子,年纪又敌头。”《大词典》仅引《董西厢》例,嫌少。

51. 抵足

聪与珙抵足。珙披衣,取莺莺书及所赐之物,愈添沾洒矣。(卷八说白)

抵足:足碰足。谓同榻共寝。后期用例,如《元刊杂剧·严子陵垂钓七里滩》第二折【越调·络丝娘】:“倒两个醉偃仰同眠抵足,我怎去他手里三叩头扬尘拜舞?”《大词典》首引《董西厢》例,是。

52. 地阔天高(1次)

添烦恼,地阔天高没处着,到此怎惜我贞共孝!(卷二【道宫·解红】)

地阔天高:天气高远开阔。后期用例,如元·汤舜民《乌衣巷》:“地阔天高金陵路,有纶竿何处无鱼。”《大词典》失收。

53. 掂详(2次)

掂详了,纵六千来不到,半万来其高。(卷二【般涉调·沁园春】)

掂详：估计；端详。后期用例，如元·白朴《墙头马上》第三折【双调·豆叶儿】："相公把拄杖掂详，院公把扫箒支吾，孩儿把衣袂掀着。"《大词典》首引《董西厢》例，是。

54. 掂折（1次）

斑管虽圆被风裂，玉簪更坚也掂折，似琴上断弦难再接。（卷八【黄钟宫·间花啄木儿第一·尾】）

掂折：跌断；折断。后期用例，如元·乔吉《正宫·醉太平》："瘦来裙掩鸳鸯锦，愁多梦冷芙蓉枕，髻松钗落凤凰金，险掂折玉簪。"《大词典》首引《董西厢》例，是。

55. 钿窝（1次）

不忍见，盈盈地粉泪，淹损钿窝。（卷六【般涉调·沁园春】）

钿窝：指女子面颊贴花钿的地方。同期用例，宋·张邦基《墨庄漫录》卷八："乍向客前犹掩敛，不知已觉钿窝深。"《大词典》首引《董西厢》例，是。

56. 典寺者（1次）

典寺者与僧众议："欲开门迎贼，法堂廊宇，足以屯众，悉与会食，聊赠财贿，以悦众心，庶恶人不生凶意。"（卷二【正宫·文序子缠·尾】）

典寺者：庙的主管人，指方丈住持。《大词典》失收，其他文献不多见。

57. 刁厥（3次）

细端详，见法聪生得搊搜相：刁厥精神，跷蹊模样。（卷二【双调·文如锦】）

刁厥：勇悍，凶狠。也可写作“刁决、刁天厥地、刁天决地”，后期用例，如元王子一《误入桃源》第三折【中吕·上小楼】：“吃紧的理不服人，言不谙典，话不投机，看不的乔所为，歹见识，刁天决地，早难道气昂昂后生可畏。”《大词典》首引《董西厢》例，是。

58. 调揭（1次）

花唇儿恁地把人调揭，怎对外人分说？（卷四【般涉调·柘枝令】）

调揭：嘲笑，指斥。《大词典》仅引《董西厢》例，其他文献不多见。

59. 兜地（1次）

懒别设的把金莲撒，行不到书窗直下，兜地回来又说些儿话。（卷六【仙吕调·恋香衾·尾】）

兜地：猛然、突然、立刻。又作“兜的，兜地、兜的里、兜底里、陡的、陡的个”，“兜”应作“陡”，《洪武正韵》：“陡，顿也。”地、的、底、地里、底里、的个，皆为语助词，无义[①]。后期用例，如《新校元刊杂剧三十种·诈妮子调风月》第一折【仙吕·点绛唇·赚煞】：“忽地却掀帘，兜地回头问，不由我心儿里便亲。”《大词典》首引《董西厢》例，是。

① 参看王学奇、王静竹《宋金元明清曲辞通释》，语文出版社2002年版，第319页。

60. 陡恁（2次）

相国夫人自寄约：是则是这冤家没弹剥，陡恁地精神偏出跳，转添娇，浑不似旧时了？（卷六【双调·倬倬戚】）

陡恁：忽然如此。后期用例，如《元刊杂剧·汉高皇濯足气英布》第三折【正宫·小梁州】："那时节偏没这般腌症候！陡恁的纳谏如流，轻贤傲士慢诸侯。"《大词典》首引《董西厢》例，是。

61. 堵当（1次）

一时间怎堵当？从来固济得牢。（卷二【般涉调·墙头花】）

堵当：抵挡，对付。自亦作"赌当"，或倒作当赌、当堵、当睹、当覩，音义并同[①]。同期用例，如《刘知远》卷十二【仙吕调·绣带儿】："壮丁首领，欲待拿捉难当覩。""堵当"下，《大词典》首引《董西厢》例，是。

62. 多大小（1次）

张兄淫滥如猪狗。若夫人知道，多大小出丑！（卷四【仙吕调·绣带儿】）

多大小：多么。又作"多大、多大来、多来大、多少大"，后期用例，如元·李致远《粉蝶儿·拟渊明》曲："问因宜把功名弃。岂不见张良、范蠡，这两个多大得便宜。""多大小"下，《大词典》首引《董西厢》例，是。

63. 掇肩（1次）

① 参看王学奇、王静竹《宋金元明清曲辞通释》，语文出版社2002年版，第324页。

气扑扑走得掇肩的喘，胜到莺莺前面，把一天来好事都惊散。（卷一【仙吕调·绣带儿·尾】）

掇肩：肩膀耸动。同期用例，如《刘知远》卷十二【越调·踏阵马·尾】："各自气力难为辨，暂时权歇于阵面，手凭凋鞍掇肩地喘。"《大词典》失收，当补。

64. 二哥（1 次）

正疑惑之际，二哥推户。（卷一【黄钟调·侍香金童】）

二哥：小二哥的敬称。《大词典》首引《董西厢》例，是。同期《刘知远》有用例，但用为"泛指兄弟中排行第二者"，如卷一【黄钟宫·快活年·尾】："乐极悲来也凋厥，这好事果然磨灭，道：'大哥共二哥来到也。'"

65. 二四（4 次）

一言赖语都是二四！没性气闲男女，不道是哑你，你唤做是实志。（卷五【仙吕调·满江红】）

二四：无赖；放肆。与"放"连用为"放二四"，便活画出一个肆无忌惮、恣意妄为的无赖者的形象[①]。后期用例，如《元刊杂剧·好酒赵元遇上皇好酒赵元遇上皇》第一折【仙吕·赏花时】："则为一儿非俗离故乡，二四的司公能主仗，三个人狠心肠，做夫妻四年向上，五十次告官房。"《大词典》首引《董西厢》例，是。

① 参看王学奇、王静竹《宋金元明清曲辞通释》，语文出版社 2002 年版，第 344 页。

66. 发业（1次）

好发业，泪漫漫地会圣也难交睫。（卷七【正宫·梁州令断送·赚】）

发业：作怪。《大词典》仅引《董西厢》例，其他文献不多见。

67. 方本（1次）

这些病何时可？待医来却又无个方本。（卷一【正宫·万金台】）

方本：指记载医方的书。《大词典》仅引《董西厢》例，其他文献不多见。

68. 非灾（1次）

当日全家遇非灾。夫人心下惊骇，与眷爱家属，尽没逃生之计，仿佛遭残害。（卷四【般涉调·哨遍缠令】）

非灾：意外的灾祸。后期用例，如《元刊杂剧·公孙汗衫记》第三折【中吕·粉蝶儿·幺篇】："当年认得不良才，是俺一家儿横祸非灾。"《大词典》首引《董西厢》例，是。

69. 风珂（1次）

嘶风的骄马弄风珂，雄雄军势恶。（卷三【中吕调·青山口】）

风珂：指马勒上随风摆动的玉制装饰品。《大词典》仅引《董西厢》例，其他文献不多见。

70. 风魔（11次）

觑着红娘道："怎敢如此！打脊风魔虔妮子！"（卷四【仙吕调·赏花时·尾】）

风魔：形容言行轻狂、放浪不羁。《大词典》首引《董西厢》例，甚是。同期用例，如《云笈七籤》卷一一九："亲戚家女使，近患风魔疾，尚未甚困。" 义为"发疯，癫狂"。

71. 伏输（2次）

譬如蹉踏俺寺家门户，不如守着你娘坟墓。俺也不是厮虎，孩儿每早早地伏输。（卷二【黄钟调·柳叶儿】）

伏输：认输。《大词典》首引《董西厢》例，甚是。后期用例，如元·尚仲贤《汉高皇濯足气英布》第四折【黄钟·醉花阴】："俺则见楚汉争锋兢寰土，那楚霸王肯甘心伏输。"

72. 改抹（1次）

贤不是九伯与风尘，世言了怎改抹？（卷二【黄钟宫·出队子】）

改抹：改变，更动。"改抹"本为"涂改文字"义，如宋·曾季狸《艇斋诗话》："予幼学为诗，未尝经先达改抹。" 引申为"改变，更动"，《董西厢》用其引申义，后期用例，如元王晫《折桂令·问双渐》套曲："小苏卿窑变了心肠，改抹了姻缘。"

73. 盖头（1次）

右壁个佳人举止轻盈，脸儿说不得的抢，把盖头儿揭起，不甚梳妆，自然异常。（卷一【越调·青山口】）

盖头：旧时举行婚礼时新娘蒙头的头巾，入洞房后由新郎揭起。同期用例，如《张协状元》第五十三出【幽花子】："盖头试待都揭起。" 宋·吴自牧《梦粱录·嫁娶》："（两新人）并立堂前，遂请男家双全女亲，以秤或用机杼挑盖头，方露花容。”

74. 赶上（1次）

将军败，有机变。不合追赶，赶上落便宜，输他方便。（卷二【正宫·文序子】）

赶上：追上；跟上。同期用例，如《朱子语类》卷三十六“颜渊喟然叹章”：“此是颜子当初寻讨不著时节，瞻之却似在前，及到著力赶上，又却在后。”《大词典》首引《西游记》第六回：“真君见他败走，大步赶上。”嫌晚。

75. 圪登登（1次）

华山又高，秦川又杳，过了无限野水横桥，骑着瘦马儿圪登登的又上长安道。（卷六【仙吕调·醉落魄缠令·尾】）

圪登登：象声词。形容马蹄着地声。亦可写作“疙登登、圪登登、圪蹬蹬、吉登登、吉蹬蹬”[①]等，后期用例，如元·郑光祖《倩女离魂》第一折【仙吕·柳叶儿】：“见淅零零满江干楼阁，我各刺刺坐车儿懒过溪桥，他圪蹬蹬马蹄儿倦上皇州道。”《大词典》仅引《董西厢》例，未及探流。

76. 根前／跟前（2次）

手撩衣袂，大踏步走至根前，欲推户。（卷一【大石调·伊州衮】）

根前：面前。“根”通“跟”，“根前”即“跟前”，如《董西厢》

① 参看王学奇、王静竹《宋金元明清曲辞通释》，语文出版社2002年版，第392页。

卷一【仙吕调·醉落魄·尾】:"到跟前，方知是，觑牌额分明是敕赐，写着簸箕来大六个浑金字。"《大词典》首引《董西厢》例，甚是。

77. 更夜（5次）

问莺莺更夜如何背游私地，有谁存活？诸侍婢莫敢形言，约多时，有口浑如锁。（卷六【大石调·红罗袄】）

更夜：深夜。《大词典》首引《董西厢》例，甚是。其他文献不多见。

78. 更做（3次）

官人每更做担饶你，须监守得你几夜。（卷三【双调·搅筝琶】）

更做：纵然；即使。也可做"更做道、更做到、更则道"，"到，'道'的假借字，'是'的意思。做、则一声之转。"[①] 后期用例，如《元刊杂剧·尉迟恭三夺槊》第一折【仙吕·后庭花】:"更做道世事云千变，敬德呵则消得功名纸半纸。"《大词典》首引《董西厢》例，是。

79. 骨辘辘（1次）

痒如如把心不定，肚皮儿里骨辘辘地雷鸣，眼悬悬地专盼着人来请。（卷三【仙吕调·恋香衾·尾】）

骨辘辘：象声词。旋转流动貌。字又作"骨碌碌""骨琭琭""骨

① 王学奇、王静竹《宋金元明清曲辞通释》，语文出版社2002年版，第400页。

噜噜”“骨鲁鲁”“古鲁鲁”“古鹿鹿”，义并同[①]。后期用例，如元·关汉卿《钱大尹智勘绯衣梦》第三折【越调·幺篇】：“他直挺挺的眉剔竖，骨碌碌的眼圆睁，叫一声：白日里要见簸箕星！”《大词典》仅引《董西厢》例，未及探流。

80. 骨子（2次）

仆使阶前忙应喏，骨子气喘不迭，满面征尘。（卷七【仙吕调·满江红】）

骨子：兀自。本字当作“兀自”，“兀亦作古或骨，自亦作子，随声取义，字无定形也。”[②]如《董西厢》卷四【黄钟宫·侍香金童缠令】：“天色儿又待明也，不知做甚么，书帏里兀自点着灯火。”《大词典》首引《董西厢》例，是。

81. 挂念（1次）

没一个日头儿心放闲，没一个时辰儿不挂念，没一个夜儿不梦见。（卷一【中吕调·碧牡丹·尾】）

挂念：想念；放心不下。《大词典》首引《京本通俗小说·错斩崔宁》：“时常挂念，思欲做些功德，超度他们。”嫌晚。

82. 乖眼（1次）

一双乖眼，果是杀人不斩。（卷二【仙吕调·绣带儿】）

乖眼：怪眼，凶眼。《大词典》仅引《董西厢》例，其他文献不

① 参看王学奇、王静竹《宋金元明清曲辞通释》，语文出版社2002年版，第413页。

② 张相《诗词曲语辞汇释》，中华书局1953年版，第740页。

多见。

83. 关亲（1次）

告吾师：杜太守端的是何人，与自家是旧友关亲？（卷八【高平调·于飞乐】）

关亲：亲属。后期用例，如元·石君宝《秋胡戏妻》第一折【仙吕·赚煞】：“（正旦唱）早不由人，和他身上关亲，（云）我想夜来过门，今日当军去。”清·胡文英《吴下方言考》卷四：“关亲，犹言痛痒相关之亲也，今吴中凡有丝萝皆曰关亲。”《大词典》首引《董西厢》例，是。

84. 鬼病（3次）

十分来的鬼病，九分来痊瘥。（卷五【中吕调·木兰花】）

鬼病：难以告人的怪病。指相思病。同期用例，如宋·石孝友《惜奴娇》词：“合下相逢，算鬼病，须沾惹。闲深里，做场话霸。”《大词典》首引《董西厢》例，是。

85. 过火（1次）

没些儿斟量，没些儿惺惮，做得过火。（卷六【大石调·红罗袄】）

过火：说话、做事超过适当的分寸或限度。同期用例，如宋·杨泽民《满路花》词：“愁得鬓丝斑，没得心肠破。上梢恩共爱，忒过火。”《大词典》首引《董西厢》例，是。

86. 害怕（2次）

一个走不迭和尚，被小校活拏，諕得脸儿来浑如蜡滓，几

般来害怕。(卷二【大石调·玉翼蝉】)

害怕：因遇到危险、困难而畏惧或发慌。《大词典》首引《水浒传》第四四回："杨雄道：'多谢这个兄弟救护了我，打得张保那厮见影也害怕。'" 嫌晚。

87. 好不（4 次）

红娘，你好不分晓，甚把我拦截？（卷四【双调·搅筝琶】）

好不：多么，很。同期用例，如《张协状元》第三十二出："那胜花娘子一意要嫁状元，那张状元心下好不活落。"《大词典》首引《京本通俗小说·志诚张主管》："小夫人自思量：我恁地一个人，许多房奁，却嫁一个白须老儿，好不生烦恼！" 嫌晚。

88. 合休（1 次）

贼军厮见，道："咱性命合休也！"(卷三【般涉调·墙头花】)

合休：该死。《大词典》首引《水浒传》第二回："这厮合休，我教他两个一发解官。" 嫌晚。

89. 和铎（1 次）

板钢斧劈群刀砍，一地里热闹和铎。(卷二【般涉调·柘枝令】)

和铎：起哄。《大词典》仅引《董西厢》例，其他文献不多见。

90. 啐（1 次）

是日张生正郁闷，闻言点头微哂，道："九百孩儿，休把人厮啐，你甚胡来我怎信？"(卷三【仙吕调·恋香衾】)

啐：哄骗。《大词典》仅引《董西厢》例，后期虽有使用，但义不同，为“厉声吩咐”，如《西游记》第八三回：“(哪吒太子)啐声‘天兵，取下缚妖索，把那些妖精都捆了！’……返云光，一齐出洞。”

91. 洪威（1次）

伏启将军：天姿神策，人仰洪威。(卷二【小石调·花心动】)

洪威：强大的威力。后期用例，如《西游记》第八十一回：“只是眼下有件事儿不尴尬，一进门就要说，恐怕冒犯洪威，却才斋罢，方敢大胆奉告。”《大词典》首引《董西厢》例，是。

92. 后巷前街（1次）

蒲城里岂辨个后巷前街，变做尸山血海。(卷二【正宫·文序子缠】)

后巷前街：后面的巷子前面的街道。后期用例，如《元刊杂剧·新编关目公孙汗衫记》第三折【中吕·粉蝶儿】：“绕着后巷前街，叫化些余食剩汤残菜，受了些相欺雪压风筛。”《大词典》失收。

93. 忽哨（1次）

口儿里不住，只管吃地忽哨。(卷五【中吕调·碧牡丹】)

忽哨：指撮唇吹出的一种尖锐的声音。后期用例，如第十八回：“个个忽哨一声，芦苇丛中，出四五个打鱼的人来，都上了船。”《大词典》首引《董西厢》例，是。字亦作“呼哨、忽哨、胡哨、唿哨”，义有时不尽相同，如《刘知远》卷十一【般涉调·苏幕遮·尾】：“呼哨一声，洪信和两个妇人以圣至。”用作“呼啸，高叫声”。

94. 鹘鸰（5次）

这一双鹘鸰眼，须看了可憎底千万，兀底般媚脸儿不曾见。（卷一【仙吕调·点绛唇缠·尾】）

虽为个侍婢，举止皆奇妙。那些儿鹘鸰那些儿掉。（卷一【般涉调·墙头花】）

鹘鸰：即隼，鸟名，似鹰而小，因它的眼睛很明亮、锐利和灵活，故用以形容人的眼睛明亮、锐利和灵活[①]；引申为“聪明伶俐”。上《董西厢》两例，一为本义，一为引申义。字亦作“鹘伶、胡伶、胡怜”。后期用例，如元·王实甫《西厢记杂剧》一本二折【小梁州】：“胡伶渌老不寻常，偷睛望，眼挫里抹张郎。”元·宋方壶《红绣鞋·阅世》曲：“懵懂的怜瞌睡，鹘伶的惜惺惺。”“鹘鸰”的本义，《大词典》首引元·无名氏《陈州粜米》第一折：“若不沙，则我这双儿鹘鸰也似眼中睛，应不瞑。”嫌晚。“鹘鸰”的引申义，《大词典》首引《董西厢》例，是。

95. 胡来（3次）

不曾胡来，俏倬是生涯。（卷一【仙吕调·醉落魄缠令】）

胡来：乱动；胡搞。后期用例，如元·张养浩《中吕·普天乐》曲：“空快活了湘江鱼虾蟹，这先生畅好是胡来。”《大词典》首引《董西厢》例，是。

96. 胡嘌（1次）

---

① 王学奇、王静竹《宋金元明清曲辞通释》，语文出版社2002年版，第470页。

盛说法，打匹似闲喒诨；正念佛作偈，把美令儿胡嘌。（卷一【般涉调·哨遍缠令】）

胡嘌：乱唱；乱说。后期用例，如汤显祖《牡丹亭》第十四出【鲍老催】："要练化绡，帘儿莹、边阑小，教他有人问著休胡嘌。"《大词典》首引《董西厢》例，是。

97. 胡想（1次）

先辈休胡想。一一话行藏，不是贫僧说谎。（卷一【大石调·蓦山溪】）

胡想：不切实际地瞎想，乱想。后期用例，如《二刻拍案惊奇》卷十："我看自家晚间尽有精神，只怕还养得出来，你不要胡想！"《大词典》失收，当补。

98. 花唇（2次）

俺又本无心，把你僧家混耗，甚花唇儿故来相恼！（卷二【般涉调·长寿仙衮】）

花唇：花巧的嘴唇；谓花言巧语。《大词典》首引《董西厢》例，是。

99. 荒疏（1次）

小生目下，身居贫贱，粗无德行，情性荒疏学艺浅。（卷六【大石调·玉翼蝉】）

荒疏：懈怠。《大词典》首引《董西厢》，是。同期亦有用例，但用作"指学业、技术因不常习用而致生疏"，如《朱子语类》卷一百三十九"论文上"："然而掉了底便荒疏，只管用功底又较精。"

100. 会子（1 次）

若使颗硃砂印，便是偷情帖儿，私期会子。（卷五【仙吕调·满江红】）

会子：约会的帖子；凭据。在此义上，《大词典》仅引《董西厢》例，其他文献不多见。

101. 昏惨惨（1 次）

兀的不烦恼煞人也！灯儿一点甫能吹灭，雨儿歇，闪出昏惨惨的半窗月。（卷六【越调·斤前柳缠令·尾】）

昏惨惨：形容昏暗。同期用例，如宋·王质《浣溪沙·有感》词："眼共云山昏惨惨，心随烟水去悠悠。"《大词典》首引《董西厢》例，是。

102. 混耗（1 次）

俺又本无心，把你僧家混耗。甚花唇儿故来相恼？（卷二【般涉调·长寿仙衮】）

混耗：打扰，骚扰。《大词典》仅引《董西厢》例，其他文献不多见。

103. 活撮（1 例）

是世间虫蚁儿里的活撮，叨叨的絮得人怎过（卷六【黄钟宫·整金冠令】）

活撮：讨厌物。凌景埏（1978：137）注为"讨厌的东西"；徐嘉瑞（1948：23）释为"可恨"；朱居易（1956：174）释作"讨厌物"；陆澹安（1981：300）解为"厌物"，大同小异。然《大词典》

和王学奇、王静竹（2002：505）释为“小女儿”，后者并加括注：“陆澹安在《戏曲词语汇释》中注‘活撮’为‘厌物’，凌景埏在《董西厢》中注‘活撮’为‘可厌、讨嫌的东西’，均非是。”联系后代用例，即元·杨显之《酷寒亭》第三折【南吕·贺新郎】：“题名儿骂了孜孜的唾，骂那无正事颓唆，则待折损杀业种活撮。”“活撮”与“业种”连文，骂人义不言自明，而此句说的是郑孔目亡了前妻，新招了个后尧婆，折倒他前家一双儿女。显然，“活撮”的“儿女”义受语境所限，《大词典》和王学奇、王静竹是随文释义。同时，王学奇、王静竹还指出“活”有“聒”（guō）音，与“孤”通用，“活撮”一作“孤撮”，如元·无名氏《货郎旦》第一折【仙吕·赚煞】：“若非是小孤撮，叫我一声娘呵，兀的不怨恨冲天气杀我。”“活（guō）”“孤”同属见母，韵部稍异，一为末韵，一为模韵，通用也有可能。《大词典》首引《董西厢》例，是。

104. 几般 / 几般儿（2 次）

早见女孩儿家心肠软，諕得颤着一团，几般儿害羞赧。（卷一【仙吕调·绣带儿】）

几般 / 几般儿：多么，何等。《大词典》首引宋·辛弃疾《锦帐春》词：“几许风流，几般娇懒。”是。

105. 咭哰（2 次）

甚不肯承当，抵死讳定，只管厮瞒昧，只管厮咭哰？（卷六【中吕调·牧羊关】）

咭哰：欺骗，捉弄。《大词典》仅引《董西厢》例，其他文献不多见。

106. 急煎煎（2 次）

淅零零地雨打芭蕉叶，急煎煎的促织儿声相接。（卷六【越调·山麻秸】）

急煎煎：焦急貌；烦躁貌。后期用例，如《元刊杂剧·张鼎智勘魔合罗》第二折【黄钟·刮地风】："眼盼盼的妻儿音杳，急煎煎心痒难揉，慢腾腾行出灵神庙。"《大词典》首引《董西厢》例，是。

107. 疾憎（1 次）

与那五百年前疾憎的冤家，正打个照面。（卷一【双调·文如锦·尾】）

疾憎：非常可厌，"可爱"的反语。《大词典》仅引《董西厢》例，其他文献不多见。

108. 髻角（1 次）

须臾至，髻角儿如鸦，头绪儿白。（卷三【大石调·红罗袄】）

髻角：男孩的发髻。后期用例，如元·王伯成《赠长春宫雪庵学士》套曲："鬅松鬓，不分髻角，焉用冠簪。"《大词典》首引《董西厢》例，是。

109. 济楚（2 次）

一个个旖旎风流济楚，不比其余。（卷一【仙吕调·太平赚】）

济楚：美好，也作"齐楚、济济楚楚、挤楚"[①]，《大词典》首引

① 参看王学奇、王静竹《宋金元明清曲辞通释》，语文出版社 2002 年版，第 524 页。

宋·柳永《木兰花》词："心娘自小能歌舞，举意动容皆济楚。"是。

110. 夹衩（1次）

夫人可来夹衩，刚强与张生说话，道："礼数不周休怪呵！教我女儿见哥哥咱。"（卷三【仙吕调·乐神令】）

夹衩：夹在中间，把事岔开。《大词典》仅引《董西厢》例，其他文献不多见。

111. 佳耗（1次）

无处通佳耗，无计传芳信。（卷一【中吕调·牧羊关】）

佳耗：好消息。同期用例，如晁补之《安公子·和次膺叔》："似近日、曾教青鸟传佳耗。学凤箫、拟入烟萝道。"《大词典》失收。

112. 佳配（2次）

张生因而下泪以跪，说道："不合问个小娘子年纪。"相国夫人道："十七岁。"张生道："因甚没佳配？"（卷三【仙吕调·乐神令】）

佳配：佳偶，称心的配偶。《大词典》首引明·高明《琵琶记·牛氏规奴》："少甚么王子王孙，争要求为佳配。"嫌晚。

113. 尖刀（1次）

莺莺向窗那畔也知道，九曲柔肠，似万口尖刀搅。（卷七【南吕宫·一枝花缠】）

尖刀：前端尖锐的短柄小刀。同期用例，如《苏轼集》卷六十一《乞将合转一官与李直方酬奖状》："内董安仍更用尖刀割断脚筋，其余割取头发，及杀伤者不可胜数。"《大词典》首引《儿女英雄传》

第六回："那凶僧手执尖刀，望定了安公子的心窝儿才要下手……只见斜刺里一道白光，闪烁烁从半空里扑了下来。"嫌晚。

114. 肩磨（1 次）

孙飞虎諕得来肩磨，魂魄离壳。（卷三【越调·斗鹌鹑缠令·尾】）

肩磨：肩膀耸动，发抖。《大词典》失收，其他文献不多见。

115. 娇娇（1 次）

红妆皱也娇娇羞，腰肢困也微微喘。（卷五【中吕调·千秋节】）

娇娇：娇娇滴滴。《大词典》首引《西游补》第七回："当时项羽又对行者道：'……等我一当讲平话相伴，二当出气。'行者娇娇儿应道：'愿大王平怒，慢慢说来。'"嫌晚。

116. 缴缠（1 次）

不惟道鬼病相持，更有邪神缴缠。（卷六【中吕调·石榴花】）

缴缠：纠缠；缠绕。后期用例，如元·孙周卿《水仙子·舟中》曲："诗和雪缴缠，一笑琅然。"《大词典》首引《董西厢》例，是。

117. 解劝（1 次）

莫推辞，休解劝。你道是有人家宅眷，我甚恰才见水月观音现？（卷一【仙吕调·惜黄花·尾】）

解劝：劝解，劝导宽解。《大词典》首引《水浒传》第十四回："他和小人斗了五十合，教授解劝在此。"嫌晚。

118. 金凿（1 次）

春笋般指头儿十个，与张弓怎发金凿？（卷二【黄钟宫·柳叶儿】）

金凿：箭。《大词典》仅引《董西厢》例，其他文献不多见。

119. 近傍（1 次）

弓弩如何近傍，铁棒浑如遮箭牌。（卷二【仙吕调·一斛叉】）

近傍：接近，靠近。同期用例，如《张协状元》第二十出："自家不因灾祸，谁肯近傍你每。"《大词典》首引《董西厢》例，是。

120. 揪捽（1 次）

欲待揪捽没头发，扯住那半扇云衲，屹搭搭地直驱来马直下。（卷二【大石调·玉翼蝉·尾】）

揪捽：扭抓。后期用例，如《元刊杂剧·好酒赵元遇上皇》第二折【南吕·感皇恩】："则听得絮叨叨不住的骂寒儒，不住地推来抢去，则管扯拽揪捽。"《大词典》首引《董西厢》例，是。

121. 就亲（4 次）

今朝正是个成婚日，那家多应、管准备那就亲筵席。（第三折【高平调·木兰花】）

就亲：完婚，成亲。后期用例，如元·关汉卿《山神庙裴度还带》第四折【殿前欢】："绣球儿抛得风团顺，肯分的正中吾身。（媒人云）请状元下马就亲！"《大词典》首引《董西厢》例，甚是。

122. 局段（1 次）

说尽虚脾，使尽局段，把人赢勾厮欺谩，天须开眼！（卷七【中吕调·古轮台】）

局段：手段，计谋，亦即设圈套以骗人也。也作“局断、局段儿、局断儿”。后期用例，如彭寿之套数《仙吕·八声甘州》：“机谋主仗风月景，局断经营腌臜乡。”曾瑞《红绣鞋·风情》：“假认义做哥哥般亲厚，行人情似妹妹般追逐，着小局断儿包藏着鬼胡由。”《大词典》首引《董西厢》例，是。

123. 开斋（1 次）

心口自思念，戒刀举今日开斋，铁棒有打錾。（卷二【仙吕调·绣带儿】）

开斋：比喻开杀戒。《大词典》仅引《董西厢》例，其他文献不多见。

124. 可来（4 次）

忒昏沉，忒粗鲁，没掂三，没思虑，可来慕古。（卷一【大石调·伊州衮】）

前日，想娘娘可来惊悸？（卷三【双调·惜奴娇】）

可来：①却。来，语助词。②可曾，是否。来，语助词。二义项下《大词典》均只引《董西厢》例，其他文献不多见。

125. 可怜见（3 次）

到此际，兀谁可怜见我这里！（卷五【仙吕调·瑞莲儿】）

可怜见：见，词尾，无义。怜爱。后期用例，如《元刊杂剧·看钱奴买冤家债主》第二折【正宫·呆古朵】：“奶奶可怜见小冤家把你做七世亲娘拜，高抬手饶过这婴孩。”《大词典》首引《董西厢》例，是。

126. 可体（1 次）

青衫忒离俗，裁得畅可体，褑儿是吴绫，件件都受取。（卷七【越调·揭钵子】）

可体：合身。后期用例，如元·高文秀《须贾大夫谇范叔》第三折【正宫·伴读书】：“（须贾云）这绨袍穿着，倒也可体。”《大词典》首引《董西厢》例，是。

127. 口啜（1 次）

口啜似猫坑，咽喉似泼忏。（卷七【中吕调·牧羊关】）

凌本注：“口啜，嘴。”张炳森（1999）对此提出疑义，释为“口臭”。凌本所注甚确，张炳森无烦另出新解。《说文·口部》：“啜，尝也。从口，叕声。一曰喙也。”明确注“啜”一曰“喙”。《金陵六院市语》：“啜者，嘴也。”“口”与“啜”同义连文。《大词典》仅引《董西厢》例，其他文献不多见。

128. 口茄目瞠（1 次）

口茄目瞠面如土，諕杀那诸僧和寺主，气喘不迭叫苦。（卷一【商调·定风波·尾】）

口茄目瞠：犹口呆目瞪；形容吃惊。《大词典》仅引《董西厢》例，其他文献不多见。

129. 宽褪（1 次）

罗衣宽褪肌如削，闷答孩地独自个。（卷六【黄钟宫·四门子】）

宽褪：谓因瘦损而觉衣服肥大。后期用例，如元·李子昌《正宫·梁州令南》:“瘦伶仃宽褪了绛裙，病恹恹泪湿罗帕。”《大词典》首引元·王实甫《西厢记》第二本第一折:“恹恹瘦损，早是伤神，那值残春。罗衣宽褪，能消几度黄昏？”嫌晚。

130. 狂獐（1次）

和尚，休要狂獐等待着！（卷二【大石调·玉翼蝉】）

狂獐:犹猖狂。《大词典》仅引《董西厢》例，其他文献不多见。

131. 旷脚（1次）

旷脚、驼腰、秃鬓、黄牙、乌眼。（卷七【中吕调·古轮台】）

旷脚:跛脚。《大词典》仅引《董西厢》例，其他文献不多见。

132. 髡囚（1次）

打脊的髡囚，怎敢把爷违拗？俺又本无心，把你僧家混耗。（卷二【般涉调·长寿仙衮】）

髡囚:秃头囚徒；对僧人的蔑称。后期用例，如《喻世明言》第三十五卷:“案款已成招状了，遭刑。棒杀髡囚示万民。”《大词典》首引《董西厢》例，是。

133. 辣浪（1次）

辣浪相如，薄情卓氏，因循堕了题桥志。（卷五【中吕调·踏莎行】）

辣浪:放浪不拘。后期用例，如《新编五代史平话·汉史上》:“奈知远是个辣浪心性人，有钱便爱使，有酒便爱吃，怎生留得钱住？”《大词典》首引《董西厢》例，是。

134. 浪儿（2次）

穷缀作，腌对付，怕曲儿捻到风流处，教普天下颠不剌的浪儿每许。（卷一【般涉调·哨遍·尾】）

浪儿：风流子弟。《大词典》首引《董西厢》例，是。也作“浪子”，如宋·徐梦莘《三朝北盟会编》卷二三六：“韩之纯，轻薄不顾士行之人也，平日以浪子自名，喜嬉娼家，好为淫媟之语。”

135. 劳攘 / 劳劳攘攘（5 次）

张生闻语，转转心劳攘（卷一【大石调·蓦山溪了】）

劳攘：形容心情烦躁不安。《大词典》首引《董西厢》例，是。也可作“纷扰，纷乱”义，如《朱子语类》卷六七：“某近看《易》，见得圣人本无许多劳攘，自是后世一向乱说，妄意增减，硬要作一说以强通其义。”

136. 老虔婆（1 次）

是俺失所算，谩摧挫，被这个积世的老虔婆瞒过我。（卷三【南吕宫·三煞】）

老虔婆：詈词。称奸诈狡猾的老妇。《大词典》首引元·石德玉《曲江池》第四折：“原来是搅肚蛆肠的老虔婆，将瓦罐都打破。”嫌晚。

137. 磊浪（1 次）

甚严洁，甚磊浪，法堂里摆列着诸天圣像。（卷一【越调·斗鹌鹑】）

磊浪：雄伟貌。《大词典》仅引《董西厢》例，其他文献不多见。

138. 冷破（1 次）

怎吃受夫人看冷破，云雨怎成合？也啰！（卷五【高平

调·糖多令】)

冷破：破绽。后期用例，如《清平山堂话本·杨温拦路虎传》：“杨三是行家，使棒的叫做腾倒，见了冷破，再使一合。”《大词典》首引《董西厢》例，是。

139. 离缺（2 次）

恰俺与莺莺，鸳帏暂相守，被功名使人离缺。(卷六【大石调·玉翼蝉】)

离缺：分离。同期用例，如柳永《小镇西》：“久离缺。夜来魂梦里，尤花殢雪。分明是旧家时节。”《大词典》仅引《董西厢》例，可补同期其他用例。

140. 连天叫苦（1 次）

马过处连天叫苦，血污溅尘埃。(卷二【仙吕调·一斛叉】)

连天叫苦：不停地叫苦。后期用例，如《聊斋俚曲集·寒森曲》第七回：“看见那众人丢在河里，被那些恶蛇缠绕，连天叫苦。”《大词典》失收，当补。

141. 怜宠（2 次）

锦被翻红浪，最美是玉臂相交，偎香恣怜宠。(卷五【仙吕调·绣带儿】)

怜宠：宠爱。后期用例，如元·柯丹邱《荆钗记》第十二出【惜奴娇】：“[旦]空空，愧乏房奁来陪奉，望高堂垂怜宠。”《大词典》仅引《董西厢》例，未及讨流。

142. 脸道（1次）

我还归去，若见乡里亲知，甚脸道？（卷八【大石调·伊州兖】）

脸道：颜面；脸蛋。"'道'是在称呼人体某一部分时所用的语尾助词，犹如称'脚'为'撇道'或'拆道'，称'腰'为'腰道'，称'眼'为'旋道'，称'眼泪'为'泪道'。"[①] "敛道/脸道"本指"脸"，这里引申为"脸面，颜面"，是宋金产生的新词。《大词典》仅引《董西厢》例，其实《刘知远》中的"敛道"即是"脸道"。《张协状元》也有用例，如第十六出："（末）甚般敛道！你好似一只棹子。"可补。又作"庞道""厖道"，皆见于金以后文献，如元刊杂剧《薛仁贵衣锦还乡》第四折【双调·太平令】："生得庞道整、身子儿诈，戴着朵像生花，恰似普贤菩萨。"张可久小令《柳营曲·明月楼》："我志诚，你胡伶，一双儿可人厖道撑。"

143. 两下里（2次）

定是前缘，今宵免得，两下里孤眠。（卷四【双调·芰荷香】）

两下里：双方；两方面。同期用例，如宋·姚述尧《洞仙歌·七夕》："念岁岁年年，今夕之前，两下里、千山万水。"《大词典》首引《董西厢》例，是。

144. 膂血（2次）

不须骑战马，不须持寸铁，不须对阵争优劣。觑一觑教半

① 王学奇、王静竹《宋金元明清曲辞通释》，语文出版社2002年版，第801页。

万贼兵化做膋血。（卷二【般涉调·麻婆子·尾】）

膋血：浓血。《广韵·萧韵》："膋，肠间脂也。""膋血"指"浓血"。后期用例，如元·王实甫《西厢记》第四本第四折【双调·水仙子】："杜将军你知道他是英杰，觑一觑着你为了醯酱，指一指教你化做膋血。"《大词典》首引《董西厢》例，是。

145. 寮舍（3次）

向松亭那畔，花溪这壁，粉墙掩映，几间寮舍，半亚朱扉。（卷一【双调·文如锦】）

寮舍：犹房舍；亦特指僧舍。同期用例，如《五灯会元》卷十"清凉文益禅师"："师曰：'寮舍内商量，茶堂内商量？'"《大词典》仅引《董西厢》例，可补其他文献用例。

146. 料来（4次）

料来他一种芳心，尽知琴意，非不多情，自僝自僽。（卷四【中吕调·古轮台】）

料来：料想；估计。后期用例，如《醒世恒言》卷三十九："不难，不难，女娘弓鞋小脚，料来行不得远路，定然只在近处。"《大词典》首引《董西厢》例，是。

147. 列翅（1次）

列翅着脚儿，走到千遍；数幅花笺，相思字写满，无人敢暂传。（卷一【大石调·玉翼蝉】）

列翅：趔趄；脚步歪斜。《大词典》仅引《董西厢》例，其他文献不多见。

148. 劣角（1 次）

大抵这个酸丁忒劣角，风魔中占得个招讨。（卷一【般涉调·哨遍缠令】）

劣角：乖劣，顽皮。《大词典》仅引《董西厢》例，其他文献不多见。

149. 栊门（3 次）

玉漏迢迢二鼓过，月上庭柯，碧天空阔镜铜磨，哑地听栊门儿响，见巫娥。（卷五【正宫·梁州缠令】）

栊门：房门。后期用例，如《元刊杂剧·诈妮子调风月》第三折【越调·紫花儿序】:“（入房科）呼的关上栊门，铺的吹灭残灯。”《大词典》首引《董西厢》例，是。

150. 辘轴（1 次）

早是辘轴来粗细腰，穿领布袋来宽布衫。（卷七【中吕调·牧羊关】）

辘轴：农具名，用以平场圃或碾稻麦的石磙。后期用例，如元·石君宝《秋胡戏妻》第三折：“蚕茧纸难写姻缘簿，短桑科长不出连枝树，沤麻坑养不活比目鱼，辘轴上也打不出那连环玉。”《大词典》首引《董西厢》例，是。

151. 渌老（4 次）

那多情媚脸儿，那鹘鸰渌老儿，难道不清雅？见人不住偷睛抹。（卷一【中吕调·香风合缠令】）

渌老：眼睛。方诸生本《西厢》五之三注：“北人乡语，多以‘老’作衬字，如眼为睩老，鼻为嗅臭老，牙为柴老，耳为听老，手为爪老，拳为扣老，肚为庵老之类。"[①] 清·焦循《剧说》引《知新录》释《西厢》疑义云："渌老，谓眼也；亦作睩老。老是衬字，如身为躯老、手为爪老。"亦作绿老、六老、睩老、嚧老、胪老，后期用例很多，此不赘举。《大词典》首引《董西厢》例，是。

152. 抡摩（1次）

你肌骨似美人般软弱，与刀后怎生抡摩？（卷二【黄钟宫·柳叶儿】）

抡摩：旋转挥动。亦作"轮磨"，《大词典》仅引元·乔吉《两世姻缘》第一折："拖着条黄桑棒直轮磨到悲田院。"嫌晚，嫌少。

153. 买卦（1次）

不曾旧相识，不曾共说话；何须更买卦，已见十分掉不下。（卷一【中吕调·墙头花】）

买卦：占卦；求卜吉凶。后期用例，如《元刊杂剧·陈抟高卧》第二折【南吕·梁州第七】："从遇着那买卦的潜龙帝主，饶却算命的开国功臣，便即时拂袖归山隐。"《大词典》首引《董西厢》例，是。

154. 瞒昧（1次）

甚不肯承当，抵死讳定，只管厮瞒昧，只管厮咕哰？（卷六【中吕调·牧羊关】）

瞒昧：隐瞒欺骗。后期用例，如元·王仲文《救孝子贤母不认尸》第一折【仙吕·醉中天】："（诗云）老婆子心施巧计，将老夫当

① 参看张相《诗词曲语辞汇释》，中华书局1953年版，第843页。

面皤味。"《大词典》首引《董西厢》例，是。

155. 满门

骋些英烈，被俺咱都尽除灭，满门家眷得宁贴。（卷八【黄钟宫·赛儿令】）

满门：全家。《大词典》首引《水浒传》第八一回："临期闹了一场，不是我巧言奏过官家，别的人时，却不满门遭祸！"嫌晚。

156. 猫坑（1 次）

口啜似猫坑，咽喉似泼忏。（卷七【中吕调·牧羊关】）

猫坑：茅坑。《大词典》仅引《董西厢》例，后代文献多作"茅坑"，如明·梁辰鱼《浣纱记·访女》："我平日喜啖，新米饭吃八九碗，腌猪肉吃六七斤，好脾胃，夜间上茅坑或者有三四次。"《大词典》应不虑词形讨其流变。

157. 没掂三（1 次）

忒昏沉，忒粗鲁，没掂三，没思虑，可来慕古。（卷一【大石调·伊州衮】）

没掂三：原指金银如不经手再三掂量，就不知它的轻重[①]；引申为"不知轻重，欠考虑，糊涂"。后期用例，如《元刊杂剧·好酒赵元遇上皇》第四折【双调·乔牌儿】："这言语没掂三，可知水深把杖儿探。"《大词典》首引《董西厢》例，是。

① 参看王学奇、王静竹《宋金元明清曲辞通释》，语文出版社 2002 年版，第 722 页。

158. 梅犀（1次）

张珙殊无潘、沈才，辄把梅犀玷污。（卷五【正宫·甘草子】

梅犀：梅花的瓣子。凌景埏校注："梅犀玷污，隐喻男女欢合。梅犀，梅花的瓣子。"后期用例，如《牡丹亭》第三十出【醉太平】："喜蕉心暗展，一夜梅犀点污。"《大词典》仅引《董西厢》例，可讨其流变。

159. 媚媚（1次）

被头儿上泪点知多少，媚媚的不乾，抑也抑得着。（卷六【仙吕调·醉落魄缠令】）

媚媚：犹徐徐；缓慢貌。《大词典》仅引《董西厢》例，此义其他文献不多见。也用作"美好貌"，后期用例，如清·陈端生《再生缘》第一回："西墙初照媚媚月，万里无云净碧天。"

160. 闷答孩（7次）

闷答孩地倚着窗台儿盹，你寻思大小大郁闷？（卷一【中吕调·牧羊关】）

闷答孩：烦闷；答孩，语助词。又作"闷打孩、闷打颏"，如卷六【仙吕调·醉落魄缠令】："闷打孩似吃着没心草，越越的哭到月儿落。"后期用例，如元·白朴《唐明皇秋夜梧桐雨》第四折【正宫·倘秀才】："闷打颏和衣卧倒，软兀剌方才睡着。"《大词典》首引《董西厢》例，是。

161. 猛然（1次）

猛然离坐起，壁中间取下戒刀三尺。（卷八【中吕调·碧牡

丹】）

猛然：突然。《大词典》首引元·王实甫《西厢记》第四本第三折："我见他阁泪汪汪不敢垂，恐怕人知；猛然见了把头低，长吁气，推整素罗衣。"嫌晚。

162. 迷天（1次）

骋无赖，骋无赖，于中个首将罪过迷天大。（卷二【仙吕调·甘草子】）

迷天：形容极大。后期用例，如元·杨景贤《西游记》第十出【南吕·一枝花·幺】："他有浑世的愆，迷天罪，取经回后，正果圆寂。"《大词典》首引《董西厢》例，是。

163. 面磨罗（1次）

酒来后满盏家没命饮，面磨罗地甚情绪！（卷三【商调·玉抱肚】）

面磨罗：发呆，发痴，面部没有表情。凌本注："形容脸上无精打采的样子。"字又作面没罗、面波罗、面魔罗，后期用例，如元刊杂剧《小张屠焚儿救母》第二折【越调·寨儿令】："我心恍惚，面没罗，是谁人撒然惊觉我？"《大词典》首引《董西厢》例，是。

164. 明廉暗察（1次）

正不怕明廉暗察。信不让春秋里季札，治不让颍川黄霸。（卷八【大石调·还京乐】）

明廉暗察：明察暗访。后期用例，如《元典章·刑部》卷十四："又不合对邹玉、孙弼等二人诈说道，有圣旨并虎头金牌，充益都路明廉暗察，扇惑各人酒食。”《大词典》仅引《董西厢》例，可补其他文献用例。

165. 酩子里（1 次）

烦恼身心怎按纳？诵笃笃地酩子里骂。（卷三【仙吕调·乐神令】）

从自斋时，等到日转过，没个人偢问，酩子里忍饿。（卷三【高平调·木兰花】）

瞑子里：①暗地里；暗中。②无精打采；黯然。又作“瞑子里、冥子里、闵子里”，同期用例，如宋·赵长卿《簇水》词：“便把我、得人意处，闵子里、施纤手。”用如①义；后期用例，如《元曲选·梧桐叶》一折：“则今日从朝至昏，不离分寸，酩子里向晚妆楼，目断楚台云。”用如②义。义项①下，《大词典》首引《董西厢》例，是；义项②失收。

166. 摩弄（1 次）

更有甚功夫脱衣裳，便得个胸前，把奶儿摩弄。（卷五【大石调·洞仙歌】）

摩弄：抚摸，玩弄。字又作“磨弄”，如明·冯梦龙《挂枝儿·镜》：“镜子儿，亏你每日看人面，欢喜你，磨弄你，放你在跟前。”《大词典》首引《初刻拍案惊奇》卷一：“约得百两，便熔成一大锭，把一综红线，结成一绦，系在锭腰，放在枕边。夜来摩弄一番，方才睡下。”嫌晚。

167. 那里每（1次）

这些儿事体难分别，如今也，待怎者？莺莺情性，那里每也悄无了贞共烈！（卷八【黄钟宫·四门子】）

那里每：表疑问，怎么。后期用例，如元·关汉卿《哭存孝》第三折【尧民歌】："他把一条紫金梁生砍做两三截，阿者休波，是他便那里每分说？"《大词典》首引《董西厢》例，是。

168. 纳喊（1次）

催军的聒地轰声，纳喊的揭天唱叫。（卷二【般涉调·墙头花】）

纳喊：呐喊。后期用例，如《水浒传》第七十七回："语犹未绝，只听得后军纳喊，探子报道：'正西山后冲出一彪军来，把后军杀开做两处。'"《大词典》首引《董西厢》例，是。

169. 那些/那些儿（2次）

遮遮掩掩衫儿窄，那些袅袅婷婷体态，觑着剔团圆的明月伽伽地拜。（卷一【仙吕调·整花冠·尾】）

那些/那些儿：关联词，犹况、更，表示意思更进一层。后期用例，如元·石德玉《紫云庭》第三折："岂止这模样儿俊俏，则那些举止儿忒谦和。"《大词典》首引《董西厢》例，是。

170. 囊琴（1次）

今见先生囊琴一张，想留心积有日矣。（卷三【双调·御街行】）

囊琴：囊中之琴。《大词典》首引明·刘崧《题余仲扬画山水图为余自安赋》："囊琴未发弦未奏，已觉流水声洋洋。"嫌晚。

171. 能征惯战（1 次）

果是会相持，能征惯战，不荒不紧不忙，果手疾眼辨。（卷二【正宫·文序子】）

能征惯战：谓久经沙场，善于作战。后期用例，如元·关汉卿《邓夫人苦痛哭存孝》第二折【仙吕·点绛唇·尾声】："左哨三千番兵能征惯战，右哨三千番兵猛烈雄骁，合后三千番兵推粮运草。"《大词典》首引《董西厢》例，是。

172. 逆度（1 次）

无他言，惟恓怨泣涕而已。妾逆度之，似有所动。（卷四【中吕调·鹘打兔·尾】）

逆度：预测，揣度。《大词典》仅引《董西厢》例，其他文献不多见。

173. 拈折（1 次）

剔团圞的睁察杀人眼，嗔忿忿地斜横着打将鞭，咭叮地拈折点钢箭。（卷二【正宫·文序子·尾】）

拈折：掂折，折断。《大词典》首引《董西厢》例，其他文献不多见。

174. 捻捻腻腻

好风风韵韵，捻捻腻腻，济济楚楚。（卷三【商调·玉抱肚】）

捻捻腻腻：窈窕纤美貌。《大词典》仅引《董西厢》例，其他文献不多见。

175. 娘行（1次）

料得娘行不自由，眉上新愁压旧愁。（卷三【黄钟宫·出队子】）

娘行：女性通称。同期用例，如《张协状元》第十四出："论娘行恁娇媚，何不嫁个良壻？"《大词典》首引《董西厢》例，是。

176. 袅袅婷婷（1次）

遮遮掩掩衫儿窄，那些袅袅婷婷体态，觑着剔团圆的明月伽伽地拜。（卷一【仙吕调·整花冠·尾】）

袅袅婷婷：形容女子体态轻盈柔美。亦作"袅袅亭亭"，《大词典》首引元·张可久《折桂令·酒边分得卿字韵》曲："风风韵韵，袅袅亭亭。"嫌晚。

177. 孽相（1次）

一个孽相的蛾儿，绕定那灯儿来往。（卷三【中吕调·迎仙客】）

孽相：讨嫌，该死。《大词典》仅引《董西厢》例，其他文献不多见。

178. 奴哥（3次）

光景迅如梭，恹恹愁闷多，思量都为奴哥。（卷五【高平调·糖多令】）

奴哥：对女人的昵称。同期用例，如史浩《浣溪沙·即席次韵王正之觅迁哥鞋》："弓弓珠蹙杏红罗，即时分惠谢奴哥。"《大词典》首引《董西厢》例，是。

179. 女大不中留（1次）

休疙皱，常言道“女大不中留”。（卷六【仙吕调·六么令·尾】）

女大不中留：谓女子成年，须及时出嫁，不宜久留在家。后期用例，如元·白朴《裴少俊墙头马上》第四折【中吕·煞尾】：“（诗云）从来女大不中留，马上墙头亦好逑。”《大词典》首引《董西厢》例，是。

180. 瓯抠（1次）

生得眼脑瓯抠，人材猛浪。（卷二【双调·文如锦】）

瓯抠：凹凸不平；形容相貌奇异。《大词典》虽收，但未举例，可补《董西厢》例。

181. 攀绊（1次）

红娘曰：“休攀绊！”（卷五【南吕调·一枝花·尾】）

攀绊：牵扯。《大词典》仅引《董西厢》例，其他文献不多见。

182. 庞儿（9次）

朱樱一点衬腮霞，斜分着个庞儿鬓似鸦。（卷一【中吕调·香风合缠令】）

庞儿：脸庞。明徐渭《南词叙录》曰：“庞儿，貌也。”又作“厐儿、朧儿，鲍儿，朧儿”，义并同[①]。同期用例，如《刘知远》卷十二【大石调·伊州令】：“三娘陌地闻此语，陡把庞儿变。”《大词典》首

① 参看王学奇、王静竹《宋金元明清曲辞通释》，语文出版社2002年版，第801页。

引《董西厢》例，是。

183. 陪告（2 次）

那张生，闻得道，把旋阑儿披定，起来陪告。（卷五【高平调·木兰花】）

陪告：赔着小心诉说。后期用例，如《水浒传》第五十五回："宋江执杯向前陪告道：'见今宋江暂居水泊，专待朝廷招安，尽忠竭力报国。'"《大词典》首引《董西厢》例，是。

184. 鬅头（1 次）

几个鬅头的行者，着铁裰直掇，走离僧房。（卷二【双调·文如锦】）

鬅头：头发散乱貌。《大词典》首引《董西厢》例，是。

185. 擗掠（1 次）

一间儿半，擗掠得几般来清楚！（卷一【中吕调·碧牡丹】）

擗掠：收拾，安置。也作"擘掠"，后期用例，如元·朱庭玉《梁州第七·妓门庭》套曲："才擗掠的花笺脱洒，恰填还的酒债伶俐。"《大词典》首引《董西厢》例，是。

186. 平磋（1 次）

马上笑呵呵，把贼众欲平蹉。（卷三【越调·雪里梅】）

平磋：踏平，铲除。《大词典》失收，其他文献不多见。

187. 泼水难收（2 次）

事到而今，已装不卸，泼水难收怎奈何？（卷六【般涉调·沁园春】）

泼水难收：比喻不可挽回的局面。后期用例，如《元刊杂剧·楚昭王疏者下船》第二折【越调·鬼三台】："俺两口儿死后，子怕一家儿泼水难收，四口儿都遭机彀，几辈儿君王绝后。"《大词典》首引《董西厢》例，是。

188. 破设设（1次）

把破设设地偏衫揭将起，手提着戒刀三尺，道："我待与群贼做头抵。"（卷二【大石调·伊州衮·尾】）

破设设：形容破破烂烂。设设，语助词，无义。后期用例，如元·郑庭玉《宋上皇御断金凤钗》第三折【南吕·一枝花】："住着破设设坏屋三间，干受了冷清清寒窗十载。"《大词典》首引《董西厢》例，是。

189. 扑撒（1次）

张生闻语，扑撒了满怀里愁。（卷四【中吕调·古轮台】）

扑撒：驱散；散开。后期用例，如《金瓶梅》第十一回："西门庆才数子儿，被妇人把棋子扑撒乱了。"《大词典》首引《董西厢》例，是。

190. 铺谋（1次）

白甚铺谋退群贼，到今日方知是枉。（卷三【中吕调·棹孤舟缠令】）

铺谋：定计。字亦作"铺模"，重言之则曰"铺谋定计""定计铺谋""用计铺谋""用意铺谋""运计铺谋""运智铺谋""铺谋运智”[①]，后期用例，如《元刊杂剧·东窗事犯》第一折【仙吕·鹊踏枝】:“您划的定计铺谋，损害贤良。”《大词典》首引《董西厢》例，是。

191. 朴刀

话儿不提朴刀杆棒，长枪大马。（卷一【仙吕调·风吹荷叶】）

朴刀：古时武器，一种刀身窄长，刀柄较短的刀。同期用例，如《张协状元》第八出：“一条扁担，敌得塞幕里官兵；一柄朴刀，敢杀当巡底弓手。”《大词典》首引《董西厢》例，是。

192. 七角八角（1次）

把不定心中拘拘地跳，眼睁得七角八角，两个将军近不得脚。（卷二【大石调·伊川衮缠令·尾】）

七角八角：怒目圆睁，眼眦欲裂貌。《大词典》仅引《董西厢》例，其他文献不多见。

193. 恓楚（1次）

好恓楚，空闷乱，长叹吁。（卷七【大石调·玉翼蝉】）

恓楚:悲痛，凄凉。亦作“悽楚”，后期用例，如《元刊杂剧·李太白贬夜郎》第二折【正宫·端正好·煞尾】:“一年多，半载余，那里景凄凉，地悽楚。”《大词典》仅引《董西厢》例，未及探流。

194. 恓切（1次）

画橹声摇拽，水声呜咽，蝉声助恓切。（卷六【越调·厅前

---

① 参看王学奇、王静竹《宋金元明清曲辞通释》，语文出版社2002年版，第841页。

柳缠令】)

恓切：凄凉悲切。《大词典》首引明·汤显祖《牡丹亭·冥誓》：“他说的恁般分明，恁般恓切，是无是有，只得依言而行。”嫌晚。

195. 恰待（2次）

觑着阶址恰待褰衣跳，众人都諕得呆了，见阶下一人拍手笑。(卷二【大石调·还京乐·尾】)

恰待：刚要，正准备。《大词典》首引·元王实甫《西厢记》第五本第一折：“将腹中愁恰待伸诉，及至相逢一句也无。”嫌晚。

196. 恰正（2次）

恰正张生闷转加，蓦地红娘欢喜煞，叉手奉迎他。(卷三【仙吕调·赏花时】)

恰正：正当，适逢。同期用例，如宋·佚名《踏青游·游崔念四妓馆》：“识个人人，恰正二年欢会。似赌赛、六只浑四。”《大词典》仅引《董西厢》例，可补其他文献用例。

197. 挟老（1次）

行一似挟老，坐一似猢狲。(卷七【越调·青山口】)

挟老：骆驼。《大词典》仅引《董西厢》例，其他文献不多见。

198. 窍包（1次）

寄来的物件，斑管、瑶琴、簪是玉，窍包儿里一套衣服，怎不教人痛苦？（卷七【大石调·玉翼蝉】)

窍包：小巧的包裹。《大词典》仅引《董西厢》例，其他文献不多见。

199. 伽伽（2 次）

轻挪，伽伽地拜，百般的软和。（卷三【南吕宫·瑶台月】）

伽伽：深深地、姗姗地，形容恭敬虔诚的样子。后期用例，如元·关汉卿【黄钟·侍香金童】：“伽伽拜罢，频频祷祝：‘不求富贵豪奢，只愿得夫妻每早早圆备者！’”《大词典》首引《董西厢》例，是。

200. 秦楼谢馆（1 次）

秦楼谢馆鸳鸯幄，风流稍似有声价。（卷一【仙吕调·醉落魄缠令】）

秦楼谢馆：妓院。又作“秦楼楚馆”，同期用例，如刘祁《归潜志》卷十：“凡在院诸公，有侯门戚里者，有秦楼谢馆者，有田夫野老者。”《大词典》首引《董西厢》例，是。

201. 青虚（1 次）

三身殿琉璃吻，高接青虚；舍利塔金相轮，直侵碧汉。（卷一【仙吕调·醉落魄·尾】）

青虚：青天。《大词典》首引元·孟汉卿《魔合罗》第一折：“我则见雨迷了山岫，云锁了青虚。”嫌晚。

202. 清醮（1 次）

道了个万福传示了，姿姿媚媚地低声道：“明日相国夫人待做清醮。”（卷一【般涉调·墙头花·尾】）

清醮：谓道士设坛祈祷。《大词典》首引元·王实甫《西厢记》第一本第四折：“我只道这玉天仙离了碧霄，原来是可意种来清醮。”

嫌晚。

203. 躯老（2 次）

东倾西侧的做些腌躯老，闻生没死的陪笑。（卷五【高平调·木兰花】）

躯老：身段，模样。“躯老”本指“身体”，“身体为躯老”[①]，“身段、模样”乃其引申义，字亦作“躯劳、区老”，如《戏文三种·错立身》第十二出【四国朝】白：“庄家调判，难看区老。”在“身段、模样”义上，《大词典》首引《董西厢》例，甚是。

204. 曲匜（1 次）

曲匜了半晌，收身强起，伤自家来得较迟。（卷七【仙吕调·香山会】）

曲匜：曲转。《大词典》仅引《董西厢》例，其他文献不多见。

205. 痊较（1 次）

小诗便是得效药，读罢顿然痊较。（卷五【中吕调·碧牡丹】）

痊较：痊愈。《大词典》仅引《董西厢》例，其他文献不多见。

206. 泉世（1 次）

妹子、夫人记相识，多应管命归泉世。（卷五【黄钟宫·降黄龙兖缠令·尾】）

泉世：泉下。同期用例，如《张协状元》第四十二出：“相府之家有一女，求汝为东床女婿，你只不肯，带累我女一息不来，早归

① 王学奇、王静竹《宋金元明清曲辞通释》，语文出版社 2002 年版，第 895 页。

泉世。”《大词典》首引明·贾仲名《升仙梦》第四折：“怎生得人来救我身躯，俺归泉世命已夫。”嫌晚。

207. 热荒（1次）

折莫老的、小的、俏的、村的，满坛里热荒。（卷一【越调·雪里梅】）

热荒：热闹至极。《大词典》仅引《董西厢》例，其他文献不多见。

208. 人丛（1次）

一齐观瞻，见个书生，出离人丛，生得面颜相貌有谁过。（卷二【黄钟宫·快活尔缠令】）

人丛：密集的人众。同期用例，如《朱子语类》卷一百三十二“中兴至今日人物下”：“而我兵执斧直入人丛，掀其马甲，以断其足。”《大词典》首引瞿秋白《赤都心史》二：“一时人丛中更挤得厉害。”嫌晚。

209. 乳口（1次）

西有黄河东华岳，乳口敌楼没与高，仿佛来到云霄。（卷一【仙吕调·赏花时】）

乳口：城墙上的垛口。大词典首引《金史·白撒传》：“时在城诸军不满四万，京城周百二十里，人守一乳口尚不能徧，故议避迁之民充军。”并引《董西厢》例，是。

210. 辱游（2次）

辱游张珙再拜良契将军帅府足下。（卷二【小石调·花心动】）

辱游：离家远游者的谦称。《大词典》仅引《董西厢》例，其他文献不多见。

211. 撋就（1 次）

窄弓弓罢袜儿翻，红馥馥地花心，我可曾惯？百般撋就十分闪。（卷五【中吕调·千秋节】）

撋就：迁就，撮合，温柔，体贴。《大词典》首引秦观《满园花》词：“我当初不合苦撋就，惯纵得软顽，见底心先有。”是。

212. 撋纵（1 次）

莺莺何曾改，怪娇痴侣要人撋纵，丁香笑吐舌尖儿送。（卷五【仙吕调·绣带儿】）

撋纵：纵情地温存。后期用例，如清·洪升《长生殿·窥浴》：“千般撋纵百般随，两人合一副肠和胃。”《大词典》首引《董西厢》例，是。

213. 软缠（1 次）

偏能软缠，只不披着介胄。（卷二【双调·文如锦】）

软缠：没配头盔、铠甲的战袍。凌景埏校注：“指战斗时穿着缠扎护身武装而不披戴甲胄（胄，战帽、头盔）。”后期用例，如《新刊全相平话三国志》卷上：“省会罢，都无衣甲器仗，先都软缠，手持禾木棍棒。”《大词典》仅引《董西厢》例，未及探流。

214. 软和（1 次）

轻挪，伽伽地拜，百般的软和。（卷三【南吕宫·瑶台月】）

软和：动作的温柔。亦用作“物的柔软”，《大词典》将“物的柔软”和“动作的轻柔”合为一个义项，即“柔软；柔和”，分别首引《老残游记续集遗稿》第一回："短短的两根轿杠，杠头上拴一根挺厚挺宽的皮条，比那轿车上驾骡子的皮条稍为软和些。"周立波《暴风骤雨》第一部十八："下晚，她软和地对赵玉林道：'人家说：咱们算一等一级，该多分一点，光分这几件破旧衣裳，咋过冬呀？'"嫌晚。

215. 软柔柔（1 次）

香喷喷地，软柔柔地，酥胸如雪。（卷五【仙吕调·风吹荷叶】）

软柔柔：十分柔软的样子或感觉。后期用例，如明·冯梦龙《山歌·壮妓》："冬天一身褥子软柔柔。"《大词典》首引《董西厢》例，是。

216. 软摊（2 次）

歪着头避着，通红了面皮，筵席上软摊了半壁。（卷三【仙吕调·醍醐香山会】）

软摊：又作"软瘫"，绵软无力，难以动弹。《大词典》首引元·王实甫《西厢记》第二本第三折："他那里眼倦开软瘫做一垛，我这里手难抬称不起肩窝。"嫌晚。

217. 骚坛（1 次）

果非常，做得个，诗阵令，骚坛将。（卷五【大石调·吴音子】）

骚坛：诗坛。《大词典》首引明·徐复祚《投梭记·折齿》："他风流名士压骚坛，乌鬼宁同仙鹤班。"嫌晚。

218. 涩奈（2 次）

坐地不定害涩奈，觑着莺莺，眼去眉来。（卷一【大石调·吴音子】）

涩奈：羞涩。也作“涩耐”，如同书卷七【道宫·赚】：“近来，这病的形骸，镜儿里觑了后自涩耐。”后期用例，《大词典》失收，当补。

219. 赳撒（1 次）

奈何使刀的人困马乏，欲待挣揣些英雄不如赳撒。（卷二【正宫·文序子】）

赳撒：退走；退散。《大词典》仅引《董西厢》例，其他文献不多见。

220. 尚古子（1 次）

浑如睡起，尚古子不曾梳裹。（卷三【南吕宫·瑶台月】）

尚古子：犹自；尚且。亦作“尚故自、尚古自”，后期用例，如元·王实甫《草桥店梦莺莺》（第四本）第二折【越调·调笑令】：“（夫人云）欢郎见你去来，尚故自推哩。”《大词典》首引《董西厢》例，是。

221. 上梢 / 上稍、上一梢

上梢里只唤做百年偕老，谁指望是他没下梢。（《董西厢》卷七【南吕宫·转青山】）

上梢：比喻事情的开端或前半段。同期用例，如《朱子语类》卷一二六“释氏”：“如知觉运动，是其上一梢也；因果报应，是其下一梢也。”《大词典》首引《董西厢》例，是。

222. 伸诉（1次）

这一场出丑，向谁伸诉？（卷四【仙吕调·绣带儿】）

伸诉：说明苦衷或委屈。同期用例，如《刘知远》卷二【商角·定风波·尾】：“雨湿煞火，知远惊觉，方知洪义所为，亦不敢伸诉。”《大词典》首引《初刻拍案惊奇》卷二三：“行修伸诉离恨，一把抱住不放。”嫌晚。

223. 神狗乾郎（1次）

我曾见风魔九伯，不曾见这般个神狗乾郎在。（卷五【仙吕调·河传令缠·尾】）

神狗乾郎：十分疯狂的人。凌景埏校注引张相曰：“神狗乾郎不知其确解，大约为疯狂过度之义。”《大词典》仅引《董西厢》例，其他文献不多见。

224. 声丝气噎

张生声丝气噎，问红娘曰：“莺莺知我病否？你来后，又有甚诗词简帖？”（卷五【仙吕调·赏花时·尾】）

气噎：声音微弱，上气不接下气，难于说话。也作“声丝气咽、气噎声丝，气咽声丝”，如元·关汉卿《蝴蝶梦》第一折【仙吕·点绛唇】：“走的我气咽声丝，恨不的两肋生双翅。”《大词典》失收。

225. 省可/省可里（2次）

省可里晚眠早起，冷茶饭莫吃，好将息，我倚着门儿专望你。（卷六【大石调·错煞】）

省可/声可里：省得，免得，休要。同期用例，如苏轼《临江仙·赠王友道》："省可清言挥玉尘，真须保器全真。"《大词典》首引《董西厢》例，是。

226. 胜到（2次）

气扑扑走得掇肩的喘，胜到莺莺前面，把一天来好事都惊散。（卷一【仙吕调·绣带儿·尾】）

胜到：好像有神通一样突然来到。"胜"为乃"圣"之异写，蒋礼鸿（1981：20）云："凡此胜字，皆谓捷速，其与圣为一词异写无疑。"郭在贻（1985：266）曰："窃谓聖[①]字即逞字之借。《说文》：'逞，通也。从辵，呈声。楚谓疾行为逞。'段注引《方言》曰：'逞，快也。又曰：逞，疾也。'聖逞并谐呈声，例得通借。逞有快疾之义，故聖亦得有迅捷之义。"故"胜到"即"迅速地突然来到"，《大词典》失收。

227. 尸山血海（1次）

蒲城里岂辨个后巷前街，变做尸山血海。（卷二【正宫·文序子缠】）

尸山血海：形容杀人之多。《大词典》首引《三国志平话》卷中："两壁相并，把长安变为尸山血海。"嫌晚。

228. 失赚（1次）

高呼："僧行，有谁随俺？但请无虑，不管有分毫失赚。"（卷二【仙吕调·绣带儿】）

① 为更容易管窥其形体结构中的声符，此用其繁体。

失赚：犹闪失；失误。《大词典》仅引《董西厢》例，其他文献不多见。

229. 诗阵（1次）

果非常，做得个，诗阵令，骚坛将。（卷五【大石调·吴音子】）

诗阵：犹诗界；诗坛。同期用例，如《欧阳修集》卷五十七《酬王君玉中秋席上待月值雨》："客舟闲卧王夫子，诗阵教谁主将坛。"《大词典》首引《董西厢》例，是。

230. 十停

众僧三百余人，比及扣寺门，十停儿死了七八。（卷二【大石调·玉翼蝉】）

十停：十成。后期用例，如《水浒传》第九十九回："手下军卒，个个凶残淫暴，城中百姓，受暴虐不过，弃了家产，四散逃亡，十停中已去了七八停。"《大词典》首引《董西厢》例，是。

231. 石头人（1次）

红娘，我对你不是打閧，你且试听一弄，休道你姐姐，遮莫是石头人也心动。（卷第四【双调·文如锦·尾】）

石头人：比喻心硬如石的人。《大词典》首引杨朔《乱人坑》："提起这件事，石头人也要掉泪！"嫌晚。

232. 实志（3次）

以"县君"呼之，不枉了俺从前实志。（卷八【中吕调·安公子赚】）

实志：真心实意。后期用例，如元·孙季昌《正宫·端正好》："我便似蓝桥驿实志真诚，他便似竹林寺有影无形。"《大词典》仅引《董西厢》例，未及探流。

233. 势煞（1 次）

万般哀告，手摸着裙腰儿做势煞。（卷五【大石调·玉翼蝉】）

势煞：模样，样子。亦作"势霎、势杀、势沙、世杀、沙势、杀势"[①]，后期用例颇多，此不详举，《大词典》首引《董西厢》例，是。

234. 是须（3 次）

是须休怕怖，请夫人放心无虑。（卷第三【中吕调·碧牡丹缠令】）

是须：务须，务必。《大词典》仅引《董西厢》例，其他文献不多见。

235. 手策（1 次）

是则是英雄临阵披重铠，倚仗着他家有手策，欲返唐朝世界。（卷二【中正宫·甘草子】）

手策：手段；本领。后期用例，如《元刊杂剧·薛仁贵衣锦还乡》第二折【商调·后庭花】："那一日离宅登紫陌，绛州城显气概，投义军施手策，把家门待便改，怎承望十数载！"《大词典》首引《董西厢》例，是。

---

① 参看王学奇、王静竹《宋金元明清曲辞通释》，语文出版社 2002 年版，第 1004-1005 页。

236. 手亲眼便 / 手疾眼辨（2次）

禁持得飞虎心胆破，手亲眼便难擒捉。（卷二【中吕调·乔捉蛇】）

果是会相持，能征惯战，不荒不紧不忙，果手疾眼辨。（卷二【正宫·文序子】）

手亲眼便 / 手疾眼辨：手准眼快。星灿（1981）释“亲”为“准”；乐东甫（1982）认为“便”乃“敏捷；灵活”义，“手便”是说手的动作灵敏，也就是“手快”，用“便”形容“眼”是视觉灵敏的意思，也就是“眼快”。综合两位学者的观点，“手亲眼便 / 手亲眼辨”即“手准眼快”。《大词典》仅引《董西厢》例，其他文献不多见。

237. 熟娴（1次）

有文有武有权术，熟娴枪槊快弓弩。（卷三【中吕调·木鱼儿】）

熟娴：熟练，熟悉。亦作“熟闲”，《大词典》首引元·关汉卿《五侯宴》第三折：“遇敌处忘生舍死，方显俺五虎将武艺熟闲。”嫌晚。

238. 束杖理民 (1次)

设而不用，束杖理民宽雅。（卷八【大石调·还京乐】）

束杖理民：谓治理百姓不滥用刑罚，形容为官宽仁爱民。同期用例，如《五灯会元》卷十七“云峰志璇禅师”：“问：‘德山入门便棒，意旨如何？’师曰：‘束杖理民。’”《大词典》首引《董西厢》

例，是。

239. 水米（3 次）

侵晨等到合昏个，不曾汤个水米，便不饿损卑末？（卷三【高平调·木兰花】)

水米：指茶饭。后期用例，如元·石德玉《秋胡戏妻》第二折："从早起，到晚夕，上下唇并不曾粘着水米。"《大词典》首引《董西厢》例，是。

240. 说谎 (4 次)

老夫人做事搊搜相，做个老人家说谎。(卷三【中吕调·棹孤舟缠令】)

说谎：故意不说实话。《大词典》首引元·郑廷玉《金凤钗》第三折："杨云：'这厮说借你二百钱，还你十只金钗。'店小二云：'是有，不敢说谎。'" 嫌晚。

241. 厮称（1 次）

沈郎腰道，与绛绦儿厮称。(卷三【仙吕调·恋香衾】)

厮称：相称，相配。《大词典》首引《二刻拍案惊奇》卷九："强将之下无弱兵。恁样的姐姐须得恁样的梅香姐，方为厮称。" 嫌晚。

242. 厮落（1 次）

这事体休声扬，着人看不好，怕你个冤家是厮落。(卷六【双调·豆叶黄】)

厮落：受人奚落；丢脸。《大词典》仅引《董西厢》例，其他文献不多见。

243. 死生交（1次）

今守镇蒲关，素得军心，人莫犯之，与仆为死生交。（卷二【小石调·花心动】）

死生交：指生死不渝的友谊。《大词典》首引清·李玉《一捧雪·出塞》："望只望死生交，早拯救断头缘。"嫌晚。

244. 四分五落（1次）

蓦闻人道，森森地諕得魂离殼。全家眷爱，多应是四分五落。（卷二【道宫·解红】）

四分五落：形容分散零乱。也作"四纷五落"，后期用例，如《水浒传》第十八回："若是四纷五落去捉时，又怕中了这贼人奸计。"《大词典》首引《董西厢》，是。

245. 诵笃笃（1次）

烦恼身心怎按纳？诵笃笃地酩子里骂。（卷三【仙吕调·乐神令】）

诵笃笃：犹言叽叽咕咕。《大词典》仅引《董西厢》例，其他文献不多见。

246. 送断（1次）

我还待送断你子个，却又子母情肠意不过。（卷六【般涉调·沁园春·尾】）

送断：断送，葬送。后期用例，如清·吴趼人《二十年目睹之怪现状》第一回："他在那嬉游队中，很很的遇过几次阴险奸恶的谋害，几乎把性命都送断了。"《大词典》首引《董西厢》，是。

247. 送情（1 次）

眼底送情来，争奈母亲严切。（卷三【双调·月上海棠】）

送情：多指男女以眉目传送情意。《大词典》首引《三国演义》第八回：“布欣喜无限，频以目视貂蝉，貂蝉亦以秋波送情。”嫌晚。

248. 搜猜（1 次）

一个最大汉提着雁翎刀，厉声叫道：“与我这里搜猜。”（卷六【商调·定风波】）

搜猜：搜索，搜查。《大词典》仅引《董西厢》例，其他文献不多见。

249. 诉休（1 次）

这回且担免，若还再犯后，孩儿多应没诉休。（卷四【仙吕调·绣带儿】）

诉休：诉说。休，语助词。后期用例，如王实甫《草桥店梦莺莺》（第四本）第二折【越调·金蕉叶】：“若问着此一节呵如何诉休？你便索与他个‘知情’的犯由。”《大词典》首引《董西厢》例，是。

250. 酸丁（1 次）

大抵这个酸丁忒劣角，风魔中占得个招讨。（卷一【般涉调·哨遍缠令】）

酸丁：穷酸的读书人。王学奇、王静竹（2002：1041）提道：“古时壮年男子称‘丁’‘酸丁’，是旧时对贫苦、迂腐、忸怩作态的读书人的憎称。明无名氏《墨娥小录》卷十四‘行院声嗽·人物’：

‘秀才：酸丁’。又作‘酸子’，亦作‘酸俫’‘酸맍’，意同‘酸丁’，惟小说中不多见。”《大词典》首引《董西厢》例，是。

251. 所算（1 次）

是俺失所算，谩摧挫，被这个积世的老虔婆瞒过我。（卷三【南吕宫·三煞】）

所算：算计，计较。后期用例，如元·无名氏《破阵子》楔子：“（寇来公云）苗土安，若有了杨景，圆了此梦，乃先生所算之神妙也。”[①]《大词典》仅引《董西厢》例，未及探流。

252. 台孩（1 次）

都不到怎大小身材，畅好台孩，举止没俗态。（卷三【大石调·红罗袄】）

台孩：徐嘉瑞《金元戏曲方言考》解作“骄傲”，张相《诗词曲语辞汇释》解作“气概轩昂”，朱居易《元剧俗语方言例释》解作“板起面孔”，引申为“气概轩昂”。李行健（1979）云：“‘台孩’在河北方言中，意思是大方，安逸等样子，如果参照一下这些意义，显然会解释得贴切一些。”郭在贻（1986：169）、许威汉（2010：205）多从李说。后期用例，如《金瓶梅》（崇）第四十四回：“恁小丫头，原来这等贼头鼠脑的，就不是个台孩的。’”《大词典》仅引《董西厢》例，未及探流。

① 此例转引自王学奇、王静竹《宋金元明清曲辞通释》，语文出版社 2002 年版，第 1048 页。

253. 太平车儿（1次）

欲问俺心头闷答孩，太平车儿难载。（卷七【道宫·凭栏人缠令】）

太平车儿：古代一种载重的大车。也作“太平车、太平车子”，同期用例，如宋·孟元老《东京梦华录》卷三“般载杂卖”条：“东京般载车，大者曰‘太平’，上有箱无盖，箱如构栏而平，板壁前出两木长二三尺许，驾车人在中间，两手扶捉鞭绥驾之，前列骡或驴二十余，前后作两行；或牛五、七头拽之。”《大词典》首引《水浒传》第十六回：“梁中书道：‘道落大名府差十辆太平车子，帐前拨十个厢禁军监押着车。’”嫌晚。

254. 堂头和尚（1次）

语话之间，行者至，请生会饭。生不免从行者参堂头和尚至德大师法本。（卷一【大石调·蓦山溪】）

堂头和尚：僧寺住持。同期用例，如《五灯会元》卷十一“镇州临济义玄禅师”：“州曰：‘何不问堂头和尚，如何是佛法的大意？’师便去。”《大词典》首引《董西厢》例，是。

255. 剔团圆（1次）

遮遮掩掩衫儿窄，那些袅袅婷婷体态，觑着剔团圆的明月伽伽地拜。（卷一【仙吕调·整花冠·尾】）

剔团圆：非常圆。也作“剔团圞、剔秃圞、踢团圞”，“团圞，圆貌。《广韵》：‘圞，团圞，圆也。’《正字通》：‘圞，团圞，圆也。

俗作栾。’……团圞，或借作团圆、秃圞，音近义并同。”[1] 后期用例，如元·王实甫《张君瑞闹道场》第一本第三折【越调·小桃红】：“剔团圞明月如悬镜。”《大词典》首引《董西厢》例，是。

256. 挑斗（4次）

俺姐姐夜来个闻得琴中挑斗，审听了多时，独语独言搔首。（卷四【中吕调·古轮台】）

坐筹帷幄，驷马临军挑斗，十场镇赢八九。（卷八【般涉调·长寿仙兖】）

挑斗：①撩拨，惹引、调戏、要弄。②挑战。字亦作“挑逗、调斗、掩斗、逗挑”，后期用例，如元·杨景贤《马丹阳度脱刘行首》第二折说白：“我怕大街上有人调斗我，我往这后巷里去。”郑光祖《虎牢关三战吕布》第二折【双调·尾声】：“唱道道与那濯足家奴来，来和爷两个单挑斗。”《大词典》仅收①义，首引《董西厢》例，是；可补②义。

257. 停头（1次）

红娘道：“先辈停头，只因此物，有分成亲。”（卷三【仙吕调·恋香衾】）

停头：定心。凌景埏校注：“疑是定心的意思，‘停’解作定。据《释名》：‘停，定也。定于所在也。’有人说：‘停头’，原作停待解释，这里引申作不要急躁的意思。”后期用例，如元·无名氏《中

① 王学奇、王静竹《宋金元明清曲辞通释》，语文出版社2002年版，第1065页。

吕·粉蝶儿》:“停头的和顺做妻夫，则要你休争竞，厮宾伏。”《大词典》仅引《董西厢》例，未及探流。

258. 铜牙利（1次）

把夹钢斧擗在战鞍，中靴入镫，扳番龙筋弩，安上一点油，摇番铜牙利，会百步风里穿杨，教七尺来僧人怎躲？（卷二【般涉调·麻婆子·尾】）

弓上的铜制机栝。《大词典》仅引《董西厢》例，其他文献不多见。

259. 偷情（1次）

若使颗硃砂印，便是偷情[①]帖儿，私期会子。（卷五【仙吕调·满江红】）

偷情：暗中与人谈恋爱或搞男女关系。《大词典》首引明·徐复祚《投梭记·折齿》:“你这一位财主不肯接，偏要与谢穷偷情。”嫌晚。

260. 头盔（3次）

着绫幡做甲，把钵盂做头盔戴着顶上。（卷二【双调·文如锦】）

头盔：保护头部的帽子，多用皮革或金属等制成。后期用例，如元·刘唐卿《白兔记》第十二出【剔银灯】:“当答谢瓜园中土地，劳看守刀甲头盔兵书宝剑埋藏此，得前程方来取你。”《大词典》首引《董西厢》例，是。

---

① 有的版本作“偷期”，但与下文“私期”重复，兹从六幻本。

261. 土雨（1次）

阶下小僧报覆："观了三魂无主。尘蔽了青天，旗遮了红日，满空纷纷土雨。"（卷二【仙吕调·剔银灯】）

土雨：飞扬的尘土。同期用例，如《刘知远》卷十二【越调·踏阵马】："践起尘埃，土雨漫漫。"《大词典》首引《董西厢》例，是。

262. 团剥（1次）

放二四不拘束，侭人团剥。（卷一【仙吕调·整金冠】）

团剥：批评，指摘。《大词典》仅引《董西厢》例，其他文献不多见。

263. 退厅（1次）

太守令衙内拽尸于门外，退厅张宴。（卷十二【大石调·伊州衮·尾】）

退厅：退堂。《大词典》首引《水浒传》第三九回："再说蔡九知府退厅，邀请黄文炳到后堂称谢道：'若非通判高明远见，下官险些儿被这厮瞒过了。'"嫌晚。

264. 违拗

打脊的髡囚，怎敢把爷违拗？（卷二【般涉调·长寿仙衮】）

违拗：不依从；违背。后期用例，如《元刊杂剧·辅成王周公摄政》第二折【中吕·普天乐】："百官每听处分一齐的忙呼噪，扶持着有德的君王谁敢违拗。"《大词典》首引《董西厢》例，是。

265. 蔚帖（2次）

身分即村，衣服儿忒捻；头风即是有，头巾儿蔚帖。（卷七

【双调·文如锦】)

蔚帖：熨贴，妥贴。又作“蔚贴”，《大词典》仅引《董西厢》例，是。

266. 窝穰（1 次）

畅忒昏沉，忒慕古，忒猖狂。不问是谁，便众窝穰。（卷四【中吕调·鹘打兔】)

窝穰：男女之间的拥抱欢好。同期用例，如《刘知远》卷十一【仙吕调·醉落托·尾】：“抱三娘欲意窝穰，六地杈牙床，这麻科假做青罗帐。”“窝穰”是宋金出现的新词，且只见于两部诸宫调中，后代文献也不见用例。《大词典》仅引《董西厢》例，可补《刘知远》例。

267. 乌油（1 次）

捧一员骁将，阵前立马，披乌油铠甲，红锦征袍。（卷二【般涉调·沁园春】)

乌油：黑而光润。《大词典》首引《红楼梦》第四六回：“只见他……蜂腰削背，鸭蛋脸，乌油头发。”嫌晚。

268. 呜咂（1 次）

拍惜了一顿，呜咂了多时，紧抱着啾，那孩儿不动。（卷五【大石调·洞仙歌】)

呜咂：亲吻。后期用例，如《金瓶梅》第六十一回：“呜咂半晌，咂弄的那话奢棱跳脑，暴怒起来。”《打词典》仅引《董西厢》例，未及探流。

269. 无休外（1次）

红娘满捧金卮，夫人道个无休外。（卷三【大石调·红罗袄】）

无休外：不要见外。《大词典》仅引《董西厢》例，其他文献不多见。

270. 希罕（1次）

莫胡来，便死也须索看，这里管塑盖得希罕。（卷一【仙吕调·惜黄花】）

希罕：希奇。亦作“稀罕、罕希、罕稀”，本为“稀少”义，《尔雅·释诂》云：“希，罕也。”何晏《论语集解》：“罕者，希也。”“希罕”乃复义连用[①]；引申为作“希奇”。后期用例，如元·郑光祖《钟离春智勇定齐》第二折【中吕·耍孩儿】：“（公子云）大夫，我那玉带价值百金，量这桑梳木有甚稀罕？”《大词典》首引《董西厢》例，是。

271. 淅零零（6次）

淅零零疏雨滴梧桐，听哑哑雁归南浦。（卷第一【仙吕调·耍孩儿】）

淅零零：象声词，形容雨、雪、风等的声音。亦作“析零零、淅泠泠、昔零零、嘶零零、淅冽冽”。淅、嘶叠韵，零、冽双声，盖皆一声之转。重言作“淅淅零零、淅淅泠泠、淅留淅零、淅零淅零、淅留淅冽、淅零淅留、昔留昔零”，义并同。后期用例，如元·周文

① 王学奇、王静竹《宋金元明清曲辞通释》，语文出版社2002年版，第1155页。

质小令《叨叨令·悲秋》:“啾啾唧唧促织依柔依然叫，滴滴点点细雨儿淅零淅留哨。”《大词典》首引《董西厢》例，是。

272. 下梢 / 下稍（3 次）

此愁今后知滋味，是一段风流冤业，下稍管折倒了性命去也！（卷一【大石调·梅稍月】）

是即是下梢相见，咱大小身心，时下打叠不过。(卷六【黄钟宫·侍香金童缠令】)

下梢 / 下稍：①比喻事情的结果，结局。②将来，以后。同期用例，如《朱子语类》卷十九“论语一”:“人读书，不得搀前去，下梢必无所得。”用如①义;《朱子语类》卷九“论知行”:“今既要理会，也须理会取透；莫要半青半黄，下梢都不济事。”用如②义。在这两义项上,《大词典》均首引《朱子语类》，是。

273. 諕煞 / 諕杀（3 次）

和尚何曾动着，子喝一声那时諕煞。(卷二【正宫·梅稍月】)

諕杀：犹吓死；形容惊恐之极。同期用例，如《刘知远》卷二【中吕调·拂霓裳·尾】:“几乎不諕杀岳司公，见条八爪渗金龙，拽满三石黄桦弓。”《大词典》首引元·武汉臣《生金阁》第二折:“哎哟，諕杀我也！”嫌晚。

274. 现钱（1 次）

使了千百贯现钱，下了五七年埲功。(卷四【双调·文如锦】)

现钱：现款。同期用例，如《苏轼集》卷六十一：“论积欠六事并乞检会应诏四事一处行下状”：“商贾贩卖，例无现钱，若用现钱，则无利息。”《大词典》首引《醒世恒言·李道人独步云门》：“别人家买药的，就要现钱才卖。”嫌晚。

275. 小颗颗 / 小可可（3 次）

小颗颗的朱唇，翠弯弯的眉黛。（卷一【仙吕调·整花冠】）

小颗颗：很小。亦作“小可可”，《大词典》首引《儿女英雄传》第十二回：“只见他眉宇开展，气度幽娴，腮靥桃花，唇含樱颗，一双尖生生的手儿，一对小可可的脚儿。”嫌晚。

276. 心嗔（1 次）

郑衙内，当时休道不心嗔，侍候的每怎遮拦，大走入衙门，直上厅来，悄不顾白马将军。（卷八【中吕调·古轮台】）

心嗔：忿怒。同期用例，如《刘知远》卷十二【正宫·文序子·尾】：“知远心嗔，指唤群刀交下手。”《大词典》仅引《董西厢》例，可补《刘知远》例。

277. 心趄（1 次）

我佯呆，我佯呆，一向志诚，不道他心趄。（卷七【正宫·甘草子】）

心趄：变心。后期用例，如元·马致远《夜行船》套曲：“你既不弃旧怜新，休想我等闲心趄，合受这场抛撇。”《大词典》首引《董西厢》例，是。

278. 心斜（1 次）

好心斜，见郑恒终是他亲热。(卷七【双调·文如锦】)

心斜：偏心，偏袒。《大词典》仅引《董西厢》例。后期虽有用例，但义稍有不同，如元·无名氏《双调·珍珠马（南）·情》：“你休要心斜，非是俺难割舍；你休要痴呆，殷勤将春心漏泄。”当作“心思不正”。

279. 心痒（1 次）

老和尚也眼狂心痒，小和尚每挼头缩项。(卷一【越调·雪里梅】)

心痒：谓跃跃欲试或非常激动的情绪。《大词典》首引《二刻拍案惊奇》卷九：“凤生正在盼望不到之际，心痒难熬，攒出攒入了一会，略在窗前歇气。”嫌晚。

280. 心窄（1 次）

劳劳攘攘，不是自家心窄。(卷七【道宫·美中美】)

心窄：气度狭小。后期用例，如《红楼梦》第七十六回：“我也和你一样，我就不似你这样心窄。”《大词典》仅引《董西厢》例，未及探流。

281. 行凶（1 次）

法聪言未已，隔窗间人笑曰：“尔等行凶，岂不累我？”(卷八【中吕调·碧牡丹·尾】)

行凶：打人或杀人。《大词典》首引《水浒传》第三八回：“家住沂州翠岭东，杀人放火恣行凶。”嫌晚。

282. 杏腮（2 次）

柳眉星眼，杏腮桃颊，口儿小，脚儿弓，扮得蔚帖。（卷八【黄钟宫·刮地风】）

杏腮：形容女子白里透红的脸。同期用例，如晁补之《少年游》："柳眉轻扫，杏腮微拂，依前双靥。"《大词典》仅引《董西厢》例，嫌少。

283. 虚脾（1 次）

绝早侵晨，早与他忙梳裹，不寻思虚脾真个。（卷三【双调·惜奴骄】）

虚脾：虚情假意。明·徐渭《南词叙录》曰："虚脾，虚情也。五脏唯脾最虚。"始见于宋金，《大词典》首引《董西厢》例，是。

284. 魆魆地（2 次）

背画烛，魆魆地哭，泪滴了，知多少！（卷四【中吕调·双声叠韵】）

魆魆地：暗暗地；悄悄地。也作"魆的、魆地、魆魆的、魆地里"，同期用例，如《张协状元》卷二六【醉太平·同前换头】："心事，除非我自知，镇魆地泪垂。"《大词典》首引《董西厢》例，是。

285. 许聘（1 次）

化了的相国姑夫，在时曾许聘与莺莺。（卷八【中吕调·古轮台】）

许聘：女方接受男方的聘礼；谓允婚。后期用例，如元·关汉卿《温太真玉镜台》第一折白："年长一十八岁，未曾许聘他人。"《大词典》首引《董西厢》例，是。

286. 絮袄（1次）

整整齐齐尽摆搠，三停来系青布行缠，折半着黄绌絮袄。（卷二【般涉调·墙头花】）

絮袄：内充丝绵或棉絮的冬季上衣。同期用例，如《刘知远》卷三【高平调·贺新郎】："絮袄粗紬做，染得深黄。裹肚是绯花，绣出麻糖。"《大词典》首引《水浒传》第十回："向的是兽炭红炉，穿的是绵衣絮袄。"嫌晚。

287. 牙关（1次）

牙关紧，气堵了咽喉；脑袋裂，血污了阶址。（卷八【南吕宫·瑶台月】）

牙关：上下颌之间的关节；亦指口腔。同期用例，如《张协状元》第三十二出："紧闭牙关，都不省人事。"《大词典》仅引《红楼梦》第一一〇回："贾母的牙关已经紧了。"嫌晚。

288. 眼斤（1次）

莺莺那里怎安稳，觑着自家般丈夫下得随人逃奔，短命的那孩儿没眼斤！"（卷八【中吕调·古轮台·尾】）

眼斤：眼力。《大词典》仅引《董西厢》例，其他文献不多见。

289. 眼悬悬（2次）

痒如如把心不定，肚皮儿里骨辘辘地雷鸣，眼悬悬地专盼着人来请。（卷三【仙吕调·恋香衾·尾】）

眼悬悬：形容盼望迫切。后期用例，如《元刊杂剧·拜月亭》第四折【双调·新水令】:“我眼悬悬整盼了一周年，你也枉把您这不自由的姐姐来埋怨。”《大词典》首引《董西厢》例，是。

290. 佯败（1次）

那法聪认做真实取胜，怎知是飞虎佯败。（卷二【般涉调·麻婆子·尾】）

佯败：假装失败。《大词典》首引《秦并六国平话》卷上:“不上三十合，孙虎佯败，王翦赶将来，却被孙虎将黄旗一招，变成四门斗底阵，掩围下王翦。”嫌晚。

291. 佯呆（5次）

不是我佯呆，待有一句儿虚脾天地折。（卷五【仙吕调·胜葫芦】）

佯呆：假装痴笨；多用作反语，实指真傻。后期用例，如《元刊杂剧三十种·看钱奴买冤家债主》第一折【仙吕·幺篇】:“穷汉每衹揖头也不点，佯呆着手也不叉。”《大词典》首引《董西厢》例，是。

292. 腰道（1次）

沈郎腰道，与绛条儿厮称。（卷三【仙吕调·恋香衾】）

腰道：腰。“‘道’是在称呼人体某一部分时所用的语尾助词，犹如称‘脚’为‘撇道’或‘拆道’，称‘腰’为‘腰道’，称‘眼’为‘旋道’，称‘眼泪’为‘泪道’。”①《大词典》失收，当补，其他文献不多见。

① 王学奇、王静竹《宋金元明清曲辞通释》，语文出版社2002年版，第801页。

293. 鞦袜（1次）

铃口鞋儿样儿整，僧鞦袜儿恬净。（卷三【仙吕调·恋香衾】）

鞦袜：长筒袜。后期用例，如元·萨都剌《一枝花·妓女蹴踘》套曲："素罗衫垂彩袖低笼玉笋，锦鞦袜衬乌靴款蹴金莲。"《大词典》首引《董西厢》例，是。

294. 也啰（2次）

不愿深恩成间阔，大抵是那少年女奴。也啰！（卷五【高平调·糖多令】）

也啰：衬字，无义，表示感叹气氛。同期用例，如《张协状元》第四十六出："金为凤，翠为翘，莫道胜花娇。也啰。"亦作"也罗"，后期用例，如元·无名氏《小孙屠》第十八出【水红花】："怨魂飞，戚人泪珠垂，也罗。"《大词典》首引《董西厢》例，是。

295. 也则

但道我擢高第，教他休更许别人，俺也则不曾聘妻。（卷七【双调·御街行】）

也则：亦是。同期用例，如《刘知远》卷十二【仙吕调·醉落托·尾】："铁人也则伤情绪，觑着盘内冠梳，子每没乱杀一个鬏髻撮不住。"《大词典》仅引《董西厢》例，可补《刘知远》例。

296. 业相（2次）

业相的日头儿不转角，敢把愁人刁虐杀。（卷四【黄钟宫·出队子】）

业相：诅咒之词。犹可恨，该死。《大词典》仅引《董西厢》例，其他文献不多见。

297. 业眼（1次）

争奈按不下九曲回肠，合不定一双业眼。（卷六【中吕调·石榴花】）

业眼：造孽的眼。多于自怨自詈时用之。后期用例，如元·乔吉《乔牌儿·别情》："愁万结柔肠，泪双垂业眼。"《大词典》首引《董西厢》例，是。

298. 一刬（1次）

许多财礼，一刬是好金银。（卷八【中吕调·古轮台】）

一刬：全部，一概。字亦作"一趄、一讪、一创、一铲"等，后期用例，如《元刊杂剧三十种·诈妮子调风月》第四折【双调·折桂令】："百般的观觑，一刬的全无市井尘俗，压尽其余。"《大词典》首引《董西厢》例，是。

299. 一地里/一地的（6次）

坐不定一地里笃么。觑着日头儿，暂时间，斋时过。（卷三【双调·惜奴骄】）

大来没寻思，所为没些儿斟酌，到来一地的乱道。（卷一【般涉调·哨遍缠令】）

一地里/一地的：一味的，一派的。也作"一地"，同期用例，如《张协状元》第二十出："婆婆八年忺要头髻，才瞥见一地欢喜。"《大词典》首引《董西厢》例，是。

300. 一会家 / 一回家（3 次）

见气出不迭，口不暂合，自埋怨，自摧挫，一会家自哭自歌。（卷四【黄钟宫 · 双声叠韵】）

一会家：一会儿，指短暂的时间。也可作“一会儿、一会价、一会子、一会里、一会的、一回、一回家、一回儿、一忽”，后期用例，如元 · 无名氏《云窗梦》第四折：“每日家情不欢，一会家心如织，一会家似醉如痴。”《大词典》首引《董西厢》例，是。

301. 一谜地（2 次）

重檐相对，一谜地是宝妆就。（卷一【商调 · 玉抱兔】）

一谜地：一味，一概。王学奇、王静竹（2002：1288）云：“此语又作‘一谜地’、‘一谜里’、‘一谜哩’、‘一谜价’、‘一谜家’、‘一谜介’、‘一迷里’、‘一瞇里’、‘一密里’、‘一觅的’、‘一觅里’、‘一味’、‘一昧里’，义并同，地、的、价、家、介、里、哩皆为语助词，无义。”同期用例，如《刘知远》卷十一【高平调 · 贺新郎】：“一谜地杀呼高叫，把贵人齐围绕。”《大词典》仅引《董西厢》例，可补《刘知远》例。

302. 一托头（1 次）

一托头的侍婢，尽是十五六女孩儿家。（卷三【仙吕调 · 赏花时】）

一托头：全部，所有。《大词典》仅引《董西厢》例，其他文献不多见。

303. 姨奶（1 次）

然夫人怒色，莺不敢正视。况姨奶敢乱出入耶？（卷一【般涉调·墙头花·尾】）

姨奶：指婢仆之类的人。《大词典》失收，当补。

304. 意不过（1 次）

我还待送断你子个，却又子母情肠意不过。（卷六【般涉调·沁园春·尾】）

意不过：过意不去。《大词典》仅引《董西厢》例，其他文献不多见。

305. 窨付 / 窨腹（2 次）

聪明的试相度，惺惺的试窨付。（卷一【般涉调·墙头花】）

窨付：思忖，揣度。亦作“窨附、窨服、噾腹、喑付、喑伏、应付、暗伏”，后期用例，如明·贾仲明《荆楚臣重对玉梳记》第三折【中吕·快活三】：“楚臣索自窨付，君子断其初。”《大词典》仅引《董西厢》例，未及探流。

306. 窨约（1 次）

相国夫人自窨约：是则是这冤家没弹剥，陡恁地精神偏出跳，转添娇，浑不似旧时了？（卷六【双调·倬倬戚】）

窨约：考虑，思忖。亦作“喑约、暗约、黯约、恁约”，《玉篇·口部》：“喑，啼极无声也。”“喑约”有暗自揣度之义[1]。同期用

---

① 王学奇、王静竹《宋金元明清曲辞通释》，语文出版社 2002 年版，第 1313 页。

例，如《张协状元》第四十五出：“劝你休窨约，随去你福至。”《大词典》首引《董西厢》例，是。

307. 赢便（1 次）

法聪寻赢便，飞虎觅走路。（卷二【般涉调·麻婆子】）

赢便：占便宜，占上风。《大词典》仅引《董西厢》例，是。

308. 怎见得（4 次）

怎见得有简帖期生来？有《本传歌》为证。（卷四【双调·搅筝琶】）

怎见得：怎么知道，怎么看得出。同期用例，如《张协状元》第一出：“怎见得山高？巍巍侵碧汉，望望入青天。”《大词典》首引《董西厢》例，是。

309. 怎奈（2 次）

待不寻思，怎奈心肠软。（卷一【中吕调·碧牡丹】）

怎奈：奈何，无奈。《大词典》首引《水浒传》第五一回：“怎奈白玉乔那厮催并，迭成文案，要知县断教雷横偿命。”嫌晚。

310. 窄弓弓（1 次）

窄弓弓罗袜儿翻，红馥馥地花心，我可曾惯？百般撋就十分闪。（卷五【中吕调·千秋节】）

窄弓弓：形容旧时妇女因裹足而足型纤小、足背隆起的样子。后期用例，如元·王嘉甫《八声甘州》套数：“窄弓弓撇道，溜刀刀渌老。”《大词典》首引《董西厢》例，是。

311. 战騵（1次）

捽着宝勒，侧坐着鞍鞒，仡地勒住战騵。（卷二【正宫·文序子】）

战騵：战马。《大词典》失收，其他文献不多见。

312. 照觑（1次）

粉笺暗，被尘污，俏没人照觑子个。（卷六【黄钟宫·双声叠韵】）

照觑：照顾。后期用例，如《原本老乞大》："你邀过马来在一处者，容易照觑。"《大词典》首引《董西厢》例，是。

313. 招折（1次）

甲溜晴郊似银河泻，绣旗飐似彩霞招折，管是白马将军到来也！（卷三【大石调·吴音子·尾】）

招折：招展。字亦作"招飐、招展、飖飐"，同期用例，如《刘知远》卷一【仙吕调·尾】："飘飘招飐任风吹。"《大词典》首引元·关汉卿《五侯宴》第三折："番将雄威摆阵齐，北风招飐皂雕旗。"嫌晚。

314. 遮当（1次）

不顾那本师和尚，聒起那法堂。怎遮当！（卷一【越调·上平西缠令·尾】）

遮当：亦作"遮挡"，"阻挡，拦挡"，后期用例，如《新校元刊杂剧三十种·关大王单刀会》第四折【双调·搅筝琶】："闹吵吵军兵列，上来的休遮挡莫拦截。"《大词典》首引《董西厢》例，是。

315. 折半（2 次）

三停来是闺怨相思，折半来是尤云殢雨。（卷一【仙吕调·墙头花】）

折半：减半，对折。同期用例，如《梦溪笔谈》卷十八："如圆径二十步求弧数，则当折半，乃所谓以圆径除之也。"《大词典》首引《董西厢》例，是。

316. 遮笼（1 次）

澹云遮笼素魄，野水连天天竟白。（卷六【南吕宫·应天长】）

遮笼：遮蔽，笼罩。同期用例，如刘弇《内家娇》词："别有瑞烟幕幕，时与遮笼。"《大词典》首引《董西厢》例，是。

317. 针关（1 次）

行待纴针关，却便纴针尖。（卷六【中吕调·香风合缠令】）

针关：针孔。同期用例，如《刘知远》卷一【正宫·文序子】："针关里脱得命，岂敢停待。"《大词典》首引《董西厢》例，是。

318. 针喇（1 次）

休针喇，放二四不识娘羞！待要打折我大腿、缝合我口。（卷四【仙吕调·点绛唇·尾】）

针喇：胡说。《大词典》仅引《董西厢》例，其他文献不多见。

319. 镇日家

在上都里贪欢趣，镇日家耽酒迷花，便把文君不顾。（卷七【越调·叠字三台】）

镇日家：整天，从早到晚。也作"镇日价"，后期用例，如《新校元刊杂剧三十种·霍光鬼谏》第一折【仙吕·混江龙】:“镇日价箫韶队里，弦管声中，歌喉宛转。”《大词典》首引清·李渔《蜃中楼·献寿》:“镇日价操戈演阵。”嫌晚。

320. 镇思（1次）

镇思向日，空教人气的微撇。（卷八【黄钟宫·间花啄木儿第三】）

镇思：一直思念。《大词典》仅引《董西厢》例，其他文献不多见。

321. 挣揣（3次）

劫财物，夺妻女，不能挣揣。（卷二【正宫·文序子缠】）

挣揣：挣扎。同期用例，如《刘知远》卷二【中吕调·木笪绥】:“祇吾怕底死，难熬他，挣揣不去。”《大词典》首引《董西厢》例，是。

322. 指望（6次）

自心窨腹：莺莺指望同鸳侣，谁知道打脊老妪许不与。（卷三【商调·玉抱肚】）

指望：期望，希望。《大词典》首引宋·苏辙《论冬温无冰札子》:“孙述知长垣县，决杀诉灾无罪之人，台官以言，然后罢任，虽行推勘，而纵其抵欺，指望恩赦。”是。

323. 稚幼

昨不幸相公殁，携稚幼留寺，群贼方兴，非先生矜悯，母子几为鱼肉矣。（卷六【双调·芰荷香·尾】）

稚幼：幼儿，幼童。亦作“穉幼”,《大词典》首引清·顾炎武

《赠黄职方师正》诗："数口费经营，索饭兼稺幼。"嫌晚。

324. 主仆（1 次）

快准备，车乘鞍马，主仆行李，一发离门走。（卷八【般涉调·哨遍缠令】）

主仆：主人与仆人。《大词典》首引《古今小说·木绵庵郑虎臣报冤》："少停，又摆出主仆两个的饭来。"嫌晚。

325. 妆就（3 次）

妆就个曜州和尚，撞着搊搜孟秀才。（卷二【仙吕调·一斛叉】）

粧就：同"妆就"，妆扮，妆扮成。后期用例，如盍志学《小桃红·杂咏》小令："乱云不收，残霞妆就，一片洞庭秋。"《大词典》仅引《董西厢》例，未及探流。

326. 子么（1 次）

相国夫人且坐。但放心，何须怕怯子么！（卷二【小石调·花心动】）

子么：怎么，作么。《大词典》仅引《董西厢》例，其他文献不多见。

327. 子声（1 次）

牙儿抵着不敢子声，侧着耳朵儿窗外听，千古清风指下生。（卷四【中吕调·粉蝶儿】【尾】）

子声：同"则声"，即"作声"，同期用例，如周密《癸辛杂识续集·徐渊子词》："道学从来不则声，行也《东铭》，坐也《西铭》。"

《大词典》首引《董西厢》例，是。

328. 自僝自僽（1 次）

料来他一种芳心，尽知琴意，非不多情，自僝自僽。（卷四【中吕调·古轮台】）

自僝自僽：独自发愁。后期用例，如元·关汉卿《金线池》第二折："倒不如早早丢开，也免的自僝自愁。"《大词典》首引《董西厢》例，是。

329. 作排（1 次）

山僧过矣！夫人言明日作排，非今日矣。（卷三【高平调·木兰花】）

作排：安排宴席。《大词典》仅引《董西厢》例，其他文献不多见。

330. 作外（1 次）

弟兄休作外，几盏儿淡酒，聊复致谢。（卷三【仙吕调·满江红】）

作外：见外。《大词典》仅引《董西厢》例，其他文献不多见。

331. 作喜（1 次）

君瑞回头再觑些，半晌痴呆，回嗔作喜唱一声喏，却是姐姐那姐姐！（卷六【双调·庆宣和】）

作喜：露出喜色。同期用例，如《五灯会元》卷十五兜率从悦禅师："遂令天下衲僧，觑见眼中滴血，莫有翻嗔作喜，笑傲烟霞者么？"《大词典》首引明冯梦龙《古今谭概·专愚·迂仙别记》："便回面作喜，拾子更着。”嫌晚。

332. 做亲（2次）

明存着法律，莫粗疏，姑舅做亲，便不败坏风俗？（卷八【双调·文如锦】）

做亲：结婚，成亲。《大词典》首引《醒世恒言·乔太守乱点鸳鸯谱》：“若大官人病体初痊，恐未可做亲。不如再停几时，等大官人身子健旺，另拣日罢。”嫌晚。

第三节　宋金对峙时期南北代表性文献中新词比较

通过对宋金对峙时期南北代表性文献中新词的发掘和研究，可以得出以下结论：

一、从语言学角度来看

（一）相同点

1. 均为大型辞书的编纂提供了资料。如补充《大词典》漏收的词语，南方文献有“薄贱、叱谴、存宿、芳堤、惊吒、邻庑、燥痒”等；北方文献有“彻放、典寺者、掇肩、佳耗、抡摩、平磋、腰道、做亲”等。提前《大词典》晚出书证的词语，南方文献有“安歇、棒法、卑田院、拆散、车杖”等；北方文献有“猜破、长喟、重孙、厨房、簇捧、答和、挂念、合休、佳配、娇娇、怎奈、招折、稚幼、作喜”等。

2. 一些新词既出现在南方文献，亦见于北方文献，说明南北代表性文献《张协状元》和《董西厢》成书年代的相近，如“腌臜、巴壁、拆散、俫采、盖头、好不、近傍、浪儿、脸道、朴刀、泉世、牙关、也啰、窨约、怎见得、指望”等。从这一点来看，将金代和宋代尤其是南宋并在一起研究有一定的道理，这就解释了前修时彦多将金代语言作为宋语言研究附庸的原因。

（二）不同点

1. 作者不同的用语习惯。南北代表性文献中均有自己的特用词，如《张协状元》中的“挨闹、村蛮汉、存宿、当巡、跌大、斗煎、讹未、惊吒、苦胎、快子、铁查、谢荷、亚公”等;《董西厢》中的“金凿、开斋、狂獐、磊浪、孽相、攀绊、揍老、热荒、辱游、趔撒、失赚、是须”等，在排除地域等因素的原因外，反映了作者用语风格的不同。

2. 方言词的使用。如南方代表性文献中的“店头（‘商店’义）”“脚头（‘脚步’义）”等，在可考的历史文献中，“店头”除在《张协状元》中使用 1 次后，一直到近现代才出现在鲁迅作家的笔下，鲁迅乃浙江绍兴人；许宝华，宫田一郎主编的《汉语方言大词典》注释“店头”（“商店”义）为①客话。使用区域为“福建永定下洋、广东大埔、惠州”。②闽语。使用区域为“福建仙游、台湾、海南琼山”。《现代汉语方言大词典》42 个方言点仅“福州”和“厦门”使用，据此，“店头”当为南方方言词；再看“脚头”，许宝华，宫田一郎主编的《汉语方言大词典》注释“脚头”（“脚步”义）为“吴语”，使用区域为“江苏无锡、江阴”。《现代汉语方言大词典》42个方言点仅“丹阳”和“宁波”用为“走路时腿脚的动作”，与“脚步”义近，北方文献不多见，当为南方方言词，现代吴语文献中仍多见，可资佐证，如《江南民间情歌》：“做双快鞋送郎君……情歌郎着得脚头轻。”叶辛《蹉跎岁月》：“脚头快的猎人，顺着马蹄形的河流跑去，发现这条河流入一个狭长的大湖。”[①]北方代表性文献中的“劣角”（“乖劣，顽皮”义），初见于《董解元西厢记》卷一，目力所及，宋金及其后文献均未见，经察《汉语方言大词典》《现代汉语方言大词典》《普通话基础方言基本词汇集》等方言辞书，今主要使用在北京官话中，如“这个孩子真劣角，变着法儿淘气”；再如“挨靠”（“依靠”义），首见于《董解元西厢记》卷三，管及所见，其后文献两例，即关汉卿《拜月亭》第二折：“您孩儿无挨靠，没倚仗，深得他本人将傍。”邓玉宾《粉蝶儿》：“金珠宝贝休挨靠，天符帝敕难逃。”关汉卿，大都人；邓玉宾，籍贯不明。除去籍贯未明的邓玉宾例，金元两例均用于北京官话中，检上述方言辞书及各地方言词典，今亦主要见用于北京话中，为儿化的“挨靠”，即“挨靠儿”，用作名词，指所倚靠的人或物。从“劣角”“挨靠”古今传承来看，当为北方方言词。

---

① 此两例转引自郭作飞《〈张协状元〉词汇研究》，巴蜀书社2008年版，第387页。

3. 南北代词词缀“们”“每”使用的不同。《张协状元》中既有“们”（4 次），也有“每”（9 次），如“我们 / 我每”等；《董西厢》中主要用词尾“每”，19 例，如“这每”等。“们”“每”有没有一定的地域差异呢？

吕叔湘（1955：145）认为“们”字始见于宋代，此期标写复数词尾的有“懑、满、瞒、门、们”等字；元代文献大多数用“每”字，少数用“们”字；明初仍多用“每”，明朝中叶以后“们”字才多起来。“们”始见于宋代没有问题，不过“每”却并非元代才有。这从宋金两部代表性文献中均有“每”便可窥知。同时吕先生文中还认为南系方言（长江流域及西南）用“们”，北系方言（黄河流域及东北）用“每”，到了金元两代入据中原，人民大量迁徙，北方系官话才通行到大河南北，而南方系官话更向南引退。吕先生的话一语中的，“们”“每”确系南北不同方言中的产物。潘悟云（2010：119）云：“复数尾‘们’类与‘每’类，最早出现的年代不相上下，只不过‘每’出现的地理范围更靠近北方。宋代的标准语为汴洛方言，南宋也是如此，汴洛方言中复数尾为‘们’。元代统治者来自北方，定都北京以后，北方官话成了标准语，标准语中的复数尾成了‘每’字。到了明代，朱元璋主张把标准语重新改成中原方言，《洪武正韵·序》说得很清楚，此书编纂的原则依据朱元璋的意旨：‘一以中原雅音为定’。所以明代又恢复到中原雅音的复数尾‘们’。”这样看来，“们”和“每”只是在不同时期存在“标准语”和“方言”的区别，并不存在出现时间早晚的差别，因为据潘文：“‘每’类读

音的特点是带 -i 尾，最早出现于赵璘《因话录》记卢弘宣事，‘我每’写作‘我弭’。卢弘宣元和 (806 至 820) 中进士，赵璘大和八年 (834) 进士。可见这类复数尾在 8 世纪已经出现。”由潘先生制作的复数尾的演变图（其中加下横线者为当时的标准语）更能看得一目了然：

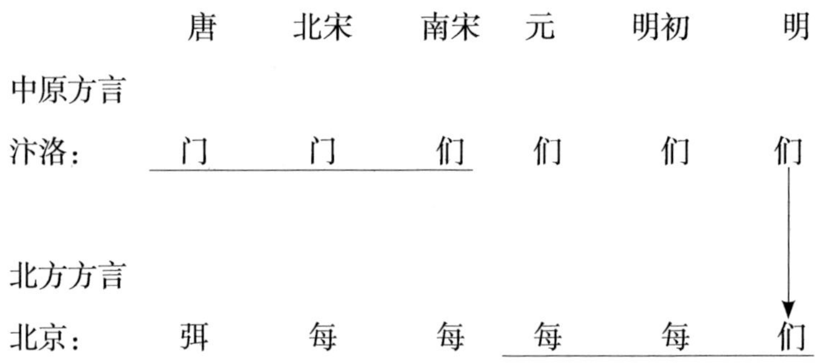

元代以前，复数词尾“每”已经出现，只是属于北方方言词，应用范围很小，在文献中的反映不是太明显。到了元代，北方方言成为标准语，“每”才大量使用。其实，潘先生的这个图还可稍做补充。因为即使到了明代中期，北方方言中仍然还用复数词尾“晦”，如明李实撰《虚庵李公奉使录》，短短的一篇出使录，却使用了 30 个复数词尾“晦”。如：也先曰：“大明皇帝因何差你晦来？”又（李）实答曰：“差人不差人奏请圣旨，我晦岂敢约期也？”这是明景泰元年（1450），李实出使蒙古的一篇和议录，是和议谈判的口语记录。可见复数词尾“晦”，还保留在当时的北方话中。在今天的山西、陕西某些地域的方言中，“每”作为“们”方言读音的书面形式仍然在沿用，如据侯精一、温端政（1993：628）调查可知，山西省永济、万荣、吉县以及临汾市河东及金殿话里“们”的读音失去鼻音尾 [-n]，读为纯口音韵母，而与“每”字同韵，们 = 每 [mei]（声调不同）。无独有偶，刘勋宁（1998）考证了陕北清涧话人称代词和指人名词语尾 [·mi] 就是“每”，又是一个埋没已久的遗存。

要之，“每”显然是北方方言常用词缀，“们”不管是长江流域及西南常用词缀，还是汴洛方言常用词缀，相较“每”的使用地域而言，均更靠南，可谓是南方方言的常用词缀，至于《张协状元》中的几例“每”，可能如太田辰夫（1991：159）所言属于误用例，也不排除是靖康之难时随宋室南迁从北方带到南方的产物。

二、从社会学角度来看

语言是社会文化、习俗的重要载体。一个时代的社会面貌通常通过一个时代的词语来体现，我们将南北代表性文献中和社会生活密切相关的新词按照所属类别做了如下统计，得表如 4—1、4—2：

表 4—1：南方代表性文献《张协状元》中新词[①]分类

词类	具体表现	比例
名词（93 个）	武术、武器（4）：棒法、车仗、弩子、铁查	4.3%
	食品（1）：糍糕	1.1%
	称谓（31）：村蛮汉、大娘子、呆子、爹妈、爹娘、恩官等[②]	33.3%
	各种处所[③]（6）：卑田院、集市、官房、花衢、行馆、鸳鸯楼	6.5%
	戏曲（8）：鲍老、讹末、副末、脚色、末泥色、棚栏、戏房、轧色	8.6%
	体貌（1）：张志	1.1%
	官职相关[④]（4）：府厅、快子、礼上、佥判	4.3%
	衣饰（1）：磕脑	1.1%
	婚姻相关（1）：丝鞭	1.1%
	封建迷信（3）：佳谶、圣杯、照杯	3.2%
	乐器（1）：梧桐角	1.1%

① 只统计名词、动词、形容词，其他词类和社会生活密切相关的词相对较少，此不做统计；北方代表性文献中的词亦只统计名词、动词、形容词。

② 余如下：鬼头风、宦裔、教化、看生婆、客长、苦胎、马八六、马明王、媒主、乞婆、穷秀才、洒家、嫂嫂、使婢、外方人、乡下人、小二、亚爹、亚哥、亚公、亚娘、亚奴、亚婆、正房、庄家。

③ 如男女幽会处、花街柳市等。

④ 如官署、官职等。

续表

动词（88 个）	婚丧嫁娶（3）：嫁聘、做媒、烧化	3.2%
	戏曲（4）：编撰、搽灰抹土、使拍、踏场	4.3%
	文体活动（2）：打弹、品竹	2.2%
	科举（2）：高攀、折桂枝	2.2%
	封建迷信（3）：打瓦、圣手遮拦、显圣	3.2%
	官场活动（2）：放参、申呈	2.2%
形容词（23 个）	修饰体貌（1）：不好看	1.1%

表 4—2：北方代表性文献《董西厢》中新词分类[①]

词类	具体表现	比例
名词（97 个）	军事、武术[①]（8）：八阵法、朴刀、软缠、铜牙利、头盔、战騳、尖刀、金凿	8.2%
	饮食相关（1）：水米	1%
	称谓（12）：重孙、村厮、典寺者、二哥、髡囚、浪儿、老虔婆、娘行、奴哥、酸丁、堂头和尚、姨奶	12.4%
	医学（1）：方本	1%
	体貌（11）：钿窝、髻角、口啜、旷脚、脸道、渌老、庞儿、躯老、杏腮、牙关、腰道	11.3%
	衣饰（2）：絮袄、鞫袜	2.1%
	婚姻、爱情相关（6）：把定、盖头、鬼病、会子、佳配、敌头	2%
	农具、交通工具（2）：辘轴、太平车儿	2.1%
	乐器（2）：冰弦、囊琴	2.1%
	诗词相关（2）：骚坛、诗阵	2.1%

① 包括战服、兵器、兵法等。

续表

词类	具体表现	比例
名词（97个）	各种处所[①]（4）：厨房、大牢、寮舍、秦楼谢馆	4.1%
动词（139个）	婚丧嫁娶（5）：许聘、作排、做亲、就亲、女大不中留[②]	3.6%
	文娱活动（1）：擘阮	0.7%
	男女情事（8）：摩弄、搁就、搁纵、送情、挑斗、偷情、窝穰、呜咂	5.8%
	祭祀、占卜（2）：买卦、清醮	1.4%
	战事、军事（1）：出马	0.7%
形容词（53个）	修饰体貌、品性、行为等（34）：不戏、出跳、粗鲁、村沙等[③]	64.1%
	修饰衣物（5）：宽褪、破设设、软柔柔、剔团圆、蔚贴	9.4%

综合南北文献中名词、动词、形容词中各类词所占的比例可知，南方代表性文献排在前三的分别为：称谓词、戏曲词、各种处所词；北方代表性文献排在前三的是：体貌词[④]、称谓词、修饰衣物的词。显然南北新词在反映社会生活方面，既有相同的地方，亦有不同之处，具体为：

① 如妓院等。

② “女大不中留”可谓是一个成语，权且放到词里。

③ 余如下：邓虏沦敦、低趄、刁厥、风魔、鹘鸰、急煎煎、疾憎、济楚、娇娇、可怜见、口茄目瞠、狂獐、辣浪、磊浪、劣角、媚媚、捻捻腻腻、袅袅婷婷、瓯抠、鬅头、七角八角、伽伽、软和、手亲眼辨/手亲眼便、熟娴、台孩、乌油、小颗颗/小可可、眼悬悬、窄弓弓。

④ 包括修饰体貌、品性、行为的词。

（一）相同的地方

1. 南北文献中，各种称谓词非常丰富，南方如：大娘子（尊称已婚的中青年妇女）、恩官（对给自己以恩惠者的敬称），客长（旧时客店主人对客人的敬称）等；北方如：二哥（小二哥的敬称）、髡囚（对僧人的蔑称）、娘行（女性通称）等，这和社会经济的发展以及人际交往的客观需要分不开，宋代经济繁荣，行业增多，据《清波杂录》记载，唐代有三十六行，宋代行业倍增，改称七十二行，这就要给各行各业及不同身份的人一个合理的称谓；金朝的经济虽不如宋朝，但是金人全面学习和接收汉人的物质文化和精神文化，宋金经济文化的交流，极大地促进了金朝经济的迅速发展，行业亦日益繁复，因此，宋金称谓词的丰富一定程度上也是这种社会文化大背景催生的产物。

2. 南北文献中修饰“人”体态容貌和“人”活动处所的词相对比较丰富，修饰体态容貌的词如“不好看、出跳、邓虏沦敦、媚媚、捻捻腻腻、袅袅婷婷、瓯抠、鬅头”，“人”活动处所词如“卑田院、集市、花衢、鸳鸯楼、寮舍、秦楼谢馆”等，这说明宋金都是以“人”为主体的社会，注重人的发展，关心人，爱护人，如“两宋时期，封建统治者从唐末五代军阀混战、道德沦丧、社会动荡的现实中吸取教训，在治国方略上实行重文轻武，以文治国；文化上实行佑文政策，加强科举、重视人才；社会道德上，强调儒家伦理道德，使得儒学进一步繁荣。宋代社会的这些巨变，反映在社会上，就是统治者从维护自身统治，稳定社会秩序出发，更强调以人为本，重视人的存在和价值，强化社会保障。”[①]

3. 南北代表性文献中都有不少关于爱情和婚姻的新词，这和二者的题材内容有关。《张协状元》写的是张协秀才贫困落魄时娶贫女，一举成名时忘恩负义弃贫女，后又在权势胁迫下重与贫女团圆的故事，婚姻是主题。《董西厢》写的是张生和崔莺莺为追求自由爱情而不懈奋斗、共同对抗封建礼教，最后战胜种种阻力结为夫妻的故事，主题亦是婚姻爱情。因此，二者均有不少关于爱情婚姻的词在一定程度上是由其文献题材所决定的。

（二）不同点

从社会学的角度来看，南北代表性文献新词最大的一个不同是南方重“文”，与“戏曲文学”相关的词相对较多，如“鲍老、讹未、副末、脚色、末泥色、棚栏、戏房、轧色”等；北方重“武”，与军事、武术相关的词相对较多，如“八阵法、朴刀、软缠、铜牙利、头盔、战騄、尖刀、金凿”等。当然，这一方面和南方文献的戏文体裁及北方文献描写战争场面的内容相关，另一方面也反映了南北重文重武程度的差异，因为同为戏文体裁的北方诸宫调却少有戏曲词，而南戏《张协状元》中也有张协进京赶考遭遇强盗及其得中状元后剑劈妻子的“打斗”情节，却鲜用“军事、武术”相关的词均可证。学者对历史上“南文北武”的文化差异多有论及，如唐秀平（2011）即云：“北方地区在中国历史上基本上保持了政治中心的地

① 郭文佳《宋代社会保障研究》，北京：新华出版社 2005 年版，第 375-376 页。

位，加之与北方游牧民族相邻，因而也成为各派力量角逐的主战场，这又导致北方一方面尚武精神得以延续，另一方面经济文化中心的地位至唐宋逐步让位于南方，形成了‘南文北武’文化差异格局。”宋金正是这一文化差异格局形成的关键期，如“宋代社会重文轻武之风极盛”[①]“宋代社会的重文轻武之风在长达 300 年的实践里对社会及后世影响很大。由于重文轻武导致文、武分途，文人的地位提高，武士的社会地位下降”皆可见一斑；而与宋朝南北对峙的金朝则重武轻文，《金史·文艺上》云：“金用武得国，无以异于辽，而一代制作能自树于唐、宋之间，有非辽世所及，以文不以武也”。即其证。

① 齐瑞霞《宋代新生称谓类俗语词成词特点及其文化因素分析》，《东岳论丛》2015 年第 3 期。

第五章　十二、十三世纪南北词语差异的原因探讨

语言变化的动因通常分为内因和外因，内因制约外因，外因又在一定程度上促动内因。拉波夫 (1972：1-42) 通过研究马萨葡萄园岛的语音变化提出外因（社会因素）和内因共同决定语言变化的论断，他认为，语言内部结构无法自圆其说地解决语言变化的动因问题，应结合社会因素一起分析解决。语言变化内外因素决定论同样适合于探究十二、十三世纪南北词语差异的原因问题，即理论上不外乎内部因素（语言内部结构的自我调节机制）和社会因素（政治、经济、文化、风俗、民族迁徙、民族接触等），同时还包括地域因素和个人的用语习惯等。通过前面的论述可知，南北方文献用词存在着“同词异义”“同义异词”“方言词”“新生词”的差异，总的来说，北方文献用词较南方文献用词更俚俗、更具口语性，造成这一差异的原因既有语言内部的因素，亦有语言外部的因素。

第一节　语言内部因素

“语言有一种奇异的、天生的、自我保护功能。语言内部有一种自动使信息规则化的机制，能将破碎的模式重新得到修复，并防止它分解开去。更精确一些说，实际上是使用语言的人在作这些调整工作，这是因为人有某种天生的需要，要将我们必须记住的信息组织起来。”①语言中旧质的消亡及新质的产生都会引起语言系统的变化，打破已有的相对平衡，于是语言会通过自我调节，对由变化引起的不平衡状态进行重新组合，以求达到新的相对的平衡。宋金对峙时期南北词语的发展变化及其差异一定程度上和语言的自我调节机制不无关系。

一、词汇系统的调节机制

宋金对峙时期，汉语词汇处在本族语和外来语、通语和方言、文雅语和俚俗语、传承词与新生词等各种语汇材料的碰撞中，而又能实现语言的融合，服务于人类表达的需要，这就在于词汇系统自身的调节和维护平衡的机制。“词汇是语言中对外部环境的影响反映

① ［英］简·爱切生《语言的变化：进步还是退化？》，徐家祯译，语文出版社 1997 年版，第 182-183 页。

最敏感的部分，因而也是语言各个要素中最活跃的部分，这是词汇作为动态的开放系统显示出的必然特征，而词汇系统的自我调节则是这种敏感和活跃的必然表现。”[①] 此期南北均出现了大量的新词新义，常用词旧词地位的衰落、新词地位的上升，词义的引申演变导致词降格为语素等都是词汇系统调节的结果。当然，这种词汇系统自我调节的结果在宋金南北文献中的体现不尽相同，如南北均出现一批带有地域特色的新词，南方如“店头、脚头”等；北方如“挨靠、劣角”等。南北同用一词，但使用义项有别，如“害”，南方用旧义“杀害；伤害；损害”，北方用新义“男女之间的相思病；感受到”；“劳攘”，南方使用本义“纷繁；杂乱”，北方用引申义“烦恼”等。表达同一概念，南北使用常用词的新旧不同，如南方尚用旧词（贫、著），北方已用新词（穷、穿）等。这些说明了词汇系统除应地域需要进行调节外，也随南北语言发展的快慢进行自发调节，如宋金时期北方政局动荡、多民族杂居的开放环境促使其语言发展稍快，为满足这种快节奏变化的需要，词汇系统率先为北方汉语“指派”新词新义。

二、语音的变化

语音的变化会引起词汇系统的变化，“语言每一个要素内部的变化总会引起其他要素的变化，使语言系统本身发生失衡，比如，汉

① 徐国庆《现代汉语词汇系统论》，北京大学出版社 1999 年版，第 205 页。

语词汇在先秦时期直至唐宋时代都是以单音节为主的，但后来发生了浊音清化、声母合流、元音合并、声调简化等语音变化，同音现象不可避免地大量增加，单音节词已经很难起到区别意义的作用，于是语音的变化打破了语言系统的平衡，带来词汇上的调整，最终导致双音节词大量产生。”[①]双音化可谓是词汇发展演变的一个总趋势，宋金时期依旧如此，古代汉语以单音词为主，随着时代的发展，单音词或一分为二成为复音词，如“角”分化出“肐落”；或添加词头词尾构成双音节词，由“老”构成的“躯老、睩老”，由“道”构成的“脸道、腰道”，由“头”构成的“盖头、洋头”，由“亚”构成的“亚爹、亚哥”等，据郭作飞《〈张协状元〉词汇研究》一书统计，《张协状元》中使用单音词1666个，复音词2897个，在数量上是单音词的两倍多[②]，词化现象昭然若揭。不过组成双音节的一些语素明显带有或南或北的地域属性，如“子”尾多用在南方，“儿”尾多用在北方；“们”缀多用在南方，“每”缀多用在北方等。另外，在单音词和单音词复合成词的过程中，如果南北词化速度不同，则会造成南北词义新旧的差异，如“大小大”在南方文献中处于词化的过程中，而北方文献中词化过程已完成。

① 崔希亮《研究生系列教材 语言导论》，北京语言大学出版社2016年版，第61页。

② 郭作飞《〈张协状元〉词汇研究》，巴蜀书社2008年版，第193-194页。

三、语言接触的影响[①]

汉语同其他民族语言的大规模接触融合是和民族迁移相伴相随的，历史上三次大的移民浪潮，分别是晋末永嘉之乱、唐中后期安史之乱及两宋之际靖康之难引发的北方人民大南移，伴随移民产生的三次大规模语言接触“基本都发生在北方，汉语在与北方阿尔泰语，尤其是统称‘北狄’的语言接触过程中，发生了相当激烈的变动”[②]，宋金时期，汉语受阿尔泰语的影响尽管没有那么显著，但金为女真族统治的朝代，汉族和女真族长期杂居在一起，势必在语言上相互影响、借用、吸收，如汉语中的比拟助词“似”“也似”，第一人称代词复数包括式和排除式的对立，在一定程度上就是受阿尔泰语的影响而产生的；“儿化”（“儿”不是一个独立的音节，只是一个卷舌动作）是官话区普遍存在的一种重要语言现象，北京官话尤为典型，而这种语音现象正是宋金时期番汉接触的产物，而且这一语言现象随着宋室南迁亦被带到了南方，为今天杭州话中不同于周边地区的“儿尾”现象做了很好的注解。除汉语同北方少数民族语的接触外，北方汉语亦随宋室南迁和南方汉语有所接触交融，如南方

① 关于语言接触的影响属于外部因素还是内部因素，学界意见不一，董绍克等（2013：285）将其归为语言内部因素；张赪（2016：248）等将其归为外部因素。我们这里从前者。

② 曲辰《语言类型学视野下的汉法对比研究》，上海三联书店 2014 年，第 136 页。

文献中的“俺、肐落、脱空、厢”便是从北迁移而来，当然，南词是否北移、北方汉语“南染吴越”的情况值得进一步思考和探究。

语言接触往往有语言借用、语言混合、语言融合等结果，宋金时期，北方汉语虽然在一定程度上受到阿尔泰语的影响，但最终以女真语的汉化而告终，因为尽管金人以征服者的身份入主中原，但迫于政治、经济、文化等各方面发展的需要，不得不主动学习汉民族先进的语言和文化，却又不愿放弃本民族的语言文字，但语言的融合不以个人的意志为转移，汉民族先进的经济文化、汉语自身的特点及其使用人口的众多都使其具有竞争优势，最终在母语各异的北方民族中取代女真语而成为共同语。列宁在其《关于民族问题的批评意见》中说:“本国的哪种语言有利于多数人的商业往来，经济流通的需要自然会作出决定的。”是对语言融合中优势语言胜出的最好说明。

第二节　语言外部因素

一、政治因素

近代汉语史上长期存在南北官话方言的对立，吕叔湘（1985）就已指出:“现代的官话区方言，大体可以分成北方（黄河流域东北）

和南方（长江流域和西南）两系。我们或许可以假定在宋、元时代这两系已经有相当分别，……现在的北方系官话的前身只是燕京一带的一个小区域的方言。到了金、元两代入据中原，人民大量迁徙，北方系官话才通行到大河南北，而南方系官话更向南引退。"黎新第（1995a）亦认为南方系官话同北方系官话一样客观存在。但是不同时期两种官话方言的地位是不一样的，正如罗杰瑞（2004）所云："过去一千年里，两种官话方言在竞争标准语（官话）的位置。南系在北宋、南宋占上风。金、元两代（也许更早在辽朝控制的地区），一种来自东北的官话在这两个朝代控制的地区逐渐扩大影响。到了明代，南系重新出现，一直到清代初、中叶还是占上风。"不同时期官话方言之所以不同，很大程度上和一个朝代政治地位的高低有直接的关系，如宋金对峙时期，金朝虽然是少数民族统治的国家，然而政治地位却高于汉民族统治的南宋，"在政治地位方面，宋朝从来都没有处于中心地位，从来都没有成为宗主国而把金朝变成附属国。相反，金朝则处于宗主国的中心地位，在整个宋金交往过程中，始终处于主动地位。"① 如从宋金和战的发展进程看,基本上是金说和就和，说战就战，宋朝始终处于被动的屈从地位；从绍兴和议的条款来看，是宋向金称臣，实际是宋变成了金的附属国，而不是金是宋的附属国②。政治地位决定了语言的地位，所以，金代女真族统治区

① 赵永春《关于宋金关系的几个问题》,《黑龙江民族丛刊》2001 年第 1 期。

② 参看赵永春《关于宋金关系的几个问题》,《黑龙江民族丛刊》2001 年第 1 期。

域的北方官话地位要高于南宋的官话方言，这由前文所论“金元时北方方言多向南渗透扩散”便可证明，而且这种官话方言经过后来的发展演变成为今天的北京官话，“所谓元大都话，实际是辽金两代居住在北京地区的汉族人民和契丹、女真等族经过几百年密切交往逐渐形成的，到元建大都时已趋于成熟，成为现代北京话的源头。”①

二、文化因素

南北文化的差异是决定南北用词俚俗差异的关键因素之一。自唐至清，南方文化在发展中逐步取得优势，唐秀平（2011）统计了王鸿鹏等人编著的《中国历代文状元》一书，在唐朝，北方的文状元占75%；而到宋朝时，北方的文状元占比只有30%，而南方文状元的占比则高达55%，所有金文化虽有可观之处，但与南宋文化无法比拟，“宋朝的经济文化发展水平确实很高，金人进入中原以后，虽然以正统自居并以战胜者的姿态炫耀于汉民族之前，但他们很快就发现自己的游牧文明与汉人的农耕文化比起来，还差好大一截，无论是政治、经济、文化制度，还是衣食住行等物质文化生活以及社会习俗等方面，都落后于汉人。”②

文化强度与用词文雅度成正比，文化高的人说话相对文雅委婉，

① 林焘《北京官话溯源》，《中国语文》1987年第3期；载《林焘语言学论文集》，商务印书馆2001年版，第175页。

② 赵永春《关于宋金关系的几个问题》，《黑龙江民族丛刊》2001年第1期。

文化低的人说话相对通俗直接，宋金对峙时期，北方文化弱于南方，相应地，北方（金）语言用词较南方（南宋）语言用词则更通俗，更具口语性，这从前文所述“北方多用新词新义，南方多用旧词旧义；北方多用引申义、虚义，南方多用本义、实义”等即可窥见一斑。

三、地域因素

早在中古，颜之推就从地形特点方面对魏晋南北朝时的南北语言差异做了概述:“南方水土和柔，其音清举而切诣，失在浮浅，其辞多鄙俗。北方山川深厚，其音沈浊而讹钝，得其质直，其辞多古语。”近代时期的汉语仍然存在南北差异，而且这种差异亦和地域有关。

1127年靖康之变时北宋二帝徽宗、钦宗被金国所俘，北宋宣告结束，北宋灭亡后，宋徽宗第九子康王赵构在应天府南京（今商丘）继承大宋皇位，南宋建立。1128年，在金军的追击下，南宋朝廷率朝臣、将领南迁，逃入江南，1138年定都临安。相比北宋，南宋疆域明显南缩。“绍兴十一年十一月，宋金和义，规定两国以东起淮水中流，西至大散关为界，淮南江北仍属于南宋。但是南宋的防御基本上放弃了淮河一线，而以长江天险为防御线。”[①]

① 于爱华《南宋地缘政治关系研究》，云南大学博士论文2010年版，第37页。

正是由于南宋具有“北有淮河、长江之阻，东面临海”这一地域特征，一方面可于海上躲避金兵，另一方面，“南北分治加上长江‘天堑’之阻，因而限制了外族语言对江南方言的直接影响。因此，尽管南音逐渐向北音靠近，但变化明显慢于深受外族语言影响的北音。”[①] 可以说，南方地理多阻隔，其辞多古语;北方地理多开阔，其辞多鄙俗。因为金朝统治的东北地带，汉族和少数民族杂居在一起，使得汉语和外语语言长期密切接触，实现了语言的交流和融合，在多种语言接触融合的背景下，北方语言比同时期的南方语言发展相对较快，用词自然“下里巴人”。

四、社会动荡和民族迁徙

“语言和社会一样，越是封闭，发展得就越慢；越是开放，发展得就越快。”[②] 在金统治期间，为了自己民族的发展和战争的需要，人口迁徙是常有的事，这促进了中原地区和东北地区之间的人口流动，为金代语言的发展提供了一个非常开放的环境。这种迁徙既包括金人向中原的迁徙，也包括金人将掳掠的异族人迁往金人内地。女真人为了巩固在中原广大地区的统治秩序把大批女真人迁入中原，如天会十一年（1133 年）秋，“悉起女真国土人散居汉地。女真一部

① 叶宝奎《关于汉语近代音的几个问题》,《古汉语研究》2000 年第 3 期。

② 林焘《北京官话溯源》,《中国语文》1987 年第 3 期；载《林焘语言学论文集》，商务印书馆 2001 年版，第 187 页。

族耳，后既广汉地，恐人见其虚实，遂尽起本国之土人，棋布星列，散居四方。令下之日，比屋连村，屯结而起。”[①]金人掳掠人口的迁徙源于战争的胜利，“在金朝建立之初，主要是将契丹及其降附契丹的渤海、奚等族人口迁往‘内地’。灭辽以后，在‘勘宋’期间，开始将汉族人口进行‘驱而北者’的移民。在金人‘荡辽勘宋’期间，曾多次将在战争期间掠夺来的其他各族人口成批或分散地迁徙到各地。”[②]如天辅六年，金人攻占了辽中京，金军将掳获的奚人一部分迁往“内地”，一部分“徙之山西，后徙河东”[③]。天会四年，金人攻占开封，掳走北宋二帝及皇室、外戚、官员等各类人十万余人，迁往金朝内地。金人治国下的这种移民一方面虽然带来了社会的动荡不安，然而民族的杂居也带来了语言的发展，正如林焘（1987）所云：“女真贵族每次南侵，都要掳掠大批汉人和财物回去，先在幽燕地区，后来遍及中原各地，次数之多，数量之大，相当惊人。……金灭辽后，除继续强迫汉族人北迁外，又陆续把大批女真人南迁到燕山以南，淮河以北。大批人口不断南北交流，无疑会对我国北方语言的发展产生影响。”[④]宋金对峙时期，北方动荡不安、多民族语言交流的同时，南方却相对稳定、语言缺少交流，因此，北方语言环境宽松，词汇发展较快，多用新词新义；南方语言环境封闭，词汇发展稍慢，

① 《大金国志》卷八《太宗纪六》。

② 韩世明《金代人口迁徙问题管窥》,《文化学刊》2007年第5期。

③ 《金史》卷44《兵志》。

④ 林焘《北京官话溯源》,《中国语文》1987年第3期；载《林焘语言学论文集》，商务印书馆2001年版，第180页。

多用旧词旧义。正如何九盈（2007：192）所论："从唐末五代一直到两宋，中国社会发生第二次南北大分裂。北方社会大动荡，方言大融合。入声渐渐消失。而南方相对稳定，方言发展相对缓慢，加之南方此时的文化水平高于北方，文学语言以文言为正宗，传统韵书中的入声与方言中的入声地位都很稳固，南京官话的入声当然不可能消失。"虽论音，却和当时南北词汇的发展差异如出一辙。

五、个人用词习惯

研究历史语言词汇只能借助传世的历史口语资料。宋金对峙时期，南北各种类型的语料虽然丰富，然而这些语料的作者却存在有文化程度、性别、年龄、籍贯和个人履历等的差别和不同，这些差别往往在词汇上有所体现，通常来说，文化程度越高的人，用词越趋于文雅，而文化程度越低的人，越热衷白话；性别上，男女用词亦有差异，比如"我们封建社会，男性可用通语词语'吾、我'自称，女性则只能用'妾、奴、奴家'等专用词语自称。男性在称呼自己的妻子时，多使用'贱内、糟糠'之类含有贬义的词语。"① 年龄上，老年人追求稳定安宁，比较怀旧，喜用旧词；年轻人追求时尚，易于接受新事物，喜用新词。基于此，南北代表性文献中都有自己的"特用词"多少和作者的个人用语习惯有关，如"挨闹、村蛮汉、当巡、跌大、斗煎、讹未、近目、苦胎、快子、庆煖、圣杯、使拍、

① 戴庆厦主编《社会语言学概论》，商务印书馆 2004 年版，第 24 页。

铁查、谢荷、轧色、照杯”等在目力可及的文献中仅见用于《张协状元》；而“不斩、缠惹、彻放、当待、调揭、发业、方本、风珂、乖眼、和铎、会子、混耗、疾憎、金凿、口啜、狂獐、旷脚、磊浪、寮舍、列翅”等在目力可及的文献中仅见用于《董解元西厢记》，当然，这些仅用于某一文献的词语不排除有地域的因素，但个人用语风格不可避免会对其词语的选用有所影响，汪维辉（1999：11-12）就提到个人用词习惯是影响“选词”的重要因素之一，“语言的词汇库中总是存在着丰富的同义词，要表达某一个概念，往往有两个或两个以上的同义词可供选择，究竟选用哪一个，又是怎么选定的，这是颇为复杂的问题。……根据我的初步观察，影响‘选词’的因素至少有五个方面：一是时代，二是地域，三是文体，四是修辞，五是个人用词习惯。”

主要引用书目

一、中文文献：

1.《十三经注疏》(附校勘记)，[清]阮元主编，中华书局影印，1980。

2.《春秋左传注》(修订本)，杨伯峻编著，中华书局，1990。

《国语集解》，徐元诰撰；王树民、沈长云点校，中华书局，2002。

3.《商君书锥指》，蒋礼鸿撰，中华书局，1986。

4.《荀子校释》，[战国]荀况著，王天海校释，上海古籍出版社，2005。

5.《韩非子》，[战国]韩非著，(清)王先慎集解，中华书局，1998。

6.《庄子集释》，[清]郭庆藩撰，王孝鱼点校，中华书局，1961。

7.《墨子间诂》，[清]孙诒让撰，孙启治点校，中华书局，2001。

8.《楚辞补注》，[宋]洪兴祖补注，凤凰出版社，2007。

9.《史记》，[西汉]司马迁撰，[刘宋]裴骃集解，[唐]司马贞索隐，[唐]张守节正义，中华书局，1982。

10.《说苑校证》，[西汉]刘向撰，向宗鲁校证，中华书局，1987。

11.《新书校注》，[西汉]贾谊撰，阎振益、钟夏校注，中华书局，2000。

12.《新序校释》，[西汉]刘向编著，石光瑛校释，中华书局，2001。

13.《战国策笺证》，[西汉]刘向集录，范祥雍笺证，范邦谨协校，上海古籍出版社，2006。

14.《管子校注》，黎翔凤校注，中华书局，2000。

15.《晏子春秋集释》，吴则虞编著，中华书局，1962。

16.《春秋繁露》，[西汉]董仲舒撰，[清]凌曙注，中华书局，1975。

17.《盐铁论校注》定本，王利器校注，中华书局，1992。

18.《白虎通疏证》，[清]陈立撰、吴则虞点校，中华书局，1994。

19.《淮南子校释》，张双棣撰，北京大学出版社，1997。

20.《汉书》，[东汉]班固撰，[唐]颜师古注，中华书局，2007。

21.《论衡校释》（附刘盼遂集解），[东汉]王充撰，黄晖校释，中华书局，1990。

22.《风俗通义校注》，[东汉]应劭撰，王利器校注，中华书局，1981。

23.《抱朴子内篇校释》(第2版)，[晋]葛洪撰，王明校释，中华书局，1985。

24.《三国志》，[晋]陈寿撰，[刘宋]裴松之注，陈乃乾校点，中华书局，1982。

25.《搜神记》[晋]干宝撰，汪绍楹校注，中华书局，1979。

26.《新辑搜神记》，[晋]干宝撰，李剑国辑校，中华书局，2007。

27.《古小说钩沉》，鲁迅辑，《鲁迅辑录古籍丛编》(第一册)，人民文学出版社，1999。

28.《后汉书》[宋]范晔撰，[唐]李贤等注，中华书局，1965。

29.《世说新语笺疏》，[南朝宋]刘义庆著，[南朝梁]刘孝标注，余嘉锡笺疏，中华书局，2007。

30.《新辑搜神后记》，[南朝宋]陶潜撰，李剑国辑校，中华书局，2007。

31.《异苑》，[南朝宋]刘敬叔撰，范宁校点，中华书局，1996。

32.《水经注校证》，[北魏]郦道元撰，陈桥驿校证，中华书局，2007。

33.《齐民要术校释》(第2版)，[北魏]贾思勰撰，缪启愉校释，中国农业出版社，1998。

34.《文选》，[梁]萧统编，[唐]李善注，中华书局，1986。

35.《颜氏家训集解》(增补本)，[北齐]颜之推撰，王利器集解，中华书局，1993。

36.《洛阳伽蓝记校注》，[北魏]杨衒之撰，范祥雍校注，上海古籍出版社，1978。

37.《周氏冥通记》，[梁]周子良、陶弘景撰，《丛书集成初编》影印《秘册汇函》本，中华书局，1985。

38.《游仙窟》，[唐]张文成著，上海书店，1985。

39.《入唐求法巡礼行记》，[日]圆仁撰，白化文、李鼎霞、许德楠校注，花山文艺出版社，2007。

40.《王梵志诗校注》（增订本），[唐]王梵志著，项楚校注，上海古籍出版社，2010。

41.《寒山诗注》，项楚著，中华书局，2000。

42.《坛经校释》[唐]慧能著，郭朋校释，中华书局，1983。

43.《大唐西域记校注》，[唐]玄奘、辩机原著，季羡林等校注，中华书局，1985。

44.《敦煌变文校注》，黄征、张涌泉校注，中华书局，1997。

45.《全唐诗》，[清]彭定求等校点，中华书局，1960。

46.《全唐诗补编》，陈尚君辑校，中华书局，1992。

47.《全唐文》，[清]董诰等编，中华书局，1983。

48.《朝野佥载》，[唐]张鷟撰，袁宪校注，三秦出版社，2004。

49.《岭表录异》，[唐]刘恂撰，鲁迅校勘，广东人民出版社，1983。

50.《冥报记》，[唐]唐临撰，方诗铭辑校，中华书局，1992。

51.《玄怪录》，[唐]牛僧孺撰，程毅中点校，中华书局，2006。

52.《祖堂集》，[南唐]静、筠二禅师编撰，孙昌武，[日]衣川贤次、[日]西口芳男点校，中华书局，2007。

53.《唐摭言校注》，[五代]王定保撰，姜汉椿校注，上海社会科学院出版社，2002。

54.《开元天宝遗事十种》，[五代]王仁裕撰，丁如明辑校，上海古籍出版社，1985。

55.《北梦琐言》，[五代]孙光宪撰，贾二强点校，中华书局，2002。

56.《全唐五代词》，曾昭岷等编撰，中华书局，1999。

57.《全唐五代词》，张璋、黄畬编，上海古籍出版社，1986。

58.《旧唐书》，[后晋]刘昫等撰，中华书局，1975。

59.《新刊大宋宣和遗事》，[宋]佚名著，中国古典文学出版社，1954。

60.《大唐三藏取经诗话校注》，李时人、蔡镜浩校注，中华书局，1997。

61.《五灯会元》，[宋]普济著，苏渊雷点校，中华书局，1984。

62.《景德传灯录》，[宋]释道原著，妙音、文雄点校，成都古籍书店，2000。

63.《二程语录》，[宋]程颢、程颐撰，上海古籍出版社，1992。

64.《张载集》，[宋]张载著，中华书局，1978。

65.《陆象山全集》，[宋]陆九渊，世界书局，1936。

66.《象山语录》，[宋]陆九渊撰，杨国荣导读，上海古籍出版社，2000。

67.《大慧书》，吕有祥著，吴隆升校注，中州古籍出版社，2010。

68.《朱子语类》，[宋]黎靖德撰，王星贤点校，中华书局，1986。

69.《五代会要》，[宋]王溥撰，上海古籍出版社，2006。

70.《五代会要》，[宋]王溥撰，中华书局，1998。

71.《全宋词》，唐圭章编纂，王仲闻参订、孔凡礼补辑，中华书局，1999。

72.《朱淑真集》，[宋]朱淑真撰，张璋、黄畬校注，上海古籍出版社，1986。

73.《欧阳修全集》，[宋]欧阳修著，中华书局，2001。

74.《苏轼全集》，[宋]苏轼著，上海古籍出版社，2000。

75.《栾城集》，[宋]苏辙著，曾枣庄、马德富校点，上海古籍出版社，1987。

76.《欧阳文忠公集》，[宋]欧阳修撰，四部丛刊本。

77.《直斋书录解题》，[宋]陈振孙撰，上海古籍出版社，1987。

78.《齐东野语》，[宋]周密撰，中华书局，1983。

79.《武林旧事》，[宋]周密著，李小龙、赵锐评注，中华书局，2007。

80.《癸辛杂识》，[宋]周密撰，吴企明点校，中华书局，1988。

81.《东轩笔录》，[宋]魏泰撰，中华书局，1983。

82.《老学庵笔记》，[宋]陆游撰，中华书局，1979。

83.《鸡肋编》，[宋]庄绰撰，萧鲁阳点校，中华书局，1983。

84.《默记》，[宋]王铚撰，朱杰人点校，中华书局，1981。

85.《涑水纪闻》，[宋]司马光著，上海书店出版社，1990。

86.《邵氏闻见录》，[宋]邵伯温撰，中华书局，1983。

87.《挥麈录》，[宋]王明清撰，上海书店出版社，2001。

88.《东京梦华录笺注》，[宋]孟元老撰，伊永文笺注，中华书局，2006。

89.《铁围山丛谈》，[宋]蔡绦撰，中华书局，1983。

90.《宾退录》，[宋]赵与时著，上海古籍出版社，1983。

91.《清异录》（饮食部分），[宋]陶谷撰，中国商业出版社，1985。

92.《黑鞑事略》，[宋]彭大雅撰，中华书局，1985。

93.《清波杂志》，[宋]周辉，上海古籍出版社，2012。

94.《三朝北盟会编》，[宋]徐梦莘撰，上海古籍出版社，2008。

95.《唐诗纪事校笺》，[宋]计用功撰，王仲镛校笺，中华书局，2007。

96.《松漠纪闻》，[宋]洪皓撰，翟立伟标注，吉林文史出版社，1986。

97.《建炎以来系年要录》，[宋]李心传撰，上海古籍出版社，1992。

98.《续资治通鉴长编》，[宋]李焘著;（清）黄以周等辑补，上海古籍出版社，1986。

99.《梦粱录》，[南宋]吴自牧著，张社国、符均校注，三秦出版社，2004。

100.《张协状元校释》，[宋]九山书会编撰；胡雪冈校释，上海社会科学院出版社，2006。

101.《大金国志校正》，[宋]宇文懋昭撰，崔文印校证，中华书局，1986。

102.《宋元戏文辑佚》，钱南扬辑录，中华书局，2009。

103.《永乐大典戏文三种校注》，钱南扬校注，中华书局，1979。

104.《近代汉语语法资料汇编》(宋代卷)，刘坚、蒋绍愚主编，商务印书馆，1992。

105.《事林广记》，[宋]陈元靓撰，中华书局，1998。

106.《宋代日记丛编》，顾宏义、李文整理标校，上海书店出版，2013。

107.《全辽文》，陈述辑校，中华书局，1982。

108.《刘知远诸宫调校注》，蓝立蓂校注，巴蜀书社，1989。

109.《刘知远诸宫调校注》，廖珣英校注，中华书局，1993。

110.《西厢记诸宫调》，董解元撰、侯岱麟校订，文学古籍刊行社出版，1955。

111.《古本董解元西厢记》，[金]董解元撰，上海古籍出版社，1984。

112.《董解元西厢记》，凌景埏校注，人民文学出版社，1978。

113.《西厢记诸宫调注释》，[金] 董解元撰，朱平楚译，甘肃人民出版社，1982。

114.《诸宫调两种》，凌景埏、谢伯阳校注，齐鲁书社，1988。

115.《归潜志》，[金] 刘祁撰，中华书局，1983。

116.《大金吊伐录 1-2 册》，[金] 佚名撰，中华书局，1985。

117.《南征录汇》，[金] 李天民撰，[南宋] 确庵、耐庵编；崔文印笺证《靖康稗史笺证》(增订本)，中华书局，2010。

118.《青宫译语》，[金] 王成棣撰，[南宋] 确庵、耐庵编；崔文印笺证《靖康稗史笺证》(增订本)，中华书局，2010。

119.《宋俘记》，[金] 可恭撰，[南宋] 确庵、耐庵编；崔文印笺证《靖康稗史笺证》(增订本)，中华书局，2010。

120.《续夷坚志》，[金] 元好问撰，中华书局，1986。

121.《中州集》，[金] 元好问编，中华书局，1959。

122.《遗山先生文集》，[金] 元好问撰，商务印书馆，1937。

123.《金文最》，[清] 张金吾编纂，中华书局，1990。

124.《全金诗》，薛瑞兆、郭明志编纂，南开大学出版社，1995。

125.《全金元词》，唐圭璋编，中华书局，1979。

126.《续夷坚志评注》，李正民评注，山西古籍出版社，1999。

127.《金史》，[元] 脱脱等撰，中华书局，1975。

128.《新校元刊杂剧三十种》，徐沁君校点，中华书局，1980。

129.《元曲选》，[明] 臧晋叔编，中华书局，1996。

130.《天宝遗事诸宫调》，[元] 王伯成原著，朱禧辑，天津古籍出版社，1986。

131.《新编五代史平话》，中国古典文学出版社校点，中国古典文学出版社，1954。

132.《元刊全相平话五种校注》，钟兆华校注，巴蜀书社，1989。

133.《元代白话碑集录》，蔡美彪编著，科学出版社，1955。

134.《南村辍耕录》，[元]陶宗仪撰，中华书局，1959。

135.《全元曲》，徐征等主编，河北教育出版社，1998。

136.《西厢记》（新1版），[元]王实甫著，王季思校注，上海古籍出版社，1978。

137.《元本琵琶记校注》，[元]高明著，钱南扬校注，中华书局，2009。

138.《玉笥集》，[元]张宪撰，《文渊阁四库全书》第1217册，台湾商务印书馆，1986。

139.《张可久集校注》，[元]张可久著，吕薇芬、杨镰校注，浙江古籍出版社，1995。

140.《元典章》，中国书店，1990。

141.《元遗山诗集笺注》，施国祁注，麦朝枢校，人民文学出版社，1958。

142.《文献通考》，[元]马端临著，中书书局，1980。

143.《型世言》，[明]陆人龙著，覃君点校，中华书局，1993。

144.《逆臣录》，[明]明太祖敕录，王天有、张何清点校，北京大学出版社，1991。

145.《清平山堂话本》，[明] 洪楩编辑，石昌渝校点，江苏古籍出版社，1990。

146.《容与堂本水浒传》，[明] 施耐庵、罗贯中著，上海古籍出版社，1988。

147.《三国演义》，[明] 罗贯中著，人民文学出版社，1985。

148.《盛明杂剧》，[明] 沈泰编，中国戏剧出版社，1958。

149.《醒世恒言》，[明] 冯梦龙编，人民文学出版社，1979。

150.《喻世明言》，[明] 冯梦龙编，许政扬校注，人民文学出版社，1958。

151.《警世通言》，[明] 冯梦龙编，严敦易校注，人民文学出版社，1956。

152.《明成化说唱词话丛刊》，上海博物馆影印本，1973。

153.《荔镜记荔枝记四种》，泉州地方戏曲研究社，泉州市文化局编，中国戏剧出版社，2010。

154.《西游记》(第 2 版)，[明] 吴承恩著，黄肃秋注释，人民文学出版社，2002。

155.《明清民歌时调集》，[明] 冯梦龙，[清] 王廷绍，华广生编述，上海古籍出版社，1987。

156.《东周列国志》，[明] 冯梦龙著，[清] 蔡元放修订，人民文学出版社，1975。

157.《三遂平妖传》，[明] 罗贯中著，张荣起整理，北京大学出版社，1983。

158.《金瓶梅》（会评会校本），[明]兰陵笑笑生著，中华书局，1998。

159.《金瓶梅词话》，[明]兰陵笑笑生著、陶慕宁校注，人民文学出版社，2000。

160.《拍案惊奇》，[明]凌濛初著，陈迩冬、郭隽杰校注，人民文学出版社，1991。

161.《二刻拍案惊奇》，[明]凌濛初著，陈迩冬、郭隽杰校注，人民文学出版社，1996。

162.《牡丹亭》，[明]汤显祖著，徐朔方、杨笑梅校注，人民文学出版社，1978。

161.《紫钗记》，[明]汤显祖著，胡士莹校注，人民文学出版社，1982。

162.《红梨记》，[明]徐复祚撰，姜智校点，中华书局，1988。

163.《六十种曲评注》，黄竹三、冯俊杰著，吉林人民出版社，2001。

164.《农政全书》，[明]徐光启著，陈焕良、罗文华校注，岳麓书社，2002。

165.《耳谈》，[明]王同轨撰，孙顺霖校注，中州古籍出版社，1990。

166.《传习录》，[明]王阳明著，阎韬注评，江苏古籍出版社，2001。

167.《吹景集》，[明]董斯张撰，《续修四库全书》第1134册，上海古籍出版社，2002。

168.《孟称舜集》，[明]孟称舜著，朱颖辉辑校，中华书局，2005。

169.《绝句衍义笺注》，[明]杨慎著，王仲镛、王大厚笺注，四川人民出版社，1986。

170.《陶庵梦忆》，[明]张岱撰；马兴荣点校，中华书局，2007。

171.《万历野获编》，[明]沈德符撰，中华书局，1959。

172.《园冶注释》第2版，[明]计成原著，陈植注释，中国建筑工业出版社,1988。

173.《瀛涯胜览校注》，冯承钧校注，商务印书馆，1935。

174.《近代汉语语法资料汇编》(元代、明代卷)，刘坚、蒋绍愚主编，商务印书馆，1995。

175.《儒林外史》，[清]吴敬梓著，李汉秋校点，杜维沫注释，中华书局，1999。

176.《醒世姻缘传》，[清]西周生辑著，李国庆校注，中华书局，2005。

177.《醒世姻缘传》，[清]西周生著，翟冰校点，齐鲁书社，1993。

178.《歧路灯》，[清]李绿园著，栾星校注，中州书画社，1980。

179.《儿女英雄传》，[清]文康著，人民文学出版社，1983。

180.《海上花列传》，[清]韩邦庆著，典耀整理，人民文学出版社，1982。

181.《红楼梦》，[清]曹雪芹、高鹗著，人民文学出版社，2000。

182.《蒲松龄集》，[清]蒲松龄著，路大荒整理，上海古籍出版社，1986。

183.《何典》，[清]张南庄著，天津古籍出版社，1994。

184.《十二楼》，[清]李渔撰，萧容标校，上海古籍出版社，1986。

185.《无声戏》，[清]李渔著，杜浚批评，丁锡根校点，人民文学出版社，1999。

186.《粉妆楼》，[清]竹溪山人著，伍国庆点校，岳麓书社，1986。

187.《官场现形记》，[清]李宝嘉著，人民文学出版社，1996。

188.《花月痕》第2版，魏秀仁著，杜维沫校点，人民文学出版社，2006。

189.《欢喜冤家》，西湖渔隐主人撰，于天池、李书点校，北京师范大学出版社，1992。

190.《品花宝鉴》，[清]陈森撰，孔翔点校，中华书局，2004。

191.《老残游记》，[清]刘鹗著，陈翔鹤校、戴鸿森注，人民文学出版社，1982。

192.《三侠五义》，[清]石玉昆述，王述校点，人民文学出版社，2007。

193.《风流悟》，[清]坐花散人编辑，上海古籍出版社，1992。

194.《小忽雷传奇》，[清]孔尚任、顾彩著，王毅校注，中州古籍出版社，1986。

195.《日本国志》，[清]黄遵宪著，吴振清、徐勇、王家祥点校整理，天津人民出版社，2005。

196.《茶香室丛钞》，[清]俞樾撰，贞凡、顾馨、徐敏霞点校，中华书局，1995。

197.《续资治通鉴》，[清]毕沅编著，中华书局，1979。

198.《谐声品字笺》，[清]虞咸熙、虞德升撰，《四库全书存目丛书·经部二一七》，齐鲁书社，1997。

199.《庸盦笔记》，[清]薛福成著，江苏人民出版社，1983。

200.《宋诗纪事》，[清]厉鹗辑撰，上海古籍出版社，1983。

201.《艺林汇考》，[清]沈自南撰，中华书局，1988。

202.《醉醒石》，[清]东鲁古狂生著，秋谷校注，上海古籍出版社，1992。

203.《俗语倾谈》，《古本小说集成》第一辑，上海古籍出版社，2017。

204.《四库全书总目》，[清]永瑢等撰，中华书局，1965。

205.《吴下方言考校议》，[清]胡文英，凤凰出版社，2012。

206.《朝鲜时代汉语教科书丛刊》(4册)，汪维辉编，中华书局，2005。

207. 文渊阁《四库全书》，台湾商务印书馆，1986。

208.《续修四库全书》，上海古籍出版社，1995－2002。

二、佛经文献：

1.《修行本起经》，[后汉]竺大力共康孟详译，《大正新修大藏经》第三册。

2.《中本起经》，[后汉]昙果共康孟详译，《大正新修大藏经》第四册。

3.《成具光明定意经》，[后汉]支曜译，《大正新修大藏经》第十五册。

4.《大方便佛报恩经》，[后汉]失译，《大正新修大藏经》第三册。

5.《六度集经》，[吴]康僧会译，《大正新修大藏经》第三册。

6.《大萨遮尼乾子所说经》，[元魏]菩提流支译，《大正新修大藏经》第九册。

7.《正法念处经》，[元魏]瞿昙般若流支译，《大正新修大藏经》第十七册。

8.《毗耶娑问经》，[元魏]瞿昙般若流支译，《大正新修大藏经》第十二册。

9.《无垢优婆夷问经》，[元魏]瞿昙般若流支译，《大正新修大藏经》第十四册。

10.《杂宝藏经》，[元魏]吉迦夜共昙曜译，《大正新修大藏经》第四册。

11.《贤愚经》，[元魏]慧觉等译，《大正新修大藏经》第四册。

12.《百喻经》，［印］僧伽斯那撰，[萧齐]求那毘地译，《大正新修大藏经》第四册。

13.《月光三昧经》，[北齐]那连提耶舍译，《大正新修大藏经》第十五册。

14.《大方等大集月藏经》，[北齐]那连提耶舍译，《大正新修大藏经》第十三册。

15.《高僧传》，[梁]慧皎撰，《大正新修大藏经》第五十册。

16.《高僧传》，［梁］慧皎撰，汤用彤校注，汤一玄整理，中华书局，1992。

17.《佛本行集经》，[隋]阇那崛多译，《大正新修大藏经》第三册。

18.《清静观世音普贤陀罗尼经》，[唐]智通译，《大正新修大藏经》第二十册。

19.《佛说陀罗尼集经》，[唐]阿地瞿多译，《大正新修大藏经》第十八册。

20.《六字神咒经》，[唐]菩提流志译，《大正新修大藏经》第二十册。

21.《续高僧传》，[唐]道宣撰，《大正新修大藏经》第五十册。

22.《古今译经图记》，[唐]静迈撰，《大正新修大藏经》第五十五册。

23.《开元释教录》，[唐]智升撰，《大正新修大藏经》第五十五册。

24.《宋高僧传》，[宋]赞宁等撰，《大正新修大藏经》第五十五册。

25.《明觉禅师语录》，[宋]雪窦重显撰，惟盖竺等编，《大正新修大藏经》第47册。

26.《佛果圆悟禅师碧岩录》，[宋]圆悟克勤撰，《大正新修大藏经》第48册。

27.《圆悟佛果禅师语录》，[宋]圆悟克勤撰，绍隆等编，《大正新修大藏经》第47册。

28.《法演禅师语录》，[宋]法演述，才良等编，《大正新修大藏经》第47册。

29.《如净和尚语录》，[宋]释文素等编，《大正新修大藏经》第48册。

30.《大慧普觉禅师宗门武库》，[宋]释道谦编，《大正新修大藏经》第47册。

31.《大慧普觉禅师语录》，[宋]大慧宗杲撰，蕴闻编，《大正新修大藏经》第47册。

32.《密庵和尚语录》，[宋]密庵咸杰撰，崇岳、了悟等编，《大正新修大藏经》第47册。

33.《虚堂和尚语录》，[宋]虚堂智愚撰，妙源编，《大正新修大藏经》第47册。

34.《宏智禅师广录》，[宋]宏智正觉撰，宗法等编，《大正新修大藏经》第 48 册。

35.《汾阳无德禅师语录》，[宋] 汾阳善昭撰，石霜楚圆编，《大正新修大藏经》第 47 册。

36.《人天眼目》，[宋] 晦岩智昭编，《大正新修大藏经》第 48 册。

37.《万松老人评唱天童觉和尚颂古从容庵录》，[宋] 天童正觉颂古，[元] 万松行秀评唱，《大正新修大藏经》第 48 册。

38.《缁门警训》，[宋] 择贤撰，[元] 永中补，[明] 如卺续补，《大正新修大藏经》第 48 册。

39.《大正新修大藏经》，佛陀教育基金会出版部，1992。

主要参考文献

1. 白维国主编 2015《近代汉语词典》，上海：上海教育出版社。

2. 北京大学中文系语言学教研室编 2005《汉语方言词汇》(第二版)，北京：语文出版社。

3. 波多野太郎 1963—1965《中国方志所录方言汇编》，日本横滨：横滨市立大学。

4. 蔡义江、蔡国黄编著 1987《辛弃疾年谱》，济南：齐鲁书社。

5. 曹先擢、苏培成主编 1999《汉字形义分析字典》，北京：北京大学出版社。

6. 曹小云 2005《中古近代汉语语法词汇丛稿》，合肥：安徽大学出版社。

7. 陈章太、李行健主编 1996《普通话基础方言基本词汇集》，北京：语文出版社。

8. 曹志耘主编 2008《汉语方言地图集》，北京：商务印书馆。

9. 陈秀兰 2002《敦煌变文词汇研究》，成都：四川民族出版社。

10. 程湘清主编 1992《两汉汉语研究》，济南：山东教育出版社。

11. 池万兴 2004《〈管子〉研究》，北京：高等教育出版社。

12. 赤松纪彦等 1998《〈董解元西厢记诸宫调〉研究》，东京：汲古书院。

13. 崔山佳 2006《近代汉语词汇论稿》，成都：巴蜀书社。

14. 崔希亮 2016《研究生系列教材语言导论》，北京：北京语言大学出版社。

15. 大阪大学中国文学研究室编 2006《成化本〈白兔記〉の研究》，东京：汲古书院。

16. 道布编著 1983《蒙古语简志》，北京：民族出版社。

17. 丁惟汾 1983《俚语证古》，济南：齐鲁书社。

18. 董秀芳 2002《词汇化：汉语双音词的衍生和发展》，成都：四川民族出版社。

19. 董志翘 2000《〈入唐求法巡礼行记〉词汇研究》，北京：中国社会科学出版社。

20. 段业辉 2002《中古汉语助动词研究》，南京：南京师范大学出版社。

21. 樊树志 2004《国史概要》（第三版），上海：复旦大学出版社。

22. 范晓、杜高印、陈光磊 1987《汉语动词概述》，上海：上海教育出版社。

23. 方龄贵 1991《元明戏曲中的蒙古语》，上海：汉语大词典出版社。

24. 方龄贵 2001《古典戏曲外来语考释词典》，上海：汉语大词典出版社。

25. 冯春田 2000《近代汉语语法研究》，济南：山东教育出版社。

26. 冯春田 2003《〈聊斋俚曲〉语法研究》，开封：河南大学出版社。

27. 冈元凤纂辑、王承略点校解说 2002《毛诗品物图考》，济南：山东画报出版社。

28. 高明乾主编 2006《植物古汉名图考》，郑州：大象出版社。

29. 高小方、蒋来娣编著 2005《汉语史语料学》，北京：高等教育出版社。

30.[日]宫田一郎，石汝杰主编 2005《明清吴语词典》，上海：上海辞书出版社。

31. 谷衍奎编 2008《汉字源流字典》，北京：语文出版社。

32. 顾学颉、王学奇 1988《元曲释词》，北京：中国社会科学出版社。

33. 顾之川 2000《明代汉语词汇研究》，开封：河南大学出版社。

34. 郭锡良 1986《汉字古音手册》，北京：北京大学出版社。

35. 郭锡良 2005《汉语史论集》（增补本），北京：商务印书馆。

36. 郭在贻 1985《训诂丛稿》，上海：上海古籍出版社。

37. 郭在贻 1986《训诂学》，长沙：湖南人民出版社。

38. 郭作飞 2008《〈张协状元〉词汇研究》，成都：巴蜀书社。

39. 何九盈 2007《汉语三论》，北京：语文出版社。

40. 洪永铿 2005《朱敦儒集》，杭州：浙江大学出版社。

41. 侯精一、温端政 1993《山西方言调查研究报告》，太原：山西高校联合出版社。

42. 胡竹安、杨耐思、蒋绍愚编 1992《近代汉语研究》，北京：商务印书馆。

43. 华学诚 1991《潜斋语文丛稿》，南京：南京大学出版社。

44. 黄伯荣主编 1996《汉语方言语法类编》，青岛：青岛出版社。

45. 黄金贵主编 2008《解物释名》，上海：上海辞书出版社。

46. 黄尚军 2002《四川方言与民俗》（增订本），成都：四川人民出版社。

47. 纪作亮 1986《张籍研究》，合肥：黄山书社。

48. 贾敬颜 2004《五代宋金元人边疆行记十三种疏证稿》，北京：中华书局。

49. 江蓝生 2000《近代汉语探源》，北京：商务印书馆。

50. 江蓝生 2008《近代汉语研究新论》，北京：商务印书馆。

51. 蒋冀骋 1991《近代汉语词汇研究》，长沙：湖南教育出版社。

52. 蒋冀骋吴福祥 1997《近代汉语纲要》，长沙：湖南教育出版社。

53. 蒋礼鸿 1981《义府续貂》，北京：中华书局。

54. 蒋礼鸿 1997《敦煌变文字义通释》（增补定本），上海：上海古籍出版社。

55. 蒋绍愚 1994《蒋绍愚自选集》，郑州：大象出版社。

56. 蒋绍愚、江蓝生编 1999《近代汉语研究》（二），北京：商务印书馆。

57. 蒋绍愚 2005a/2017《近代汉语研究概要》/《近代汉语研究概

要》(修订本)，北京：北京大学出版社。

58. 蒋绍愚、曹广顺主编 2005b《近代汉语语法史研究综述》，北京：商务印书馆。

59. 金光平、金启孮 1980《女真语言文字研究》，北京：文物出版社。

60. 景尔强 2000《关中方言词语汇释》，西安：陕西人民出版社。

61. 雷汉卿 2006《近代方俗词丛考》，成都：巴蜀书社。

62. 李长声 2007《浮世物语》，上海：上海书店出版社。

63. 李崇兴、祖生利、丁勇 2009《元代汉语语法研究》，上海：上海教育出版社。

64. 李建平 2016《隋唐五代量词研究》，济南：山东人民出版社。

65. 李荣主编 1997《上海方言词典》，南京：江苏教育出版社。

66. 李荣主编 1998《温州方言词典》，南京：江苏教育出版社。

67. 李荣主编 2002《现代汉语方言大词典》，南京：江苏教育出版社。

68. 李申主编 2002《近代汉语文献整理与研究》，石家庄：河北教育出版社。

69. 李思敬 1986《汉语“儿”[] 音史研究》，北京：商务印书馆。

70. 李维琦 1993《佛经释词》，长沙：岳麓书社。

71. 李维琦 1999《佛经续释词》，长沙：岳麓书社。

72. 李维琦 2004《佛经词语汇释》，长沙：湖南师范大学出版社。

73. 李文泽 2001a《宋代语言研究》，北京：线装书局。

74. 李新魁、林伦伦著 1992《潮汕方言词考释》，广州：广东人民出版社。

75. 李新魁 1997b《李新魁音韵学论集》，汕头：汕头大学出版社。

76. 李祥林 2003《元曲索隐》，成都：四川教育出版社。

77. 李行健 1995《河北方言词汇编》，北京：商务印书馆。

78. 李宗江 1999《汉语常用词演变研究》，上海：汉语大词典出版社。

79. 廖珣英编 2007《〈全宋词〉语言词典》，北京：中华书局。

80. 林焘 2001《林焘语言学论文集》，北京：商务印书馆。

81. 刘坚编著 2005《近代汉语读本》(修订本)，上海：上海教育出版社。

82. 刘俊文 1996《唐律疏议笺解》，北京：中华书局。

83. 刘利 2000《先秦汉语助动词研究》，北京：北京师范大学出版社。

84. 刘晓南、张令吾主编 2002《宋辽金用韵研究》，长沙：文化教育出版社。

85. 刘子瑜 2008《〈朱子语类〉述补结构研究》，北京：商务印书馆。

86. 柳士镇 1992《魏晋南北朝历史语法》，南京：南京大学出版社。

87. 龙建国 2003《诸宫调研究》，南昌：江西人民出版社。

88. 鲁国尧 1994《鲁国尧自选集》，郑州：河南教育出版社。

89. 鲁国尧 2003《鲁国尧语言学论文集》，南京：江苏教育出版社。

90. 鲁迅 2007《中国小说史略》（修订本），北京：人民文学出版社。

91. 鲁允中 2001《轻声和儿化》，北京：商务印书馆。

92. 陆澹安编著 1981《戏曲词语汇释》，上海：上海古籍出版社。

93. 罗常培 1956《汉语音韵学导论》，北京：中华书局。

94. 吕叔湘 1955《说“们”》，《汉语语法论文集》，北京：科学出版社。

95. 吕叔湘著、江蓝生补 1985/2017《近代汉语指代词》，上海：学林出版社 / 北京：商务印书馆。

96. 吕叔湘 1993《吕叔湘文集》（第五卷），北京：商务印书馆。

97. 吕叔湘主编 1999《现代汉语八百词》（增订本），北京：商务印书馆。

98. 吕叔湘 2006《语文常谈》，北京：生活·读书·新知三联书店。

99. 马贝加 2002《近代汉语介词》，北京：中华书局。

100. 马思周、姜光辉编 2005《东北方言词典》（第 2 版），长春：吉林文史出版社。

101. 马思周 2011《俗言俗谈》，北京：商务印书馆。

102. 毛远明 1999《左传词汇研究》，重庆：西南师范大学出版社。

103. 门岿、张燕瑾 1995《中国俗文学史》，台北：文津出版社。

104. 蒙默等 1989《四川古代史稿》，成都：四川人民出版社。

105. 孟蓬生 2001《上古汉语同源词语音关系研究》，北京：北京师范大学出版社。

106. 孟森 2002《明史讲义》，上海：上海古籍出版社。

107. 牛贵琥 2011《金代文学编年史》，合肥：安徽大学出版社。

108. 潘悟云 2000《汉语历史音韵学》，上海：上海教育出版社。

109. 潘允中 1982《汉语语法史概要》，郑州：中州书画社。

110. 彭宗平 2005《北京话儿化词研究》，北京：中国传媒大学出版社。

111. 钱南扬 1981《戏文概论》，上海：上海古籍出版社。

112. 尚园子、陈维礼编著 2002《宋元生活掠影》，沈阳：沈阳出版社。

113. 石毓智 2006《语法化的动因和机制》，北京：北京大学出版社。

114. 宋德金 2006《中国历史·金史》，北京：人民出版社。

115. 孙伯君 2004《金代女真语》，沈阳：辽宁民族出版社。

116. 孙楷第 2009《沧州集》，北京：中华书局。

117. 孙立新 2007《西安方言研究》，西安：西安出版社。

118. [日]太田辰夫著，江蓝生、白维国译 1991《汉语史通考》，重庆：重庆出版社。

119. [日]太田辰夫著，蒋绍愚、徐昌华译 1987/2003《中国语历史文法》/《中国语历史文法》(修订译本)，北京：北京大学出版社。

120. 唐贤清 2004《〈朱子语类〉副词研究》，长沙：湖南人民出版社。

121. 土肥克己编 2007《十一种诗词曲词典综合索引》，东京：汲古书院。

122. 汪维辉 1999《近代汉语常用词演变研究》，南京大学博士后出站报告。

123. 汪维辉 2000a/2017b《东汉—隋常用词演变研究》/《东汉—隋常用词演变研究》(修订本)，南京：南京大学出版社 / 北京：商务印书馆。

124. 汪维辉 2007b《〈齐民要术〉词汇语法研究》，上海：上海教育出版社。

125. 汪维辉 2007c《汉语词汇史新探》，上海：上海人民出版社。

126. 汪维辉 2017b《东汉—隋常用词演变研究》(修订本)，北京：商务印书馆。

127. 王凤阳 1993《古辞辨》，长春：吉林文史出版社。

128. 王凤阳 2011《古辞辨》(增订本)，北京：中华书局。

129. 王国维 1996《宋元戏曲史》，北京：东方出版社。

130. 王力 1958《汉语史稿》，北京：科学出版社。

131. 王力 1980《汉语史稿》(重排本)，北京：中华书局。

132. 王力 1990《汉语语法史》，载《王力文集》第 11 卷，济南：山东教育出版社。

133. 王绍新 2018《隋唐五代量词研究》，北京：商务印书馆。

134. 王学奇、王静竹 2002《宋金元明清曲辞通释》，北京：语文出版社。

135. 王寅 2006《认知语言学》，上海：上海外语教育出版社。

136. 王锳 1990《唐宋笔记语辞汇释》（修订本），北京：中华书局。

137. 王锳、曾明德编 1991《诗词曲语辞集释》，北京：语文出版社。

138. 王锳 2005《诗词曲语辞例释》（第二次增订本），北京：中华书局。

139. 王锳 2008《宋元明市语汇释》（修订增补本），北京：中华书局。

140. 王云路、方一新 1992《中古汉语语词例释》，长春：吉林教育出版社。

141. 王政白 1992《古汉语同义词辨析》，合肥：黄山书社。

142. 惟正、杨曾文主编 2004《禅宗与中国佛教文化》，北京：中国社会科学出版社。

143. 魏千志 1998《明清史概论》，北京：中国社会科学出版社。

144. 吴福祥 2003《〈朱子语类辑略〉语法研究》，开封：河南大学出版社。

145. [日] 香坂顺一，江蓝生、白维国译 1997《白话语汇研究》，北京：中华书局。

146. 谢璇编 1923《方言字考》，上海：会文堂书局。

147. 薛才德主编 2007《语言接触与语言比较》，上海：学林出版社。

148. 徐嘉瑞 1948《金元戏曲方言考》，北京：商务印书馆。

149. 徐时仪 2013《〈主子语类〉词汇研究》（上、下），上海：上海古籍出版社。

150. 徐朔方 1983《论汤显祖及其它》，上海：上海古籍出版社。

151. 徐通锵 1991《历史语言学》，北京：商务印书馆。

152. 许宝华、宫田一郎主编 1999《汉语方言大词典》，北京：中华书局。

153. 许威汉 2010《训诂学读本》，上海：上海交通大学出版社。

154. 许少峰编 2008《近代汉语大词典》，北京：中华书局。

155. 许政扬 1984《许政扬文存》，北京：中华书局。

156. [美] 薛凤生 1986《北京音系解析》，北京：北京语言学院出版社。

157. 严杰 1993《欧阳修年谱》，南京：南京出版社。

158. 岩田礼编 2009《汉语方言解释地图》，日本：白帝社。

159. 岩田礼编 2012《汉语方言解释地图》（续集），日本：好文出版。

160. 杨爱姣 2005《近代汉语三音词研究》，武汉：武汉大学出版社。

161. 杨建国 1993《近代汉语引论》，合肥：黄山书社。

162. 杨荣祥 2005《近代汉语副词研究》，北京：商务印书馆。

163. 杨永龙 2001《〈朱子语类〉完成体研究》，开封：河南大学出版社。

164. 杨永龙、江蓝生 2010《〈刘知远诸宫调〉语法研究》，开封：河南大学出版社。

165. 易中天 2006《大话方言》，上海：上海文化出版社。

166. 殷寄明 2007《汉语同源字词丛考》，上海：东方出版中心。

167. 尹君编著 1984《文言虚词通释》，南宁：广西人民出版社。

168. 游汝杰 2004《汉语方言学教程》，上海：上海教育出版社。

169. 俞光中、[日]植田均编著 1999《近代汉语语法研究》，上海：学林出版社。

170. 俞为民 2004《宋元南戏考论续编》，北京：中华书局。

171. 袁宾 1992《近代汉语概论》，上海：上海教育出版社。

172. 袁宾等编著 1997《宋语言词典》，上海：上海教育出版社。

173. 袁家骅 2001《汉语方言概要》(第二版)，北京：语文出版社。

174. 袁行霈主编 1999《国学研究》(第 6 卷)，北京：北京大学出版社。

175. 查中林 2002《四川方言语词和汉语同族词研究》，成都：巴蜀书社。

176. 查中林 2008《四川方言词语之语素研究》，成都：巴蜀书社。

177. 詹伯慧 1985《现代汉语方言》，武汉：湖北教育出版社。

178. 张赪主编 2016《汉语简史》，北京：北京语言大学出版社。

179. 张帆 2001《中国古代简史》，北京：北京大学出版社。

180. 张海媚 2014《金代诸宫调词汇研究》，南京：南京大学出版社。

181. 张美兰 2001《近代汉语语言研究》，天津：天津教育出版社。

182. 张美兰 2003《祖堂集语法研究》，北京：商务印书馆。

183. 张生汉 1999《歧路灯词语汇释》，开封：河南大学出版社。

184. 张万起 1993《世说新语词典》，北京：商务印书馆。

185. 张相 1953《诗词曲语辞汇释》，北京：中华书局。

186. 张小艳 2013《敦煌社会经济文献词语论考》，上海：上海人民出版社。

187. 张谊生 2000《现代汉语副词研究》，上海：学林出版社。

188. 张永绵 1989《近代汉语概要》，沈阳：沈阳出版社。

189. 张涌泉 2010《汉语俗字研究》（增订本），北京：商务印书馆。

190. 张涌泉 2000《汉语俗字丛考》，北京：中华书局。

191. 张永言 1982《词汇学简论》，武汉：华中工学院出版社。

192. 赵元任 1928《现代吴语的研究》，北京：清华学院研究院。

193. 赵元任著、吕叔湘译 1979《汉语口语语法》，北京：商务印书馆。

194. 郑骞 2017《从诗到曲》，北京：商务印书馆。

195. [香港] 郑良树 2001《诸子著作年代考》，北京：北京图书馆出版社。

196. 郑振铎 1988《郑振铎文集》（第六卷），北京：人民文学出版社。

197. 郑振铎 1998《郑振铎全集》，石家庄：花山文艺出版社。

198. 郑振铎 2000《郑振铎说俗文学》，上海：上海古籍出版社。

199. 郑振铎 2005《中国俗文学史》，北京：商务印书馆。

200. 郑振铎 2010《中国文学史》，西安：陕西师范大学出版社。

201. 周德清 1996 明刻本《中原音韵》，台北：学海出版社。

202. 周贻白 2004《中国戏剧史长编》，上海：上海书店出版社。

203. 周振鹤、游汝杰 2006《方言与中国文化》（第 2 版），上海：上海人民出版社。

204. 周志锋 2012《周志锋解说宁波话》，北京：语文出版社。

205. 周祖谟 1966《问学集》，北京：中华书局。

206. 朱德熙 1982《语法讲义》，北京：商务印书馆。

207. 朱居易 1956《元剧俗语方言例释》，北京：商务印书馆。

208. 朱庆之 1992《佛典与中古汉语词汇研究》，台北：文津出版社。

209. Labov,W.（拉波夫）1972/2001 Sociolinguistic Patterns. Philadelphia：University of Pennsylvania Press.The social motivation of a sound change：Selected Papers by William Labov. Beijing：Beijing Language and Culture University Press.

论文类参考文献

1. 白维国 1989《近三十年日本对近代汉语的研究》,《国外语言学》第 3 期。

2. 鲍金华 2008《〈世说新语〉与〈贤愚经〉词汇比较研究》，南京大学博士学位论文。

3. 鲍士杰 2007《说说杭州话里的“儿”》，杭州：全国汉语方言学会第十四届学术年会暨汉语方言国际学术研讨会。

4. 蔡镜浩 1990《重谈语助词“看”的起源》,《中国语文》第 1 期。

5. 蔡镜浩 1995《中古汉语的连词“被”》,《中国语文》第 2 期。

6. 蔡言胜 2005《〈世说新语〉方位词研究》，复旦大学博士学位论文。

7. 蔡勇飞 1987《杭州方言“儿尾”的作用》，杭州师院学报（社会科学版）第 3 期。

8. 曹广顺 1987《试说“就”“快”在宋代的使用及其有关的断代问题》,《中国语文》第 4 期。

9. 曹先擢 1979《并列式同素异序同义词》,《中国语文》第 6 期。

10. 常萍 2007《释“譬如”》,《兰州大学学报》(社会科学版)第3期。

11. 常萍 2008《“比及”释义献疑》,《汉字文化》第3期。

12. 陈莉 2006《〈训世评话〉词汇研究》，南京大学硕士学位论文。

13. 陈丽 2001《〈朱子语类〉中的结果补语式和趋向补语式》,《语言学论丛》第二十三辑，北京：商务印书馆。

14. 陈练军 2008《〈刘知远诸宫调〉与明成化本〈白兔记〉词语比较》,《忻州师范学院学报》第3期。

15. 陈练军 2009《古汉语单音词语素化研究》，南京大学博士学位论文。

16. 陈美容 2006《〈全诸宫调〉引介补语的助词“得”“来”“得来”》,《语言应用研究》第10期。

17. 陈秀兰 2001《敦煌变文与汉语常用词演变研究》,《古汉语研究》第3期。

18. 陈　瑶　2003《汉语方言里的方位词“头”》,《方言》第1期。

19. 陈治文 1965《关于北京话里儿化的来源》,《中国语文》第1期。

20.[韩]崔宰荣 2001《唐宋时期的特殊“被”字句》,《语文研究》第4期。

21. 戴不凡 1979《揭开〈红楼梦〉作者之谜——论曹雪芹是在石

兄〈风月宝鉴〉旧稿基础上巧手新裁改作成书的》,《北方论丛》第1期。

22. 刁晏斌 1995《近代汉语中“被+施事+谓语”式“被”字句》,《青海师范大学学报》(哲社版)第4期。

23. 董为光 1995《汉语“吃～”类说法文化探源》,《语言研究》第2期。

24. 董秀芳 1999《古汉语中的后置词“所”——兼论古汉语中表方位的后置词系统》,《四川大学学报》(哲学社会科学版)第2期。

25. 董志翘 1990《〈五灯会元〉语词考释》,《中国语文》第1期。

26. 董志翘　1997《近代汉语指代词札记》,《中国语文》第5期。

27. 杜正乾 2004《敦煌文献中的“壁”字刍议》,《敦煌研究》第2期。

28. 方国平 2009《“东司”表“厕所”义的由来》,《汉字文化》第5期。

29. 费秉勋 1980《“当”字释例质疑(一)》,《中国语文》第6期。

30. 冯凌宇 2008《汉语“面”的词缀化考察》,《古汉语研究》第3期。

31. 冯其庸 1984《论南戏〈张协状元〉与〈琵琶记〉的关系兼论其产生时代》,《社会科学战线》第2期。

32. 冯青 2014《〈朱子语类〉与〈二程语录〉词汇的南北差异》,《琼州学院学报》第6期。

33. 古屋昭弘 2000《使成词组 V1 令 V2 和 V1 教 V2》，北京：纪念王力先生百年诞辰语言学学术国际研讨会提交论文。

34. 郭锡良　2002《历史音韵学研究中的几个问题———驳梅祖麟在香港语言学会年会上的讲话》，《古汉语研究》第 3 期。

35. 郭作飞 2003《从戏文〈张协状元〉看专书语料的重要价值》，《汉语史研究集刊》第六辑，成都：巴蜀书社。

36. 郭作飞 2004《汉语词缀形成的历史考察——以“老”、“阿”、“子”、“儿”为例》，《内蒙古民族大学学报》（社会科学版）第 6 期。

37. 韩国胜 2003《宋代语言现象概述》，《河南社会科学》第 5 期。

38. 郝志华 2002《“男女”略考》，《湖北师范学院学报》（哲学社会科学版）第 4 期。

39. 何洪峰 1996《释〈朱子语类〉中的“撮”“绰”——兼与袁庆述先生商榷》，《语文研究》第 3 期。

40. 何乐士 2001《专书语法研究的回顾与展望》，《湖北大学学报》第 6 期。

41. 何兆泉 2015《〈东京梦华录〉作者问题考辨》，《浙江学刊》第 5 期。

42. 黑维强 2002《从陕北方言看近代汉语助词“也似”的来源》，《延安大学学报》（社会科学版）第 1 期。

43. 胡海琼 2006《“牢”“栏”“圈”的历史演变》，《语言研究》第 3 期。

44. 胡海琼　2008《南方方言中的“栏”并非古越语底层词》,《中央民族大学学报》(哲学社会科学版)第6期。

45. 胡丽珍、雷冬平 2015《再论动量词“顿”的产生时代及其来源》,《汉语史研究集刊》第19辑，成都：巴蜀书社。

46. 胡万川 1977《〈京本通俗小说〉的新发现》，台湾《中华文化复兴月刊》第十卷第十期。

47. 胡壮麟 2003《语法化研究的若干问题》,《现代外语》第1期。

48. 黄晓雪、李崇兴 2007《“被”字表原因的来源》,《汉字文化》第5期。

49. 慧子 1989《杭州方言的文化特色及其成因》,《东南文化》第6期。

50. 季永海 1999《汉语儿化音的发生与发展——兼与李思敬先生商榷》,《民族语文》第5期。

51. 贾晞儒 1982《元杂剧中的蒙古语词》,《青海民族学院学报》(社会科学版)第4期。

52. 江蓝生 1984《元杂剧语词拾穗》,《字词天地》第3期。收入王锳、曾明德《诗词曲语辞集释》，语文出版社 1991年。

53. 江蓝生　1987《八卷本〈搜神记〉语言的时代》,《中国语文》第4期。收入《近代汉语探源》，商务印书馆 2000年。

54. 江蓝生 1990《说“兀自”》,《辞书研究》第1期。

55. 江蓝生 1992《助词“似的”的语法意义及其来源》,《中国语文》第 6 期。收入《近代汉语探源》，商务印书馆 2000 年。

56. 江蓝生　1995《说“么”与“们”同源》，《中国语文》第 3 期。收入《近代汉语探源》，商务印书馆 2000 年。

57. 江蓝生 1999a《汉语使役与被动兼用探源》，《祝贺梅祖麟先生：汉语历史句法及构词法论文集》。收入《近代汉语探源》，商务印书馆 2000 年。

58. 江蓝生 1999b《重读〈刘知远诸宫调〉》，《文史》第三辑。收入《近代汉语探源》，商务印书馆 2000 年。

59. 江蓝生 1999c《从语言渗透看汉语比拟式的发展》，《中国社会科学》第 4 期。收入《近代汉语探源》，商务印书馆 2000 年。

60. 江蓝生 1999d《开拓新世纪的中国语言学》，《中国语文》第 5 期。

61. 江蓝生 2003《时间词“时”和“后”的语法化》，收入吴福祥、洪波主编《语法化与语法研究》(一)，北京：商务印书馆。

62. 蒋礼鸿 1965《读〈刘知远诸宫调〉》，《中国语文》第 6 期。

63. 蒋绍愚 1980《唐诗词语札记》，《北京大学学报》(哲学社会科学版) 第 3 期。

64. 蒋绍愚 1990《近代汉语研究概述》，《古汉语研究》第 2 期。

65. 蒋绍愚 1998《近十年间近代汉语研究的回顾与前瞻》，《古汉语研究》第 4 期。

66. 蒋绍愚　2003《“给”字句、“教”字句表被动的来源——兼谈语法化、类推和功能扩展》，收入吴福祥、洪波主编《语法化与语法研究》(一)，北京：商务印书馆。

67. 蒋绍愚 2007《从助动词“解”、“会”、“识”的形成看语义的演变》,《汉语言文字学》第 6 期。

68. 蓝纯 1999《从认知角度看汉语的空间隐喻》,《外语教学与研究》第 4 期。

69. 黎新第 1993《金诸宫调曲句的平仄与入声分派》,《语言研究》第 2 期。

70. 黎新第 1995a《南方系官话方言的提出及其在宋元时期的语音特点》,《重庆师院学报》(哲社版)第 1 期。

71. 黎新第 1995b《明清时期的南方系官话方言及其语音特点》,《重庆师院学报》(哲社版)第 4 期。

72. 黎新第 2003《〈董西厢〉清入作上，次入作去证》,《中国语文》第 5 期。

73. 李崇兴　2005《论元代蒙古语对汉语语法的影响》,《语言研究》第 3 期。

74. 李崇兴、丁勇 2008《元代汉语的比拟式》,《汉语学报》第 1 期。

75. 李春艳 2008《〈董解元西厢记〉用韵考》,《天津师范大学学报》(社会科学版)第 2 期。

76. 李格非 1956《汉语“儿词尾”音值演变问题的商榷》,《武汉大学学报》第 1 期。

77. 李景泉　2000《“啤嚏”考》,《阴山学刊》第 1 期。

78. 李立成 1994《“儿化”性质新探》,《杭州大学学报》第 2 期。

79. 李开 1991《〈诸宫调两种〉词语考释》,《古籍整理研究学刊》第 6 期。

80. 李丽 2007《从〈魏书〉〈宋书〉授官语义场的比较看南北朝时期汉语的南北差异》,《燕山大学学报》(哲学社会科学版)年第 2 期。

81. 李丽 2011《南北朝时期汉语常用词南北差异管窥》,《湛江师范学院学报》第 4 期。

82. 李敏辞 2004《〈朱子语类〉词语义释》,《衡阳师范学院学报》(社会科学版)第 4 期。

83. 李如龙 1982《试论汉语方言词汇差异》,《语文研究》第 2 期。

84. 李申 1983《元曲词语今证》,《中国语文》第 5 期。

85. 李申 1984《“红娘撒沁”解》,《语文研究》第 1 期。

86. 李申、张泰、田照军 2000《〈汉语大词典〉近代汉语条目再订补》,《徐州师范大学学报》(哲学社会科学版)第 2 期。

87. 李时人、蔡镜浩 1982《大唐三藏取经诗话成书时代考辨》,《徐州师院学报》第 3 期。

88. 李思明 1998《晚唐以来的比拟助词体系》,《语言研究》第 2 期。

89. 李文泽 2001b《宋代语言中的兼语句研究》,《汉语史研究集刊》第四辑,成都:巴蜀书社。

90. 李小军 2018《“敢”的情态功能及其发展》,《中国语文》第3期。

91. 李新魁 1997a《近代汉语南北音之大界》,《中国语言学报》第八期，北京：北京语言大学出版社。

92. 李行健 1979《河北方言中的古语词——兼论方言词在训诂方面的作用》,《中国语文》第3期。

93. 李正民 1991《〈董西厢〉作者籍贯探讨》,《晋阳学刊》第1期。

94. 李治安 2009《两个南北朝与中古以来的历史发展线索》,《文史哲》第6期。

95. 李宗江 1997《“即、便、就”的历时关系》,《语文研究》第1期。

96. 力量 2006《近代汉语中词缀‘子、儿’等的独特用法》,《河南师范大学学报》(哲学社会科学版)第2期。

97. 廖丹 2007《〈董西厢〉词汇研究》，湖南师范大学硕士学位论文。

98. 廖珣英 1964《诸宫调的用韵》,《中国语文》第1期。

99. 廖珣英、蓝立蓂 1980《〈刘知远诸宫调〉词语选释》,《中国语文》第1期。

100. 林焘 1982《北京话儿化韵个人读音差异问题》,《语文研究》第2期。

101. 林焘 1999《从官话、国语到普通话》,《语文建设》第10

期。

102. 林　霞　2002《南宋时期的词尾“－儿”》,《语言研究》特刊。

103. 林晓恒 2010《“～边、～面、～头”类方位词产生原因探析》,《语言研究》第 4 期。

104. 林昭德 1980《诗词曲词语杂释》,《中国语文》第 3 期。

105. 蔺佳影 2006《“向”字在金代诸宫调中的使用》,《乐山师范学院学报》第 9 期。

106. 刘承慧 1999《试论使成式的来源及其成因》,《国学研究》第六卷，北京：北京大学出版社。

107. 刘坚 1964《关于〈刘知远诸宫调〉残卷词语的校释》,《中国语文》第 3 期。

108. 刘坚 1978《语词杂说》,《中国语文》第 2 期。

109. 刘坚 1982《古代白话文献简述》,《语文研究》第 1 期。

110. 刘坚、曹广顺、吴福祥 1985《论诱发汉语词汇语法化的若干因素》,《中国语文》第 3 期。

111. 刘坚、曹广顺 1989《建国以来近代汉语研究综述》,《语文建设》第 6 期。

112. 刘坚、曹广顺、吴福祥 1995《论诱发汉语词汇语法化的若干因素》,《中国语文》第 3 期。

113. 刘进 2003《唐代传奇词汇研究》，四川大学博士学位论文。

114. 刘敬林 2007《“放二四”、“二四”的修辞理据及确义》,《修辞学习》第 6 期。

115. 刘静 2006《宋元市语“海猴儿”、“海鹤儿”新解》,《语言学论丛》第三十四辑，北京：商务印书馆。

116. 刘钧杰 1986《〈《金瓶梅》用的是山东话吗？〉质疑》,《中国语文》第 3 期。

117. 刘凯鸣 1982《词语考释续貂》,《语文研究》第 1 期。

118. 刘勤、大泽邦由 2020《“东司”语源辨析》,《四川师范大学学报》(社会科学版) 第 6 期。

119. 刘溶 1982《“颠不剌”试释》,《中州学刊》第 1 期。

120. 刘溶 1983《“颠不剌”再解》,《中州学刊》第 2 期。

121. 刘瑞明 1994《〈元曲释词〉第二册失误评述》,《古汉语研究》第 3 期。

122. 刘瑞明 1995《释“放二四”、“二四”》,《辞书研究》第 5 期。

123. 刘晓南 2001《宋代文士用韵与宋代通语及方言》,《古汉语研究》第 1 期。收入刘晓南、张令吾主编《宋辽金用韵研究》，文化教育出版社 2002 年。

124. 刘晓南 2003《中古以来的南北方言试说》,《湖南师范大学社会科学学报》第 4 期。

125. 刘晓凡 2009《〈刘知远诸宫调〉词汇研究》，河北师范大学硕士学位论文。

126. 刘勋宁 1998《陕北清涧话人称代词和指人名词语尾 [· mi]

探源，收入《现代汉语研究》，北京：北京语言文化大学出版社。

127. 刘一之 1988《关于北方方言中第一人称代词复数包括式和排除式对立的产生年代》，《语言学论丛》第 15 辑，北京：商务印书馆。

128. 刘祯 1989《高明交游新考》，《东南文化》第 6 期。

129. 柳士镇 1989《从语言角度看〈齐民要术〉卷前〈杂说〉非贾氏所作》，《中国语文》第 2 期。

130. 卢兴基 1980《〈红楼梦〉南方话考辨》，《红楼梦研究集刊》第 3 辑。

131. 鲁国尧 1981《宋代苏轼等四川词人用韵考》，《语言学论丛》第八辑，商务印书馆。收入刘晓南、张令吾主编《宋辽金用韵研究》，文化教育出版社 2002 年。

132. 鲁国尧 1991《论宋词韵及其与金元词韵的比较》，《中国语言学报》第四期，北京：商务印书馆。收入《鲁国尧自选集》，河南教育出版社 1994 年。

133. 罗福腾　1996《山东方言里的反复问句》，《方言》第 3 期。

134. 罗杰瑞原著、梅祖麟译《关于官话方言早期发展的一些想法》，《方言》第 4 期。

135. 吕传峰　2005《现代方言中“喝类词”的演变层次》，《语言科学》第 6 期。

136. 吕景先 1980《唐明之间汉语的被动式》，《河南大学学报》（社会科学版）第 2 期。

137. 吕叔湘 1940《释您、俺、咱、喒，附论们字》,《华西协和大学中国文化研究所集刊》第一卷二期，又《汉语语法论文集》(增订本)，商务印书馆 1984 年。

138. 吕叔湘 1982a《新版〈敦煌变文字义通释〉读后》,《中国语文》第 3 期。

139. 吕叔湘 1982b《释“结果”》,《中国语文》第 6 期。

140. 马显彬 2004《同素异序词成因质疑》,《湛江师范学院学报》第 5 期。

141. 马幼垣、马泰来 1965《〈京本通俗小说〉各篇的年代及其真伪问题》,《清华学报》第 1 期。

142. 梅祖麟 1984《从语言史看几本元杂剧宾白的写作时期》,《语言学论丛》第 13 辑，北京：商务印书馆。

143. 梅祖麟 1988《北方方言中第一人称代词复数包括式和排除式对立的来源》,《语言学论丛》第 15 辑，北京：商务印书馆。

144. 米列娜· 维林格罗娃 1959《“乳口”和“钩窗”》,《中国语文》4 月号。

145. 莫景西 1992《“儿化”、“儿尾”的分类和分区初探》,《中山大学学报》(社会科学版)第 4 期。

146. 牛太清 2003《常用词“隅”“角”历时更替考》,《中国语文》第 2 期。

147. 潘庚 1960《读〈金元戏曲方言考〉质疑》,《中国语文》5 月号。

148. 潘悟云 2005《字书派与材料派——汉语语音史观之一》，收入《音史新论：庆祝邵荣芬先生八十寿辰学术论文集》，北京：学苑出版社。

149. 潘悟云 2010《汉语复数词尾考源》，收入徐丹主编《量与复数的研究》，北京：商务印书馆。

150. 潘耀武 1992《清徐方言中所见早期白话词语选释》，《山西大学学报》（哲学社会科学版）第 1 期。

151. 史瑞明 1989《杭州方言里儿尾的发音》，《方言》第 3 期。

152. 沈家煊 1994《“语法化”研究综观》，《外语教学与研究》第 4 期。

153. 宋德金 1982《金代文化概述》，《历史教学》第 2 期。

154. 苏兴 1978《京本通俗小说辨疑》，《文物》第 3 期。

155. 苏兴 1979《〈京本通俗小说〉外志》，《吉林师大学报》第 4 期。

156. 苏兴 1983《再谈〈京本通俗小说〉的问题》，《社会科学战线》第 4 期。

157. 孙伯君 2003《元明戏曲中的女真语》，《民族语文》第 3 期。

158. 孙伯君 2005《胡汉对音和古代北方汉语》，《语言研究》第 1 期。

159. 孙进已 2003《论民族融合的不同类型及中华民族融合的不同状况》，《史学集刊》第 1 期。

160. 孙玉文 2002《〈汉语历史音韵学· 上古篇〉指误》，《古汉语研究》第 4 期。

161. 孙玉文　2008《汉语史研究中材料的考证与运用——答〈字书派与材料派——汉语语音史观之一〉》,《中国音韵学——中国音韵学研究会 2006 年南京研讨会论文集》，南京：南京大学出版社；收入《中国语言学》第三辑，北京大学出版社 2009 年。

162.[日] 太田辰夫 1954《关于汉儿言语——试论白话发展史》，收入太田辰夫著，江蓝生、白维国译《汉语史通考》，重庆出版社 1991 年。

163. 汤传扬 2017《宋元小说话本词汇研究》，南京师范大学硕士学位论文。

164. 唐秀平 2011《"南文北武"文化差异的演变及其成因》,《南京邮电大学学报》(社会科学版) 第 1 期。

165. 唐虞 1932《儿 [] 音的演变》，前中央研究院历时语言研究所《集刊》第二本第四分。

166. 田莲青 2007《〈董解元西厢记〉复音词构词初探》，山东大学硕士学位论文。

167. 汪维辉 1990《〈中国语文〉1990 年第 1 期读后》,《中国语文》第 6 期。

168. 汪维辉　1999《近代汉语常用词演变研究》，南京大学博士后出站报告。

169. 汪维辉 2000b《〈周氏冥通记〉词汇研究》,《中古近代汉语研究》第一辑，上海：上海教育出版社。

170. 汪维辉 2000c《从汉语史看八卷本〈搜神记〉语言的时代（上）》，《汉语史研究集刊》第三辑，成都：巴蜀书社。收入《汉语词汇史新探》，上海人民出版社 2007 年。

171. 汪维辉 2001《从汉语史看八卷本〈搜神记〉语言的时代（下）》，《汉语史研究集刊》第四辑，成都：巴蜀书社。收入《汉语词汇史新探》，上海人民出版社 2007 年。

172. 汪维辉 2003a《宁波方言词语札记三则》，《吴语研究——第二届国际吴方言学术研讨会论文集》，上海：上海教育出版社。

173. 汪维辉 2003b《汉语"说类词"的历时演变与共时分布》，《中国语文》第 4 期。收入《汉语词汇史新探》，上海人民出版社 2007 年。

174. 汪维辉 2004《试论〈齐民要术〉的语料价值》，《古汉语研究》第 4 期。

175. 汪维辉 2005a《〈现代汉语方言大词典〉"说"字条读后——关于分地词典如何处理"通用词"的一点想法》，苏州：全国汉语方言学会第十三届年会暨汉语方言国际学术研讨会提交论文。收入《澳门语言学刊》总第 31 - 32 期，澳门语言学会出版 2008 年。

176. 汪维辉 2005b《〈老乞大〉诸版本反映的基本词历时更替》，《中国语文》第 6 期。

177. 汪维辉 2006a《论词的时代性和地域性》，《语言研究》第 2 期。收入《汉语词汇史新探》，上海人民出版社 2007 年。

178. 汪维辉 2006b《纵横结合研究汉语词汇》，《21 世纪的中国语言学》(二)，北京：商务印书馆。

179. 汪维辉 2007a《六世纪汉语词汇的南北差异——以〈周氏冥通记〉与〈齐民要术〉为例》,《中国语文》第 2 期；收入《汉语词汇史新探》，上海人民出版社 2007 年。

180. 汪维辉 2007d《汉语常用词演变研究的若干问题》,《南开语言学刊》第 1 期。收入《著名中年语言学家自选集汪维辉卷》，上海教育出版社 2011 年。

181. 汪维辉 2009a《域外借词与汉语词汇史研究》,《江苏大学学报》(社会科学版)第 1 期。

182. 汪维辉 2009b《“遐—迩”与“远—近”》,《语言研究》第 2 期。

183. 汪维辉 2013a《说“鸟”》,《太田斋· 古屋昭弘两教授还历纪念中国语学论集》,《中国语学研究开篇》单刊 No.15，东京：好文出版。

184. 汪维辉 2013b《近代汉语中的“～老”系列词》,《古汉语研究》第 3 期。

185. 汪维辉 2017a《说“困(睏)”》,《古汉语研究》第 2 期。

186. 汪维辉 2018《近代官话词汇系统的形成——以〈训世评话〉与〈老乞大〉〈朴通事〉的比较为出发点》,《南开语言学刊》第 1 期。

187. 汪维辉 2019《〈京本通俗小说〉系伪书的语言学证据》,《历史语言学研究》第 1 期。

188. 王东 2006《南北朝时期的南北方言词》,《中南大学学报》

（社会科学版）第4期。

189. 王东 2008《南北朝时期南北词语差异研究刍议》，《长江学术》第3期。

190. 王东 2009《南北朝时期语气词“耳”、“乎”的南北差异》，《合肥师范学院学报》第1期。

191. 王福堂 2002《北京话儿化韵的产生过程》，《语言学论丛》第26辑，北京：商务印书馆。

192. 王焕玲、刘伟萍 2003《南阳师范学院学报》（社会科学版）第2期。

193. 王　琪　2008《〈刘知远诸宫调〉“不放了你才”新解》，《平顶山学院学报》第6期。

194. 王绍新 1999《隋唐五代的动量词》，收入《课余丛稿》，北京：北京语言文化大学出版社。

195. 王绍新 2018《隋唐五代量词研究》，北京：商务印书馆。

196. 王盛婷 2007《汉语八组反义词聚合演变研究》，南京大学博士学位论文。

197. 王世华 1980《〈红楼梦〉语言的地方色彩》，《红楼梦学刊》第2辑。

198. 王西维 2007《〈全诸宫调〉中的重言词研究》，《乐山师范学院学报》第2期。

199. 王学奇 1983《评王季思先生的〈西厢记〉注释》，《语文研究》第1期。收入王锳、曾明德编《诗词曲语辞集释》，语文出版社

1991 年。

200. 王学奇　2001《释“能”》,《河北师范大学学报》(哲学社会科学版)第 4 期。

201. 王毅力 2011《动量词“顿”的产生及其发展》,《语言研究》的 3 期。

202. 王寅 2006《认知语言学》，上海：上海外语教育出版社。

203. 王锳　1995《唐诗方位词使用情况考察》，原载《吕叔湘先生九十华诞纪念文集》，北京：商务印书馆。收入《近代汉语词汇语法散论》，商务印书馆 2004 年。

204. 王锳 1997《关于“睡觉”成词的时代》,《中国语文》第 4 期。

205. 王锳 2002《〈汉语大词典〉一些条目释义续商》,《中国语文》第 3 期。

206. 王永炳 1998《古典戏剧中的方言口语词汇》,《方言》第 1 期。

207. 王宇 1992《〈太平广记〉中“许”字的虚化现象》,《古汉语研究》第 3 期。

208, 吴梅 1980《元剧方言释略》,《戏剧艺术论丛》第 10 期。

209. 吴延枚、马强 1997《近代汉语中的语助词“家”》,《古汉语研究》第 3 期。

210. 吴振国 1980《“当”字释例质疑(二)》,《中国语文》第 6 期。

211. 五月 2004《女真语中的外来语成分》(上、下),《满语研究》第 1、2 期。

212. 萧红 2007《汉语“捕捉”义动词的历时演变和共时分布》,《长江学术》第 3 期。

213. 星灿 1981《试释元明时之“亲”》,《中国语文》第 3 期。

214. 徐 丹 2003《“使”字句的演变——兼谈“使”字的语法化》,收入吴福祥、洪波主编《语法化与语法研究》(一),北京:商务印书馆。

215. 徐健 1997《〈刘知远诸宫调〉残卷用韵考》,《古汉语研究》第 2 期。

216. 徐凌云 1986《关于〈董西厢〉的创作年代》,《文学遗产》第 3 期。

217. 徐荣 2004《试论近代汉语中倒序词的成因》,《五邑大学学报》(社会科学版)第 3 期。

218. 徐时仪 1991《〈朱子语类〉词语考释》,《上海师范大学学报》第 2 期。

219. 徐时仪 1998《〈“买东西”考〉献疑》,《历史研究》第 2 期。

220. 徐时仪 2000《略论〈朱子语类〉在近代汉语研究上的价值》,《上海师范大学学报》(社会科学版)第 4 期。

221. 徐时仪 2010《“东西”成词及词义演变考》,《汉语学报》第 2 期。

222. 徐通锵 1981《历史上汉语和其他语言的融合问题说略》,

《语言学论丛》第七辑，北京：商务印书馆。

223. 徐越 2002《杭州方言儿缀词研究》,《杭州师范学院学报》（社会科学版）第 2 期。

224. 徐越 2005《从宋室南迁看杭州方言的文白异读》,《杭州师范学院学报》(社会科学版）第 5 期。

225. 徐越 2006《杭州方言儿缀的修辞功能》,《修辞学习》第 2 期。

226. 徐越 2006《杭州方言儿缀词的构造》,《杭州师范学院学报》（社会科学版）第 6 期。

227. 徐越 2011《杭州方言儿缀的构词、构形功能》,《浙江学刊》第 3 期。

228. 徐子方 1996《关汉卿行迹推考》,《晋阳学刊》第 5 期。

229. 严敦易 1957《“西游记”和古典戏曲的关系》，收入《西游记研究论文集》，北京：作家出版社。

230. 阎玉文 2002《“掇坐”及其同义语词探源》,《古汉语研究》第 2 期。

231. 杨艳 2001《汉语中的时间隐喻》,《东南大学学报》(哲社版）第 3 期。

232. 姚振武 1993《朱子语类词语杂释》,《中国语文》第 6 期。

233. 姚振武 1992《〈朱子语类〉语词札记》,《古汉语研究》第 2 期。

234. 杨吉春 2004《偏义复词“睡觉”意义的嬗变》,《西北师大学报》(社会科学版)第 2 期。

235. 杨平 1990《带“得”的述补结构的产生和发展》,《古汉语研究》第 1 期。

236. 杨荣贤 2006《汉语六组关涉肢体的基本动词发展史研究》,南京大学博士学位论文。

237. 杨守静 1996《“睡觉”古今意义漫议》,《中国语文》第 5 期。

238. 杨月蓉　2007《从“教(叫)”看汉语被动句和使动句的互转》,《重庆工商大学学报》(社会科学版)第 5 期。

239. 叶宝奎 2000《关于汉语近代音的几个问题》,《古汉语研究》第 3 期。

240. 殷晓杰 2008a《明清山东方言词汇专题研究》,南京大学博士学位论文。

241. 殷晓杰　2008b《再谈“人客”》,《中国语文》第 6 期。

242. 于　其　1995《“伊”义辨误》,《辞书研究》第 1 期。

243. 俞为民 2003《张协状元与早期南戏的形式特征》,《戏剧艺术》第 4 期。

244. 袁宾 1984《近代汉语词语札记》,《中州学刊》第 2 期。

245. 袁宾 1987《近代汉语特殊被字句探索》,《华东师范大学学报》(哲学社会科学版)第 6 期。

246. 袁宾 1988《“被字复句”说略》,《语文月刊》第 1 期。

247. 袁宾 2000《〈大唐三藏取经诗话〉的成书时代与方言基础》,

《中国语文》第 6 期。

248. 袁宾 2003《唐宋“煞”字考》,《中国语文》第 2 期。

249. 袁庆述 1990《〈朱子语类〉方言俗语词考》,《语文研究》第 4 期。

250. 袁卫华 2011《〈董解元西厢记〉中的动态助词》,《理论月刊》第 8 期。

251. 乐耕 1982《“颠不剌”绎解》,《中州学刊》第 5 期。

252. 乐东甫 1982《辨“眼辨”》,《中国语文》第 2 期。

253. 乐东甫 1984《词语释义商兑》,《中国语文》第 1 期。

254. 曾昭聪 2020《“顿”的量词用法的词源》,《汉字汉语研究》第 3 期。

255. 翟燕 2008《明清山东方言中的比拟助词“也似”及其来源问题》,《语文研究》第 1 期。

256. 张赪 1993《谈金元时期的“名量词 + 儿”》,《贵州师范大学学报》(社会科学版)第 2 期。

257. 张炳森 1999《〈西厢记诸宫调〉难词商解》,《河北师范大学学报》(社会科学版)第 2 期。

258. 张博泉 1987《论近代文化的发展及其历史地位》,《社会科学战线》第 1 期。

259. 张海媚 2011a《两种诸宫调和〈朱子语类〉词语的地域差别比较研究》,《宁夏大学学报》(人文社会科学版)第 4 期。

260. 张海媚 2011b《从〈刘知远诸宫调〉和〈董解元西厢记〉中

几则词义的时代性看曲文语言的一脉相承性》,《宁夏大学学报》(人文社会科学版)第5期。

261. 张海娟 2017《宋金对峙时期南北方言词语差异管窥》,《汉语史学报》第17辑，上海：上海教育出版社。

262. 张海娟 2013《表“边”的“厢、壁”地域考》,《汉语学报》第4期。

263. 张海娟 2020《从“儿缀”的发展演变看杭州话后缀“儿”的来源》,《汉语学报》第1期。

264. 张凌云 1995《英语常用词的词义变化及其影响》,《内蒙古师大学报》第2期。

265. 张美兰　2006《近代汉语使役动词及其相关的句法、语义结构》,《清华大学学报》(哲学社会科学版)第2期。

266. 张能甫 1999《汉语基本词汇研究的回顾与展望》,《四川大学学报》(社会科学版)第2期。

267. 张靖人、张静 2011《〈西厢记诸宫调〉为金人所作新考》,《大庆师范学院学报》第4期。

268. 张靖人 2011《“东西”起源于金代考》,《河南教育学院学报》(哲学社会科学版)第5期。

269. 张俊阁 2007《汉语第一人称代词“俺”的来源》,《河北大学学报》(哲学社会科学版)第1期。

270. 张清常 1982《汉语“咱们”的起源》,《语言研究论丛》第2辑，天津：天津人民出版社。

271. 张荣铮 1984《论金代民族融合》,《天津师大学报》第 3 期。

272. 张生汉 2000《敦煌变文词语零札》,《古汉语研究》第 1 期。

273. 张生汉 2001《从〈歧路灯〉看十八世纪河南方言词汇》,《河南广播电视大学学报》第 4 期。

274. 张生汉、刘永华 2004《〈红楼梦〉〈歧路灯〉〈儒林外史〉方言词语比较——以予词前的动词为例》,《山西师大学报》(社会科学版)第 2 期。

275. 张生汉 2005《关于古汉语同义词研究的一点看法》,《语言研究》第 1 期。

276. 张生汉 2008《古汉语同义词研究的时空观念》,《语言研究》第 1 期。

278. 张卫东 1998a《试论近代南方官话的形成及其地位》,《深圳大学学报》(人文社会科学版)第 3 期。

279. 张卫东 1998b《北京音何时成为官话标准音》,《深圳大学学报》(人文社会科学版)第 4 期。

280. 张卫东 2003《近代汉语语音史研究的现状与展望》,《语言科学》第 2 期。

281. 张星逸 1964《关于金刻〈刘知远诸宫调〉的校注》,《江海学刊》1 月号。

282. 张星逸 1965《补〈关于金刻《刘知远诸宫调》的校注〉》,《中国语文》第 5 期。

283. 张延成 2002《元代汉语中的"……的每"》,《语文学刊》第

2 期。

284. 张永绵 1980《近代汉语中字序对换的双音词》,《中国语文》第 3 期。

285. 张永言、汪维辉 1995《关于汉语词汇史研究的一点思考》,《中国语文》第 6 期。

286. 张永言 2006《从词汇史看〈列子〉的撰写时代》(修订稿),《汉语史学报》第六辑，上海：上海教育出版社。

287. 张玉来 2000《近代汉语共同语的构成特点及其发展》,《古汉语研究》第 2 期。

288. 赵志强 2007《〈诗词曲语辞例释〉补释》,《汉字文化》第 5 期。

289. 真大成　2008《魏晋南北朝史书词语论考》，南京大学博士学位论文。

290. 郑张尚芳 1980《温州方言儿尾词的语音变化》(一),《方言》第 4 期。

291. 郑张尚芳 1981《温州方言儿尾词的语音变化》(二),《方言》第 1 期。

292.　郅友昌 1999《论现代俄语中语义自足性与不足性》,《外语学刊》第 1 期。

293. 周毕吉 2008《"结果"的语法化历程及语用特点》,《汉语学习》第 6 期。

294. 周波 2010《〈董解元西厢记〉与〈张协状元〉人称代词比较

研究》，山东大学硕士学位论文。

295. 周大璞　1963《〈董西厢〉用韵考》，《武汉大学学报》（哲学社会科学版）第 4 期。

296. 周定一 1985《红楼梦里的“儿”和“子”》，《中国语言学报》第 2 期，北京：商务印书馆。

297. 周义芳 1992《〈董西厢〉迭词艺术初探》，《西南师范大学学报》（哲学社会科学版）第 2 期。

298. 竺家宁 2005《中古汉语的“儿”后缀》，《中国语文》第 4 期。

299. 宗蒙 2013《〈董解元西厢记〉与〈张协状元〉助词比较研究》，宁波大学硕士学位论文。

300. 宗　性　2004《湖南临济高僧石霜楚圆的主要禅法思想》，收入惟正、杨曾义主编《禅宗与中国佛教文化》，北京：中国社会科学出版社。

301. 祖生利 2005《元代蒙古语同北方汉语语言接触的文献学考察》，《蒙古史研究》第八辑，呼和浩特：内蒙古大学出版社。

302. [日] 佐藤晴彦 1992《对〈警世通言〉中冯梦龙作品的窥测》，收入胡竹安、杨耐思、蒋绍愚编《近代汉语研究》，北京：商务印书馆。